中国税收与法律智库

中国税务律师系列丛书

评点中外税案

中央财经大学税收筹划与法律研究中心策划

蔡昌　等编著

中国财经出版传媒集团

中国财政经济出版社

图书在版编目（CIP）数据

评点中外税案／蔡昌等编著．—北京：中国财政经济出版社，2018.1
（中国税收与法律智库．中国税务律师系列丛书）
ISBN 978－7－5095－7955－8

Ⅰ．①评…　Ⅱ．①蔡…　Ⅲ．①税法－案例－世界　Ⅳ．①D912.205

中国版本图书馆 CIP 数据核字（2017）第 323838 号

责任编辑：马　真　　　　责任校对：徐艳丽
封面设计：陈宇琰

中国财政经济出版社 出版

URL：http：//ckfz.cfeph.cn

E－mail：cfeph@cfeph.cn

社址：北京市海淀区阜成路甲 28 号　邮政编码：100142

营销中心电话：010－88191537

天猫网店：中国财政经济出版社旗舰店

网址：https：//zgczjjcbs.tmall.com

北京富生印刷厂印刷　各地新华书店经销

710×1000　毫米　16 开　22 印张　370 000 字

2018 年 10 月第 1 版　2018 年 10 月北京第 1 次印刷

定价：75.00 元

ISBN 978－7－5095－7955－8

（图书出现印装问题，本社负责调换）

本社质量投诉电话：010－88190744

打击盗版举报热线：010－88191661　QQ：2242791300

《中国税收与法律智库》编委会

总序

智库缘起

税收事关企业的命脉、百姓的福祉和国家的未来。在党的十九大精神指引下，税收已进入法治化的快轨道，走向依法治税的前沿地带。在习近平主席倡导的国家治理体系及治理能力现代化背景下，税收也更多地走向国家税收治理，在保障国家税收收入和保护纳税人合法权益的双重目标下，建立税收诚信机制，不断降低税制运行成本，形成一个促进税收治理的有效环境，以推进税收治理现代化目标的实现。

税收与法律的融合是时代发展的必然。征税主体必须依法征税，纳税主体必须依法纳税，这就是所谓的税收法定原则。税收法定原则肇始于英国，现已为当今各国所公认，其基本精神在各国宪法或税法中都有体现。为了更好地增进税收与法律的融合发展，不断推进税收与法律在中国的发展，为经济发展和社会进步提供智库资源，我们荟萃国内财税领域的知名学者、财税专家和社会精英成立“中国税收与法律智库”编委会，组织编撰出版了这套大型智库系列丛书——《中国税收与法律智库》，为我国经济发展和税收事业提供专业知识与智力支持。

智库特色

《中国税收与法律智库》以中央财经大学税收筹划与法律研究中心为依托，邀请国内权威人士、专家学者和实务界精英撰写系列反映社会经济发展且具有指导意义的财税著作。根据我国经济社会发展要求，结合国家税收治理、"一带一路"、供给侧结构性改革、产权税收改革、混合所有制改革、税务律师制度等经济领域热点问题，陆续推出一系列有深度、有影响的论著。根据论著的内容和定位不同，将智库分为学术研究系列、实战案例系列、研究报告系列等三大系列，每一系列有针对性的读者群，力求形成一个立体网状的财税智库。《中国税收与法律智库》具有以下特色：

其一，源于理论探索与实践应用，推崇原创性。智库面向广大财税部门、理论研究者、财税实务工作者及相关群体，以原创性为主要特征，力求提供理论前沿、新知与经验，强调创新与继承发展的辩证统一。

其二，内容简明清新，以简驭繁，推崇简约化。我们并不强调每本论著的知识容量和庞杂性，并不要求面面俱到，而是细分品种、类别、专题，做到内容简明扼要，体现专业的深度。

其三，学科领域的交叉、碰撞，推崇融合性。科学的发展以交叉融合为特征，社会科学也不例外，财税领域更是如此。财税理论与实践融合管理学、会计学、经济学、法学等多个学科的前沿发展，具有高度的融合性。

邀请加盟

中国税收与法律智库欢迎社会各界加盟合作，参与智库推广，撰写相关著作，提供宝贵建议。读者有任何方面的需求，敬请与我们联系：taxplanning_CUFE@163.com。

在这里，祝愿大家开卷有益，关注财税，获取新知，融入财税大潮！

中国税收与法律智库编委会

中央财经大学税收筹划与法律研究中心

前言
解剖税案　读懂现实

案例研究法是一种研究现实的典型手段。案例反映的事物是一种真实存在。黑格尔说："存在的就是合理的。"这句哲理名言是对现实合理性的一种最好注解，也是对案例研究法的充分肯定。

案例研究法由美国哈佛大学法学院创始，追溯至1870年，兰德尔出任哈佛大学法学院院长时，法律教育正面临巨大的压力：其一，传统的教学法受到全面反对；其二，法律文献急剧增长，这种增长首先是因为法律本身具有发展性，其次是在承认判例为法律的渊源之一的美国表现尤为明显。兰德尔认为，法律条文的意义在几个世纪以来的案例中得以扩展。这种发展大体上可以通过一系列的案例来追寻。由此，法学界开创了案例研究法的先河。

人类的行为总是体现着一种利益导向。人一生中有三件事情不可避免：一是死亡；二是纳税；三是为避免死亡和纳税而做的种种努力。本书所展现的真实的中外税案，就是一个个生动活泼、曾经上演过的真实故事。

通过解剖税案，我们不仅能够知其然，还能够知其所以然。本书所收录的中外税案，就是关于现实税收真相的深刻揭秘。宗庆后、梅西、内马尔、特朗普，这些名人也难以摆脱税案纠葛，真实地陷入"税网"。苹果公司、星巴克、微软公司、谷歌公司、麦当劳、两面针、展唐科技、万科集团、光线传媒等知名企业，也牵涉"苍茫税事"，为税所累。

本书所揭秘的中外税案，我们尽量披露事情的原委，试图还原税案的真相，但须着重说明的是，税案所披露的事实真相，其信息源都是中外媒体及官方公开信息。为方便读者查阅相关信息，我们在篇后都注明了主要参考文献。基于诚实守信原则，我们无意杜撰税收故事，没有任何褒扬或诋毁之意图，当然也不任意夸大、缩小或掩盖事实真相。我们的案例研究只有一个目的，即通过解剖税案，让社会各界更多地认识税收，以培养社会公众的税收意识。

天地坦荡，税理昭然。社会运行，公平正义。面对复杂的税案，我们需要一种阐释税理的思辨力，更需要一双识别世间是非曲直的慧眼。愿大家在阅读税案中获益，在解剖税案中读懂现实。

中央财经大学教授、博士生导师
中央财经大学税收筹划与法律研究中心主任　蔡　昌
2018年10月

目录

第一篇　国内税案

解剖长江电力收购川云公司税案发现，公司并购的动因在于提高资源利用效率，而税收因素仅是公司并购的“隐性动因”。但税收对公司并购的应税与免税选择、股权支付与现金支付的选择、融资方式的选择等都产生较大的影响。

上海蓝岛钻石商贸公司承担的高额税负与其商业模式有关，过重的税负率不利于公司的发展。必须改变旧有的商业模式，构建战略导向型商业架构，这是税收筹划运作的必然方向。

2007 年 8 月，有人举报娃哈哈董事长宗庆后隐瞒巨额境内外收入未如实申报个人所得税，涉嫌偷漏税数额近 3 亿元。税务局接到举报后迅速进行查办。宗庆后于税务机关启动调查后向杭州市税务局补办申报及补缴 2 亿元税款和滞纳金。本案例分析事实真相。

借壳上市的税收漏洞在于可以根据支付方式和支付比例来使用不同的税务处理方法，即选择适用一般性税务处理或特殊性税务处理。如果企业重组交易方通过设立“资金池”的子公司，以子公司股权作为支付对价可以满足股权支付比例的要求，就可以适用特殊性税务处理规定。

一分钱交易这种极端交易之所以会在新三板市场上愈演愈烈，一方面是新三板市场协议转让制度和不设涨跌板限制为企业股东进行超低价定向转让提供了条件；另一方面，现有税收政策要求在二级市场转让股权收入需要缴纳所得税，而在二级市场高价出售所获取的资本利得免征个人所得税，税制差异性为股东进行一分钱交易提供了动机。

第二篇　国际税案

第一篇

国内税案

国内税案 1　大元股份承债式收购世峰黄金股权涉税案①

一、案例背景

（一）资本市场的“壳公司”

目前，由于我国资本市场对上市企业数量的限制，上市公司已经成为一种稀缺资源。同时由于政策上的原因，某些实力雄厚的企业目前难以获得上市资格。与之相反的是，沪深两市存在一批年年亏损、非资产重组不足以扭亏的企业，ST 板块尤其如此。若实力雄厚的企业收购这些“壳公司”，改善其经营管理，进行股权交易，便可达到间接上市的目的，即所谓“买壳上市”。

上市资源稀缺、退市制度不畅，也为“炒壳”提供了制度前提。寻找平台收购上市公司，利用重组热点题材，吸引资金拉抬股价，最后退出获利，这亦是中国资本市场“壳公司”获利的典型样本。在 A 股市场，这样的“壳”资源随处可见，“壳”重组搅动市场异动亦屡见不鲜。而“炒壳”重组，不仅无益于资源优化配置，更扭曲了投资价值导向。

本案的主角便是曾因涉矿股价暴涨而被媒体喻为“第一妖股”的大元股份。

大元股份因其“盘子小、干净”，成为这类重组题材的绝佳滋生地。

（二）大元股份背景资料

大元股份原为宁夏大元炼油化工有限公司旗下子公司。宁夏大元炼油化工有限公司是在对原宁夏炼油厂进行改制的基础上，于 1998 年 4 月 21 日成立的国有独资的有限责任公司。经 1999 年 6 月 14 日发行公众股 5400 万股（另向证券投资基金配售了 600 万股）后，公司总股本为 20 万股。其公众股于 1999 年 7 月 7 日在上海证券交易所（以下简称上交所）上市交易。1999 年上

① 中央财经大学 2017 级税务专硕周宇参加本案例的调研与写作。

市，总股本2亿股，上市后经营一直不理想。2005年，上交所对其实行退市风险警示及其特别处理，简称由大元股份改为“*ST大元”，股价一直在每股2.5元左右徘徊。

虽然大元股份因经营不善沦为ST股，但因为其股权结构简单，负债少，因而成为一些企业理想的上市“壳公司”，也成为“炒壳”的绝佳题材。

大连实德是大连一家大型综合性民营企业集团，2004年以来，进入快速发展阶段，登陆资本市场就成为其发展的目标。于是，大元股份这个理想的“壳公司”就进入了大连实德的视野。

2005年6月，大连实德以2.91亿元总价，每股转让价格2.08元，获得大元股份14000万股，占大元股份总股本的70%，成为大元股份的绝对大股东。

大连实德进入之后，大元股份股价长期徘徊在每股2~4元。2007年初，大连实德开始炒壳之旅：在市场上释放出欲重组大元股份的消息，随后该股启动上涨，同年5月，该股价格蹿升至每股11元。大连实德在不到一个月时间内，通过28次交易在二级市场迅速减持7000万股，累计套现8.99亿元。但重组只是噱头，停牌8个月之后，大连实德最终以“国内资本市场发生很大变化，市场条件出现较大背离”为由，终止了重组方案。

时隔4年，大元股份易主上海泓泽，大连实德“炒壳”满载而归，股权转让共收获14.58亿元，净赚11.67亿元，投资回报率超过400%。

（三）收购珠拉黄金为“炒壳”

在大元股份易主之际，上海泓泽的实际控制人认为大元股份这个“壳”很“干净”，决定再借着热点题材炒作一番。2009年上半年，正值金融危机愈演愈烈，国内4万亿元投资启动，货币政策逐渐宽松，通胀预期压力大增。黄金因具有抗通胀作用，致使黄金股大涨，金矿题材正逢其时。如果锁定这一题材，与黄金股进行重组，大元股份股价上涨指日可待。

但“炒壳”过程必须真有重组的实际动作，投资者才能够相信。在2009年6月前后，上海泓泽把收购目标最终锁定在珠拉黄金。

就在收购金矿消息传出后，大元股份股价开始上涨，行情贯穿整个2009年，即便大连实德退出，仍未能阻挡其上涨步伐。全年上涨663%，成为当年A股涨幅第一的股票。

2010年1月，几经磋商，大元股份与珠拉黄金股东签署股权转让框架协议，大元股份承诺通过非公开发行不超过1.1亿股，募集资金21亿元，收购珠拉黄金100%资产和低品位金矿石堆浸二期项目，分别投资16.75亿元和3

亿元。该协议有效期为一年。

从2010年8月份开始，大元股份频繁发布重组进展公告，但实质内容不多。彼时正值黄金股不断飙升，大元股份的股价一度冲上了每股43.90元的高峰。

但是实质性的重组却并没有突破性进展。2011年2月，大元股份突然发布风险提示，坦陈其预估1.48亿元的股权转让存在违规，且面临返还风险。至2011年初，股权收购框架协议期满，但增发方案未能获得监管部门批准，股权转让协议未能如期签署。大元股份醉心的“黄金”产业梦想在重组中一次次受挫，但是，由于两年间大元股份这个“壳”借黄金题材炒得火热，股东套现的收益赚得盆满钵满。

大元股份股价涨幅惊人的同时，其实业经营却一塌糊涂。大元股份实业主要是在大连分公司，以生产销售PVC管材、板材异型材等为主。在2009～2010年，生产基本陷于停滞，厂房已经开始拆迁。长期以来，公司内部管理混乱，企业销售连年下降，亏损不断增加。2010年，为了配合实现上市公司整体盈利，避免连续三年亏损，进入退市特别处理行列，大连分公司大幅虚增利润。

其实，部分“重组”者的目的性很明确，就是“炒壳”，借重组题材操纵谋利。事实上，这种资产重组已经对中国资本市场造成了极大的危害：一是严重地破坏了市场资源的配置功能，扭曲了投资价值导向，这些ST、绩差公司重组挤占了大量市场资源，影响了资本市场对国民经济发展的推动作用；二是毒害了市场文化。市场上有“咸鱼翻身”这种发财渠道，诱使一些投资者如蝇逐臭般地追逐垃圾股，狂赌重组，严重影响了价值投资理念的形成，使得现有的投资者教育工作只能是付诸东流；三是破坏了市场秩序。

（四）承债式股权收购世峰黄金

2011年，在收购珠拉黄金失败后，大元股份受到了资本市场的质疑，股价开始逐步下降，全年股价大跌65.19%，最低价回落到了每股9.10元。为增强抗击打能力，进一步拉抬股价，大元股份决定启动另外的收购计划，以自有资金收购一个小黄金矿——世峰黄金矿业有限公司（以下简称“世峰黄金”）。

世峰黄金位于新疆维吾尔自治区托里县，注册资本150万元，主要从事金精粉的生产与销售。该公司所拥有的采矿权经核实为10个，其中7个金矿采矿权均登记在世峰黄金名下。股东有两个自然人，分别持股67%和33%。

根据评估基准日2011年5月31日的价值评估，世峰黄金的账面净资产和评估净资产情况如表 1 所示。

表 1　　世峰黄金资产情况表

	审计报告	评估报告
资产	0.7 亿元	2.7 亿元
负债	0.85 亿元	0.85 亿元
净资产	-0.15 亿元	1.88 亿元

在大元股份决定收购世峰黄金前，亚孚投资担保有限公司（以下简称“亚孚投资”）也对收购世峰黄金产生浓厚的兴趣。亚孚投资与大元股份的争夺战的最终结局为：大元股份收购自然人股东持有的世峰黄金 52% 的股权，亚孚投资和另一位自然人收购世峰黄金 48% 的股份。

在收购方式的选择上，大元股份可以选择股权收购或是资产收购，但因为国家对于采矿权监管严格，非经法定条件和层层审批，采矿权不得转让。有了这道法律红线，大元股份只能选择股权收购方式。

世峰黄金的评估价和收购的方式已经敲定，最后就是交易双方对交易定价的博弈了。世峰黄金净资产的评估价为 1.88 亿元，52% 股权的评估价约为 1 亿元。但我们看到，大元股份与世峰黄金股东最终敲定的股权转让金却为 1.3 亿元。让我们看一下股权转让合同中对股权转让金 1.3 亿元的约定：

“股权转让金共计人民币壹亿三千万元（注：世峰黄金资产评估值为 27286.07 万元，因协议约定公司负债 8518.57 万元全部由出让方承担，因此经出让和受让双方协商后，确认世峰黄金 100% 股权的交易价格为 25000 万元，公司收购 52% 股权的股权转让金为 13000 万元）。”

在进行收购时，收购方往往希望收购的是干干净净的“壳”，由此往往会在合同中约定原债权债务由原股东清理，即承债式股权收购。1.3 亿元的股权转让金包含了两部分：一部分是对原股东负责清偿世峰黄金债务的补偿，约 0.4 亿元（2.5 亿元 ×52% ×0.85 亿元/2.7 亿元），一部分是 52% 股权的价格，约 0.9 亿元（2.5 亿元 ×52% ×1.88 亿元/2.7 亿元）。收购后的世峰黄金股权结构如图 1 所示。

（五）收购世峰黄金后的经营状况

世峰黄金被收购前长期处于停产状态，被收购后曾利用尾矿开展恢复部分生产工作。但因国际金价大幅下跌及资金短缺，恢复生产工作已于 2013 年底暂停，世峰黄金再次回到了停产的状态。

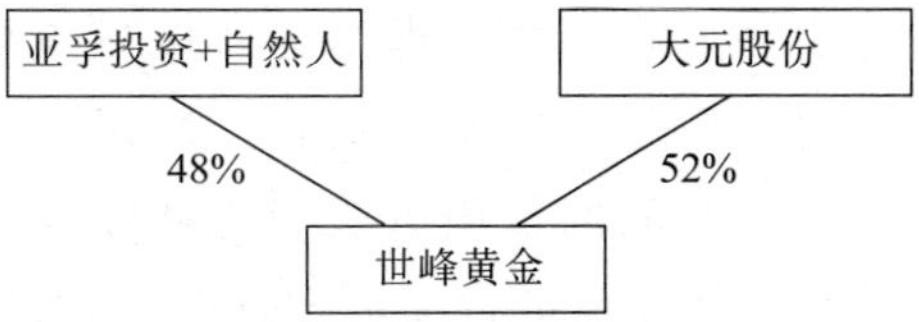

图1　世峰黄金股权结构图

2011～2015年，在世峰黄金的经营难以为继时，大元股份曾筹划过三次定增收购事项，均以失败告终。虽然收购事项接连告败，但公司“屡败屡战”，也因此被资本市场戏称为“重组专业户”，期间股票也多次停牌复牌。经历多次重组后，劣迹斑斑的大元股份业绩低迷，公司运营已经无法持续。

2015年10月，大元股份再次披露重组预案，公司拟募资不超过28.10亿元用于收购环球星光国际控股有限公司95%的股权、环球星光品牌推广项目、环球星光美国物流基地项目和补充流动资金项目，主营业务将向国际化的纺织服装的生产、加工和销售拓展。为推进非公开发行股票收购美国环球星光，大元股份更名为“商赢环球股份有限公司”（以下简称“商赢环球”）。

而已处于停产状态的世峰黄金已成为商赢环球的一大负担。2015年10月21日，因资产重组停牌已达3个月的商赢环球发布重大资产出售方案，公司拟出售世峰黄金的股权，彻底剥离矿山资产和黄金相关业务。2015年10月23日，商赢环球召开临时股东大会，决定将持有的世峰黄金股权以现金方式出售给台州泰润通宝股权投资管理有限公司，股权转让价款为人民币7700万元。

在出售世峰黄金后，商赢环球仍不断寻求重组机遇。2017年1月5日，商赢环球股票因筹划重大资产收购事项开始停牌。停牌期间，商赢环球共收到上交所下发的4份问询函。8月28日，商赢环球公布2017年中报并且迎来了自停牌以来的首次复牌，复牌后连续两日一字跌停，成交稀少。9月5日，商赢环球再次以筹划资产收购的重大事项为由，于开市起停牌。11月3日，商赢环球宣称资产重组工作尚未完成，申请再次延期复牌。曾经的“第一妖股”在经历多年反复的重组“炒壳”后，已经在市场中失去了投资者的信任，时至今日仍处于停牌状态。

二、税案分析

企业之间进行股权收购时，在被收购方债务高筑且关系复杂的情况下，收购方难以掌握债权人全部信息且不想承担之前的债务风险，由此往往会在合同中约定原债权债务由原股东清理，即承债式股权收购。签订股权转让协议时，协议约定时间以前的债务由原股东负责，协议约定时间以后的债务由新股东负责，这也是承债式收购的常用方法。此种股权收购衍生出的税收争议问题主要是原股东替企业偿还债务行为的定性及股权转让计税基础的确定。由于承债式收购涉及目标公司、新老股东及相关的债权债务人，所以在进行股权交易时，各方关系错综复杂，而不同的交易性质又导致纳税的重大差异。

（一）世峰黄金原股东涉税分析

世峰黄金原股东转让世峰黄金52%股权，收到大元股份支付的1.3亿元股权转让金，同时负担了世峰黄金约0.4亿元的债务，原股东应如何缴纳个人所得税呢？

由于原股东对世峰黄金的初始投资非常小，我们暂且忽略不计。原股东计算个人所得税时是否允许扣除0.4亿元承债支出，即原股东应纳税所得是1.3亿元还是0.9亿元（1.3－0.4）？

《国家税务总局关于股权转让收入征收个人所得税问题的批复》（国税函〔2007〕244号）以规范性文件的形式对上述情况做出规定。244号文中规定，通过签订股权转让协议，以转让公司全部资产方式将股权转让给新股东，协议约定时间以前的债权债务由原股东负责，协议约定时间以后的债权债务由新股东负责。根据《中华人民共和国个人所得税法》及其实施条例的规定，原股东取得股权转让所得，应按“财产转让所得”项目征收个人所得税。

对于原股东取得转让收入后，根据持股比例先清收债权、归还债务后，再对每个股东进行分配的，应纳税所得额的计算公式为：应纳税所得额＝（原股东股权转让总收入－原股东承担的债务总额＋原股东所收回的债权总额－注册资本额－股权转让过程中的有关税费）×原股东持股比例。

其中，原股东承担的债务不包括应付未付股东的利润（下同）。

对于原股东取得转让收入后，根据持股比例对股权转让收入、债权债务进行分配的，应纳税所得额的计算公式为：应纳税所得额＝原股东分配取得股权转让收入＋原股东清收公司债权收入－原股东承担公司债务支出－原股东向公司投资成本。

个人承债式股权转让中应纳税所得额的计算公式为：应纳税所得额＝（原股东股权转让总收入－原股东承担的债务总额＋原股东所收回的债权总额－注册资本额－股权转让过程中的有关税费）×原股东持股比例。

根据税法规定，原股东投资收益的确定基于股权转让收入和股权转让成本。在本案例中，大元股份所有支付给原股东的款项都应当确认为原股东的收入，包括大元股份替世峰黄金偿还的债务款项；原股东股权投资的计税基础包括注册资本和后期的资本性投入，即大元股份替世峰黄金偿还的债务款项也应当计入投资成本之中。因此，原股东偿债的支出一方面界定为股权转让收入，另一方面界定为股权转让成本。

根据上述文件的规定，原股东计算应纳税所得时允许扣除0.4亿元，应纳税所得＝1.3－0.4＝0.9（亿元），应缴纳个人所得税0.18亿元。

（二）世峰黄金涉税分析

世峰黄金在本次股权收购重组中仅更迭了股东，按理说股东变更对被投资企业世峰黄金不会产生税务影响，但“世峰黄金股权转让前的债务，由原股东负责”的条款，使其应采用的税务处理方式有了些许争议。

世峰黄金原有债务0.85亿元，该债务在股权交易中被世峰黄金原股东偿还，没有了还款义务的世峰黄金是否有纳税义务呢？

根据《企业会计准则解释第5号》第6条的规定，企业接受代为偿债、债务豁免或捐赠，按照企业会计准则规定符合确认条件的，通常应当确认为当期收益。但是，企业接受非控股股东（或非控股股东的子公司）直接或间接代为偿债、债务豁免或捐赠，经济实质表明属于非控股股东对企业的资本性投入，应当将相关利得计入所有者权益（资本公积），前者为当期收益，后者为资本投入，计税标准有重大差异。对此，目前有两种观点。

第一种观点认为：对此项债务清偿不应征收企业所得税。理由如下：

1. 从会计核算原则上讲，“资本公积”科目允许包含来自原母公司的拨入款项，“资本公积”是资本类科目不应征税。

2. 原股东所拨款项实际是股本金，是增加注册资本之用，只是因为时间紧迫等原因未通过工商部门办理增资手续而已。因此，根据实质重于形式原则，并考虑企业实际情况，应将其所拨款项认定为资本金，不应征收所得税。

3. 所收到的来自原股东拨款均已用于偿还债务，进出金额基本一致，故不应征税。

第二种观点认为：对此项债务清偿应当征收企业所得税。理由如下：

1.《企业所得税法实施条例》第12条规定，“债务的豁免”及“有关权益”的获得分别属于取得收入总额的货币形式和非货币形式。原股东承担世峰黄金原有债务，对世峰黄金而言，属于债务的豁免和有关权益的流入，应当计入收入总额征收企业所得税。

2. 从会计角度来看，资本公积主要包括资本（或股本）溢价、接受捐赠、股权投资准备、拨款转入、外币资本折算差额、关联交易差价、其他资本公积等。从税法角度来讲，资本公积虽属于投入资本范畴，但并非不涉及企业所得税纳税义务，如接受捐赠就必须缴纳企业所得税，而拨款转入如果不及时转增注册资本或股本，也面临着纳税义务（视同捐赠）。

3. 由于世峰黄金将拨款计入资本公积，且有新股东加入，并有约定用于偿还债务，此拨款不需要再向股东偿还，属于税法规定的其他收入——确实无法偿付的应付款项。

会计核算应遵循实质重于形式原则，按照经济实质判断是对企业的捐赠还是资本性投入。经济实质的判断不能简单地从关联方关系角度进行，而应对交易的实质进行分析。从交易实质来看，大元股份替原股东清偿债务是为了厘清世峰黄金的债务关系，便于进行股权交易，否则大元股份会认为世峰黄金潜在债务关系过多从而放弃对世峰黄金的收购行为。原股东替世峰黄金偿债也并非是真正的“无偿”，世峰黄金债务的减少会增加原股东的所有者权益，从而提高世峰黄金股权的交易价格。原股东偿还债务的支出通过大元股份公司多支付股权收购价款予以弥补。因此，原股东拨付给世峰黄金用于偿债的款项属于资本性投入，属于原股东再投资行为，应当计入资本公积。

在税法中也应当看到原股东的投资行为和捐赠行为的区别。捐赠是具有无偿性的，即原股东在投入资本后是不要求有任何回报的，而在此案例中，显然原股东进行资金投入具有很强的目的性，即厘清世峰黄金的债务关系，以便股权转让交易能够顺利进行，最后的“回报”是大元股份的股权转让价款。

（三）大元股份涉税分析

大元股份披露的财报显示，其持有世峰黄金的长期股权投资会计入账价值为 1.3 亿元，但税务机关是否会认可该长期股权投资计税基础为 1.3 亿元呢？

从计税基础的连续性来看，原股东确认的股权转让收入为 0.9 亿元，大元股份取得股权的计税基础自然也应为 0.9 亿元。从股权转让合同条款分析，大元股份支付的 1.3 亿元也并非全部是 52% 股权的对价，另有原股东为世峰偿债的补偿。因此，如未来大元股份转让股权时，税务机关极有可能提出其允许扣除的投资成本仅为 0.9 亿元。

通过以上对交易各方的涉税情况分析可知，该股权转让金的约定虽对转让方原股东毫发无伤，但对受让方新股东大元股份却隐含巨大的税务风险。承债式股权转让，原本是一个交易双方都有利益的合理商业行为，但是交易中涉及的民事主体承担的法定义务和纳税义务并不能以合同约定而转移或者变更。因此所谓承债式交易，极有可能变成新股东自己给自己设计的一个“税收陷阱”。而原股东在法律上始终只是一个被委托人的身份，并不承担任何法律风险。

三、承债式股权收购焦点问题

（一）债权债务的归属约定

在《合同法》中，股权转让属于无名合同，合同法分则中并无对股权转让合同的明确规定，而对于无名合同的法律适用，《合同法》第124条规定，“本法分则或者其他法律没有明文规定的合同，适用本法总则的规定，并可以参照本法分则或者其他法律最相类似的规定”。因此，在股权转让合同中出现的新老股东对被转让企业债权债务条款的约定应当参照《合同法》中买卖合同的规定。

《合同法》第79条至第88条对债权债务的转让进行了详细规定：(1) 对于债权关系的转让。债权人可以将合同的权利全部或者部分转让给第三人。但有下列情形之一的除外：根据合同性质不得转让；按照当事人约定不得转让；依照法律规定不得转让。在债权人转让权利时应当通知债务人。未经通知，该转让对债务人不发生效力。(2) 对于债务关系的转让。债务人将合同的义务全部或者部分转移给第三人的，应当经债权人同意。当事人一方经对方同意，可以将自己在合同中的权利和义务一并转让给第三人。

从上述《合同法》条款分析，股权转让合同中的债权债务条款约定实际是债权债务关系的转移，其实质是被转让企业将部分债权和债务转让给老股东。在实际操作中，无论老股东直接偿还接收的债务，还是拨款给被转让企业进行偿还，都是老股东偿还自身债务的情形。

（二）老股东拨款用于偿债的财税处理

《企业会计准则解释第5号》第6条涉及股东代替公司进行债务清偿的会计处理，其要求企业接受在非控股股东（或非控股股东的子公司）直接或间接代为偿债、债务豁免或捐赠时应按照企业会计准则的规定，对于符合收益确认条件的，通常应当确认为当期收益。但是，企业接受非控股股东（或非控股股东的子公司）直接或间接代为偿债、债务豁免或捐赠，经济实质表明属于非控股股东对企业的资本性投入，应当将相关利得计入所有者权益（资本公积）。

对于目标公司接受代为偿债是否需确认为收益、缴纳企业所得税，税务机关的争议主要来自法律定性的模糊。如果原股东在拨付偿债资金时办理股权变更登记手续，从法律上将投入的资金定性为资本性支出，就可以避免相关争议。此外，可以在合同中明确约定由原股东接替的债务范围和金额大小，即使在签订合同时不能明确偿债金额的大小，也应当通过规范的会计分录和会计摘要注明所清偿债务与股权转让的相关性，以便在日后计算投资收益的金额大小时正确地确认股权投资成本的金额。最后，股权转让方和目标公司应当保留好股权转让的原始凭证，包括股权转让协议、债务清偿说明、付款凭证、债权人书面确认材料等，以便税务机关在进行判断时准确确定投资收益的金额大小。

四、纳税方案及案例点评

（一）大元股份涉税问题处理对策

那么，在进行股权收购时，收购方确实希望将被收购方的债务剥离出来进行承债式收购的，该采取何种方式将自己的税务风险降到最低呢？我们来重新设计一下大元股份的收购方式及相关合同，如图 2 所示。

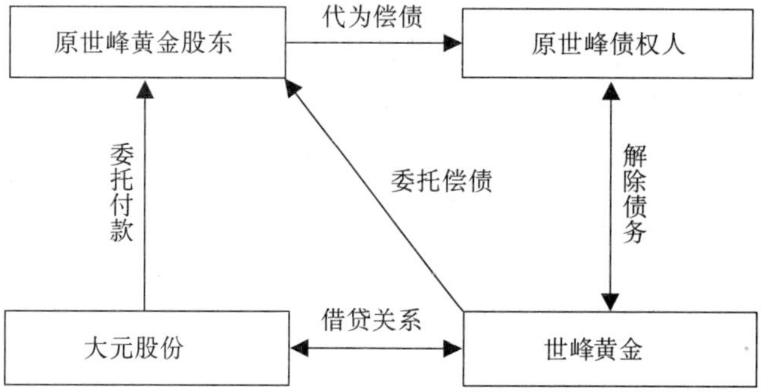

图 2　大元股份收购方案设计

根据此交易关系，可以设计出以下合同：

1. 原世峰黄金股东和大元股份的股权转让合同。
2. 大元股份和世峰黄金的借款合同。
3. 大元股份和原世峰黄金股东的委托付款合同。
4. 世峰黄金和原世峰黄金股东的委托偿债合同。

该交易的经济逻辑为：大元股份收购世峰黄金的价款以评估价值为基础确定，即股权转让价款为 0.9 亿元；然后大元股份向世峰黄金提供贷款 0.4 亿元，此款项支付给原世峰黄金股东，由原世峰黄金股东代为支付给债权人。经该系列合同安排后，大元股份长期股权投资的计税基础将为 0.9 亿元。大元股份对世峰黄金其他应收款为 0.4 亿元，世峰黄金对大元股份其他应付款为0.4亿元。在该交易安排下，世峰黄金的原债务被清偿也并非被施舍或捐赠，而是以借款0.4亿元为代价。

该法律关系被捋顺后，税收问题就迎刃而解了。收购中涉及的民事主体承担的法定义务和纳税义务变得清晰明确，既能将复杂的债务关系留给原股东去处理，也能最大程度地降低税务风险。还有一个优势是，日后如果大元股份不打算让世峰黄金偿还0.4亿元借款，则可以下一步实施债转股，将0.4亿元债权转为投资，增加世峰黄金的注册资本。经过重新设计的交易结构，大元股份既达到了承债式股权收购的目的，也把自身的税务风险降到了最低。

（二）承债式股权收购涉税方案的思路

根据债务清偿路径不同，承债式并购分为直接承债式并购和间接承债式并购。前者是指并购方通过债权转让、债务转移、代偿等方式，直接将债务清偿款支付给目标公司债权人；后者则是指并购方先向目标公司提供贷款、注入增资扩股资金等，再以融资款项清偿目标公司债权人的债务。当然，后者因资金划转流经两手，做好资金流向监管以避免资金被挪作他用就更为重要。

如果目标公司对外的债务是清晰的、可确认的，可以采取的方式就是收购目标公司时将资产扣除该债务后，按净资产的评估价进行股权作价即可。这样可避免上文所述的纳税风险。随后将资金以委托贷款的方式交付给目标公司以偿付债务。或者通过债权转让、债务转移、代偿等方式，直接将债务清偿款支付给目标公司债权人。

实务中的承债式股权转让多属于债务混乱不清且外部债权人众多的情形。在这种情况下，通过债权转让、债务转移、代偿的方式进行偿债就易造成效率低下、法律关系不清晰等问题。可采用的方式是收购时按净资产的评估价进行股权作价，随后将债务托付给原股东进行偿付，例如上文对大元股份交易方式重新设计的方案。在收购中，应当始终围绕“委托原股东偿还债务”这个主体，进行相关事项的处理。这样可将复杂的债务关系交由原股东去处理，同时将税务风险、法律风险降到最低。

（三）承债式股权收购的生命力

承债式收购在资本市场中比较常见，对于不良债权过多的公司而言，具有十分重要的意义。特别是在国企改制以及跨境并购中，承债式收购扮演了很重要的角色，近两年A股上市公司在进行跨境并购时，多次运用了这种并购方式。例如视觉中国收购联景国际100%股权、奥特佳收购空调国际100%股权、苏交科收购TA，都是其中具有代表性的案例。在这种并购模式下，标的公司往往具有如下特点：债台高筑，甚至资不抵债；信用评级低，贷款利率高；拥有良好的现金流；过高的财务费用侵蚀公司毛利润，导致净利润为负。

这类公司往往在先期因为各种原因，例如某段时间的经营不善，甚至天灾人祸，而欠下了巨额债务。其表面上难看的财务指标，往往是受到如滚雪球般越滚越大的债务拖累，而并非是其自身业务缺乏盈利能力。因此，当买方清偿标的公司的债务后，标的公司可以快速实现盈利。

因为巨额债务的存在，对价往往较低。而只要清偿债务就能立刻扭亏为盈，并用业绩来影响公司财务状况，推动公司股价的上涨。承债式并购在交易效率上显然具有得天独厚的优势。

但是承债式收购在我国资本市场中仍不是主流的收购方式。目前来看，原因主要有两个：一是上市公司在并购时对标的的选择往往直接剔除掉了类似资不抵债但实际具有良好盈利能力的公司；二是国内对类似标的的处理，大多还是采用了买方直接向银行购买标的公司债权，随后对公司进行债务重组的方式进行。

但这样的解决方式，其实对买方和银行的谈判能力有比较高的要求。如果无法从银行处拿到较低的债权价格，收益将很难获得保障。相比之下，承债式并购显然能使买方获得更大的主动权，结果的可控性也相对更强。所以说在很长一段时间内承债式收购都具备比较强的生命力，能够高效率地达到特定的交易目的。其深层次的交易优势还有待资本市场进一步挖掘。

参考文献

[1] 蔡昌、周宇．勒紧狂赌“炒股”的税务缰绳［J］．首席财务官，2017（23）．

[2] 陈莉．大元股份再陷定增困局［N］．企业观察报，2014（11）．

[3] 樊剑英．承债式股权转让各方如何纳税？［N］．中国税务报，2014（02）．

[4] 黄啸．“壳公司”买卖交易及股权并购交易法律问题分析［J］．经济与法，2016（09）：78－79．

[5] 彭彬．证监会行政处罚落地　大元股份定增未果先谋更名［N］．大众证券报，2015（07）．

[6] 王辉．简析证券市场的“壳”交易［J］．经济与管理，1990（06）：54－55．

[7] 王培成．大元股份的前世今生［J］．财经，2014（02）：23－25．

[8] 徐长顺．大元股份增发疑点重重公告未出消息先行［N］．证券日报，2010（09）．

[9] 许金民．大元股份镀金或破灭上海泓泽27亿巨款无着落［N］．每日经济新闻，2011（06）．

国内税案 2　儿童投资主基金税案[①]

一、案例背景

（一）案件基本事实

1997 年 12 月 5 日，香港国汇有限公司（以下简称香港国汇公司）在香港地区注册成立。2003 年 11 月 4 日，儿童投资主基金（The Children's Investment Master Fund，以下简称 TCI 基金）在开曼群岛注册成立。

2004 年 3 月 31 日，香港国汇公司与中国浙江国业实业发展有限公司签订合同设立杭州国益路桥经营管理公司（以下简称杭州国益路桥公司），香港国汇公司占杭州国益路桥公司 95% 的股份。杭州国益路桥公司成立后，于 2005 年 10 月被批准受让杭州绕城高速公路收费经营权。

2005 年 10 月 12 日，Chinese Future Corporation（以下简称 CFC 公司）在开曼群岛注册成立。2005 年 11 月 10 日，TCI 基金通过股权转让和认购新股的方式取得了 CFC 公司 26.32% 的股权，CFC 公司持有香港国汇公司 100% 股权。

CFC 公司另外 73.68% 的股权由 Widefaith Group Limited（英属维尔京群岛）公司持有。Kaiming Holdings Limited（英属维尔京群岛）持有 Widefaith Group Limited 公司 100% 的股权。Widefaith Group Limited 公司后来也已将其持有的 CFC 公司 73.68% 股权中的 22.68% 转让给 Moscan Developments Limited 公司，另 51% 的股权，由 Kaiming Holdings Limited 通过转让 Widefaith Group Limited 公司 100% 股权的方式间接转让给 Moscan Developments Limited 公司。公司股权结构如图 1 所示。

2011 年 9 月 9 日，TCI 基金将其持有的 CFC 26.32% 股权转让给新创建集团有限公司的附属公司 Moscan Developments Limited，转让价格为 2.8 亿美元

---

① 中国社会科学院研究生院 2017 级税务专硕戴梦妤、陈钰钦参与本案例调研与写作。

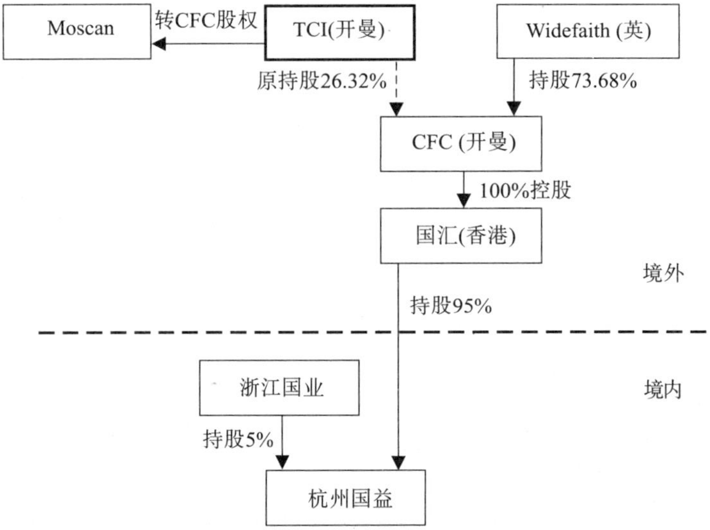

图 1　香港国汇公司股权结构

连同自2011 年 7 月 1 日起至2011 年 8 月 31 日止期间按购买价年利率 8% 计算之利息（约合 380 万美元）。

（二）行政处理过程

1. 国家税务总局的批复意见

2011 年 9 月 30 日，TCI 基金根据《国家税务总局关于加强非居民企业股权转让所得企业所得税管理的通知》（国税函〔2009〕698 号）的要求告知了杭州市西湖区国家税务局（以下简称西湖国税局）本次交易的情况，并提供了部分相关资料。西湖国税局收到 TCI 基金信函后，多次与其沟通，要求 TCI 基金提供相关资料，同时进行了调查，并依照相关要求，层报国家税务总局审核。

2013 年 7 月，国家税务总局明确批复："在 The Children's Fund（注册地开曼群岛）、Widefaith Limited（注册地英属维尔京群岛）和 Kaiming Limited（注册地英属维尔京群岛）间接转让杭州国益路桥经营管理有限公司股权的交易中，存在以下事实：一是境外被转让的公司 Chinese Future Corporation（开曼）和香港国汇有限公司仅在避税地或低税率地区注册，不从事制造、经销、管理等实质性经营活动；二是股权转让价主要取决于对中国居民企业杭州国益路桥经营管理有限公司的估值；三是股权受让方对外披露收购的实际标的为杭州国益路桥经营管理有限公司股权。基于上述事实，税务机关有较充分的理由认定 The Children's Investment Master Fund 等境外转让方转让 Chinese Future

Corporation 和香港国汇有限公司，从而间接转让杭州国益路桥经营管理有限公司股权的交易不具有合理商业目的，属于以减少我国企业所得税为主要目的的安排。”并同意对该交易重新定性，否定被用作税收安排的 CFC 公司和香港国汇公司的存在，对 TCI 基金等取得的股权转让所得征收企业所得税。

2. 杭州西湖国税局的决定

2013 年 11 月 12 日，西湖国税局经与 TCI 基金方充分沟通后做出杭国税西通〔2013〕004 号《税务事项通知书》，通知原告“根据《中华人民共和国企业所得税法》第四十七条，《中华人民共和国企业所得税法实施条例》第七条、第一百二十条，《国家税务总局关于印发〈非居民企业所得税源泉扣缴管理暂行办法〉的通知》（国税发〔2009〕3 号）以及《国家税务总局关于加强非居民企业股权转让所得企业所得税管理的通知》（国税函〔2009〕698 号，以下简称 698 号文）的相关规定，你公司间接转让杭州国益路桥经营管理有限公司股权所取得的股权转让所得，应申报缴纳企业所得税。你公司取得转让所得为 173228521.91 美元，应按照缴纳（扣缴）当日国家公布的人民币汇率中间价，折合成人民币，并按 10% 的税率计算缴纳企业所得税。你公司应自收到本通知之日起十五日内按照本通知书要求，到我局申报缴纳企业所得税”，并于当日将该通知书送达原告。2013 年 11 月 19 日，TCI 基金按照杭国税西通〔2013〕004 号《税务事项通知书》的要求缴纳了人民币 105310815.32 元的税款。2014 年 1 月 17 日，TCI 基金向杭州市国家税务局就涉案《税务事项通知书》提起行政复议。2014 年 4 月 10 日，杭州市国家税务局做出杭国税复决字〔2014〕1 号《行政复议决定书》，维持了之前做出的杭国税西通〔2013〕004 号《税务事项通知书》。

（三）案件审理经过

TCI 基金行政复议后仍不服，诉至法院。一审由浙江省杭州市中级人民法院审理，被告为中华人民共和国杭州市西湖区国家税务局。一审法院认为 TCI 基金的诉讼理由不能成立，驳回了原告的诉讼请求。

TCI 基金对一审判决不服，提出上诉，上诉法院为浙江高级人民法院。二审庭审中，浙江高院围绕被上诉人杭州市西湖区国家税务局杭国税西通〔2013〕004 号《税务事项通知书》认定事实是否清楚、适用法律是否正确的审理重点进行审查。经审理，浙江高院认为案件事实清楚，适用法律正确，判决驳回上诉，维持原判。二审为终审判决。

二、适用的法律规定

我国非居民企业间接转让股权税收规范性文件中，既包括反避税的法律法规，如《一般反避税管理办法（试行）》（国家税务总局令2014年第32号），也包括国家税收总局发布的部门规章，如《关于加强非居民企业股权转让所得企业所得税管理的通知》等。

（一）反避税法律法规

2008年1月1日，《企业所得税法》正式开始实施，将非居民企业纳入统一管理。同时，首次在税法中加入一般反避税条款，确立了“特殊反避税条款”与“一般反避税条款”相结合的特别纳税调整模式。《企业所得税法》第41到第46条分别针对关联企业采用转让定价、设立受控外国公司、进行资本弱化等方式进行避税的行为做了具体的规定，而企业所得税法第47条作为兜底性条款，针对非居民企业实施其他不具有合理商业目的而规避纳税义务的安排做了一般性的反避税规定。《中华人民共和国企业所得税法实施条例》（国务院令第512号）第120条对一般反避税条款中的“不具有合理商业目的”做了进一步的阐释，“不具有合理商业目的”，即“以减少、免除或者推迟缴纳税款为主要目的”。

为了配合企业所得税法的实施，规范和加强特别纳税调整管理，具体实施反避税措施，国家税务总局于2009年1月18日制定发布了《特别纳税调整实施办法（试行）》。《办法》对一般反避税调查的管理做了具体的规定。2014年12月2日，国家税务总局颁布了《一般反避税管理办法（试行）》，对于一般反避税的立案、调查、结案等程序的管理做了规定。

（二）相关规范性文件

一般反避税法律和法规较为抽象，实际操作性不强。针对非居民企业间接转让股权的反避税管理问题，国家税务总局先后发布了多个部门规章和规范性法律文件。

2009年1月9日，国家税务总局印发《非居民企业所得税源泉扣缴管理暂行办法》的通知，对非居民企业取得来源于中国境内的股息、红利等权益性投资收益和转让财产所得实行源泉扣缴。2009年12月10日，国家税务总局发布了《关于加强非居民企业股权转让所得企业所得税管理的通知》（国税函〔2009〕698号），对非居民企业股权转让所得的所得税管理做了明确的规定。698号文首次明确了对非居民企业通过滥用组织形式等安排间接转让我国居民企业股权的征税权，是我国税务机关在反避税领域迈出的重要一步。

2011年3月28日，国家税务总局发布《关于非居民企业所得税管理若干问题的公告》（国家税务总局公告2011年第24号），公告第6条对698号文中的部分问题做了一些明确。

2015年2月3日，国家税务总局发布了《关于非居民企业间接转让财产企业所得税若干问题的公告》（国家税务总局公告2015年第7号）。7号公告对698号文进行了补充，扩宽了适用范围，对合理商业目的的判定、集团内部重组的豁免等问题进一步明确，同时，698号文和24号公告中相关条款废止。

1. 698号文的相关规定

698号文对非居民企业股权转让征税的管理有了一定的突破。698号文第6条规定“境外投资方（实际控制方）通过滥用组织形式等安排间接转让中国居民企业股权，且不具有合理的商业目的，规避企业所得税纳税义务的，主管税务机关层报税务总局审核后可以按照经济实质对该股权转让交易重新定性，否定被用作税收安排的境外控股公司的存在”。698号文指出了我国税务机关对于我国非居民企业间接转让境内居民企业股权取得所得的征税权，赋予了税务机关否定不具有合理商业目的的境外中间控股公司存在的权利，并将该间接转让交易重新定性为直接转让我国居民企业股权，从而产生申报和纳税的义务。698号文对于非居民企业间接转让股权只提供了一般性的指导规则，很多细节问题有待于进一步的明确。在7号公告发布前，698号文在实施中也备受争议，主要问题有：

（1）税收管辖权的争议与双重征税。对于一笔间接转让股权交易，根据698号文的相关规定，只要税务机关认定境外投资方不具有合理的商业目的，就可以否认境外中间控股公司的存在，对该项交易重新定性，认定其为来源于境内的所得，从而对其征收所得税。这样就有可能导致境外投资方所在地、中间控股公司所在地与我国之间税收管辖权的重叠。尽管中间控股公司一般设立在避税地，对这项股权转让所得不征税或者只征收很少的税款，但转让方所在地却有可能需要征税。加上一些发达国家当前并不认可对间接转让股权所得的征税原则，所以也无法通过税收协定来避免双重征税。这样会造成纳税人税收负担的加重，并且会引发国际间税收管辖权和税收利益上的冲突。

（2）强制申报义务。根据698号文的有关规定，对于一项间接转让股权交易，只要境外投资方转让的中间控股公司所在地所得税实际税负低于12.5%，或者该国对于本国居民的境外所得不征税，境外投资方就需要向被间接转让股权的我国居民企业所在地的税务机关申报并提供相关资料。根据这一规定，在许多具有合理的商业目的的交易中，不应对中国承担纳税义务的境外投资企业也需要申报和提交资料。另外，需要提交的材料和报告的信息比较复杂，相关企业也很难在规定时限内完成申报。然而，698 号文对这一申报义务并没有规定相应的法律责任，非居民企业不按规定提供材料需要承担的法律后果并不明确，导致该项规定并没有实际意义上的强制性。另外，由于 698 号文的规定缺乏实际操作性，在实践中，有时一些进行间接转让股权交易的非居民企业按照文件要求申报后，税务机关并没有给予明确的税务处理意见。

2. 7 号公告的相关规定

2015 年，国家税务总局又一次针对非居民企业间接转让股权的征税问题发布规范性文件，7 号公告延续了 698 号文的原则和精神，并在内容上有了较大的扩展。7 号公告扩大了适用范围，对合理商业目的的判定、扣缴义务人的确定等实际操作中的一些问题给予了明确，并且废除了强制申报义务，规定了安全港规则。

（1）扩大适用范围。698 号文将反避税管理的范围限定在非居民企业间接转让股权上，对不具有合理的商业目的、采用滥用组织形式等安排进行间接转让我国居民企业的股权的，重新定性，征收所得税。7 号公告延续了这一规定，并将适用范围进行了扩展，将管理范围进一步扩大到“中国应税财产”，即包括应在我国缴纳所得税的境内机构、场所，不动产和居民企业权益性投资资产等。另外，对于“间接转让”的解释，7 号公告将非居民企业的重组所引起的境外企业股东发生变化的情形也包含在内。由此可见，7 号公告扩大了间接转让中国财产反避税的管理范围。

（2）合理商业目的的判定。合理商业目的的判定是非居民企业间接转让股权反避税管理最大的难题。7 号公告的第 3 条首次对合理商业目的的判断标准给出了说明，列出了应综合考虑的 8 项因素。对于这 8 项要素，我们可以将其归纳为三个角度的考虑因素，见表 1 所示。

表 1　　7 号公告中合理商业目的的判定标准

	评价要素
所得来源地	1. 境外企业股权主要价值是否直接或间接来自中国应税财产 2. 境外企业资产是否主要由直接或间接在中国境内的投资构成，或其取得的收入是否主要直接或间接来源于中国境内

续表

	评价要素
经济实质	3. 境外企业实际履行的功能和程度的风险 4. 境外企业股东、业务模式及相关组织架构的存续时间
税收目的	5. 间接转让中国应税财产交易在境外应缴纳所得税情况 6. 股权转让方间接投资、转让交易与直接投资、转让交易的可替代性 7. 间接转让中国应税财产所得在中国可使用的税收协定或安排情况 8. 其他相关因素

此外，7号公告的第4条还给出了危险港规则：如果一项间接股权转让交易中的中间控股公司的价值和收入主要来源于中国，而其自身不具有足够的经济实质，并且该项交易的境外税负低于直接转让所应承担的中国税负，那么这项交易就会被直接认定为不具有合理的商业目的而需在中国缴纳所得税。

（3）安全港规则。

①安全港条款。7号公告的第5条规定了两项不需要重新定性向中国缴纳所得税的情况，即公开交易和税收协定两个安全港。对于第一种情况，698号文中就有相关规定："不包括在公开的证券市场上买入并卖出中国居民企业的股票"。24号公告又对公开交易的股票做了进一步的解释。而7号公告则进一步明确买入和卖出的股票应该属于同一个境外上市公司。对于第二种情况，如果直接转让股权根据税收协定可以免于缴纳税收，那么其间接转让股权的交易自然不是为了减少、免除或延迟缴纳税款的目的，也就不应认为其不具有合理的商业目的而进行重新定性。

②集团内部重组的豁免。在现实中，许多大型集团公司会根据企业自身的需要而进行企业收购、合并、分立等内部重组活动，在这些内部重组活动中往往会发生间接转让股权的交易。698号文中并没有规定对集团内部重组所导致的企业间接转让我国居民企业股权行为给予豁免。尽管这类交易并不是出于规避税收的目的，但很多却因为形式上符合文件的规定而要进行纳税申报。这不仅加重了境外投资者的税收负担，也浪费了税收管理资源。

2015年的7号公告的第6条对于符合条件的企业内部重组导致的间接转让股权给予了豁免。即在交易双方相互持股比例、可能再次发生间接转让交易的税负水平、支付股权交易对价的方式等方面符合规定的集体内部重组，可以直接认定其具有合理的商业目的。符合条件的集团内部重组应当同时满足的3个条件见表2所示。

表 2　　7 号公告第 6 条的豁免条件

持股比例	股权转让方直接或间接拥有股权受让方 80% 以上的股权 股权受让方直接或间接拥有股权转让方 80% 以上的股权 股权转让方和股权受让方被同一方直接或间接拥有 80% 以上的股权 除此之外，境外企业股权 50% 以上（不含 50%）价值直接或间接来自中国境内不动产的，上述持股比例应为 100%
所得税税负	本次间接转让交易后可能再次发生的间接转让交易相比在未发生本次间接转让交易情况下的相同或类似间接转让交易，其中国所得税负担不会减少
交易对价	股权受让方全部以本企业或与其具有控股关系的企业的股权（不含上市企业股权）支付股权交易对价

7 号公告对于符合条件的股权交易以及集体内部重组中的股权间接转让规定了安全港规则。但由于其要求条件较为严格，可能导致其适用范围过窄，不能发挥很好的作用。

（4）支付方的代扣代缴义务。非居民企业间接转让股权的交易双方一般都是非居民企业。根据我国《企业所得税法》第 37 条的相关规定，对非居民企业取得的应税所得实行源泉扣缴制度，以支付方作为扣缴义务人。而国税发〔2009〕3 号文规定了在境外发生的交易双方都是非居民企业的股权转让交易，由取得所得的企业申报纳税，而没有强调支付方的代扣代缴义务。

7 号公告的第 8 条强调了间接转让股权交易的支付方的扣缴义务。这一规定有助于税务机关及时掌握相关的交易情况，在税收征管方面较大地保障我国的税收利益。然而，在实际操作中，支付方履行扣缴义务存在着各种困难，为税收征管带来了难题。首先，支付方作为非居民企业会面临税务登记、外汇管制等实际困难。其次，因为合理商业目的的判断较难，所以扣缴义务人很难判断转让方是否在中国存在纳税义务。而且，在转让方不认可的情况下，扣缴义务就会很难执行。另外，就算支付方能够履行扣缴义务，如何确定应该扣缴的税额也会是一个难题。

三、税案争议焦点

（一）争议过程

2014 年、2015 年儿童投资主基金（TCI）经过了行政复议和行政诉讼一审、二审程序，西湖区国税局的决定均得到维持。TCI 又申请最高人民法院再审，最高法于 2016 年 9 月 8 日做出再审裁定，驳回了其再审申请。

（二）主要争议焦点

TCI 在最高法申请再审时提出了三个问题：

1. 原审判决认定香港国汇公司、CFC 公司不从事实际经营活动，以及涉案股权转让的所得实际来源于中国境内，无充分证据支持。香港国汇公司 2004 年以前从事房地产投资业务，CFC 公司一直从事投资股权、发行债券、管理股权债权的业务活动，从事上述经营行为均属于实质性经营活动。

2. 原审判决对再审申请人实施了“不具有合理商业目的，以减少我国企业所得税为目的”的行为的认定，无相关证据支持。

3. 再审申请人既未实施滥用组织形式的安排，也不是为了获取税收利益而转让 CFC 公司股权。

结合 TCI 在一审、二审中提出的主张，不难看出，TCI 的观点主要都是针对国家税务总局的批复意见进行辩驳，焦点争议集中于被转让的公司——Chinese Future Corporation（开曼）和香港国汇有限公司是否从事制造、经销、管理等实质性经营活动；股权受让方是否连用组织安排，其实施收购的目的是否含有避税意图。

为了证明 TCI 在交易中“不具有合理商业目的”或说“以减少、免除或者推迟缴纳税款为主要目的”，国家税务总局 2013 年批复强调了中间组织架构的经营实质、交易标的的实质、交易目的的实质等三个问题。争议双方主要都是从这三个方面争点展开的交锋。

四、TCI 基金间接转让股权的税理辨析

（一）合理商业目的与经济实质

根据我国《企业所得税法》第 47 条规定，企业实施其他不具有合理商业目的的安排而减少其应纳税收入或者所得额的，税务机关有权按照合理方法调整。《企业所得税法实施条例》第 120 条规定，《企业所得税法》第 47 条所称不具有合理商业目的，是指以减少、免除或者推迟缴纳税款为主要目的。我国税法将间接转让股权是否具有合理商业目的作为是否穿破中间层公司的条件，而实践中，中国税务机关更倾向于通过评估经济实质来判断交易目的，即如果中间控股公司不具备经济实质，则该项交易很可能就被预设为不具有合理商业目的。

但是，经济实质与合理商业目的并不等价。比如，印度最高法院就认为，非居民企业与本地投资者在当地投资应该区别对待，前者利用中间层公司设计撤资方案本身就是合理的商业目的，即便中间层公司不产生营业收入，也

不具备经济实质。

（二）698 号文的适用

TCI 公司提出香港国汇公司、CFC 公司的设立早于 2004 年，TCI 对 CFC 公司的出资到位是 2005 年，而 698 号文颁布于 2009 年。虽然国汇和 CFC 公司设立时不能预见 698 号文的颁布和适用，但是《企业所得税法》第 47 条就是规制非居民企业间接转让股权的兜底条款。此外，不能因为香港国汇和 CFC 公司的设立时间而排除故意避税意图的存在，因为香港和开曼群岛作为低税率避税地由来已久，且这两家公司不从事制造经销、管理等实质性经营活动。

（三）7 号公告的相关规定

7 号公告中强调，在判断“合理商业目的”时，应整体考虑与间接转让中国应税财产交易相关的所有安排。该公告再一次将目的测试作为基本考虑要素，同时强调“实质重于形式”是进行判断的首要原则。7 号公告的第 3 条首次对合理商业目的的判断标准给出了具体指引，列出了应综合考虑的 8 项因素、安全港（第 5 条和第 6 条）和危险港规则，实际可操作性较强。下面主要依据 7 号公告进行分析。

1．安全港规则

首先考虑 7 号公告第 5 条和第 6 条的规定。即非居民企业在公开市场买入并卖出同一上市境外企业股权取得间接转让中国应税财产所得，以及按照可适用的税收协定或安排的规定免税的股权转让，在中国可以免予缴纳企业所得税[①]。TCI 转让 CFC 股权并不在公开市场交易，没有可适用的税收协定或安排，本次股权转让也不属于符合条件的企业内部重组导致的间接转让，因此不适用。

2．判断合理商业目的的因素

将公告第 3 条用于分析 TCI 的股权转让，条文提出判断合理商业目的需要重点考虑以下几项因素：境外纳税状况、境外企业股权价值和主要资产的来源、功能和风险承担、间接投资与直接投资的可替代性。显然，CFC 公司和香港国汇公司都在避税地或低税率地区注册，境外纳税远少于境内应纳税收，下面重点分析其他要素。

（1）资产来源分析。对于境外企业股权价值和主要资产的来源，TCI 提

① 《国家税务总局关于非居民企业间接转让财产企业所得税若干问题的公告》（国家税务总局公告 2015 年第 7 号）。

供的大量证据中，并没有提及CFC公司的股权价值除了杭州国益路桥是否还有其他来源。也没有说明，CFC发债、对外出售股权融资是否仅仅由杭州国益路桥的营业收入作为支持，是否存在其他现金流来源。对于这个问题的举证缺失是TCI诉讼过程的一个重大缺陷，企业在使用间接股权结构时，应当通过间接层公司资产来源的多样性说明合理商业目的的存在。

（2）功能与风险承担。对于功能和风险承担，TCI辩称，CFC公司具有自己的经营管理活动。其总共发行了2.25亿美元的债券，实施了债券发行、维持债券上市、债券评级、抵押品托管、支付债息等活动，除发行债务外一直致力于境外首次公开股票发行、寻找投资项目、降低运营成本等工作。同时，CFC公司对外签署了很多境外合同，对合同的相对方承担了相应的义务，CFC公司每年均出具审计报告。需要注意的是，7号公告并未对风险和功能的考量因素给出具体指引。通过对TCI股权转让案例的分析可知，境外被转让的公司CFC公司在避税地注册，不从事制造、经销等实质性经营活动，其境外融资功能除了通过发债实现，另一重要渠道就是间接的股权转让。CFC公司实际履行的功能及承担的风险有限，不足以证实其具有经济实质。而且，并不是所有的风险都属于7号公告规定的范畴，中间层公司所承担的功能与风险应当与经营活动相联系。

（3）可替代性分析。关于间接投资与直接投资的可替代性分析，最早出现于1981年澳大利亚颁布的《所得税实施法》之中，可替代性测试将可能对整个间接转让的控股链甚至供应链价值进行全面的技术分析。就此而言，中国的非居民投资者应当考虑准备相关的资料证明其架构存在的合理性，并证明该架构不能被任何直接转让交易安排所替代。TCI提出自己只拥有CFC公司的法律股权，而不拥有杭州国益路桥公司的法律股权。如果由香港国汇转让杭州国益路桥公司的股份，需要取得小股东杭州国叶公司的同意，且需经交通部等部门的审批。因此，由香港国汇直接转让杭州国益路桥公司股权，需要额外付出巨大的商业成本；CFC公司旗下的全部资产已质押给债权人，在法律上未经债权人同意不得转让。如果由CFC公司对债权人全部清偿后再由香港国汇转让杭州国益路桥公司股权，将付出额外巨大的商业成本，不具有商业合理性。但是，本次股权转让价主要取决于对中国居民企业杭州国益路桥经营管理有限公司的估值，股权受让方对外披露收购的实际标的为杭州国益路桥经营管理有限公司股权。TCI通过CFC公司而非香港国汇公司转让股权，客观上获得了税收利益。

综上，我们有较充分的理由认定TCI等境外转让方转让CFC和香港国汇有限公司，从而间接转让杭州国益路桥经营管理有限公司股权的交易属于以减少我国企业所得税为主要目的的税务安排。

五、反避税征管存在的问题及政策建议

（一）完善合理商业目的原则的判定标准

1. 合理商业目的判定存在的问题

在非居民企业间接转让股权反避税管理中，“合理商业目的”的判定是一个非常关键的因素。2009 年的 698 号文赋予了税务相关部门不承认“不具有合理商业目的”的境外公司存在的权利，并将该间接转让股权行为重新定性为直接转让行为，从而产生申报和纳税的义务。但 698 号文对于这一问题只提供了一般性的指导规则，很多细节问题有待于进一步明确。2015 年发布的 7 号公告延续了 698 号文的原则和精神，并在内容上有了较大的扩展，对合理商业目的的判定、扣缴义务人的确定等实际操作中的一些问题给予了一定的明确。但合理商业目的原则的判定在实际操作中仍存在着种种困难。

（1）标准不明确，不能量化。合理商业目的原则的判定标准不够明确，虽然 7 号公告提供了判定合理商业目的的考虑要素，但并没有给出具体明确的标准，在实际征管中也很难对这些因素进行量化。例如，公告规定对境外企业的股权价值、资产和取得的收入进行评估，来判定其间接转让股权取得的所得是否主要来源于中国境内。但是，公告中并没有对“主要”进行具体的量化，如大于 50%。此外，对于“价值”究竟是指市场价值、账面价值还是评估报告中的价值，7 号公告并未明确。

（2）合理商业目的与经济实质的区分。合理商业目的并不等同于经济实质。在实际操作中，如何判断境外间接股权转让安排是否具有合理商业目的和被转让境外中间控股公司是否具有经济实质之间的关系仍有一定难度。例如，目前在 7 号公告规定的直接认定为不具有合理商业目的的情形中考量的大多是境外中间控股公司的经济实质和中国资产和股权价值比重。如果某项间接转让交易的确有合理商业目的，但是落入了这一“危险区”，境外转让方是否就只能被重新定性为直接转让从而需要缴纳中国企业所得税呢？事实上，一个没有经济实质的公司，仍然可能存在其他重要的商业目的。在跨境投资中，境外中间控股公司的设立通常出于分散商业、政治风险，方便资金流通和简化行政手续等方面的考虑，将中间控股公司设立在税收和投资政策优惠的国家，这应当被视为一种合理的商业目的。然而，如果仅仅按照 7 号公告对于合理商业目的进行判定，则可能忽略了其他潜在的商业意图。

2. 改进建议

因此，我们要完善对合理商业目的的判定。一方面，需要完善税收政策，将合理商业目的的相关规定标准化、清晰化，增强政策的可操作性。另一方面，对合理商业目的的判定应该从交易整体、经营历史来看待和判定，而不应只关注其税收安排的表现形式，仅从单一环节片面看待问题。

（二）加强国际合作，重视情报交换

1. 间接股权转让涉税信息获取困难

在非居民企业间接转让股权的交易中，通常交易双方均为非居民企业，且款项的支付与股权的转移也都发生在境外，加上其交易架构的复杂性，相关涉税信息很难获取。698 号文中虽然规定了境外投资方向我国主管税务机关提交资料的义务，却没有相应的处罚机制，实际上，中国政府的征税权本身就存在争议，加上境外投资方并不了解中国的税法，主动提供资料的现象很少。7 号公告出台后，强制申报义务改为自主选择报告，并规定按规定提交资料的如果最后被确认为需要向中国政府缴税时可减轻责任，但该政策在鼓励主动申报方面的作用并不明显。在实际征管中，大多数案例的发现常常是基于偶然性的原因，税务机关只能通过网络、新闻报道等途径间接地获取涉税信息，本案例也不例外。涉税信息存在着严重的不对称。

2. 推进国际税收合作，加强情报交换

涉税信息的获取非常重要，税务机关应当推进国际税收合作，加强税收情报交换工作。一方面，我们应当建立长效的税收情报交换机制，加强税收情报交换的频率，深化税收情报自发交换与自动交换工作，提高税收情报交换的效率。另一方面，我们应推动信息化进程，实现多国多部门信息化协作。开发国际税收管理信息技术平台，将国际税收分析、跨区域协作纳入规范化管理，通过数据整合、加工，实现各国各部门的信息共享，形成部门协作机制。

参考文献

［1］陈晴，张涛．中国非居民企业间接股权转让反避税规则的反思与完善［J］．重庆大学学报（社会科学版），2015，05.

［2］胡效国，邓远军．对非居民企业股权转让所得的征税权与反避税思考［J］．税务研究，2013（10）：36－41.

［3］黎颂喜．非居民企业间接转让居民企业股权征税问题的国际实践［J］．国际税

收，2013（09）：26－30.

［4］梁若莲．一起典型的非居民间接股权转让避税案例分析［J］．税务研究，2016，02.

［5］林绥，杨俊．我国非居民企业间接股权转让中的合理商业目的判定——以印度沃达丰间接股权转让案为例［J］．国际税收，2016（02）：50－55.

［6］刘朝霞．我国非居民企业股权转让所得税制度研究［D］．河北经贸大学，2015.

［7］欧阳天健．非居民企业间接股权转让反避税法律问题研究——以“合理商业目的”认定为视角［J］．商丘师范学院学报，2015，07.

［8］叶姗．一般反避税条款适用之关键问题分析［J］．法学，2013（09）：92－101.

［9］尹音频，徐卉．非居民企业间接转让股权征税规则的探讨——基于高盛境外间接转让股权案的思考［J］．税务与经济，2013，01.

［10］张逸凡．我国非居民企业间接股权转让避税与反避税研究［D］．华东政法大学，2015.

［11］张颖．从拉姆齐原则看“合理商业目的”——对新企业所得税法相关反避税条款的探讨［J］．首席财务官，2007（09）：86－89.

［12］周启光．从“沃达丰税案”看我国非居民间接转让股权的所得税处理［J］．涉外税务，2012，05.

［13］朱玲．国际反避税背景下加强我国税收征管研究——以非居民企业间接转让股权为视角［J］．桂海论丛，2015，31（05）：50－54.

［14］中华人民共和国浙江省杭州市中级人民法院行政判决书．（2015）浙杭行初字第4号，中国裁判文书网，http：//wenshu. court. gov. cn/content/content? DocID = 291c64e7 - ab8c - 41fa - 814f - f5a61ddeee93&KeyWord = 儿童投资主基金。

国内税案3　华谊兄弟收购东阳浩瀚对赌协议税案[①]

一、案例引入

（一）案例背景

华谊兄弟2015年10月22日发布了重大资产收购计划：以人民币7.56亿元的股权转让价款收购浙江东阳浩瀚影视娱乐有限公司（以下简称“东阳浩瀚”）的股东艺人（影视明星股东）合计持有东阳浩瀚70%的股权，收购完成后，公司持有东阳浩瀚70%的股权。

东阳浩瀚于2015年10月21日成立，原股权结构为：睿德星际（天津）文化信息咨询合伙企业（有限合伙）持有15%的股权，明星股东共持有85%的股权。

明星股东与华谊兄弟签订业绩承诺：所有明星股东承诺，业绩承诺期限为5年，自标的股权转让完成之日起至2019年12月31日止，其中2015年度是指标的股权转让完成之日起至2015年12月31日止。2015年度承诺的业绩目标为明星股东为目标公司实现的当年经审计的税后净利润不低于人民币9000万元，自2016年度起，明星股东承诺每个年度的业绩目标为在上一个年度承诺的净利润目标基础上增长15%。各年度的目标利润见表1。

表1　　目标利润计算表

年份	目标净利润（万元）
2015	9000
2016	10350
2017	11902.5
2018	13687.88
2019	15741.06

若明星股东未能完成某个年度的“业绩目标”，则明星股东同意自该年度

---

① 中央财经大学2017级税务专硕闪琦慧、孙思燕参与本案例调研与写作。

的审计报告出具之日起30个工作日内，以现金的方式（或目标公司认可的其他方式）补足目标公司未完成的该年度业绩目标之差额部分。

（二）股权转让架构图

转让前、转让后的东阳浩翰股权架构如图1、图2所示。

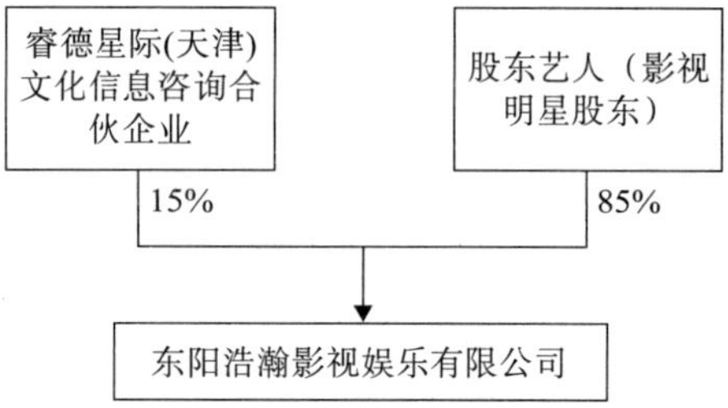

图1　转让前东阳浩瀚股权架构

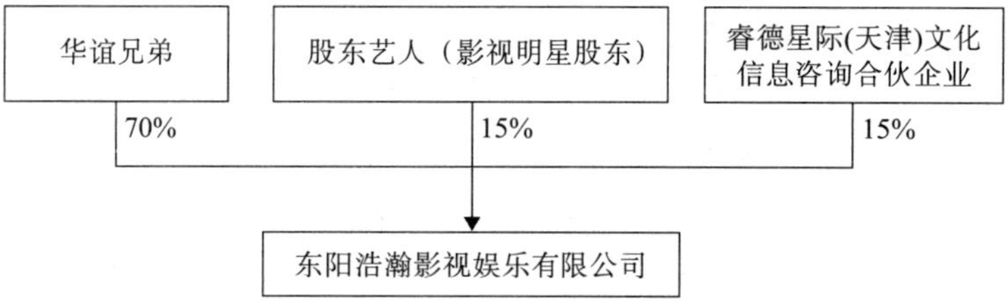

图2　转让后东阳浩瀚股权架构

（三）案例进展

1. 东阳浩瀚2015年实际净利润以及承诺的缺口实现情况[①]

根据公司与交易各方（明星股东）签署的股权转让协议，2015年度承诺的业绩目标为明星股东为浙江东阳浩瀚影视娱乐有限公司实现当年经审计的税后净利润不低于人民币9000万元，经董事会认定浙江东阳浩瀚影视娱乐有限公司2015年度完成净利润承诺，其中包括公司在成立期间已经完成的净利润4115.57万元（该部分净利润依据会计准则计入公司的资本公积），以及公司成立之后完成的净利润5111.82万元，合计9227.39万元。明星股东同意将其所有可以自由支配的收入贡献给东阳浩瀚作为其业绩的一部分，考虑到有利于公司和投资者利益的情况下，公司同意接受明星股东的个人收入作为其履行业绩的一部分（见表2）。

① 资料来源：华谊兄弟2015年度、2016年度年报披露。

表 2　　补充未达承诺业绩的具体处理方式①　　单位：万元

主体	净利润	资本公积	合计
艺人 1	813.90	686.10	1500.00
艺人 2	832.16	667.84	1500.00
艺人 3	807.58	692.42	1500.00
艺人 4	817.41	682.59	1500.00
艺人 5	804.07	695.93	1500.00
艺人 6	809.33	690.67	1500.00
公司	227.39	—	227.39
合计	5111.82	4115.57	9227.39

2015 年的特殊处理，明星股东将个人收入通过资本公积转入公司作为业绩收入的一部分，从而看作浩瀚东阳 2015 年的利润水平达到了目标水平，即视为达成业绩目标，不用支付业绩补偿。

2. 东阳浩瀚 2016 年实际净利润以及承诺的缺口实现情况②

根据公司与交易各方（明星股东）签署的股权转让协议，2016 年度承诺的业绩目标不低于人民 10350 万元。2016 年，浙江东阳浩瀚影视娱乐有限公司实现净利 10141.52 万元。未达到之业绩承诺，将根据协议进行补偿，由明星股东支付业绩补偿差额，计入资本公积。

（四）公司处理

华谊兄弟收购股权时，按照会计准则规定，按照实际投入的成本计入长期股权投资 759016153.43 元，东阳浩瀚注册资本仅仅 1000 万元，确认了商誉 749016153.43 元。对于业绩补偿在初始投资时没有做出预计，而是作为一项或有事项，后续因被投资企业利润未达目标，在实际收到盈利补偿款时，将其作为一种权益性投资，调增了资本公积。

二、对赌协议

（一）对赌协议的概念及演变

对赌协议，也称“估值调整机制”（Valuation Adjustment Mechanism），是指在双方信息不对称、企业估值相对主观、未来盈利情况不确定情况下，以企业未来某一时点或一段时间的经营业绩或发展目标为准，在协议签订完成

① 资料来源：《华谊兄弟（300027）2015 年年度报告》。
② 资料来源：《华谊兄弟（300027）2017 年半年度报告》。

后续年度不断对标的企业的估值进行调整，如果企业未来的经营状况达到约定的目标，则融资方享有一定权利，用以补偿企业价值当初被低估的损失；如果企业无法实现目标，则投资方享有一定的权利，用以补偿企业价值当初被高估而蒙受的损失。

这种方式最早出现于股权投资领域，特别是风险投资领域。企业在对外融资过程中，需要接受一定的条件限制或做出一定的承诺，使得投资者对企业未来发展有基本认知，但是这种不确定性依然很大，在此基础上签订对赌协议，可以看作投融资双方基于未来不可预料的经济境况，为保护自己利益需要而采取的风险防范措施。后来随着资本市场的活跃发展，对赌协议使用越来越广泛，不仅应用于股权投资中，还应用于企业并购、股权分置改革、上市公司定向增发、管理层激励等领域。

（二）对赌协议的分类

根据投融资双方签订协议内容的不同，对赌协议可以分类为 6 个方面：财务绩效、非财务绩效、赎回补偿、企业行为、股票发行和管理层去向。根据给付内容的不同，又可将对赌协议分类为股权调整型和货币补偿型。

并非所有的对赌协议都存在所得税等其他税收方面的问题，只有纳税人因对赌协议的签订获得可以用货币计量的收入时，才可能会引起税收方面的争议。例如因对赌协议引发管理层去向等问题时，就不会产生税收处理的问题。本文着重考虑对赌协议中的一个分支——现金支付方式下的盈利性补偿的问题，对其他方面不做讨论。

澳大利亚税法中将“盈利能力支付协议”（earn - out arrangement）分为标准的盈利能力支付协议安排（standard earn - out arrangement）和反向的盈利能力支付协议安排（reverse earn - out arrangement）[①]。

在本文讨论重点的基础上，借鉴澳大利亚的分类方式，我们将对赌协议分为：

1. 标准的对赌协议

如果未来达到对赌条件，融资方（原股东）享有约定的权利来弥补目标企业价值被低估的损失，即图 3 中投资方 A 追加支付给原股东 B。

2. 反向的对赌协议

如果目标企业未来没有达到对赌条件，投资方享有约定的权利来弥补目标企业价值被高估的损失，即图 3 中原股东 B 返还支付给投资方 A。

---

① 澳大利亚税法中，盈利能力支付协议含义与对赌协议相同。

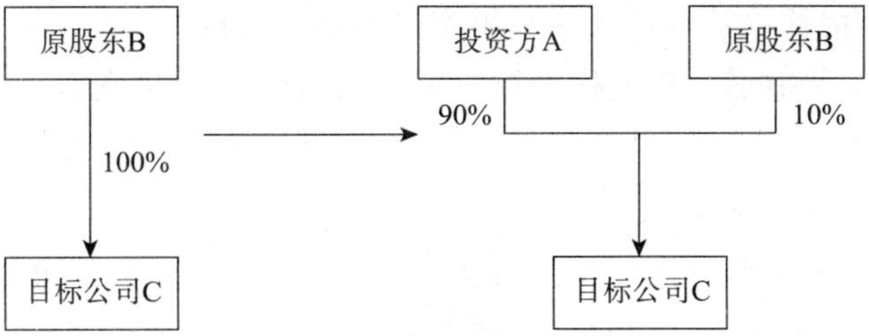

图3　股权转让示意图

当然也有一些盈利能力支付协议同时规定了融资方和投资方不同对赌条件下享有获得补偿的权利，既有标准的盈利能力支付协议条款，也有反向的盈利能力支付协议条款。

三、问题焦点

前提假设：本文讨论的是对赌协议股权转让企业所得税层面的税务处理，为了突出研究的主体，避免研究范围的进一步扩展，特把明星股东整体视为一家公司，仅仅研究相关企业所得税的问题。

问题焦点：作为投资方，华谊兄弟收到未达业绩承诺补偿，应当怎样进行会计、税务处理？计税基础如何确认，如何判定所得性质？纳税义务发生时间如何确认？作为融资方即股权转让方，明星股东对未达业绩所做出的补偿（如果设立个人有限责任公司），该笔支出的性质应如何认定？是否能调整以前的股权转让所得？如果能，可否申请企业所得税退税或是税前扣除？

根据上文对对赌协议的分类，问题的焦点可以拓展到两种情况下双方各自如何进行处理（见表3）：

表3　　问题焦点汇总表

	接受方	支付方
1. 收购定价追加投资条款（标准）	1.（1）原股东B	1.（2）投资方A
2. 业绩补偿（反向）	2.（1）投资方A	2.（2）原股东B

（一）标准的对赌协议

案例一：2016年年初，A公司从C公司的原股东B公司处购买C公司90%的股权，形成非同一控制下的企业合并，购买日与B公司约定，如果2016年C公司实现净利润超过1000万元，则A公司追加投资金额100万元。

如果2016年末业绩达标，净利润超过1000万元，对于追加的投资金额：

1. 原股东B收到的追加投资金额怎样进行处理，是否确认为收入？如果确认为收入，按什么项目确认？是否需要缴纳所得税？

2. 投资方A追加投资怎样进行处理，如何确认计税成本？能否允许税前扣除？

（二）反向的对赌协议

案例二：2016年年初，A公司从C公司的原股东B公司处购买C公司90%的股权，形成非同一控制下企业合并，购买日与B公司约定，如果2016年C公司实现净利润未达到1000万元，则B公司补齐差价。如果业绩未达标，净利润未达到1000万元，对于补价：

1. 投资方A收到的补价怎样进行处理，是否确认为收入？如果确认为收入，按什么项目确认？是否需要缴纳所得税？

2. 原股东B支付的补价怎样进行处理，能否作为成本项目在税前扣除？若能扣除，何时扣除？

另外值得注意的是，投融资双方的处理方式应当是相互对应的，即同一笔业务，双方应当同时认定为收入与费用，或同时认定为权益性交易。如果二者的处理方式不相配比，假定支付方认定为费用扣除而接收方不确认收入，支付方在进行纳税申报时，税务局要求其对扣除的成本费用提供相应的证明，意味着支付方会要求接收方开具发票等收款证明；开具发票的同时，意味着收款方就会有一笔相应的收入需要认定为应纳税所得额，与其自身的不确认收入、不进行纳税申报的处理方式相矛盾。

因此，在标准对赌协议情况下，原股东将收到的款项确认为收入，同时投资方将支付的款项确认为费用；或是原股东将收入的款项计入所有者权益，同时投资方将支付的款项纳入长期股权投资的初始投资成本。在反向对赌协议下，原股东支付的款项确认为一项费用在税前列支，同时投资方将收到的款项确认为一笔营业外收入；或是原股东将支付的款项确认为对转让股权投资收益的一种调整，同时投资方将收到的款项冲减长期股权投资的初始投资成本。

四、对赌政策以及财税处理方式

我国目前对于对赌协议的税务处理方式还没有明确的规定，所以一般情况下税务机关不会对企业的该部分收入进行纳税调整，我们只能从收到业绩补偿会计记入哪个科目来看企业的所得税处理，因此本案例进一步分析相关会计准则以及实务处理。

（一）会计准则相关规定

会计准则中的相关事项称作“或有对价”，根据未来一项或多项或有事项的发生，购买方通过发行额外证券、支付额外现金或其他资产等方式追加合并对价，或者要求返还之前已经支付的对价。主要是站在投资方 A 的角度来看问题。并且将对赌协议的相关处理分为两步：签订协议时、后续调整时。

1. 非同一控制下企业合并的处理

（1）签订协议时：根据购买日对或有对价进行合理估计，根据《企业会计准则第 22 号——金融工具确认和计量》《企业会计准则第 37 号——金融工具列报》的规定，或有对价符合金融负债或权益工具定义的，购买方应当将拟支付的或有对价确认为一项负债或权益；符合资产定义并满足资产确认条件的，购买方应当将符合合并协议约定条件的、可收回的部分已支付合并对价的权利确认为一项资产。

（2）后续调整时：在购买日 12 个月内出现对购买日已存在情况的新的或进一步证据需要调整或有对价的，应当予以确认并对原计入合并商誉的金额（即长期股权投资的初始成本）进行调整。

其他情况下发生的或有对价变化或调整，应当区分情况进行会计处理：或有对价为权益性质的，不进行会计处理；或有对价为资产或负债性质的，如果属于会计准则规定的金融工具，应当采用公允价值计量，公允价值变动视有关金融工具的分类计入当期损益①。或有对价形成金融负债的，该金融负债应当按照以公允价值计量且其变动计入当期损益进行会计处理。

2. 同一控制下企业合并的处理

（1）签订协议时：同一控制下企业合并形成的控股合并，在确认长期股权投资初始投资成本时，应按照《企业会计准则第 13 号——或有事项》的规定，判断是否应就或有对价确认预计负债或者确认资产，以及确认的金额。

（2）后续调整时：确认预计负债或资产的，该预计负债或资产金额与对价结算金额的差额不影响当期损益，应当调整资本公积（资本溢价或股本溢价），资本公积（资本溢价或股本溢价）不足冲减的，调整留存收益。

（二）会计实务观点

由于融资方往往是非上市公司，融资方履行对赌协议如何进行会计、税务处理无法在公开信息中得知。所以本节主要讨论投资方 A 的税务处理。

---

① 《企业会计准则第 22 号——金融工具确认和计量》（2017）第 2 章第 16 条：企业在非同一控制下的企业合并中确认的或有对价构成金融资产的，该金融资产应当分类为以公允价值计量且其变动计入当期损益的金融资产，不得指定为以公允价值计量且其变动计入其他综合收益的金融资产。

1. 三家上市公司的业绩补偿处理情况概览（见表4）

表4　业绩承诺补偿会计处理案例

投资方A	融资方B	目标公司	补偿方式	会计处理
高新兴（300098）	重庆泰克	讯美电子	业绩未达标，融资方给投资方现金补偿或股权	预测标的资产未来业绩，将预测业绩和承诺业绩的差额作为金融工具（或有对价），确认其他非流动资产，并计入营业外收入或营业外支出 将收到的现金补偿款计入营业外收入；计提商誉减值准备①
创元科技（000551）	原股东	高科电瓷	业绩未达标，融资方给目标公司现金补偿	签订协议时未做处理 高科电瓷收到现金补偿款计入资本公积（其他资本公积） 创元科技按持股比例计提商誉减值准备②
天康生物（002100）	河南宏展投资有限公司	河南宏展实业有限公司	业绩未达标，融资方给投资方现金补偿	签订协议时未做处理 天康生物收到现金补偿款计入资本公积 未计提商誉减值准备③

2. 对赌协议业绩承诺补偿的会计处理方法分类

从投资方的上市公司定期披露的财务信息看，上市公司A收到现金形式的对赌协议业绩承诺补偿时的会计税务处理方法主要有三种：损益性交易、权益性交易、价款调整机制。

（1）损益性交易。将现金补偿视为业绩承诺方的捐赠款、违约金或者担保金，A应将其作为收入计入当期损益。会计分录为：

借：银行存款

　　贷：营业外收入

（2）权益性交易。作为一种特殊的关联交易，将现金补偿视为业绩承诺

① 资料来源：《高新兴（300098）：2014年年度报告》。

② 资料来源：《创元科技（000551）：2011年年度财务报告》。

③ 资料来源：《天康生物（002100）：2011年半年度报告》。

方的资本性投入，A将其收到的补偿计入资本公积①。会计分录为：

借：银行存款

贷：资本公积——其他资本公积/股本溢价

（3）价款调整机制。将现金补偿视为标的资产转让协议对价的一部分，A应将其冲减长期股权投资初始成本。会计分录为：

借：银行存款

贷：长期股权投资

（三）税法相关规定

根据具体的对赌协议内容的不同，标准对赌协议和反向对赌协议中盈利补偿资金的支付方向有所不同。由此可能涉及一些相关的税收法律法规，具体见下文列示。

1. 企业重组业务所得税处理

根据财税〔2009〕59号《关于企业重组业务企业所得税处理若干问题的通知》以及财税〔2014〕109号《关于促进企业重组有关企业所得税处理问题的通知》，企业在日常经营活动以外发生的法律结构或经济结构重大改变的交易，包括股权收购、资产收购、合并等，属于企业重组。企业重组的税务处理区分不同条件分别适用一般性税务处理规定和特殊性税务处理规定。

（1）对于一般性税务处理。企业股权收购、资产收购重组交易，相关交易应按以下规定处理：被收购方应确认股权、资产转让所得或损失；收购方取得股权或资产的计税基础应以公允价值为基础确定；被收购企业的相关所得税事项原则上保持不变。

企业合并，当事各方应按下列规定处理：合并企业应按公允价值确定接受被合并企业各项资产和负债的计税基础；被合并企业及其股东都应按清算进行所得税处理；被合并企业的亏损不得在合并企业结转弥补。

（2）企业重组同时符合5项条件的，适用特殊性税务处理规定。股权收购，可以选择按以下规定处理：被收购企业的股东取得收购企业股权的计税基础，以被收购股权的原有计税基础确定；收购企业取得被收购企业股权的

---

① 《关于做好执行会计准则企业2008年年报工作的通知》（财会函〔2008〕60号）接受控股股东或控股股东的子公司直接或间接的捐赠，从经济实质上判断属于控股股东对企业的资本性投入，应作为权益性交易，相关利得计入所有者权益（资本公积）。

《关于印发〈上市公司执行会计准则监管问题解答〉》（会计部函〔2009〕60号）第2条：上市公司收到的由其控股股东或其他原非流通股股东根据股改承诺为补足当期利润而支付的现金，应作为权益性交易计入所有者权益。

计税基础，以被收购股权的原有计税基础确定；收购企业、被收购企业的原有各项资产和负债的计税基础和其他相关所得税事项保持不变。

资产收购：转让企业取得受让企业股权的计税基础，以被转让资产的原有计税基础确定；受让企业取得转让企业资产的计税基础，以被转让资产的原有计税基础确定。

企业合并：合并企业接受被合并企业资产和负债的计税基础，以被合并企业的原有计税基础确定；被合并企业合并前的相关所得税事项由合并企业承继；可由合并企业弥补的被合并企业亏损的限额 = 被合并企业净资产公允价值 × 截至合并业务发生当年年末国家发行的最长期限的国债利率；被合并企业股东取得合并企业股权的计税基础，以其原持有的被合并企业股权的计税基础确定。

在本文所讨论的仅考虑现金支付方式下的对赌协议中，融资方签订协议的目的是为了融通资金，对于支付现金的方式适用企业重组中的一般性税务处理的规定，即对于投资方来说，取得的股权应以股权转让当日的公允价值进行计量，作为投资方资产的计税基础。对于融资方，即被收购方，应确认股权、资产转让所得或损失。

在华谊兄弟收购东阳浩瀚股权的对赌协议中，原股东即明星股东应当就取得的股权转让所得适用企业重组一般性税务重组的规定，按照股权转让所得缴纳所得税。

2. 标准对赌协议下盈利补偿金的支付

业绩达标情况下，投资方 A 额外向融资方 B 追加一部分投资。对投资方来讲，投资方以一定的金额购买融资方的股权，属于购买投资资产。

(1) 对于投资方 A 来讲，追加的投资金额在计算所得税时涉及投资成本的抵扣时点的确定。

对外投资，特别是长期投资，一般具有数额大、长期受益的特点，其支出的效益体现于几个会计年度（或几个营业周期），按照企业应纳税所得额计算的收入支出配比原则，应作为资本性支出，而不是当期费用一次性扣除。但在企业收回、转让、处置投资，计算应纳税所得额时，允许扣除相关投资资产的计税成本。对于投资资产，只有在实际处置时才能用处置收入减去实际成本来计算应纳税所得额。

根据《中华人民共和国企业所得税法实施条例》（国务院令第 512 号）第 56 条规定：企业的各项资产，包括固定资产、生物资产、无形资产、长期待摊费用、投资资产、存货等，以历史成本为计税基础。前款所称历史成本，是指企业取得该项资产时实际发生的支出。

根据《中华人民共和国企业所得税法实施条例》（国务院令第512号）第71条规定：投资资产按照以下方法确定成本：（1）通过支付现金方式取得的投资资产，以购买价款为成本；（2）通过支付现金以外的方式取得的投资资产，以该资产的公允价值和支付的相关税费为成本。

根据《中华人民共和国企业所得税法》（主席令2007年第63号）第14条规定：企业对外投资期间，投资资产的成本在计算应纳税所得额时不得扣除。

（2）对于融资方B来讲，以一定的价格将股票转让给投资方A，属于股权转让行为，涉及收入的纳税义务发生时点以及收入规模的确定。

根据《国家税务总局关于贯彻落实企业所得税法若干税收问题的通知》（国税函〔2010〕79号）第3条规定：企业转让股权收入，应于转让协议生效且完成股权变更手续时，确认收入的实现。转让股权收入扣除为取得该股权所发生的成本后，为股权转让所得。

3. 反向对赌协议下盈利补偿金的支付

（1）对于投资方A来讲，其收到的这部分补偿金应当如何处理，是作为收入，还是作为原有股权投资成本的收回？

根据《中华人民共和国企业所得税法实施条例》（国务院令第512号）第56条规定：企业持有各项资产期间资产增值或者减值，除国务院财政、税务主管部门规定可以确认损益外，不得调整该资产的计税基础。

（2）对于融资方B来讲，其支付的这部分补偿金，是作为原有股权转让收入的一种调整，还是单独作为一笔营业外支出在税前列支？若作为原有股权转让收入的调整，对按原股权转让取得的收入已纳税款是否涉及退税问题？

根据《企业所得税法》第8条规定：企业实际发生的与取得收入有关的、合理的支出，包括成本、费用、税金、损失和其他支出，准予在计算应纳税所得额时扣除。

根据《税收征管法》第51条规定：纳税人超过应纳税额缴纳的税款，税务机关发现后应当立即退还；纳税人自结算缴纳税款之日起3年内发现的，可以向税务机关要求退还多缴的税款并加算银行同期存款利息，税务机关及时查实后应当立即退还；涉及从国库中退库的，依照法律、行政法规有关国库管理的规定退还。

（四）税收实务处理

对这部分补偿金收入形式的认定，存在几种不同的税务处理方式。

1. 视同捐赠

盈利补偿金支付方 B 将这笔支出视为直接捐赠支出，根据我国企业所得税法相关规定，非公益性捐赠支出，不得在所得税前扣除；接受方 A 作为接受捐赠收入处理，作为当期收入，当期缴纳企业所得税。支付方如为个人，不存在退税。

2. 视同违约金

将盈利补偿金的性质看作违约金，支付方 B 可作为费用当期在所得税税前扣除；接受方 A 作为当期收入，当期缴纳企业所得税。

3. 视同保证合同

业绩补偿实为原股东 B 对投资人 A 提供的一种盈利保证，法律上应视为担保条款。业绩不达标时的补偿款应作为履行保证赔偿责任。应根据《企业资产损失所得税税前扣除管理办法》（国家税务总局公告 2011 年第 25 号）第 44 条判断支付方 B 是否能够税前扣除。接受方 A 作为当期收入，当期缴纳企业所得税。

4. 视同期权

将盈利补偿金的性质看作一种嵌入式衍生工具——看跌期权，支付方 B 可作为投资损失，根据《企业资产损失所得税税前扣除管理办法》关于股权投资损失的相关规定申报税前扣除；接受方 A 作为投资收益，当期缴纳企业所得税，但是可能涉及居民企业间投资收益免税的规定。

5. 视同权益性交易

支付方 B 可作为投资，根据《企业资产损失所得税税前扣除管理办法》关于股权投资损失的相关规定申报税前扣除；接受方 A 增加资本公积，不属于所得税征税范围。

6. 视同合同价款调整

将盈利补偿金的性质看作对未达到约定要求而对原合同价款的调整，是股权转让合同中对价的一部分。发生补偿时，支付方 B 冲减以前年度的收入，获得退税；接受方 A 在收到补偿款时冲减长期股权投资成本，不属于所得税征税范围。

以上各种业绩承诺补偿观点汇总于表 5。

表 5　　业绩承诺补偿观点汇总

	接受方	支付方	
		企业	个人
视同捐赠	作为收入，当期交税	非公益性捐赠，不得扣除	不退税

续表

	接受方	支付方	
		企业	个人
视同违约金	作为收入，当期交税	作为当期费用，允许扣除	不退税
视同保证合同	作为收入，当期交税	作为担保损失，判断扣除	不退税
视同期权	作为投资收益，当期交税（可能涉及居民企业投资收益免税）	作为投资损失，允许扣除	不退税
视同权益性交易	增加资本公积，不属于所得税征税范围	作为投资损失，允许扣除	不退税
视同合同价款调整	冲减长期股权投资成本，不属于所得税征税范围。待投资转让时交税	冲减以前年度收入，可以退税	可以退税

五、对赌协议在典型国家中的税务处理及经验借鉴

随着对赌协议在我国投融资领域的不断盛行，相关实践日益丰富，但是面对具体税务处理时仍然缺乏实际经验和较为明确的法律依据。相比之下，国外资本市场创立早、较为发达、投资形式多样，相关会计、税务处理经验更为丰富。与对赌协议含义较为贴近的是美国通用会计准则 GAAP、国际会计准则 IFRS 中的或有对价以及澳大利亚税法中的盈利能力支付协议（earn - out），因此，通过对资本市场较为发达的典型国家的相关处理方式的研究，能给我国制定相关税收政策提供参考。

（一）美国税务处理方法

1. 美国税务处理方法简介

在美国通用会计准则（GAAP）中，与对赌协议类似的是“或有对价”。其是指如果未来特定的事项发生或特定事项满足，买方需要向卖方支付额外的资产或权益（通常是现金或股票）的义务。美国对于对赌的税务处理方式分为三种：分期销售法、敞口交易法、完结交易法，纳税人可以自行选择已有的三种方法或是自行提出合适的方式，这种自由度较高的处理方式给予纳税人较多的自由选择权。

（1）分期销售法。卖方每次取得的价款都分割成资产的计税基础收回、资产处置收益、利息 3 部分。这种方法下，分期收回卖方资产的计税基础，分期确认资产转让收益。

（2）敞口交易法。将对赌安排看作未完结的交易，又称敞口交易。前期

收到的价款，看作卖方资产的计税基础收回，计税基础全部收回后，再确认处置资产的损益。

（3）完结交易法。将或有价格安排看作完结交易，或有价格部分按现值计入资产处置纳税年度的售价中，卖方资产的计税基础于资产处置时一次性收回后，再确认资产的处置收益或损失。在实际取得或有价格时，再对收益进行调整。

（4）自行提出的办法。分期销售法是对赌协议的一般税务处理方法。如果纳税人认为该方法规定的计税基础回收办法不合理，不适合交易实际，可以提出替代的计税基础收回办法，经税务局批准后，可按自行提出的办法收回资产计税基础，确认损益，缴纳税款。

2. 对美国处理方法的评析

美国的上述三种做法以及一种灵活性选择的方法主要考虑了两个方面的问题。

第一个方面的问题是协议签订时初始计量阶段计税基础的确定。分期销售法主张分期确认，敞口交易法主张在初始计量时不确认，完结交易法主张将现在的价值以及未来可能收到的价值都在期初计入收入作为计税基础纳税。

第二个方面的问题是后续计量如何处理，即对赌协议中的相关损益何时确认。分期销售法主张分期确认的收入分为两部分，资产计税基础的收回和对应的损益。敞口交易法采取推迟确认收益的方法，仅在协议执行完毕根据最终结果确定损益。完结交易法在初始计量时就根据预期计入收益，后续根据未来实际发生事项与预期的偏离情况确认损益。

当然这几种方法都要求建立先进的资产评估技术，在对赌协议签订时对相关盈利能力有一个较为准确的预测，从而在此基础上进行税务和会计的相关处理，在后续计量中对以往的资产计税基础进行调整。

3. 按照美国的三种处理方式来对华谊兄弟收购东阳浩瀚的对赌协议进行分析处理

（1）按分期销售法。在期初以 7.56 亿元价格受让股权时，这部分股权的收入所得则不是在交易时刻全部确认，而是部分确认，直至合同执行完毕最终才确认完全收回。这种计税方法下，可达到企业所得税平稳增长的效果，而非一次性突增。但是此时要求对期初 7.56 亿元转让价款的估计，以及对未来 5 年东阳浩瀚净利润的预测建立在合理可靠的基础之上。

（2）按照敞口交易法。在期初以 7.56 亿元价格受让股权时不确认收入，在未达到盈利预测水平年份，以转让价款与支付补偿之间的差额来确认实际收益所得，按资产处置后的净损益来缴纳企业所得税。这种方法优先扣除计税基础，这使得公司前期税负较低，但是后期税负相对较高。

（3）按照完结交易法。期初直接把或有对价折现披露，意味着初始的对价款中不仅包括真实的企业价值，还有或有对价的现值，那么或有对价便不再是或有而是已经完结的交易。但是东阳浩瀚未来的盈利水平是不确定的，这种方法要求对未来可能收到的补偿有较为精确的评估，依赖于较为完善的资产评估体系。此种方法会使得企业前期纳税较多，承担较多税负。

（二）澳大利亚税务处理方法

1. 澳大利亚税务处理方法简介①

澳大利亚税法中，与对赌协议含义接近的是“盈利能力支付协议”。澳大利亚将盈利能力支付协议安排分为标准的盈利能力支付协议安排和反向的盈利能力支付协议安排。

（1）标准的盈利能力支付协议安排，是指在企业出售交易中，企业股东出售股权，买方于交易达成时先支付一笔现金价款，之后再根据被收购企业的业绩指标或其他情况是否实现支付给卖方一笔或数笔金额不确定的价款。

（2）反向的盈利能力支付协议安排，指投融资双方在交易中，企业股东出售股权，买方于交易达成时先支付一笔现金价款，之后如果约定的业绩指标或其他情况未实现，卖方需要返还一笔或数笔金额不确定的价款给买方。交易发生时卖方按照收到价款确认收入，之后如果未达到约定业绩，卖方向买方返还购买价款时，税务局允许卖方的处置资产所得做调减处理，或处置资产损失做调增处理。

英国、爱尔兰的做法不同于美国，与澳大利亚做法相似②。

即便同样采用标准的盈利能力支付安排，收入确认的时点也不同。2013年以前，澳大利亚税务局（ATO）将协议中约定的未来获偿权利和交易标的分开来，对未来获偿权利在交易日的现值进行估计，同时按照交易当期收到的价款和未来将要收到的现值的总额确定卖方资产处置收入。这种做法类似

① Attorney - General's Department. Capital gains tax treatment of earnout arrangements [R]. http://www.ag.gov.au/cca (2010).

② 资料来源：英国《税务及海关总署内部手册——储蓄和投资手册》，更新于2016年12月6日，网址：https://www.gov.uk/hmrc-internal-manuals/savings-and-investment-manual/saim3100。

于美国对赌协议税务处理基本方法中完结交易法。但是这种实际处理方法存在的问题在于未来事项的不确定性导致投融资双方对于交易标的的现值无法确定，从而对未来可能收到的这部分利益很难进行合理的估值和评价。2013年以后，澳大利亚税务局宣布废止原税务处理规定，并于2016年正式颁布税法修正案，正式修改资本利得税中包含盈利能力支付协议交易的税务处理规定，即在交易日不对未来获偿部分进行估值折现，而是采用与美国未完结交易法相类似的做法，在后续实际发生时调整融资方转让收入或投资方的投资成本，同时规定最长调整年限是4年。

2. 按照澳大利亚的处理方式来对华谊兄弟收购东阳浩瀚的对赌协议进行分析处理

（1）标准的盈利能力支付协议。在协议谈签初期，华谊兄弟可以采用以小于整体一次性受让价款7.56亿元的价格受让股权，例如在交易日以4亿元受让股权，然后再根据5年的盈利水平预测，对于实际盈利水平超过预测盈利的年份，相应地额外支付价款，若未超过预测利润，则不需要额外支付。这种做法的好处在于确定性，对于转让价款4亿元可以全额纳税而不会存在税务处理争议，对于额外收到的补偿，则在实际收到时融资方计收入，华谊兄弟调整投资成本，计算缴纳企业所得税。

（2）反向的盈利能力支付协议。澳大利亚反向盈利能力支付协议安排的做法与华谊兄弟和东阳浩瀚案例中实际操作中的协议内容基本一致，都是由融资方对未达业绩目标的部分向投资方支付一定的盈利补偿金。按照澳大利亚的做法，针对目标利润10350万元与实际利润10141.52万元之间的差额208.48万元，应当调减融资方转让收入，同时调减投资方的投资成本，且允许调整的年限不能超过4年，即若在第5年，东阳浩瀚盈利水平未达到预测利润，当年支付的补偿金则不允许调整投资成本或者转让收入。

六、我国对赌协议中股权交易所得税处理的政策建议

（一）明确对赌协议具体税收法规

随着我国资本市场的发展，对赌协议被广泛应用于企业投资并购等领域。由于我国资本市场监管制度不完善，对赌协议很容易被企业用作逃避缴纳所得税的手段。明确我国对赌协议所得税税收法律法规，统一各地税务机关的做法，协调对赌协议交易安排税务处理规定的差异是很有必要的。借鉴我国目前的会计准则规定、其他典型国家的处理方式，并结合我国的具体国情，我们针对具体税务处理方式提出如下建议：

1. 明确对赌协议相关股权转让纳税义务发生时间

通过分析华谊兄弟收购东阳浩瀚案例中对赌协议相关处理以及其他对赌协议相关案例，笔者认为对何时确认对赌协议相关所得的成本和收入，可以从两个时点来考虑：

（1）针对对赌协议签订时的股权转让所得。投资方应在股权转让协议签订完成、实现权属变更之日起计入相关成本；融资方应在股权转让权属变更完成之日起确认股权转让所得，依法履行纳税义务。

（2）针对对赌协议执行结果不同而产生的营利性补偿。在签订正向对赌协议的情况下，投资方在实际追加投资时加大成本确认，融资方在收到盈利补偿时，在实际收到时才确认收入，履行纳税义务。

在签订反向对赌协议的情况下，针对融资方未实现预测利润而发生的支付给投资方的业绩补偿，投资方在实际收到这笔所得时调减投资成本；融资方在实际支付这笔业绩补偿时，按以前年度确认的股权转让所得多缴的税，可以向税务局申请退税。

在本案中，东阳浩瀚在2016年实际利润未达到预测水平。其中的差额部分，华谊兄弟可以在实际收到差额补偿金的当年调减初始股权投资成本；同时东阳浩瀚可以就支付给华谊兄弟的208.48万元（10350－10141.52）调整股权转让所得，向税务局申请退还这部分税款。

2. 明确允许根据盈利补偿金调整相关股权的计税基础

针对对赌协议股权转让的计税基础，通过对资本市场较为发达、相关税制比较完善的美国和澳大利亚的分析，在考虑了中国的实际情况以及该交易行为的经济实质以后，我们认为可供我国借鉴的就是澳大利亚的做法，即后期调整投资成本。在对赌协议签订、股权转让完成后，由于业绩条件的不同而产生的、对赌协议中盈利补偿支付的部分，投资方可以据实调整股权投资成本，融资方可以调整初始股权转让收入，允许调整以后的收入或成本作为对赌协议股权转让所得的计税基础。

在本案中，明星股东作为融资方，可以将初始股权转让收入减去支付给华谊兄弟盈利补偿金以后的金额作为股权转让的收入，计算缴纳所得税；华谊兄弟作为投资方，可以以初始投资成本减去收到东阳浩瀚盈利补偿金的金额作为真正的股权投资成本，在未来转让股权时，按照该成本在缴纳相关税收时进行税前扣除。

3. 对允许调整初始计税基础的时间加以限制

考虑到货币的时间价值以及实际可操作性，我们应对允许调整的年限加以限制。借鉴澳大利亚税法中给出的4年期限，根据我们所了解到的国内信息（目前我国大多数对赌协议的协议期间是3年），我们将对赌协议的调整年限设定为3年。

即对赌协议的盈利补偿金，在协议签订3年内，根据执行情况，可以对初始的交易金额进行调整，超过3年不予追调。这一年限也与《税收征管法》中对纳税人申请退税的期限相一致。

4. 税务局进一步完善对“所得”“投资成本”概念的解释

随着资本市场高速发展，金融领域出现越来越多新的投融资形式，这些形式对以往所得的概念造成了冲击，收入的形态以及收入确认的时点不是一次完成的，随之带来的是收入的实际成本确认也可能不是当期一次完成的。

但现行的税收以及相关法律仍然要求在股权权属变更的当期确认成本，并且在资产对外投资期间，不得调整成本的计税基础，这种处理方式的初衷是防止企业将非确定性的公允价值变动计入投资成本，这违背了历史成本的计量原则。但是对赌协议中的盈利补偿金的实质就是对原股权转让价格的调整，因为这部分营利性补偿金不属于企业的所得，仅仅是企业收购股权过程中对投资成本的改变。此时不允许调整计税基础就会对企业利益造成一定的损失，也违背了对企业的所得进行征税的理念。

（二）提高执法能力与完善监督机制

1. 构建专业的税务执法队伍，建立完善的税收程序

随着交易形式和交易结构的日趋复杂，包括对赌协议在内的各种交易工具应运而生，资本运作的技术含量越来越高、专业性越来越强，在资本交易市场不断创新的趋势下，税法很难保证同步跟进，难以提供完全与之相匹配的具有实际操作性的规范。复杂的权利义务关系对税务机关的征管能力和征管水平有了更高的要求，这就造成了税务机关对于自身职业判断的依赖性提高，执法人员需要依靠自身的经验和专业判断对包括对赌协议在内的各种创新工具提出合理的税务处理方法。

另外，税务机关的税收执法人员还应当有广泛的知识储备，对于资本市场的发展近况有所了解，熟知各种金融商品的特性。提高的法律意识和专业水平、提升税务人员依法治税的能力，在确保国家的税收不受损害的同时也维护了纳税人的合法权利。

2. 强化税务机关对对赌协议的备案管理与监督，加强企业与税务局之间信息交流

税务机关应要求纳税人在签订对赌协议时，向其提供相关证明材料，使

税务机关能清晰地把握资本交易行为的发生情况，从而进行有效的税收征收管理和稽查，更好地解决争议与矛盾。纳税人也可事前咨询税务机关，了解税务机关对类似情况的处理方式，把握本地税务局对对赌协议相关问题的定性和处理方式偏好，对相关税收政策做到心中有数，为防范法律风险提供可预测性。

参考文献

[1] Statement of Financial Accounting Standards (FAS) No. 141R, Business Combinations (FASBASC805 - 10 - 20).

[2] International Financial Reporting Standard (IFRS) No. 3, Business Combinations.

[3] Toby Stock, Yining Chen. Tax implications of transactions involving contingent consideration [J]. The Tax Adviser, 2010 (8).

[4] Capital gains tax treatment of earn - out arrangements (proposals paper), 2010 (5).

[5] Robert W. Wood. Taxing Earn - out Payments [J]. The M&A Tax Report, (2011).

[6] Tax and Super annuation Laws Amendment (2015 Measures No. 6) Act 2016 (No. 10, 2016) - CGT treatment of earn - out rights.

[7] Cecilia Jeong & Charmin Shiely. Getting the purchase price right: Earn - outs, escrows, and post - closing adjustments in M&A transactions [R]. Schwabe, Williamson & WyattPC, (2016).

[8] 魏高兵．企业重组中承诺补偿的税法评价［J］．涉外税务，2012（08）：39－42.

[9] 徐传林．对赌协议中承诺补偿实现的税收法律问题［D］．华东政法大学，2014.

[10] 谢纪刚，张秋生．上市公司控股合并中业绩承诺补偿的会计处理——基于五家公司的案例分析［J］．会计研究，2016（06）：15－20＋94.

[11] 刘燕．对赌协议与公司法资本管制：美国实践及其启示［J］．环球法律评论，2016，38（03）：137－156.

[12] 李悦．我国股权投资领域对赌协议所得税问题研究［D］．北京工商大学，2016.

[13] 颜晓燕，刘章辉，邹琳．对赌协议中盈利补偿的会计及税务处理——以海南航空为例［J］．金融教育研究，2017，30（05）：66－70.

国内税案4　长江电力并购川云水电税案[①]

一、案例背景

（一）长江电力并购案交易概况[②]

长江电力股份有限公司（以下简称长江电力）采用发行股份及支付现金购买资产的方式，向中国长江三峡集团公司（以下简称三峡集团）、四川省能源投资集团有限责任公司（以下简称川能投）、云南省能源投资集团有限公司（以下简称云能投）购买其合计持有的三峡金沙江川云水电开发有限公司（以下简称川云公司）100%股权。以2015年6月30日为评估基准日，标的资产川云公司100%股权的评估值为7973515.89万元。经交易各方协商确定川云公司100%股权的交易价格为7973515.89万元。长江电力拟向三峡集团、川能投、云能投以12.08元/股的价格发行股份35亿股及支付现金3745515.89万元购买川云公司100%股权，如表1所示。

表1　　长江电力重组交易方式和金额　　单位：万元

重组交易方式	对应金额
发行股份	4228000.00
支付现金	3745515.89
合计	7973515.89

同时，长江电力采用锁价发行的方式向平安资管、阳光人寿、中国人寿、广州发展、太平洋资管、GIC和重阳战略投资7名投资者非公开发行股票不超

① 中央财经大学2017级税务专硕居璐参与本案例的调研与写作。

② 资料来源：《长江电力发行股份及支付现金购买资产并募集配套资金暨关联交易报告书（修订稿）》。

过20亿股，募集不超过241.60亿元的配套资金，用于支付本次重组的部分现金对价。具体情况如表2所示。

表2　　长江电力非公开发行股份募集资金情况

序号	投资者名称	发行数量（万股）	募集金额（万元）
1	平安资管	80000	966400
2	阳光人寿	80000	966400
3	中国人寿	16500	199320
4	广州发展	10000	120800
5	太平洋资管	6000	72480
6	GIC	4000	48320
7	重阳战略投资	3500	42280
合计		200000	2416000

（二）交易细节

长江电力以发行股份及支付现金相结合的方式支付标的资产对价，即以12.08元/股的价格，向三峡集团发行17.4亿股并支付现金347.95亿元，向川能投发行8.8亿股并支付现金13.30亿元，向云能投发行8.8亿股并支付现金13.30亿元。川能投、云能投的现金支付对价金额由公司在交割日起3个工作日内一次性全额支付；三峡集团的现金支付对价金额由公司在交割日起3个工作日内支付210亿元，余下部分现金支付对价由公司在交割日起30日内支付完毕。收购交易如图1所示。

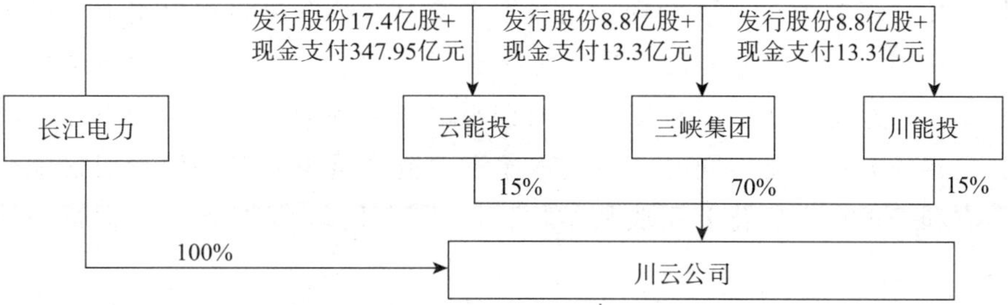

图1　长江电力收购川云公司交易图

二、案例分析

（一）公司并购的税收动因分析

长江电力自2003年上市以来，先后进行了多次收购，经营效益获得了显著提高。截至 2014 年，长江电力下属三峡电站、葛洲坝电站梯级枢纽完成发电量 1166.14 亿千瓦时，实现收入总额 268.98 亿元，利润总额 154.07 亿元，归属母公司所有者的净利润 118.30 亿元，每股收益 0.72 元/股，是行业内的龙头标杆企业。

2013 年下半年以来，由三峡集团控股的川云公司负责开发建设的金沙江下游溪洛渡、向家坝两座大型水电站相继投产发电，电站效益开始全面发挥，梯级联合优化调度的综合效益进一步显现。并且，基于三峡集团于长江电力 2009 年重大资产购买暨关联交易报告书所载的三峡集团避免同业竞争的措施，为了进一步避免长江电力与三峡集团的潜在同业竞争，同时顺应国务院关于深化国有企业改革的监管精神，优化管控模式，发挥长江电力大型水电站的运营管理经验，提升电站运营效率，发挥电站梯级联合调度效益，长江电力拟向三峡集团、川能投、云能投收购其所持有的川云公司 100% 股权，进一步提高长江电力的业务规模和盈利能力，增强市场竞争力，做强做大。长江电力此次并购的主要目的在于以下方面：

（1）进一步提高长江电力核心竞争力，保障广大投资者利益。溪洛渡电站和向家坝电站装机规模大，资产质量优良，是“西电东送”的骨干电源，本次交易将使长江电力形成对葛洲坝、向家坝等四座大型水电站的梯级联合调度，大幅提升其盈利能力，并可以提高其大型水电生产运营和市场营销能力，进一步提高核心竞争力和保障广大投资者的利益。

（2）进一步理顺管控模式，提升公司治理水平。长江电力具备大型水电站的运行、管理经验，目前金沙江溪洛渡电站枢纽工程、向家坝电站枢纽工程均委托长江电力运行、管理。通过本次交易，将解决目前溪洛渡、向家坝电站产权与运行管理分开的问题，理顺长江电力与三峡集团成熟水电资产的管控模式，避免长江电力与三峡集团在水电业务领域的潜在同业竞争，消除委托运营的关联交易。同时，通过本次重大资产重组并对外发行股份配套融资，有利于进一步优化公司股权结构，提升公司法人治理水平，促进公司规范运作。

（3）履行资产注入承诺，践行国有企业改革监管政策。根据长江电力 2009 年重大资产购买暨关联交易报告书所载的三峡集团避免同业竞争的措施，“金沙江下游梯级电站建设项目建设工期长、投资大，在本次交易中暂不出售给长江电力，其未来交易时间和交易方式由双方根据国家有关政策规定另行约定”。因此，本次交易系三峡集团对上述承诺的切实履行，符合中国证监会监管精神。

（4）“隐形的税收动因”。被收购企业川云公司主要有下属两家分公司：溪洛渡和向家坝电站。由于这两个发电站属于国家重点扶持的公共基础设施项目和大型水电企业，可以享受一些税收优惠政策。如表 3 所示。

表 3　　国家重点扶持的公共基础设施项目税收优惠政策概览

序号	主要内容	文件号
1	对居民企业经有关部门批准，从事符合《公共基础设施项目企业所得税优惠目录》规定范围、条件和标准的公共基础设施项目的投资经营所得，自该项目取得第一笔生产经营收入所属纳税年度起，第 1 年至第 3 年免征企业所得税，第 4 年至第 6 年减半征收企业所得税	国税发〔2009〕80 号
2	装机容量超过 100 万千瓦的水力发电站（含抽水蓄能电站）销售自产电力产品，自 2013 年 1 月 1 日至 2015 年 12 月 31 日，对其增值税实际税负超过 8% 的部分实行即征即退政策；自 2016 年 1 月 1 日至 2017 年 12 月 31 日，对其增值税实际税负超过 12% 的部分实行即征即退政策	财税〔2014〕10 号

所得税优惠方面，自 2013 年至 2015 年，川云公司可享受所得税的“三免”政策，自 2016 年至 2018 年，可享受所得税“三减半”政策。增值税优惠方面，自 2013 年至 2015 年，川云公司可享受增值税“超 8% 部分即征即退”政策；2016 年、2017 年，增值税享受“超 12% 部分即征即退”政策。另从长江电力近 3 年的财务报告中发现，2015 年发生并购交易事项后，由于将子公司川云公司纳入合并财务报表范围，川云公司的税收优惠反映到了合并财务报表中的所得税费用项目，长江电力的企业所得税当年显著降低（见图 2）。

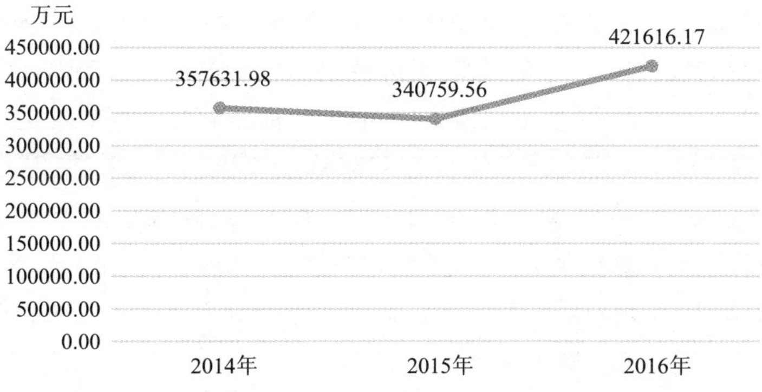

图 2　合并财报中长江电力 2014 ~ 2016 年企业所得税变动情况

而从母公司报表中（图 3）可以更加清楚地看出，长江电力在并购川云

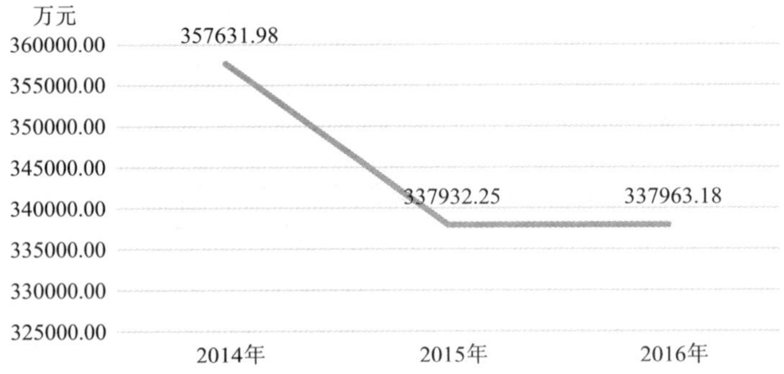

图 3　母公司报表中长江电力 2014～2016 年企业所得税变动情况

公司后税负下降较大。

由此可见，尽管长江电力在并购公告中没有阐释税收方面的并购动因，仍可从其财务报告中看出明显的税负下降趋势。因此，笔者认为，公司并购中存在“隐形的税收动因”。

（二）公司并购的税收规模和定价效应分析

在公司并购的税收规模方面，一是以单样本为例无法研究规模效应，二是长江电力该次并购发生在 2015 年，而我国在 2014 年国家税务总局 109 号公告《关于促进企业重组有关企业所得税处理问题的通知》后就没有出台新的并购重组税收政策，所以研究税制变化对并购交易量的影响在本例中不适用。本例主要研究公司并购的税收定价效应。

长江电力在确定收购价格时对川云公司的资产采用了资产基础法和收益法分别进行了评估。

（1）资产基础法评估结果。川云公司在评估基准日总资产账面价值为 16660297.90 万元，评估价值为 20947115.57 万元，增值额为 4286817.66 万元，增值率为 25.73%；总负债账面价值为 12973599.68 万元，评估价值为 12973599.68 万元，评估无增减值；净资产账面价值为 3686698.22 万元，评估价值为 7973515.89 万元，增值额为 4286817.67 万元，增值率为 116.28%。

（2）收益法评估结果。川云公司在评估基准日总资产账面价值为 16660297.90 万元，总负债账面价值为 12973599.68 万元，净资产账面价值为 3686698.22 万元。收益法评估的股东全部权益价值为 7941614.73 万元，增值额为 4254916.51 万元，增值率为 115.41%。

由于川云公司发电量受到金沙江流域来水影响，发电量难以估计，电能消纳受到送电省份当地经济环境的直接影响，同时上网电价由国家审批，而非市场化价格，随着电力市场改革，具有较大不确定性。所以本次交易选取资产基础法的评估结果作为作价依据。本次交易标的资产作价7973515.89万元。

溪洛渡和向家坝电站属于国家重点扶持的公共设施项目，在企业所得税和增值税方面都有较大的税收优惠。但长江电力在考虑并购资产的定价时，主要是以市场评估价值作为标的价值，并没有考虑收购后获得的税收优惠从而提高收购价格。因此，在本例中，公司并购的税收定价效应并不明显。

（三）公司并购的税收结构效应分析

（1）选择股权收购还是资产收购。根据财税〔2009〕59号文，股权收购，是指一家企业（收购企业）购买另一家企业（被收购企业）的股权，以实现对被收购企业控制的交易。资产收购，是指一家企业（受让企业）购买另一家企业（转让企业）实质经营性资产的交易[①]。本次交易中，长江电力收购川云公司100%股权，达到对川云公司的控制，属于股权收购。

（2）选择现金支付还是股份支付。受让企业支付对价的形式包括股权支付、非股权支付或两者的组合。股权支付，是指企业重组中购买、换取资产的一方支付的对价中，以本企业或其控股企业的股权、股份作为支付的形式；所称非股权支付，是指以本企业的现金、银行存款、应收款项、本企业或其控股企业股权和股份以外的有价证券、存货、固定资产、其他资产以及承担债务等作为支付的形式[②]。本例中，长江电力通过向川云公司的股东三峡集团、川能投、云能投发行本公司股份35亿股和现金支付374.55亿元的方式收购了川云公司100%的股权，属于现金支付和股份支付相结合的方式。

（3）选择的并购融资方式。长江电力此次并购主要通过非公开发行股票募集资金，本次发行股票募集配套资金以非公开发行方式向平安资管、阳光人寿、中国人寿、广州发展、太平洋资管、GIC和重阳战略投资7名投资者发行股票，投资者以现金认购。以该非公开发行股份募集配套资金241.60亿元支付本次重组的部分现金对价，剩余部分将以自有资金或通过贷款等债务性融资方式解决。根据重组后长江电力的负债结构数据（见表4），截至2015年9月30日，长江电力总负债规模提高251.20%，流动负债及非流动负债比例基本维持稳定，流动负债规模增加243.42%，非流动负债规模增加255.71%。

① 《财政部 国家税务总局关于企业重组业务企业所得税处理若干问题的通知》（财税〔2009〕59号）。

② 《财政部 国家税务总局关于企业重组业务企业所得税处理若干问题的通知》（财税〔2009〕59号）。

表 4 **截至 2015 年 9 月 30 日长江电力的负债结构** 单位：万元

项目	实际数据	变动额	变化率
流动负债合计	2029889.86	4941257.99	243.42%
非流动负债合计	3499853.55	8949591.42	255.71%
负债合计	5529743.41	13890849.42	251.20%

由于企业借款的利息作为企业的财务费用，企业合理的财务费用可以全额在企业所得税前扣除，因而负债是公司节税的重要手段。通过此次融资活动，长江电力负债总规模提高了两倍之多，对于企业所得税的节税效应可见一斑。

（4）选择应税并购还是免税并购。国外的应税或免税并购即对应于我国一般性税务处理或特殊性税务处理的规定。根据财税〔2014〕109 号文，企业重组的税务处理区分不同条件分别适用一般性税务处理规定和特殊性税务处理规定。企业重组适用特殊性税务处理规定的条件如表 5 所示。

表 5 **企业重组适用特殊性税务处理的条件①**

序号	条件
1	具有合理的商业目的，且不以减少、免除或者推迟缴纳税款为主要目的
2	被收购、合并或分立部分的资产或股权比例不低于 85%
3	企业重组后的连续 12 个月内不改变重组资产原来的实质性经营活动
4	重组交易对价中涉及股权支付金额不低于 50%
5	企业重组中取得股权支付的原主要股东，在重组后连续 12 个月内，不得转让所取得的股权

对于股权收购的特殊性税务处理，收购企业购买的股权不低于被收购企业全部股权的 85%，且收购企业在该股权收购发生时的股权支付金额不低于其交易支付总额的 50%，可以选择按以下规定处理：被收购企业的股东取得收购企业股权的计税基础，以被收购股权的原有计税基础确定；收购企业取得被收购企业股权的计税基础，以被收购股权的原有计税基础确定；收购企业、被收购企业的原有各项资产和负债的计税基础和其他相关所得税事项保持不变。

① 《财政部 国家税务总局关于促进企业重组有关企业所得税处理问题的通知》（财税〔2014〕109 号）。

此次交易中：

- 长江电力拟向三峡集团、川能投、云能投以 12.08 元/股的价格发行股份 35 亿股及支付现金 3745515.89 万元购买川云公司 100% 股权，符合财税〔2009〕59 号文所定义的股权收购；
- 长江电力的收购具有合理商业目的，不以减少、免除或者推迟缴纳税款为主要目的；
- 重组后，川云公司仍继续经营，并不改变经营实质；
- 重组交易对价中涉及股权支付金额所占比例为 12.08 元/股 ×35 亿股 ÷ 7973515.89 万元 =53.03%，超过了 50% 的规定比例；
- 本次重组的交易对方三峡集团承诺，通过本次交易取得的对价股份自股份上市之日起 36 个月内不转让；本次重组的交易对方川能投、云能投承诺，通过本次交易取得的对价股份自股份上市之日起 12 个月内不转让。

因此，可以认定此次重组交易可以适用特殊性税务处理。重组交易各方的税务处理如表 6 所示。

表 6　长江电力并购中交易各方的税务处理

长江电力	三峡集团	川能投	云能投	川云公司
取得川云公司 100% 股权的计税基础以原有计税基础确定，原有各项资产和负债的计税基础和其他相关所得税事项保持不变	取得长江电力 7.91% 的股权计税基础以原有计税基础确定。收到的现金对价 347.95 亿元在交易当期确认相应的资产转让所得或损失	取得长江电力 4% 的股权计税基础以原有计税基础确定。收到的现金对价 13.3 亿元在交易当期确认相应的资产转让所得或损失	取得长江电力 4% 的股权计税基础以原有计税基础确定。收到的现金对价 13.3 亿元在交易当期确认相应的资产转让所得或损失	原有各项资产和负债的计税基础和其他相关所得税事项保持不变
规定对交易中股权支付暂不确认有关资产的转让所得或损失的，其非股权支付仍应在交易当期确认相应的资产转让所得或损失，并调整相应资产的计税基础				

经计算，转让方三峡集团、川能投、云能投需就收到的现金对价计算资产转让所得并缴纳企业所得税，具体情况如表 7 所示。

表 7　　转让方确认所得及税负情况　　单位：亿元

项目	三峡集团	川能投	云能投
资产转让所得 =（被转让资产的公允价值 - 被转让资产的计税基础）×（非股权支付金额 ÷ 被转让资产的公允价值）	428.68 × 75% × 347.95 ÷（794.16 × 75%）= 187.82	428.68 × 15% × 13.3 ÷（794.16 × 15%）= 7.18	428.68 × 15% × 13.3 ÷（794.16 × 15%）= 7.18
应纳企业所得税	187.82 × 25% = 46.96	7.18 × 25% = 1.79	7.18 × 25% = 1.79

分析发现，长江电力收购川云公司 100% 股权中股权支付的部分占比 53.03%，正好超过 50% 的“免税并购线”，可以明显看出此次并购交易的税收利益考量。如果长江电力的股权支付金额没有达到该比例，则只能适用于一般性税务处理，三峡集团、川能投、云能投应确认股权、资产转让所得或损失，即三峡集团、川能投、云能投的资产转让所得应缴纳企业所得税合计为 428.68 × 25% = 107.17（亿元），比采用特殊性税务处理当期多纳税 56.63（107.17 - 46.96 - 1.79 × 2）亿元，即特殊性税务处理的递延纳税效果大大减轻了转让方当期的现金流压力。

三、案例点评

研究发现，首先，在公司并购的税收动因效应方面，长江电力的并购行为主要考虑提高自身的整体实力，提高资源的利用效率，巩固其在行业内的龙头企业地位；其在选择并购标的时，主要考虑被收购企业的优质资产，以及践行国有企业改革的承诺。可见税收因素不是公司并购的主要动机，但是是公司并购的“隐性动因”。

其次，在公司并购的税收规模和定价效应方面，标的企业适用的税收优惠会对并购方的税负产生影响，但并购方在并购定价时主要仍以市场评估价值作为标的价值，在评估市场价值时主要考虑标的的净资产价值，并购方在并购后的税收获益对并购定价的影响不明显。在公司并购的税收规模效应方面，需要选择更多的样本做进一步研究。

最后，公司并购的税收结构效应最为明显，税收因素对公司并购的选择应税还是免税、选择股权支付还是现金支付、选择融资方式等都产生了较大的影响。通常情况下，公司并购偏好于事前进行股权支付和现金支付比例的筹划，以期在并购中实现免税重组。公司在选择融资方式时，偏好于选择债务融资，通常通过非公开发行股份募集现金，增加公司的税前扣除项，获得最大的税收利益。

参考文献

［1］毕金玲，孙文佳．我国上市公司并购支付方式效果的实证研究［J］．湖南财政经济学院学报，2011，27（05）：102－109.

［2］陈海声，王晓．企业所得税对上市公司并购方式的影响研究［J］．财会通讯，2011（12）：64－67.

［3］陈娟．公司并购的税收效应研究文献述评［J］．经济学动态，2012（11）：149－153.

［4］关迎霞．从税负角度看公司并购方案的选择［J］．河南财政税务高等专科学校学报，2012，26（02）：6－9.

［5］黄凤羽．企业购并行为中的税收政策效应［J］．中央财经大学学报，2003（06）：13－16.

［6］计金标，王春成．公司并购税制的理论与实践［J］．税务研究，2011（05）：36－39.

［7］金哲．税制、制度变迁与企业并购的关系研究［J］．经济与管理，2014，28（03）：38－43.

［8］李维萍．我国税制对公司并购激励的实效性探讨［J］．财经问题研究，2007（04）：72－76.

［9］王清剑，张秋生．税收调控对企业并购的影响研究［J］．财政研究，2013（02）：31－34.

［10］许诗萌．公司重组税法规则实证研究［D］．华东政法大学，2013.

［11］张妍．税收特征对企业并购行为影响的实证研究［J］．商业研究，2009（07）：86－89.

［12］Auerbach，A，J. &D. Reishus（1986），"Taxes and the merger decision"，NBER working paper#1855，March，1－38.

［13］Erickson，M.（1998），"The effect of taxes on the structure of corporate acquisitions"．Journal of Accounting Research 36，279－298.

［14］Alan J. Auerbach，David Reishus.．The Effects of Taxation on the Merger Decision，NBER Working Paper. No. W2192，1990.

国内税案5　上海蓝岛钻石商贸公司税案[①]

一、蓝岛钻石的财务背景

上海蓝岛钻石商贸有限公司（以下简称“蓝岛钻石”）于2006年在上海创办成立。蓝岛钻石主打珠宝零售网购品牌，主营婚嫁钻饰及珠宝饰品。针对城市的普通消费者，它主要采用了网络+体验店的经营模式进行直销，也通过O2O模式完成线上与线下的衔接。

蓝岛钻石采用了“网络营销+快速供应链+线下体验服务”的商业模式，以价格低廉、质量上乘的商品服务于目标客户群。网络销售以其独有的低成本优势而吸引了大批的网络消费者，体验店则承担了丰富用户消费体验、大额支付、仓储及售后服务等多种角色，为顾客提供了全方位的服务以满足不同的需求。由于在同等品质下蓝岛钻石比传统品牌便宜近40%，加上可以满足顾客的个性化定制需求，蓝岛钻石的经营模式越来越得到消费者的认可。

经过5年的成长与发展，蓝岛钻石连续4年保持157%的复合增长，截至2012年底，线下体验店已达到40家，落地覆盖30多个一线及二线城市。线上服务除了蓝岛主站，目前已覆盖多数的主流网购平台，在消费者群体中有着一定的声誉和知名度。蓝岛钻石上年销售收入达到6亿元，约有80%客户来自线上，线上与线下收入占比大致为4∶6。最新的数据显示，2012年第3季度蓝岛新增订单达1.9亿元，同比增长了151%，销售额达1.58亿元，未来有着较为强劲的增长潜力。

尽管蓝岛钻石有着一定的低成本优势，但是钻石电子商务市场的竞争也是非常激烈，为了保持一定的份额并在竞争中占据一定的市场地位，蓝岛钻石的盈利空间十分狭窄。线上线下的业务综合而言，平均毛利率为20%左右，

---

① 中央财经大学2017级税收学研究生林会娟、2016级资产评估专硕王丰（现就职于中船重工投资公司）参与本案例研究与写作。

而在销售额中占据一半份额的裸钻销售业务，其毛利率仅为10%左右。另一方面，蓝岛钻石零售与批发业务之比大致为85:15，即在零售环节销售的85%的蓝岛产品将要被征收消费税，税率为5%。可见，蓝岛钻石不仅本身的盈利空间小，还因承担了较高的消费税税负而使得盈利水平更低。这对于处于成长期的企业来说是极为不利的。

与传统的钻石珠宝销售商如老凤祥、潮宏基、明牌珠宝等相比，蓝岛钻石的主营业务收入要小得多，市场份额的占有量不具有可比性。另一方面，蓝岛钻石的消费税负担率却比这些大型的珠宝公司要高。因此，蓝岛钻石在税务处理方面存在着一定的不合理性。对于蓝岛钻石而言，进行财务规划及税收筹划，优化商业模式、减轻消费税税负是冲破企业发展桎梏的关键。在优化商业模式的基础上对促销模式以及工资薪金进行税收筹划将会更加有利于企业未来的IPO上市。

二、税务风险评估

下面我们将对目前存在的税务风险做出明示，并给出风险化解方案；同时我们也对以后为上市做准备的过程中可能遇到或可能产生的税务风险做出提示，以供蓝岛钻石在实际工作中借鉴参考。

（一）目前存在的税务风险

1．销售业务开票问题

税务风险：我们在查看会计凭证及财务报表时发现，公司的销售业务有一半甚至一半以上未开具发票，40%开具的是普通发票，开具增值税专用发票的销售业务不到10%。《中华人民共和国发票管理办法》规定：销售商品、提供服务以及从事其他经营活动的单位和个人，对外发生经营业务收取款项，收款方应向付款方开具发票。未按照规定开具发票的，由税务机关责令限期改正，没收非法所得，可以并处1万元以下的罚款。

结合公司进项税额较大的实际情况，若销售业务不开具发票，税务机关在检查时可能会提出疑问，与相应的销售业务对应的成本和进项税额可能会被调整，或者不允许税前扣除，或者可能面临税务处罚。

方案建议：由于公司正在计划上市，故建议在销售时能开发票尽量开发票，避免发生的业务没有凭证，以免引起税务机关的质疑，影响公司的成本扣除和进项税额的抵扣。

2．白条抵发票问题

税务风险：在查看公司凭证时我们还发现，部分管理费用、销售费用存在以白条抵发票的情况，还有一部分发票与实际发生的业务在事项或金额上不符。例如，发生了购买办公用品的事项，却用服装发票来代替；发生100元的业务，但发票上却为其他金额。工资薪金、奖金提成的发放也没有相应的原始凭证，只附有一张电子打印的表格，且没有主管人员的签字确认。按照税法规定，白条是不能够作为扣税凭证的。会计做账的原则之一是账证相符，存在此种情况时，税务机关不允许此类费用在税前扣除，即有权调增应纳税所得额。

方案建议：建议企业会计人员在发票报销时严格审查报销凭证与实际业务的一致性，确保每一项费用都可以实现税前扣除，避免账证不符的情况出现。另外尽量避免白条抵发票的情况出现。

3．迟缴消费税问题

税务风险：凭证中有消费税滞纳金缴款单，说明公司存在推迟缴纳消费税的情况，可能是由于办税人员的失误造成的。根据《消费税暂行条例》第14条规定，消费税的纳税期限分别为1日、3日、5日、10日、15日、1个月或者1个季度。纳税人的具体纳税期限，由主管税务机关根据纳税人应纳税额的大小分别核定；不能按照固定期限纳税的，可以按次纳税。纳税人以1个月或者1个季度为1个纳税期的，自期满之日起15日内申报纳税；以1日、3日、5日、10日或者15日为1个纳税期的，自期满之日起5日内预缴税款，于次月1日起15日内申报纳税并结清上月应纳税款。按期纳税是每个纳税人的义务，若公司无法按期缴税，应提前向税务机关说明原因，避免由此而产生的税务处罚风险。

方案建议：公司办税人员应熟悉税法中与公司业务相关的各税种的纳税期限，明确公司应当报税和缴税的时间，减少不必要的税收滞纳金支出。

4．销售、物流与财务核算一致性问题

税务风险：蓝岛钻石的销售业务遍及全国各省，但目前公司的财务集中由北京和上海两个分部办理。公司总部在上海，仓库在深圳，网络销售主要由上海总公司负责，但货物是从深圳仓库发出的，发货单却由上海总部开出，销售方在全国各省，存在销售混乱情况，另外北京公司有许多工作人员负责的是上海的工作。财务的集中办理和业务的分散性可能会引起财务上的收入和成本费用不配比的情况，导致税负与实际经营状况不相符。

方案建议：健全公司的财务核算机制，设置专人负责某一个或某几个地区的财务核算，避免发生各地业务混淆、收入费用不配比的情况。就公司目前销售地点、发货地点和发票开具地点不一致的情况与税务机关进行商讨，达成共识，获得税务机关认可后确认缴税方式，减少财务风险。

（二）基于IPO上市的税务风险分析

根据蓝岛钻石的战略规划，公司准备在国内外证券交易所的主板上市交易。《中华人民共和国公司法》和《中华人民共和国证券法》中对证券上市交易做了相应的规定，公司应当建立严密的信息披露制度，做到信息披露的公平、公正、公开。针对公司目前的税务状况，我们提示公司未来注意控制以下方面的税务风险。

1. 设立分子公司的税务风险分析

税务风险提示：目前，蓝岛钻石已有40家门市体验店，随着公司规模和业务的拓展，其在各地的分支机构必将不断增加。在这一过程中，蓝岛钻石将会面临分支机构设立所带来的纳税问题，如设立分公司或子公司的选择、权益比例、投资资产类别以及注册所在地等。分支机构设立阶段将会面临的纳税问题具体如图1所示。

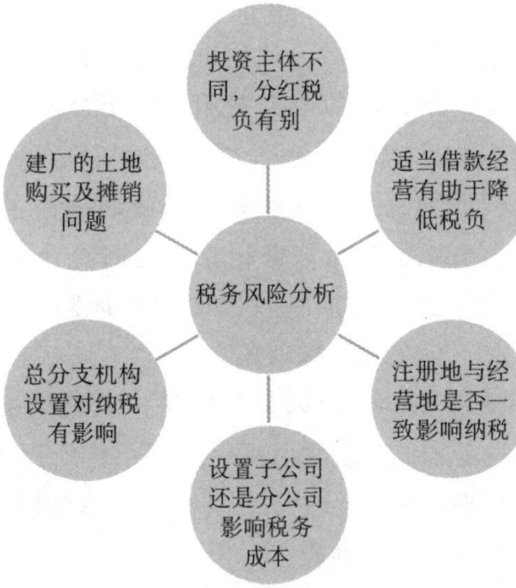

图1　分支机构设立阶段纳税问题

2. 流转税的税务风险分析

蓝岛钻石定位为商贸企业，原材料的购买以及蓝岛产品（商品）的销售是公司业务的主要内容，涉及大量的增值税以及消费税等流转税税种，随之而来的流转税纳税风险成为公司主要的税务风险来源。

（1）在接受个性化定制的业务中，先预收一笔定金，等收到全部款项后再确认收入，会产生根据定金收入确认增值税销项税额从而少缴纳增值税的可能。

（2）在购进原材料时，应当仔细核查取得的相应凭据是否合法与有效，从而避免多缴或者少缴增值税。

（3）由于蓝岛产品（商品）属于应征消费税的应税范围，凡是向终端客户销售，必须缴纳消费税，而通过批发途径出售的蓝岛产品（商品）则不用缴纳消费税。若是将相应的业务凭据混淆，可能会引起消费税的涉税风险。

3. 所得税的税务风险分析

蓝岛钻石目前拥有40家分支机构，公司的规模较大，企业所得税也是公司所面临的一大主要的税种。由于蓝岛钻石有着分布在全国各地的分支机构，可以预见到的企业所得税的涉税风险更应当引起关注。

（1）总分机构之间未按规定在当地预缴企业所得税，在所得税汇算清缴时就会给公司带来税务风险，极有可能引起税务机关的关注和调整。

（2）在收取顾客定金时没有正确进行核算而记入了“应付账款”等往来账项或存入个人信用卡，不按规定申报缴纳企业所得税。

（3）在收到客户全额付款以后不使用电子系统进行销售的确认，从而达到不及时确认销售收入以及相应的成本费用，便于公司选择销售收入确认时机，以此来实现拖延纳税的目的。

（4）由于一些原因而导致公司在销售时一方面销售了相关商品，另一方面取得了销售收入但未按规定进行账务记录，这时企业有可能隐瞒收入从而少缴纳企业所得税。但是企业会面临较大的税务风险，通过对存货的核查，税务机关很容易发现企业存在偷漏税现象。

（5）在一些促销活动中，公司以低价销售了蓝岛产品（商品），但是在税务处理上并未按照规定来调整应税收入，从而引起所得税风险。

（6）处理销售退回业务的过程中，在冲减了收入的同时未相应冲减成本，从而引起应纳税所得额的核算不准确。

4. 其他相关的税务风险分析

（1）取得土地使用权的相关税务风险。无论是分支销售公司还是加工厂的设立，蓝岛钻石都有可能会面临如何取得土地使用权的问题。不同的土地取得方式不仅会影响土地购置成本，而且会影响契税、营业税、企业所得税以及土地增值税等的缴纳。从而会出现如下相关问题：第一，取得土地后进行建设的，不按规定申报缴纳土地使用税；第二，印花税、土地转让契税等出现涉税风险。

（2）收取价外费用不计收入。以各种理由收取加工修理、包装等代办费，在往来账款科目按代收代付核算，没有将其并入营业收入申报纳税。

(3) 公司将产品（商品）用于捐赠、赞助、职工福利、奖励、对外投资、分配给股东或投资人、抵偿债务、换取其他企事业单位和个人的非货币性资产等行为的，未按规定确认收入申报纳税。

(4) 涉及贴花的合同未按规定申报缴纳印花税。

(5) 公司过多地发放高管工资、奖金、分解个人收入，少扣个人所得税；以发票报销形式，发放年终奖、过节费、奖金、补贴以及支付董事费、发放劳务费报酬等未按规定代扣代缴个人所得税；公司以实物形式发放的福利等未代扣代缴个人所得税。

(6) 利用蓝岛产品（商品）多，且跨地域销售的特点，不按规定进行成本、费用归集，将未销售商品的成本、费用提前转销，达到推延纳税的目的。

以上是对蓝岛钻石在未来的业务处理中可能出现的涉税问题进行的分析，也做了相应的税负风险提示，公司应当在日常以及重大的财税处理上尽可能地避免出现上述问题，从而达到降低税务风险的目的。

三、商业模式优化框架下的税收筹划

商业模式是企业的核心运作模式，不同的商业模式会导致不同的税负率与税费结构。在现有商业模式下，蓝岛钻石承担着较高的税负，尤其是消费税税负，在同行业中居于中偏高水平。过重的税负率不利于企业的生存与发展。因此，有必要改变现有的商业模式，构建战略导向的新型商业模式，减轻企业所承担的税负率，为未来的上市之路奠定基础。当然，一家企业的商业模式必须服从其战略规划，在企业发展战略的框架下，优化商业模式，减轻企业税负，这是企业开展税收筹划运作的必然方向。

(一) 现有商业模式及缺陷分析

1. 现有商业模式及流程分析（见图 2）

从图 2 可以看出，蓝岛钻石当前采用线上线下相结合的商业模式来进行操作。一方面，在线下，蓝岛钻石在全国各地的一线及主要的二线城市都设有自己的门市体验店，现场接受终端客户的订单，这一部分由分布在各地的分、子公司进行操作。另一方面，在线上，蓝岛钻石有着自己的销售主站，也就是蓝岛钻石的官方网站，该网站由蓝岛钻石上海总公司进行管理和运作，终端消费者可直接通过该主站进行钻石及珠宝饰品的选购，并通过网上交易平台进行付款和交易；同时，蓝岛钻石也与国内一些大型的电子商务平台进行合作，如京东商城、一号店、拍拍网等，将蓝岛钻石的品牌入驻到这些商城，签订协议，以入驻的方式向这些电子平台提供货品，这一块业务也是由上海总公司进行负责和控制的。

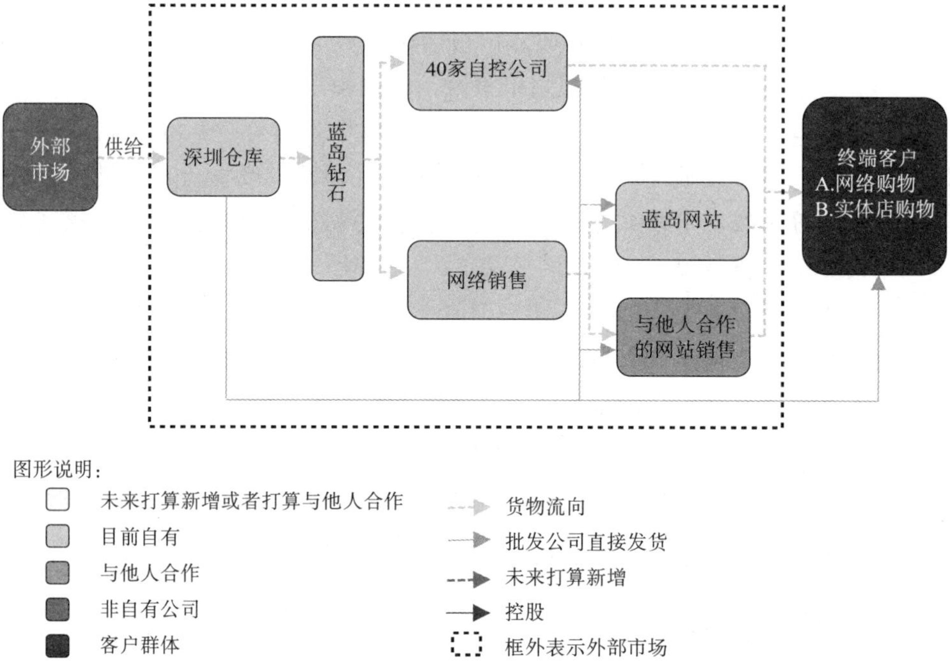

图 2　蓝岛钻石现有商业模式及流程图

分析可知，蓝岛钻石主要采取三种销售渠道：线下体验店销售、线上主站销售以及线上第三方平台合作销售。

渠道一：线下体验店

在线下的体验店中，蓝岛钻石的主要业务涉及直接向消费者提供钻石及黄金珠宝饰品的销售服务，接受消费者的个性化定制，提供线上客户线下提货的商品以及线下体验服务。

渠道二：线上蓝岛主站

通过网络主站，蓝岛钻石向终端消费者提供了众多实时更新的产品及优惠信息，主要涉及以下业务：

（1）针对现有商品，直接接受客户在线订购，同时有专业的客服人员提供选购咨询服务。

（2）接受客户的个性化定制，客户只需先在主站进行定制单的下单并支付一笔定金，然后商品制作完成后，蓝岛钻石会通知客户到适宜的体验店提货。

渠道三：与线上第三方平台合作

蓝岛钻石已与国内众多大型的电子商务平台有着合作关系，如京东商城、1 号店、YMALL 商城等等，在这些平台上不仅向客户销售已有的产品，也接受客户的裸钻定制。

（1）京东商城合作模式：视同买断式代销。由京东负责销售和配送蓝岛钻石产品，并统一以京东商城的名义向消费者开具发票，终端销售价格由京东商城自行确定。京东商城各所属分公司分别按照实际销售数量和约定的成本与蓝岛钻石进行结算，并由蓝岛钻石向京东商城开具增值税专用发票。

（2）1 号店合作模式：仅提供销售平台。1 号店向蓝岛钻石提供独立的网上店铺，以及后台支持蓝岛方进行商品销售、促销、结算、配送等操作的软件系统；而蓝岛方则具体负责网上店铺的管理、销售、发货与开具普通发票。蓝岛钻石在 1 号店的销售收入均由 1 号店统一收取，并由 1 号店每月给蓝岛钻石统一结算。

（3）YMALL 的合作模式：品牌合作协议。蓝岛向 YMALL 提供品牌商品并负责统一提供仓储配送、客户服务以及由商品质量或合法性等问题导致的退换货服务，并授权 YMALL 商城在一定期限与范围内使用蓝岛的品牌，双方共同进行市场活动，共同分享利润。YMALL 商城为蓝岛商品的销售提供电子商务平台，包括商品销售系统、网上支付系统以及对蓝岛商品专卖页面的制作与维护。由蓝岛方来决定价格，并得到双方的共同认可。交易完成后蓝岛方与 YMALL 商城按月进行商品货款的结算。

2. 现有商业模式的缺陷

蓝岛钻石目前的商业模式及销售渠道主要存在以下缺陷：

（1）蓝岛钻石销售渠道较为狭窄，利润来源方式极为单一。蓝岛钻石目前的销售渠道主要分为线下实体销售与线上网络销售两种方式。其中线下销售主要集中于由母公司所控制的分布在各地的 40 家实体店，并没有与其他公司或者个体工商户进行合作。线上销售虽然存在与其他电子商务平台合作的渠道，但线上销售营业额仅占到了企业营业收入的 15% ~20%，对利润的贡献较为微薄。

（2）终端销售价格较难筹划，导致消费税税负率居高不下。相比于通过大型商场或者个体工商户间接与终端客户进行交易的销售渠道，蓝岛钻石由于其销售渠道的单一，在其大部分钻石交易中直接扮演卖家的角色，交易价格直接计入企业的主营业务收入，并以此为基础计征 5% 的消费税。蓝岛钻石的营业收入主要来源于销售钻石收入，为了保证营业收入总额及利润金额，蓝岛钻石在与终端客户的交易中必须维持一定的价格水平，这也直接导致蓝岛钻石的消费税税负率偏重。

（3）成本、利润集中于母公司，子公司出现成本、利润不均衡现象，存在较高经营风险，不利于企业未来上市。蓝岛钻石目前仅有一个母公司为利润主体，辅以深圳的货物仓库（批发公司）以及下属几十家分公司或子公司，从线下销售以及网络销售得到的收入合并汇集于母公司，成本则多发生于深圳仓库，但由于其并非独立机构最终也记入母公司账簿中，这样导致母公司集中了成本、利润，存在较高的经营风险，可能给企业未来发展造成不良的影响。同时深圳仓库没有得到合理利用来分散利润、获得稳定的收入，子公司也易出现成本利润不均衡的现象，无法实际反映其真实的经营状况。

（二）商业模式及税收筹划策略设计

1. 短期税收筹划策略设计（1～2 年）

基本策略：控股分红、利用加工厂控制价格、通过黄金交易所降低成本。

根据蓝岛钻石的财税状况及未来战略发展要求，商业模式及流程的调整方案如图 3 所示。

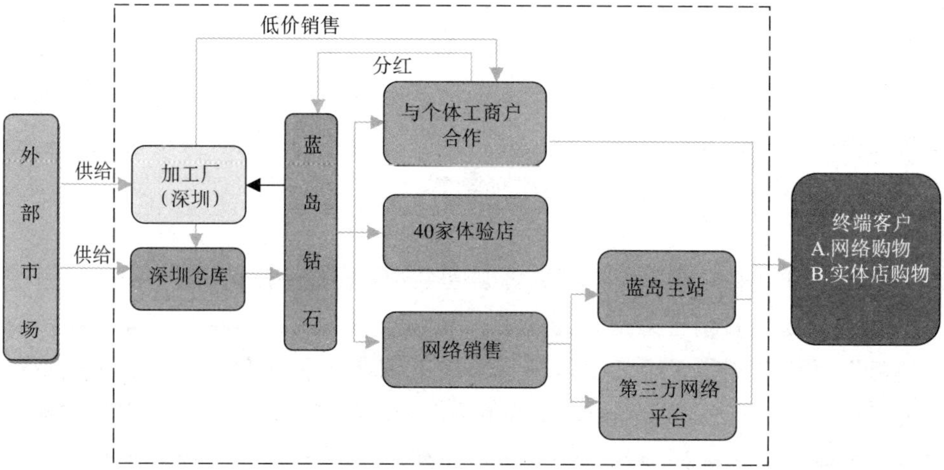

图 3　优化调整后的蓝岛钻石商业模式及流程

（1）个体工商户向客户销售产品时，消费税是通过定期定额征收[①]的方式收取的，这对于蓝岛钻石来说，是一个很有价值的节税途径。为了对该途径更有效地加以利用，蓝岛钻石采取如下优化方案：

① 国家税务总局令第 16 号《个体工商户税收定期定额征收管理办法》，2007 年 1 月 1 日起施行。

与将要合作的个体工商户进行协商，约定蓝岛钻石以较低的价格向其销售蓝岛产品（商品），即将蓝岛产品（商品）批发给各个个体工商户，则蓝岛钻石在这一过程中无须缴纳消费税。而对个体工商户来说，在降低他们的进货成本的同时会增加该渠道的进货数量，这将大大增加个体工商户的利润，也因为定额征收方式，使得销售一定数量的蓝岛产品（商品）所承担的消费税较低，个体工商户的合作积极性也将提高。但是，需要注意的是，在定额征收税款方式下，蓝岛钻石也存在着一定的财税风险，在具体操作中应谨慎把握。

下面我们进行新旧商业模式下的利润及税负状况比较，如表1所示。

表1　　新旧商业模式下的利润及税负状况比较

项目	旧模式	新模式			
蓝岛售价（1）	5000	3000	3500	4000	4500
销售量（2）	300	600			
个体户售价（3）	6000	6000			
定额比例（4）	1%	1%			
个体户利润（5）=（2）×（3）×[1-（4）]-（1）×（2）	282000	1764000	1464000	1164000	864000
蓝岛产品上的消费税总额	108000	36000			

根据表2分析可知，在销售量一定的条件下，蓝岛钻石的售价越低，个体工商户获得的利润就越高，也就越能促进个体工商户的销售积极性，增加蓝岛钻石的市场销售份额，有利于蓝岛钻石业务的快速拓展。但是，一方面，蓝岛钻石也必须以自身的利益为底线，故蓝岛产品（商品）售价不会过低；另一方面，税务机关对消费税的定期定额征收是根据个体工商户的销售额来核定的，个体工商户的销售额越高，适用的定额比率也会提高，可能在未来会增加消费税负担，导致利润率的下降。根据对不同价格的分析，我们认为适中的售价是可接受的，如表1中的售价在3500~4000元。

深入分析上述情况，蓝岛钻石是通过牺牲自身的利益来增进个体工商户的利益的，这显然不符合一个市场经济主体的理性做法。因此，蓝岛钻石还可与个体工商户约定，蓝岛钻石按照一定的比例参与个体工商户的利润分红，而这一比例的设定应当既满足个体工商户相对于原有模式下的利润增加，也使得蓝岛钻石的净利润有所增加。这样才能保证该商业模式得以顺利运行。假定利润分红的比例为35%，蓝岛钻石的单位成本为3500元，在售价为4000

元的条件下，个体工商户的利润增加额为 864600（1764000 × 65% － 282000）元，而蓝岛钻石的利润变动为 17400（1764000 × 35% － 1000 × 600）元。

（2）通过自行设立一家加工厂，或者通过收购方式取得一家加工厂的控制权，有助于蓝岛钻石控制蓝岛产品（商品）的出厂价格，增加自身的利润水平。

操作技巧：

第一，从加工厂直接向几十家个体工商户发货，减少中间环节，以更低的价格向个体工商户销售产品，并通过上述分红的模式以更大的比例使利润额回流至母公司。

第二，利用加工厂直接向第三方平台的客户供货，可降低终端销售价格，在保证利润的同时降低消费税税负率，进而增强蓝岛钻石的市场竞争力。

表 2　　　　新旧商业模式下的税负对比分析

项 目	旧模式	新模式
出厂价	2500	—
蓝岛售价	3500	2500
终端售价	6000	5000
单位消费税额	300	250

加工厂所取得的利润将成为蓝岛钻石的利润，也便于蓝岛钻石的利润分流，降低蓝岛钻石所面临的经营风险以及市场风险，减少宏观经济因素对蓝岛钻石的冲击；同时也便于蓝岛商贸公司的对外投资，为未来上市做准备。价格的降低也有助于减轻增值税负担，减少流转税对企业的资金占用，有利于企业的经营与管理。

（3）通过从黄金交易所会员单位购进原材料的方式减少相关的流转税，从而降低成本，增强蓝岛产品的市场竞争力。

黄金生产和经营单位以及黄金交易所会员单位出售黄金产品时享受增值税优惠政策。由于其对外销售的黄金产品免征增值税，会在价格上更具竞争优势，相关原材料定价可能会低于同行业其他公司。蓝岛钻石可以选择从黄金生产单位和黄金交易所会员单位购进原材料，以降低原材料成本，获取更多的利润，增强其产品的市场竞争力。

政策依据：

《财政部、国家税务总局关于黄金税收政策问题的通知》（财税〔2002〕

142 号）第 1 条规定，黄金生产和经营单位销售黄金（不包括标准黄金①）和黄金矿砂（含伴生金），免征增值税；进口黄金（含标准黄金）和黄金矿砂免征进口环节增值税。第 2 条规定，黄金交易所会员单位通过黄金交易所销售标准黄金（持有黄金交易所开具的《黄金交易结算凭证》），未发生实物交割的，免征增值税；发生实物交割的，由税务机关按照实际成交价格代开增值税专用发票，并实行增值税即征即退的政策，同时免征城市维护建设税、教育费附加。纳税人不通过黄金交易所销售的标准黄金不享受增值税即征即退和免征城市维护建设税、教育费附加政策。

2. 远期策略（5 年以内）

基本策略：成立蓝岛集团、将自有的体验店转变为控股的个体工商户、组建批发公司、提供品牌服务、设立独立的网络营销公司。

根据远期商业模式调整及税收筹划要求，最终优化调整后的蓝岛钻石商业模式及流程如图 4 所示。

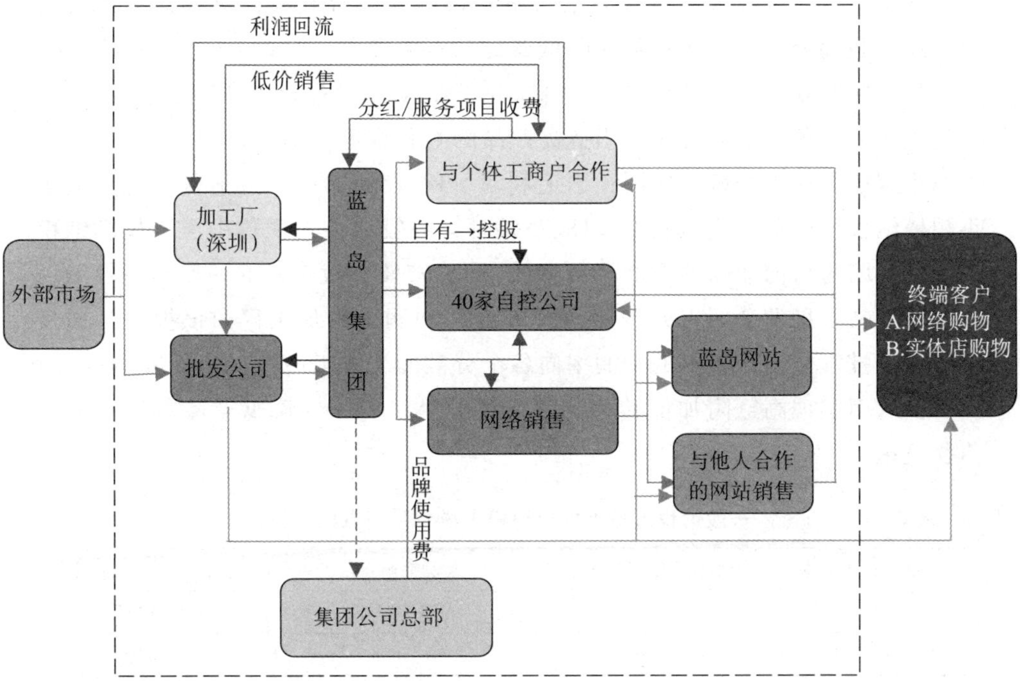

图 4　优化调整后的蓝岛钻石商业模式及流程

① 标注黄金为成色 AU9999、AU9995、AU999、AU995，规格为 50 克、100 克、1 千克、3 千克、12.5 千克的黄金。

（1）蓝岛钻石现有 40 家线下销售的体验店，向顾客销售蓝岛产品需按照标准的征税办法缴纳 5% 的消费税，如果将这 40 家体验店逐步从蓝岛钻石中分离出来，转变为蓝岛钻石全权所有，但对独立经营的个体工商户的消费税将按照定额征收方式进行征收，税负会大大减轻。只要定额税率小于 5%，假定税务机关核定的征收率为 3%，那么在不含税销售额为 PQ，则税负将减少 2% PQ。

另一方面，由于蓝岛钻石与 40 家控股的个体工商户之间是母子公司关系，它们之间的业务往来都属于正常的购销行为，不仅要单独结算价款，其关联价格也要定价合理。在这种情况下，蓝岛钻石可充分利用购销、分期收款销售或者委托代销等方式，来达到递延纳税的目的。

（2）将现有的深圳仓库独立，组建成一家珠宝钻石批发公司。一方面，通过这家批发公司向外部市场进行蓝岛货品如裸钻的采购，它仍扮演着蓝岛钻石的总仓库角色；另一方面，各种途径的订单均可通过该批发公司进行发货，从中赚取差价收入，将蓝岛钻石所获得的一部分利润停留在该批发公司内，起到利润分流的作用，从而降低蓝岛钻石的经营风险。

从税收筹划的角度分析，设立珠宝钻石批发公司有利于降低增值税负担。根据表 4 的税负平衡点可知，当蓝岛产品的毛利率等于 18. 75% 时，一般纳税人与小规模纳税人的税负相同；当毛利率 > 18. 75% 时，一般纳税人税负大于小规模纳税人税负；当毛利率 < 18. 75% 时，一般纳税人税负小于小规模纳税人税负。因为目前蓝岛钻石的毛利率低于 18. 75%，故可设立一家为一般纳税人的珠宝钻石批发公司，并按照一个较低的利润率由加工厂向该批发公司发货，在由批发公司以较高的利润率向各个分散的个体工商户（小规模纳税人）发货，从而实现高额附加值转移到终端的个体工商户，降低产品流通中的增值税负担。

表 3　　一般纳税人与小规模纳税人税负平衡点的增值率

一般纳税人税率	小规模纳税人征收率	不含税平衡点增值率	含税平衡点增值率
16%	3%	18. 75%	21. 12%
10%	3%	30%	32. 04%

组建批发公司，还可以实现企业之间销售费用、管理费用、财务费用等的转移支付，从而加大税前扣除力度，降低企业所得税的负担率。

（3）转变经营方式，组建蓝岛集团。

操作技巧：

第一，将目前蓝岛钻石的商贸业务定位转变为提供品牌服务，授权各个体工商户销售蓝岛的产品（商品），并提供统一的营销策划服务、广告代理服务以及售后管理服务等服务性劳务，从而向个体工商户收取品牌使用费以及其他相关服务费，以此调节和均衡蓝岛集团各公司之间的收益水平，保证蓝岛集团利润回收的稳定性。

从税收筹划的角度出发，设立蓝岛集团并实施品牌化运作，通过一定的筹划操作就能带来较大的节税收益：一方面，在与个体工商户的合作中，蓝岛集团可通过无形资产（品牌使用的特许经营权）入股方式来享受联营方的收益分配额，并通过购销交易或投资分配关系间接体现特许经营权收益，从而规避转让无形资产缴纳的营业税及企业所得税；另一方面，蓝岛集团可向下属的40家个体工商户采取收取商标使用费、品牌使用费等特许经营权使用费的方式来平抑子公司高昂的毛利率，从而控制子公司的利润水平及企业所得税负担，降低集团的整体税负。

第二，个体工商户所需要的货品可通过旗下的加工厂或者批发公司直接发货，加工厂和批发公司可分别赚取相应的利润，从而使得个体工商户取得较低成本价的蓝岛产品（商品），也有利于蓝岛集团将部分利润分流至各批发公司及加工厂。同时，通过利润分流，蓝岛集团可分解增值税、企业所得税等税收负担，减少税收对企业现金流的占用。

（4）设立一家全资持股的网络子公司，单独负责蓝岛主站的销售业务，接受客户的网络订单。

操作方案：

其一，对于现成商品的订单：网络公司与批发公司达成购销协议，并约定由批发公司直接向客户发货，此时的利润分拆为两部分：一部分留在批发公司，另一部分留在网络公司。

其二，对于定制商品的订单：网络公司则与加工厂达成定制协议，约定由加工厂直接向客户发货，此时的利润也被拆分为两部分：一部分利润留在加工厂，另一部分则被留在网络公司。

通过利润分流，有利于减轻集团所面临的财税风险以及各种市场因素的冲击，防止集团的利润骤变，从而为集团未来的IPO上市创造有利条件。在税负方面，如上所述，也可分解流转税和企业所得税。

（5）对于现有的第三方合作平台，蓝岛集团争取全部采取品牌授权式经营，收取品牌服务费。即货品将由加工厂或者批发公司批发给第三方平台，在不用缴纳消费税的同时获取利润。由于第三方合作平台在向终端客户销售蓝岛产品时仍然需要按照5%的税率缴纳消费税，因此，蓝岛集团将会面临网络平台尽力压低购进价格将消费税向前转嫁的压力，而品牌服务费的收取将在一定程度上减轻这种压力，有助于保证蓝岛集团一定的利润水平并减轻蓝岛集团因价格变动而引起的利润波动。

3. 基本筹划结论

按照蓝岛钻石准备未来上市的发展方向，在这一大前提下我们对蓝岛钻石现有的商业模式进行了遵循税收筹划规律的改造，既减轻了企业所承担的各种税收负担，也为蓝岛钻石未来的IPO上市做好了充分的准备。具体的税收筹划效果如下：

（1）通过个体工商户在终端的销售来减少所承担的消费税税负，降低企业的资金压力，并通过协议定价与控股分红的方式保证蓝岛钻石的利润。

（2）通过设立多家子公司来控制价格和分流企业利润，分解所承担的流转税和企业所得税，降低企业的经营风险，促进业务拓展，实现利润合理切割；通过设立网络销售公司以及优化与第三方平台的合作模式来均衡税负和利润，实现线上线下销售模式的统一。

（3）通过设立蓝岛集团，利用品牌化经营来控制整个集团的运作，并采用无形资产转让、品牌化收费的模式来控制各个子公司的利润水平。

国内税案6 宗庆后个人所得税案①

一、宗庆后个人所得税案始末

（一）案件背景

宗庆后是娃哈哈集团创始人，现任杭州娃哈哈集团有限公司董事长兼总经理，担任浙江省饮料工业协会会长、全国人大代表。2010年宗庆后首次荣登胡润全球百富榜内地榜首。2016年宗庆后家族以1120亿元财富位列胡润百富榜第5名。

娃哈哈是一家集产品研发、生产、销售为一体的大型食品饮料企业集团，是中国最大的饮料生产企业，产量位居世界前列。1987年，宗庆后凭借14万元借款，创办了杭州市上城区校办企业经销部——娃哈哈的前身，1989年，宗庆后创建娃哈哈营养食品厂，随后于1991年出资8000万元兼并杭州罐头食品厂成立了娃哈哈食品集团公司。1996年，娃哈哈集团与法国达能集团成立合资公司，宗庆后作为合资企业股东担任CEO。

（二）基本案情

2007年8月，有人举报娃哈哈董事长宗庆后隐瞒巨额境内外收入未如实申报个人所得税，涉嫌偷漏税数额近3亿元。国家税务总局接到举报后，迅速督促杭州市地税局查办。2007年10月，宗庆后于税务机关启动调查后向杭州市地税局补办了申报及补缴了2亿多元税款和滞纳金。2007年11月，杭州市地税稽查局正式对此立案。

举报所指的“巨额境内外收入”涉及的主要是宗庆后服务于达能娃哈哈合资公司期间所获得的收益。1996年，香港百富勤投资集团与达能集团在新加坡组建金加投资公司以现金出资，中方以现有土地、厂房、设备出资，共同组建5家合资公司，其中金加投资公司持股51%，中方由娃哈哈集团和娃

---

① 中央财经大学2016级税务专硕张峻宁（现就职于中国人民大学）参与本案例研究与写作。

哈哈美食城分别持股39%和10%（见图1）。1998年，百富勤将其在金加投资公司的股权出售给达能，达能成为金加投资公司唯一股东，取得了娃哈哈合资公司51%的控股地位。

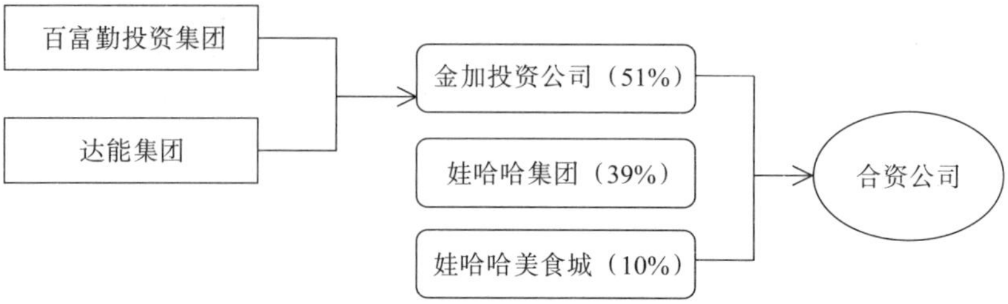

图1　达能娃哈哈合资公司的最初架构

宗庆后作为达能与娃哈哈合资企业的股东和CEO，以及娃哈哈等多家国内民营企业的董事长、股东，收入构成比较复杂。根据公开资料披露，宗庆后的收入来源主要有三项：一是任职合资公司的工资、补贴、年度利润奖等常规收入；二是低价股权奖励和高价股权回购收益；三是从持有奖励股以及从控股企业中获得的股权分红收益。

1. 常规收入

1996年，达能以及达能娃哈哈各合资企业与宗庆后签订了服务协议，其宗旨即“宗先生将全职并全心全力履行本协议规定的各项服务、职责和义务，并获得工资以及与业绩挂钩的奖金”。宗庆后曾公开个人常规收入的部分，主要包括月工资3000欧元、年度工资补贴约10万欧元，另有占合资企业年利润1%的奖金。从1996年至2006年，合资公司累计实现利润69.65亿元，用于分配60.34亿元。税务部门从达能获得的银行往来凭证显示，1996年至2005年，宗庆后累计获得“服务费”约840万美元，服务协议中的“服务费”即上述合资公司年利润1%的奖金。据此计算，十年间宗庆后的个人收入至少在7000万元人民币以上。

2. 股权激励

达能及其子公司还与宗庆后签订了一份附属奖励股协议，达能通过无息贷款方式将相关子公司股份出售给宗庆后，随后根据宗庆后的业绩，达能增资回购相关股权，宗庆后不仅还清无息贷款，并得以获得差价以及其间的红利等收益。在“奖励股”安排中，达能将金加投资有限公司、卡尔文有限公司等境外子公司的若干股权“奖励”给宗庆后，1996年至2006年，宗从这两家公司的股权分红中，累计获得资金1500万美元；另外，达能和金加投资公司以回购上述两公司股权名义，向宗支付4000多万美元的回购费，这些收入折合成人民币大约有5亿元。

根据宗庆后本人的要求，这些资金都打入了宗庆后本人、其妻施幼珍、其女宗馥莉，以及娃哈哈集团党委书记杜建英在香港开立的多个银行账户中。其中，进入宗本人账户的资金为5000多万美元，进入其余三人账户的约2000万美元。

3. 股权分红

达娃双方最初的合资框架如下：达能集团与金加投资公司占合资公司51%股份，中方49%。中方股份中，娃哈哈集团占39%，娃哈哈美食城有限公司占10%，而娃哈哈集团又控股娃哈哈美食城53.31%，宗庆后作为合资公司的CEO持有合资公司14%左右的股份。

从1999年起，娃哈哈实行以职工持股为主的国企改制，宗庆后本人获得了娃哈哈集团29.4%的股份。从2002年开始，宗庆后利用杭州娃哈哈广盛投资有限公司、杭州萧山顺发食品包装有限公司、红安永盛投资有限公司和广元金信投资有限公司替代了娃哈哈集团作为中方投资方。4家公司中有3家均由宗庆后作为自然人控股60%左右，另一家由杜建英控股。这意味着，从2002年开始，宗庆后实际股权和可能的分红还将增加。根据宗庆后本人公开的资料，1996年至2006年间合资公司累计实现利润69.65亿元，用于分配60.34亿元，其中达能分回红利30.77亿元。因此，保守估算宗庆后至少获得10亿元的分红。

二、个人所得税制度分析

（一）宗庆后各项收入的性质

根据《个人所得税法》的规定，凡在中国境内有住所，或者无住所而在一个纳税年度内在境内居住满一年的居民个人，无论其境内所得还是境外所得，都应按照我国税法申报缴纳个人所得税。因此，宗庆后取得的各项收入都应在我国照章纳税。

个人所得税实行分类征收，涉及11项所得，不同性质的所得适用不同的税率。例如，工资、薪金所得适用多级超额累进税率；劳务报酬所得适用比例税率，税率为20%，对劳务报酬所得一次收入畸高的，实行加成征收；财产转让所得、股息红利所得适用20%的比例税率。因此，对宗庆后各项收入的定性直接关系到其纳税义务的确定。

1. 常规收入

工资、薪金所得是指个人因任职或受雇而取得的工资、薪金、奖金、年终加薪、劳动分红、津贴、补贴以及与任职或受雇有关的其他所得。因此，宗庆后从任职合资公司取得的月薪、年度补贴应属“工资、薪金所得”。宗庆后与合资企业签订的服务协议中约定的外方股东按照合资企业的经营效益，每年按1%的比例向其支付“服务费”，笔者认为由于这部分奖金与合资公司经营业绩挂钩，应属于劳动分红，也应按照“工资、薪金所得”计算缴纳个人所得税。

2. 股权激励

宗庆后取得的这部分收入主要是根据奖励股协议中的约定，达能将境外几家子公司的股权奖励给宗庆后并且以股权回购的方式向其支付回购费。根据财政部、国家税务总局2005年颁布的《关于个人股票期权所得征收个人所得税问题的通知》，员工从企业取得股票的实际购买价低于购买日公平市场价格的差额，是因员工在企业的表现和业绩而取得的与任职、受雇有关的所得，应按工资、薪金所得计算缴纳个人所得税。宗庆后的股份被达能公司回购，表面看似乎为个人转让股票行为，所得应属财产转让所得，但从股权奖励协议看，达能公司回购宗庆后的股权价格，与宗庆后的业绩挂钩，远高于市场价，具有对宗庆后业绩给予奖励的性质，相应所得应属工资、薪金所得。

3. 股权分红

宗庆后因持有奖励股取得的分红和通过持股从合资企业中获得的分红，是基于市场行为获得的收益，无关个人业绩，这部分所得应属于股息、红利所得。根据我国税法的规定，对于境外公司支付的股息、红利，属于来源于境外所得，在给予抵扣境外税款后向我国纳税。

表1　　宗庆后各项收入定性

收入分类	收入项目	适用税率
工资、薪金所得	月工资	9级超额累进税率
	年度补贴	
	服务费	
	低价股权奖励	
	高价股权回购	
利息、股息、红利所得	奖励股分红	20%比例税率
	合资公司持股分红	

（二）宗庆后行为定性

该案曝光后，引起了社会和学界的广泛关注，对于宗庆后个税案的性质、逃税的判定以及其在立案前补税的行为是否影响其法律责任等众说纷纭。

1. 未如实进行纳税申报，是否构成偷税罪

《个人所得税法实施条例》规定：“纳税义务人有下列情形之一的，应当按照规定到主管税务机关办理纳税申报：（1）年所得12万元以上的；（2）从中国境内两处或者两处以上取得工资、薪金所得的；（3）从中国境外取得所得的；（4）取得应纳税所得，没有扣缴义务人的；（5）国务院规定的其他情形。”宗庆后是多个合资企业和非合资企业的股东和CEO，其收入构成非常复杂，符合上述规定情形，依法应自行办理纳税申报。但十多年来，宗庆后未就此申报纳税。根据《税收征管法》第63条规定：“纳税人伪造、变造、隐匿、擅自销毁账簿、记账凭证，或者在账簿上多列支出或者不列、少列收入，或者经税务机关通知申报而拒不申报或者进行虚假的纳税申报，不缴或者少缴应纳税款的，是偷税。”由此，只要存在上述行为之一即为偷税，宗庆后未对其收入进行纳税申报，应属于由虚假纳税申报构成偷税。

偷税数额占应缴纳税数额的10%以上并且偷税数额在1万元以上的，或者因偷税被税务机关给予二次行政处罚又偷税的，才构成犯罪。2009年第十一届全国人大常委会第七次会议审议通过的《刑法修正案（七）》修改了偷税罪的罪状表述，将罪名由“偷税罪”改为“逃避缴纳税款罪”，并将其定义为纳税人采取欺骗、隐瞒手段进行虚假纳税申报或者不申报，逃避缴纳税款数额较大并且占应纳税额10%以上的；扣缴义务人采取欺骗、隐瞒手段，不缴或者少缴已扣、已收税款，数额较大的即构成逃避缴纳税款罪。宗庆后偷税数额巨大无可争议，因此，罪与非罪的认定关键在于是否符合偷税数额达到应纳税额10%以上。

2. 补税行为是否影响罪与非罪的认定

根据法律规定，立案前补缴税款属于事后悔过行为，并不影响对案件性质的认定，还是应按照此前的未缴或者少缴税款予以确认。但是为了鼓励事后补救和自首悔过行为，在处罚上应当予以从轻。根据我国《行政处罚法》第27条和《刑法》第67条的规定，宗庆后在立案前补缴税款，属于主动减轻和消除危害后果，应当予以减轻处罚。

三、逃避个人所得税的原因剖析

（一）税收法规不完善，监管手段不到位

我国个人所得税法重实体而轻程序，对应纳税额的计算规定比较详细，但是对于征管程序等涉及较少，使得在征管过程中经常出现因政策、法规不明确而难以界定的问题，造成一些税收纠纷没有确实的法律依据。另外，我

国目前的税制结构中流转税和企业所得税所占比重较大，个人所得税比重严重过低，相应的现行征管机制对流转税和企业所得税相对完善，如“金税工程”有效地促进了以增值税为主体税种的流转税征管效率，但对个人所得税的征管侧重较少。

目前我国个人所得税征收率较高的是工资薪金、利息股息红利、稿酬等实行代扣代缴的所得，由于收入渠道多元、现金支付普遍，税务机关难以掌握纳税人完整的收入信息。缺乏完善的个人收入信息制度，税务机关缺乏获取纳税人收入信息的渠道，使得对个人所得税纳税人的监管处于被动的境地。近些年曝光的一些文体明星、企业高管偷漏税，多是有人举报，否则税务机关很难主动对个人进行稽查，但是由于这些高收入群体收入来源复杂，不缴、少缴税款的行为是一种比较普遍的现象，既造成国家税款严重流失，也妨害税收公平。

（二）税收处罚措施缺乏刚性

由于征管不到位、执法不严，对个人的纳税稽查概率非常之低，税收处罚措施不力，导致对个人所得税纳税人来说偷税变成了一项“高收益，低风险”的投机活动。2014 年，我国个人所得税的罚款、滞纳金占个人所得税收入的比重只有 2‰[①]。另外，税法处罚措施弹性过大，如逃避缴纳税款罪的定义为“纳税人采取欺骗、隐瞒手段进行虚假纳税申报或者不申报，逃避缴纳税款数额较大并且占应纳税额百分之十以上的；扣缴义务人采取欺骗、隐瞒手段，不缴或者少缴已扣、已收税款，数额较大的即构成逃避缴纳税款罪”。其中“数额较大”的标准难以量化，导致在实际执法过程中容易产生徇私行为。

（三）纳税人缺乏纳税意识

代扣代缴的纳税申报方式是目前我国个人所得税的主要征管方式，虽然代扣代缴有利于控制税源，便于收缴税款，征管成本比较低，但是在分类所得税制模式下代扣代缴这种间接的征管模式长期割裂了纳税人和税务机关的直接联系，不利于培养纳税人的税收遵从意识，使得很多人纳税意识比较淡薄。在本案例中，宗庆后在个税案曝光后曾表示由于其拿到的收入都是少了一部分的，所以以为达能已经就其收入代扣代缴过税款。但是在宗庆后与达能签订的服务协议和奖励股协议中，明确约定了“宗庆后对自己的工资、奖金和其他利益负责在中国及其他地区的任何种类的税款、收费或征费”。这反

---

① 资料来源：《中国税收年鉴 2015》。

映出其税收意识淡薄，没有认识到税收风险。我国税法正处于改革阶段，频繁出台各种税收新政策，很多纳税人尤其是收入渠道多元化的企业家、文体明星等很难照章纳税，纳税意识淡薄加之收入数额较大则很容易导致逃避缴纳税款行为的发生。

四、高收入群体逃避税收的主要手段

由于高收入群体的收入情况复杂，收入来源多元化，因此收入具有隐蔽性的特征，不利于税务机关进行征管，容易造成高收入群体的偷逃税，导致大量税款流失。在我国高收入群体主要有企业高管、文体明星、私营业主等。下面对高收入群体偷逃税的主要手段进行分析。

（一）隐瞒境外收入

根据我国税法的要求，在中国境内有住所或无住所但在一个纳税年度中在中国境内居住满一年的纳税人，从中国境外取得所得的应当于取得所得后向主管税务机关办理纳税申报。这部分收入由于是境外支付，我国税务机关难以监管，许多纳税人往往对该部分收入不真实申报。通常利用该种方式偷逃个人所得税的纳税人主要有外籍在华工作人员和有来源于境外收入、境外支付的中方人员。如在本案例中，宗庆后取得的收入分别打入了宗本人、其妻施幼珍、其女宗馥莉，以及娃哈哈集团党委书记杜建英在香港开立的多个银行账户，该行为属于转移个人财产、隐匿个人收入，必然导致税务机关难以确定其纳税义务。

（二）分解收入

由于我国个人所得税实行分类课征的模式，不同的收入项目各自适用不同的扣除项目和税率，而高收入群体由于收入渠道多元，容易将收入进行分解，进行多次扣除。还有许多涉外企业的高管，通过与其就职的跨国公司在不同国家或地区的子公司签订多份劳务合同，通过在低税率的国家或地区领取部分收入以避税。

（三）利用税法漏洞

我国税法中存在一些不确定性或者不完整的政策，使得纳税人有机可乘。例如，按我国《个人所得税法》的规定，与我国签订税收协定的国家和地区的公民，一个纳税年度在我国居住满 183 天方可对其境外收入征税，无税收协定的则为 90 天。许多跨国公司的外籍高管充分利用此条款中的漏洞，巧打时间差，只要在中国工作不达到规定天数，国内的税务机关就无法对其境外收入进行征税。

（四）滥用税收协定

目前，我国已与100多个国家和地区签订了税收协定以避免双重征税和防止偷逃税。许多跨国纳税人为了谋取税收利益，利用税收协定中的优惠条款，想方设法享受税收协定中的税收优惠以规避纳税义务，造成许多滥用税收协定的情况发生。

五、打击个人逃避缴纳税款的建议

我国目前采用自行申报和代扣代缴两种申报纳税方式，但是由于自行申报制度不健全，代扣代缴落实不到位，导致征管效率低下。一些高收入人群由于收入来源多元化，具有隐蔽性等特征，使得税务机关对其收入难以监管，造成税款大量流失，有损税收公平。在本案例中，宗庆后十年间未对其从合资公司取得收入进行纳税申报，直至被举报才引起税务机关的关注，这种情况并非个例。

（一）完善纳税申报制度，加强对税源的监管

建议借鉴美国等发达国家的做法，尽快建立自然人纳税人的税务登记制度。即每个纳税人都有唯一的税务登记号码，在税务机关的系统中登记纳税人的财产、婚姻、抚养、赡养等信息，纳税人在取得收入时支付方需要获得其税务登记号码，依法为其代扣代缴税款，方便税务机关及时、准确掌握纳税人的收入情况，加强对税源的监管。另外，建立个人所得税征管信息系统，建立税务机关与银行、工商、房管、海关等部门的信息交换机制，加强对个人涉税信息的监控。我国个人所得税制向分类综合相结合转变也需要完善的自然人纳税人税务登记制度和全国联网的征管信息系统来支撑下一步的征管工作。

（二）加大对税收违法行为的处罚力度

改变目前重查补轻处罚的状况，加大对个人税收违法的处罚力度，增加纳税人偷逃税的预期风险和违法成本。一方面，制定严格的刚性的处罚措施，尤其对高收入群体要加大稽查力度，提高稽查概率，从重打击偷逃税行为，增加逃税的罚款比例；另一方面，可以借鉴西方发达国家的做法，建立个人社会信誉档案，纳税人一旦发生偷逃税行为则被记录在案并且在全社会进行公开，这样必将影响纳税人的社会信誉，对其就业、个人信贷甚至人际关系产生不利影响，增加纳税人偷逃税的心理成本。

（三）增强纳税人的纳税遵从意识

个人所得税涉及的纳税人数量众多，纳税人纳税遵从意识增强有利于降

低征管成本，提高征管效率。一方面，加大对税法的宣传力度，使纳税人、扣缴义务人了解其涉税权利和义务，尤其要加强对涉外税收的宣传，这方面的规定无论是在华工作的外籍个人还是有境外收入的中国公民都相对了解较少，避免纳税人因不了解纳税义务而造成未交、未代扣代缴的情况发生。另一方面，相关政府部门要做到政务公开透明，优化纳税服务，为纳税人创造便利的纳税条件，体现对纳税人的尊重和对纳税人实际利益的保护。

参考文献

［1］胡梦瑶．宗庆后的“3 亿元偷税门”［J］．法人杂志，2008（05）：44－46.

［2］倪振峰．关于宗庆后个税案的几点辨析［J］．探索与争鸣，2008（08）：33－35.

［3］陈晓舒．宗庆后“个税门”背后的利益之争［J］．中国新闻周刊，2008（15）：46－48.

［4］刘效仁．宗庆后偷漏巨税应反思制度之耻［N］．证券时报，2008－04－16.

［5］杨颢．探营杭州地税局：“宗庆后税案”仍在调查中［N］．21 世纪经济报道，2008－04－22.

［6］王晓玥．达能制造宗庆后“逃税门”？［N］．北京商报，2008－04－16.

［7］李凤林．期待已久的期待——看宗庆后涉嫌偷逃巨额税款事件［J］．青年文学家，2010（17）：192.

［8］七林卓玛．信息不对称视角下我国个人所得税征管问题研究［D］．云南财经大学，2014.

［9］弓剑．我国高收入者个人所得税征管现状、原因及对策研究［D］．中国海洋大学，2014.

［10］常秀芬．我国高收入者个人所得税流失的对策研究［D］．贵州大学，2008.

［11］徐祖跃．我国个人所得税征管现状与改革趋势［J］．税务研究，2013（08）：74－77.

［12］孙青青．对高收入者个人所得税征管问题研究［D］．上海海关学院，2015.

国内税案7　江苏环亚借壳上市税案①

一、案例背景

（一）交易主体

1. 江苏环亚建设工程有限公司

江苏环亚建设工程有限公司（简称江苏环亚）是一家医疗专业服务整体解决方案提供商，该公司成立于1993年，注册资本7353.4483万元，是一家以医疗净化工程设计施工、装饰装修设计施工、建筑智能化工程施工、医疗产品配套生产销售、保温材料生产施工为一体的集团化企业，主要提供医疗专业工程、医疗信息化软件开发与系统集成服务。

江苏环亚的股东结构如图1所示：张惊涛直接持有江苏环亚55.87%的股权，张惊涛配偶徐放持有江苏环亚5.68%的股权，张惊涛及徐放合计控制江苏环亚61.55%的股权，为江苏环亚的控股股东和实际控制人。

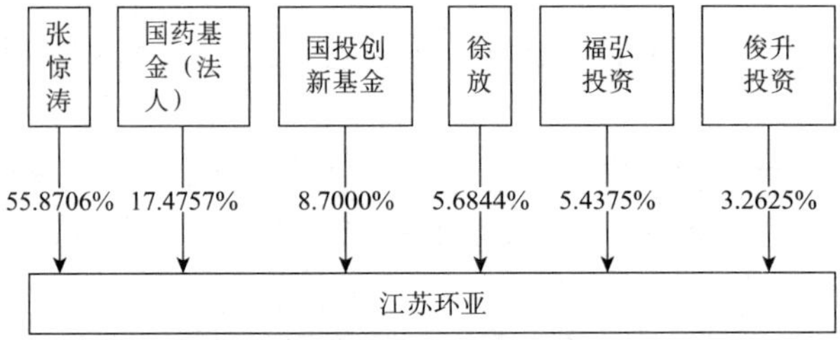

图1　江苏环亚的股东结构

2. 国投中鲁果汁股份有限公司

国投中鲁果汁股份有限公司（简称国投中鲁）主要从事浓缩果蔬汁、饮料生产和销售，主导产品为浓缩苹果汁。2004年6月，公司首次公开发行人民币普通股6500万股，成为第一家在国内主板上市的浓缩果汁加工企业。国

① 中央财经大学2016级税务专硕毕明琛参与本案例研究与写作。

投中鲁的控股结构如图 2 所示。

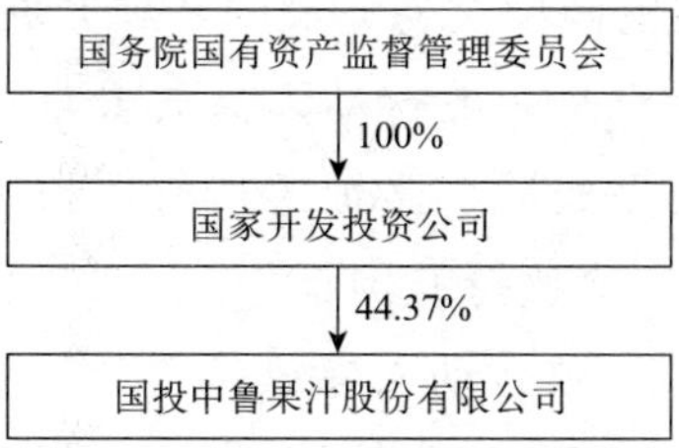

图 2　国投中鲁的控股结构

3. 上海国投协力发展有限公司

上海国投协力发展有限公司（简称国投协力发展）经营范围为股权投资基金。股权结构的控制关系如图 3 所示。

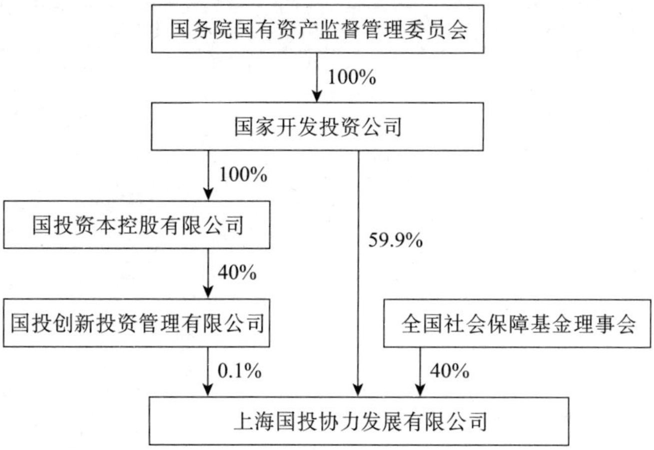

图 3　国投协力发展的股权结构

（二）交易方案设计

1. 重大资产出售

国投中鲁拟向国投协力发展出售全部资产和负债，国投协力发展以现金作为支付对价。

2. 发行股份购买资产

国投中鲁拟向江苏环亚全体股东以非公开发行股份方式，购买其持有的江苏环亚 100% 股权。

3. 股份转让

国投公司拟将其持有的国投中鲁 116355543 股股份，以协议转让方式，转让给国投协力发展。

上述交易方案为一揽子整体交易，其中重大资产出售、发行股份购买资产同时实施，股份转让在前两项交易完成的基础上进一步实施。

本次收购之前，张惊涛及一致行动人徐放未直接或间接持有上市公司国投中鲁的股份。本次收购完成后，张惊涛持有国投中鲁 169987045 股 A 股股份，持股比例为 30.01%，徐放持有国投中鲁 17294862 股 A 股股份，持股比例为 3.05%。张惊涛及其一致行动人徐放将合计持有国投中鲁 187281907 股 A 股股份，持股比例为 33.06%。张惊涛、徐放成为国投中鲁的实际控制人。交易前后股东持股比例对比如表 1 所示。

表 1　　交易前后股东持股比例对比

股东姓名/名称	本次交易前		本次交易后	
	持股数（股）	持股比例	持股数（股）	持股比例
国投公司	116355543	44.37%	116355543	20.54%
张惊涛			169987045	30.01%
国药基金			53170050	9.39%
国投创新基金			26469866	4.67%
徐放			17294862	3.05%
福弘投资			16543666	2.92%
俊升投资			9926199	1.75%
沈建平			9264453	1.64%
圣众投资			1595189	0.28%
其他股东	145854457	55.63%	145854457	25.75%
合计	262210000	100.00%	566461330	100.00%

二、借壳上市及其涉税分析

（一）净壳

国投中鲁拟向国投协力发展出售全部资产和负债，国投协力发展以现金作为支付对价。本次交易的拟出售资产交易价格依据资产基础法评估结果并经国务院国资委评估备案的评估值，协商作价为 101107.58 万元。为便于交割，国投中鲁将其除国投中鲁有限公司股权外的全部资产及负债、业务、人员转让或转移至其全资子公司国投中鲁有限公司，在交割日之前或当日将国投中鲁有限公司的全部股权转让给国投协力发展及其指定第三方，即视为国投中鲁已向国投协力发展履行完毕拟出售资产交付义务。由此，国投中鲁实现了净壳。净壳过程如图 4 所示。

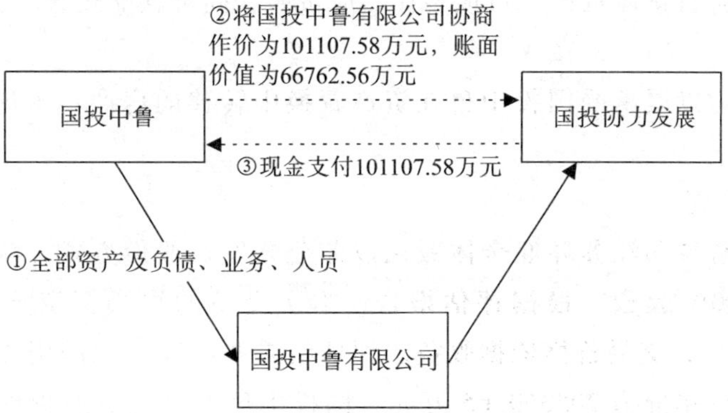

图 4　净壳过程示意图

根据此案例，净壳过程中所涉及的税种分别为企业所得税、流转税、土地增值税、印花税和契税。

1. 企业所得税

由于采用现金支付，不满足特殊性税务处理的适用条件，故采用一般性税务处理，国投中鲁对置换出去的全部资产和负债需视同销售，计算缴纳企业所得税。

作为收购方，国投协力发展取得国投中鲁 100% 股权的计税基础以股权的公允价值（101107.58 万元）确定。而作为转让方的国投中鲁，应以转让国投中鲁的股权所确认股权转让所得［101107.58 − 66762.56 = 34345.02（万元）］作为计税基础。

2. 流转税

根据国家税务总局 2011 年第 13 号公告、国家税务总局 2011 年第 51 号公告的规定，国投中鲁此次交易中转让全部资产、负债和劳动力的行为无须缴纳流转税①。

3. 土地增值税

根据财税〔2015〕5 号文的规定，对于国投中鲁资产转让中涉及的房屋和土地，暂不征收土地增值税②。

① 目前适用政策是《财政部 国家税务总局关于全面推开营业税改征增值税试点的通知》（财税〔2016〕36 号）附件 2《营业税改征增值税试点有关事项的规定》，即涉及资产、负债、业务、人员转让的业务不缴纳增值税。

② 目前适用政策是《财政部 国家税务总局关于继续实施企业改制重组有关土地增值税政策的通知》（财税〔2018〕57 号）。

4. 印花税

国投中鲁将整体资产、负债转让，应按照合同价款征收5‰印花税。

5. 契税

国投协力发展承受国投中鲁在资产置换中转移的房产、土地，需要依法缴纳契税。

（二）入壳

国投中鲁拟向江苏环亚全体股东以非公开发行股份方式，购买其持有的江苏环亚100%股权。根据评估报告，本次交易的拟购买资产账面价值为55365.93万元，交易价格依据收益法评估结果并经国务院国资委评估备案的评估值，协商作价为205369.65万元。国投中鲁本次发行股份的价格为本次重大资产重组首次董事会决议公告日前20个交易日股票的交易均价，即6.75元/股。据此计算，国投中鲁向江苏环亚全体股东合计需发行股份304251330股。入壳过程示意图如图5所示。

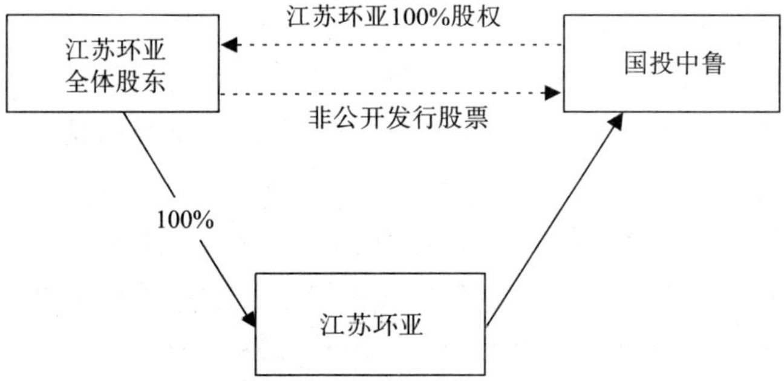

图5　入壳过程示意图

根据此案例，入壳过程中所涉及的税种为企业所得税、个人所得税、印花税和契税。

1. 企业所得税

国家税务总局2010年第4号公告规定：同一重组业务的当事各方应采取一致税务处理原则，即统一按一般性或特殊性税务处理。在此项交易中，张惊涛及徐放是自然人股东，自然人股东不适用特殊性税务处理规定。因此，交易各方都应与张惊涛及徐放保持一致，采用一般性税务处理规定。作为收购方的国投中鲁，应该以其取得江苏环亚100%股权的公允价值（205369.65万元）作为计税基础来确定企业所得税。

2. 个人所得税

作为转让方江苏环亚的控制人张惊涛及徐放，应以其所转让的61.55%股权视为股权转让所得缴纳个人所得税18467.51万元（92337.56×20%）。

3. 印花税

该交易中涉及的产权转移书据需要缴纳印花税。

4. 契税

根据财税〔2015〕37号文的规定，国投中鲁承受江苏环亚的房屋、土地，无须缴纳契税①。

三、借壳上市存在的税收问题及其对策

（一）借壳上市存在的税收问题

1. 以控股企业股权作为支付对价存在税收漏洞

借壳上市的税收漏洞在于可以根据支付方式和支付比例来使用不同的税务处理方法，即一般性税务处理与特殊性税务处理。在本案例中，企业借壳上市适用一般性税务处理的规定。但是如果企业重组交易方通过设立作为“资金池”的子公司，以子公司股权作为支付对价可以满足股权支付比例的要求，就可以适用特殊性税务处理规定。

借壳上市的第一个步骤“净壳”，由于国投协力发展采取的支付手段是现金支付，因此，各交易方只能适用一般性税务处理。国投中鲁需要缴纳企业所得税8586.26万元。但是如果国投中鲁与国投协力发展商定采用特殊性税务处理方法，那么国投协力发展可以以现金出资设立作为资金池的子公司，然后以子公司股权作为支付对价，这样就可以适用特殊性税务处理以降低税收负担。

2. 自然人股东是否可适用特殊性税务处理规定尚未明确

在财税〔2009〕59号文中，所规定的一般性税务处理规定与特殊性税务处理规定是针对企业所得税而言的。因此，自然人股东不适用特殊性税务处理规定，只能按照个人所得税法处理。国家税务总局2010年第4号公告规定企业重组的各方需采取一致的税务处理，要么都适用一般性税务处理，要么都适用特殊性税务处理。综合这两个文件，存在自然人股东的企业重组交易只能选择一般性税务处理，需要在重组当期缴纳所得税，无法享受递延纳税的税收优惠。在上述案例中，借壳上市的第二步发行股份购买资产即入壳，因为有自然人股东张惊涛、徐放的存在，各交易方只能适用一般性税务处理

① 目前适用政策是《财政部 国家税务总局关于继续支持企业事业单位改制重组有关契税政策的通知》（财税〔2018〕17号）。

规定纳税。因此，自然人股东究竟可否适用特殊性税务处理规定就会直接关系到交易方的税收负担，进而影响甚至左右重组交易能否顺利进行。

3. 税收法规不具有稳定性

我国关于税收的法律本身就不具有稳定性，一直处于变化之中，同样在借壳上市方面，企业所面临的税收政策也在不断地变化。这样就使得企业在进行借壳上市的重组时，可能会因为政策的变化而面临较高的税负，因此使得借壳上市无法进行，使市场产生不稳定。比如本案例中的江苏环亚，因为政策的变更导致后期其股东张惊涛需要缴纳约 2.5 亿元的个人所得税，使得本次重组最终以失败而告终。而我们一直在强调的就是税收应该具有稳定性，现实中却恰恰相反，因此这种情况急需改变。

（二）对解决借壳上市存在问题的建议

1. 堵住资金池避税的政策漏洞

首先，加强对以本企业直接持有股份的企业的股权作为支付对价的企业重组交易的审核。企业重组如采用特殊性税务处理规定，企业重组交易方需向税务机关备案，提供资料证明其满足特殊性税务处理规定的 5 个条件。因此，税务机关对于企业重组交易能否适用特殊性税务规定是具有一定的裁量权的。为此，税务机关可以调查股权所属企业是否具有实质性的生产经营活动，其设立是否是作为“资金池”而存在。如果企业没有实质性的业务，但是账面却有大量的现金，税务机关可以质疑企业以其股权作为支付对价不具有合理的商业目的，存在避税动机，从而判定企业重组不适用特殊性税务处理规定。

其次，借鉴美国重组税法规则，财税〔2009〕59 号文所指的“其控股企业的股权、股份”为本企业直接控股母公司的股权、股份，从根源上堵塞避税漏洞。母公司与子公司交叉持股股权架构的存在使得子公司可以以母公司股权作为对价支付手段。子公司不可能设立母公司作为“资金池”，因此，以母公司股权作为对价支付相比于以子公司股权作为对价支付，要进行税收筹划较为困难，可以减少企业利用股权支付避税的行为。

2. 明确自然人股东在取得所得时纳税

对于自然人股东参与重组，个人所得税法相关法律法规没有对其免税的规定，这一点从公平的角度来说是没有任何问题的。但是另一方面我们应该考虑这样征税是否具有合理性。比如说自然人股东以仅有的个人资产（股权形式）并购另一家企业，而被并购企业短期并不能获利，该自然人股东也无法将被并购企业的股权转让变现。如果判定该自然人股东负有纳税义务，恐怕税务当局也并不能征到税款。即使法律认为自然人股东负有纳税义务，也应当采取递延纳税义务的方法，等自然人收回投资、转让或清算股权时如确有应纳税所得，再按规定征收个人所得税。另外，我们知道，个人所得税的特点是基于“收付实现制”，因此应该明确自然人股东在确实取得所得或收益时承担纳税义务，才更能体现公平性与合理性。

3. 确保税收法律法规的稳定性

法律的不稳定非常容易造成市场的不稳定，税收政策的经常变更很容易造成借壳重组的不确定性，所以在制定税收法律或政策法规时应该确保其具有一定时间范围内的稳定性。我们的税务部门不能一看到市场的变化或发现了一个问题就立即公布一个新的政策来制止问题和堵塞漏洞。这要求相关部门与人员在制定政策时要具有一定远瞻性，而不是在一项法规出来之后又不断地出台新规来修补甚至变更原先的规定，这样才能使法规能服众。因此建议立法部门确保法律的稳定性，使市场有法可依，从而保证市场的稳定与持续性，也能更好地促进借壳上市这一重组方法的顺利进行，为促进我国股票市场的健康高效贡献力量。

知识链接

一、借壳上市

（一）借壳上市的诱因

在一个健全的市场经济环境下，股市是企业融资的重要渠道之一。但是在我国，企业想要实现A股上市却十分困难：一方面，证监会对企业首次公开发行股票上市在经营业绩等方面有着严格的条件限制；另一方面，企业上市受到宏观政策的影响，即使满足上市的各项条件，也可能因政策环境因素而无法顺利上市。据统计，在我国股票市场诞生以来的26年时间里，IPO暂停了9次，累计暂停时间长达5年。当前，国内上市采取审批制，而审批手段与流程却十分的烦琐，大量公司都在上市排队等待中消磨着时光，少则一二年，多则三五年，这个等待的过程是漫长而痛苦的。此种背景下，我国资本市场产生了一种特殊的上市方式——借壳上市。

（二）借壳上市的多赢效应

相比于IPO而言，借壳上市无论是对企业经营业绩的要求还是审核的难度都要低很多。通过借壳上市，企业可以有效规避烦琐的上市审批手续。企业一旦借壳上市成功后，就可以通过公开增发、定向增发等多种方式募集资金。因此，借壳上市作为一种间接上市渠道，受到企业的青睐。例如大冶矿业借壳刚泰控股、绿地控股借壳金丰投资、分众传媒借壳七喜控股等。尤其是在2016年，国内几家快递公司也分别通过借壳渠道完成上市。据统计，2016年A股市场共出现41起借壳上市案例，其中成功29起。过去10年，A股市场共出现196起借壳上市案例，近两年的数量占比超过三成。对已经上市但经营不善的企业来讲，“壳资源”成为其获得高回报的唯一砝码。

（三）借壳上市的内涵

借壳上市是指谋求上市的非上市公司通过取得壳资源的控制权，然后通过重大资产重组或者定向增发股份等方式将非上市公司的整体业务注入上市公司，从而实现在证券交易所间接上市的目的。所谓壳，即指上市公司所拥有的上市资格；壳资源，即指上市公司所拥有上市资格的经济价值，它主要体现在上市公司具有从证券市场进一步融资的权利。2012年，证监会修改《上市公司重大资产重组管理办法》，明确借壳上市的审核要求；2014年，证监会进一步修改《上市公司重大资产重组管理办法》，对借壳上市的审核要求等同于IPO，意味着借壳上市相比之前审核更加严格，并规定创业板不得借壳上市。2016年9月9日，证监会公布修订的《上市公司重大资产重组管理办法》，在完善认定标准、监管配套、强化中介机构责任等方面都增加了严格的规则，并将“借壳”界定为“自控制权发生变更之日起，上市公司向收购人及其关联人购买的资产总额达到上市公司前一个会计年度资产总额的100%以上的重大资产重组”，即因资产重组行为而构成借壳上市。也就是说构成借壳上市需要有两个核心要素，一个是“控制权变更”，另外一个是“购买资产达到原来资产规模以上”，这意味着被借壳公司的主营业务将发生变更。

（四）借壳上市的步骤

一般来说，借壳上市有三个连贯的步骤：择壳、净壳和入壳。

1. 择壳

择壳是借壳上市的先行步骤。顾名思义，即为选择一家壳公司。

如何挑选理想的壳资源，是借壳上市面临的首要问题。通常来说，那些主营业务增速缓慢甚至发生亏损的夕阳行业的上市公司是最好的壳公司选择对象。因为这些上市公司往往面临着退市的危险，借壳上市的企业一般通过股权收购或者认购非公开发行股份的方式取得控制权，从而实现对壳资源的控制。

2. 净壳

净壳是借壳上市过程中非常重要的一个步骤。顾名思义，即把壳公司原有资产与负债等业务清理出去。

一般来说，借壳方与壳公司的主营业务通常存在较大的差异性，如果将壳公司原有的资产和负债继续保留，那么极有可能会对借壳上市后的公司业绩产生不良影响，阻碍企业绩效的提升。目前比较常见的净壳方式包括资产整体出售、资产整体置换和资产抵债式债务重组等。

3. 入壳

入壳是壳公司剥离原有的劣质资产，同时借壳方将其自身的优质资产注入壳资源的过程。借壳方一般会将主营业务中获利性好、增值空间大的优质资产注入壳公司。因为优质资产的注入可以抑制同业竞争，帮助借壳方理顺控制层级。而入壳的方式主要有两种，即资产置换和非公开发行股份购买资产。这个步骤的结束基本上就等于宣告借壳上市行为的完成。

二、借壳上市的税政解读

(一) 所得税

所得税相关税收政策如表 2 所示。

表 2　　所得税相关税收政策

所得税	企业所得税	《关于非货币性资产投资企业所得税政策问题的通知》（财税〔2014〕116 号）
		《关于促进企业重组有关企业所得税处理问题的通知》（财税〔2014〕109 号）
		《企业重组业务企业所得税管理办法》（国家税务总局 2010 年第 4 号公告）
		《关于企业重组业务企业所得税处理若干问题的通知》（财税〔2009〕59 号）
	个人所得税	《股权转让所得个人所得税管理办法（试行）公告》（国税〔2014〕67 号）
		《关于公布全文失效废止、部分条款失效废止的税收规范性文件目录的公告》（国税〔2011〕2 号）
		《国家税务总局关于非货币性资产评估增值暂不征收个人所得税的批复》（国税函〔2005〕319 号）

1. 企业所得税

企业所得税，是指对企业在一定期间内生产经营所得和其他所得，依法扣除成本、费用和损失后的余额征收的一种所得税。《关于非货币性资产投资企业所得税政策问题的通知》（财税〔2014〕116 号）、《关于促进企业重组有关企业所得税处理问题的通知》（财税〔2014〕109 号）、《关于企业重组业务企业所得税处理若干问题的通知》（财税〔2009〕59 号）和《企业重组业务企业所得税管理办法》（国税〔2010〕4 号）规定了企业并购重组中的企业所得税政策。其中，财税〔2014〕116号文和财税〔2014〕109号文是对财税〔2009〕59号文的补充与修改，国税〔2010〕4号是对企业重组业务所得税处理的具体程序规定。财税〔2009〕59号文将企业并购重组的所得税税务处理方式划分为特殊性税务处理与一般性税务处理两种方式。

2. 个人所得税

个人所得税，是对个人获取的各项应税所得征收的一种税，其征税范围包括：工资、薪金所得；个体工商户的生产、经营所得；对企事业单位的承包经营、承租经营所得；劳务报酬所得；稿酬所得；特许权使用费所得；利息、股息、红利所得；财产租赁所得；财产转让所得；偶然所得和经国务院财政部门确定征税的其他所得。《股权转让所得个人所得税管理办法（试行）公告》（国税〔2014〕67号）明确规定，“个人转让股权，以股权转让收入减除股权原值和合理费用后的余额为应纳税所得额，按‘财产转让所得’缴纳个人所得税”。另外，需要提示的是，《关于公布全文失效废止、部分条款失效废止的税收规范性文件目录的公告》（国税〔2011〕2号）已经废止了《国家税务总局关于非货币性资产评估增值暂不征收个人所得税的批复》（国税函〔2005〕319号），即非货币性资产投资的暂免个人所得税的政策已经作废。因此，如果拟借壳公司有个人股东，壳公司采取定向增发的方式支付对价，则该壳公司股权的评估增值将可能被税务机关以财产转让所得征收个人所得税。

3. 特殊性税务处理与一般性税务处理规定

财税〔2009〕59号文件第5条规定，企业重组同时符合下列条件的，适用特殊性税务处理规定（见表3）：

表3　特殊性税务处理规定

交易主体	税务处理
转让方	被收购企业的股东取得收购企业股权的计税基础，以被收购股权的原有计税基础确定
受让方	收购企业取得被收购企业股权的计税基础，以被收购股权的原有计税基础确定
收购企业、被收购企业的原有各项资产和负债的计税基础和其他相关所得税事项保持不变	

（1）具有合理的商业目的，且不以减少、免除或者推迟缴纳税款为主要目的。

（2）被收购、合并或分立部分的资产或股权比例符合本通知规定的比例。

（3）企业重组后的连续12个月内不改变重组资产原来的实质性经营活动。

(4) 重组交易对价中涉及股权支付金额符合本通知规定比例。

(5) 企业重组中取得股权支付的原主要股东，在重组后连续 12 个月内，不得转让所取得的股权。

符合通知第 5 条规定条件的企业合并，企业股东在该企业合并发生时取得的股权支付金额不低于其交易支付总额的 85%，以及同一控制下并且不需要支付对价的企业合并，可以选择对交易中股权支付暂不确认有关资产的转让所得或损失。

财税〔2009〕59 号文件第 4 条规定，企业重组，除符合本通知规定适用特殊性税务处理规定的外，按以下规定进行税务处理：

(1) 合并企业应按公允价值确定接受被合并企业各项资产和负债的计税基础。

(2) 被合并企业及其股东都应按清算进行所得税处理。

(3) 被合并企业的亏损不得在合并企业结转弥补。

以上处理，即一般性税务处理规定（见表 4）。

表 4　　一般性税务处理规定

交易主体	税务处理
转让方	应按公允价值确认股权、资产转让所得或损失
受让方	取得股权或资产的计税基础应以公允价值为基础确定。被收购企业的相关所得税事项原则上保持不变

(二) 流转税

流转税的相关税收政策如表 5 所示。

表 5　　流转税相关的税收政策

增值税	《关于简并增值税征收率政策的通知》（国税〔2014〕57 号）
	《关于纳税人资产重组有关增值税问题的公告》（国税〔2011〕13 号）
	《关于纳税人资产重组有关增值税问题的公告》（国税〔2013〕66 号）

增值税

增值税，是对生产、销售货物和提供劳务的纳税人，就其生产经营过程中实现的法定增值额征收的一种流转税。根据《国家税务总局关于纳税人资产重组有关增值税问题的公告》（国税〔2011〕13 号），“纳税人在资产重组过程中，通过合并、分立、出售、置换等方式，将全部或者部分实物资产以及与其相关联的债权、负债和劳动力一并转让给其他单位和个人，不属于增值税的征税范围，其中涉及的货物转让，不征收增值税”。根据《关于纳税人资产重组有关增值税问题的公告》（国税〔2013〕66号，以下简称“66号公告”），“纳税人在资产重组过程中，通过合并、分立、出售、置换等方式，将全部或者部分实物资产以及与其相关联的债权、负债经多次转让后，最终的受让方与劳动力接收方为同一单位和个人的，仍适用国家税务总局13号公告的相关规定，其中货物的多次转让行为均不征收增值税”①。

（三）财产税

财产税的相关税收政策如表6所示。

表6　财产税相关的税收政策

财产税	契税	《关于进一步支持企业事业单位改制重组有关契税政策的通知》（财税〔2015〕37号）
	土地增值税	《关于企业改制重组有关土地增值税政策的通知》（财税〔2015〕5号）

1. 契税

契税，是指在土地、房屋权属转移时，向取得土地使用权、房屋所有权的单位和个人征收的一种税。《关于进一步支持企业事业单位改制重组有关契税政策的通知》（财税〔2018〕17号）对公司合并所涉及的契税问题做了详细的规定，“两个或两个以上的公司，依据法律规定、合同约定，合并为一个公司，且原投资主体存续的，对合并后公司承受原合并各方土地、房屋权属，免征契税”。

2. 土地增值税

土地增值税，是对有偿转让国有土地使用权及地上建筑物和其他附着物产权、取得增值性收入的单位和个人征收的一种税。这是中国对土地增值额或土地收益开征的第一个税种。《关于继续实施企业改制重组有关土地增值税政策的通知》（财税〔2018〕57号）规定，“两个或两个以上企业合并为一个企业，且原企业投资主体存续，对原企业将国有土地、房屋权属转移、变更到合并后企业，暂不征土地增值税”。“单位、个人在改制重组时以国有土地、房屋进行投资，对其将国有土地、房屋权属转移、变更到被投资的企业，暂不征土地增值税”。

（四）行为税

① 目前适用政策：《财政部 国家税务总局关于全面推开营业税改征增值税试点的通知》（财税〔2016〕36号）附件2《营业税改征增值税试点有关事项的规定》。

印花税的立法规定。印花税，是对经济活动和经济交往中书立、领受具有法律约束力的凭证的行为所征收的一种税，因在应税凭证上粘贴印花税票作为完税标志而得名。《关于企业改制过程中有关印花税政策的通知》（财税〔2003〕183号，以下简称“183号文”）规定，“企业因改制签订的产权转移书据免予贴花”。

参考文献

［1］解宏，杨少刚．企业并购交易中的若干税收问题［J］．涉外税务，2004（01）：11－15.

［2］邓远军．课税对公司并购影响的经济分析［J］．扬州大学税务学院学报，2008（02）：15－22.

［3］蔡昌．并购重组的税收筹划［J］．财会学习，2013（03）：50－55.

［4］李洁昇．中美公司免税并购法律制度比较研究［D］．西南政法大学，2013.

［5］李如嘉．上市公司并购重组中内幕交易法律规制研究比［J］．硕士学位论文，中南大学，2013.

［6］周玉娟．我国上市公司并购重组法律问题研究［J］．硕士学位论文，长春工业大学，2011.

［7］王皓．中国A股市场企业借壳上市相关问题研究［J］．硕士学位论文，西南财经大学，2013.

［8］沈萍．中国A股市场借壳上市涉税法律问题研究［J］．硕士学位论文，华东政法大学，2015.

［9］白西欣．中国上市企业并购发展历程分析［J］．中国证券期货，2012（05）：31－32.

［10］蔡昌、毕明琛．巧堵“借壳上市”税收漏洞［J］．首席财务官，2017（21）．

国内税案8　展唐科技一分钱交易税案[①]

一、案例背景

展唐科技成立于2007年9月12日，并于2014年2月19日正式挂牌新三板。公司专业从事无线通信及电子领域产品的研发、开发、生产与销售，为客户提供从产品概念设计到外观、结构、软件及硬件开发等整体解决方案。

2014年至2015年，展唐科技连续两年亏损，共计亏损近亿元。到2015年底，由于客户架构单一和大客户无法付款等问题，展唐科技账面上一方面有近9000万元应收账款，另一方面拖欠了1.3亿元应付款，资金链出现严重问题。2016年上半年因业务暂停，继续亏损，2016年6月28日披露2015年年报显示，2015年公司实现营收4.07亿元，同比减少23.44%；净利亏损4953万元，同比减少15%，截至2015年年底净资产仅为305万元，同日展唐科技恢复转让并更名为ST展唐。

ST展唐在7月25日开盘后突然进行了大量的一分钱交易，截至25日收盘，ST展唐以0.01元的价格共成交4634万股，成交金额为46.34万元，9月13日，ST展唐违规发布收购报告书，公司被浙江福特资产管理股份有限公司（下称福特资产）以46.34万元收购。收购完成后，福特资产持股比例为57.17%，成为ST展唐控股股东。出让股权的股东情况如表1所示。

表1　出让股权的股东情况

序号	股东名称	出资额（元）	持股比例	持股数（股）	出资方式	股东性质
1	CG mobile Holdings	8551498.57	44.09%	35271190.00	货币	有限公司
2	Smart Target	4419625.10	22.79%	18229020.00	货币	有限公司
3	Sun rasia	1992373.13	10.27%	8217667.00	货币	有限公司

资料来源：展唐科技公开转让说明书。

① 中央财经大学2016级税务专硕毕明琛参与本案例的研究与写作。

Smart Target Management Ltd 出售 1822.802 万股，CG mobile Holdings Limited 出售了 1989.2126 万股，Sun rasia Investment Limited 出售了 821.7667 万股，对比 ST 展唐发布的 2015 年年报来看，第二、三大股东已出清所有股份，而第一大股东在此次出售后还持有 1235.9 万股公司股份，占总股本的比例由 39.56% 下降至 15.45%。

10 月 24 日，ST 展唐（430635）发布 2016 年半年度报告。公告显示，报告期内公司实现营业收入 1044.98 万元，同比下降 96.61%；实现净利润 -7453.73 万元，同比下降 11184.26%。公司上半年期末的资产总计 8988.42 万元，负债总计 1.6 亿元，净资产为 -7148 万元。

二、税案分析

（一）新三板一分钱交易的由来

新三板即全国中小企业股份转让系统，是经国务院批准，依据证券法设立的全国性证券交易场所，其定位主要是为创新型、创业型、成长型中小微企业发展服务。在交易制度上，新三板有别于沪深两市主板，针对中小微企业的股权特点和战略需求，目前存在两种交易制度：一种是交易双方在新三板场外协商好交易意向与交易价格，委托券商进行交易的协议转让制度；另一种是买卖双方不必等待交易对手出现，由做市商作为中介提供买卖双方意向报价的做市交易制度，目前新三板市场中协议转让制度是主流。截至 2016 年 11 月 11 日，新三板市场中采用做市转让和协议转让的公司数目如表 2 所示。

表 2　　新三板市场不同转让方式情况对比

	做市转让	协议转让	合计
挂牌公司家数	1644	7841	9458
新增家数	-1	30	29
总股本（亿股）	1552	3900	5452
流通股本（亿股）	857	1313	2170
成交金额（万元）	50739	36507	87246
成交数量（万股）	7471	9246	16717

资料来源：东方财富网。

由于协议转让制度的存在，交易双方可以在场外洽谈好价格，委托券商进行成交，第三方无法参与交易，双方可以以任意拟定的价格进行交易，完成过户之后，双方再按照事先约定的条件进行交易。另外，由于在新三板市场的交易不设置涨跌停板，交易双方出于不同的目的，可能会将交易价格设置为股转系统的最低价，即一分钱，这就是令人费解的一分钱交易的由来。一分钱交易在市场上并不鲜见，据统计数据显示，2015 年 1 月 1 日至 12 月 11 日，1004 家新三板公司发生过异常交易，其中异常交易的次数高达 30602 次，异常交易金额高达 120 多亿元；成交价格不足 1 元的次数达到 1738 次，交易股数为 5.27 亿股；一分钱交易次数已超过 200 次。由于低价异常交易的数额巨大，其实际成交额可能远不止这些。2015 年度异常交易情况如图 1 所示。

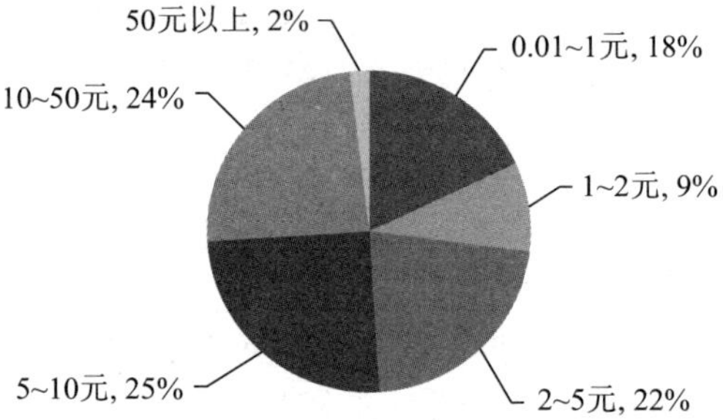

图 1　2015 年 1—12 月异常交易情况统计

资料来源：读懂新三板研究中心。

对于一分钱交易，中央财经大学张广通（2016）[①] 认为，一分钱交易从制度层面来说是被允许的，新三板采用的协议转让方式为交易双方进行私下定价留下了很大的可操作空间，从交易本身来看，采取极低的价格出售股权，其动机可能有以下几种情况：其一，公司经营不善，原股东急于摆脱困境，将公司低价出手；其二，利用关联方的转移定价规避印花税、企业所得税、个人所得税等税负；其三，股东进行股权激励，大股东将股份低价转让给企业高管；其四，进行利益输送；其五，通过低价转让股权，吸引市场注意力，增加企业知名度。

（二）转让价格有失公允

尽管 ST 展唐在公告里宣称，每股一分钱的价格充分考虑了公司经营情况以及财务数据，为交易双方的真实意思。但是这个说法很难让人信服，一分钱的价格很可能不是真实的交易价格，其避税的可能性很高。

1. 转让价格不符合会计准则的规定

《企业会计准则第 39 号——公允价值计量》第 2 条规定，“公允价值，是

① 国炜．新三板“1 分钱交易”频现为哪般？[N] 财会信报．2016－08－29（A08）．

指市场参与者在计量日发生的有序交易中，出售一项资产所能收到或者转移一项负债所需支付的价格”，同时第 8 条规定“有序交易，是指在计量日前一段时间内相关资产或者负债具有惯常市场活动的交易”。上述案例中 ST 展唐发生的一分钱的交易价格明显不是公司股票的惯常交易价格，ST 展唐一段时间内股价波动情况如图 2 所示。

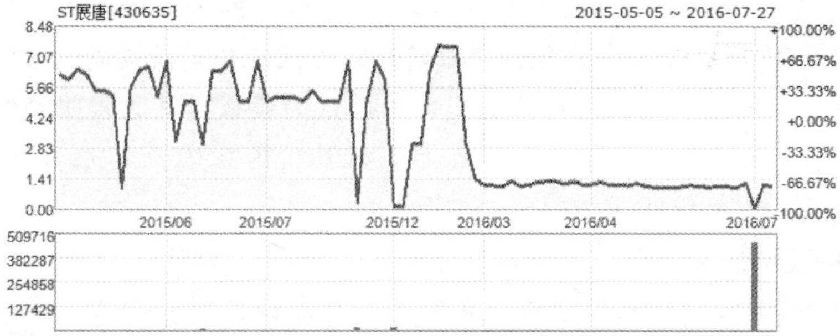

图 2　ST 展唐股价波动情况

资料来源：证券之星。

2. 买卖双方未遵循独立交易原则

《企业所得税法实施条例》第 110 条规定：“独立交易原则，是指没有关联关系的交易各方，按照公平成交价格和营业常规进行业务往来遵循的原则。”此前提到过，ST 展唐截至 2016 年上半年期末资产总计为 8988.42 万元，负债总计 1.6 亿元。据了解，福特资产是一家专门化专业化的民营不良资产管理公司，在管理像 ST 展唐这样高资产负债率①公司的工作上很有经验，在收购后福特资产计划实施企业重组，如果可以顺利实施，那么公司的经营状况和产业结构将会得到改善，原来第一大股东的控股人还保有一定的股份，可以从中获得价值增值的收益。虽然新三板是个公开的交易平台，但是协议转让的存在给关联双方实施内部交易留下了空间，一分钱的价格很可能是买卖双方商议好的价格。据此，ST 展唐原股东和福特资产之间很有可能存在关联交易。

3. 收入确认不符合税法规定

在资本市场下，股权投资和转让前景广阔，税源潜力很大，同时股权转让交易具有隐蔽性强、涉税金额大、税收易流失等问题，为保障实体经济和股权转让交易税源征管的税负公平，国家出台了一系列的文件来加强股权转

① 资产负债率 = 总负债/总资产。

让收入的合理性。

《国家税务总局关于加强股权转让企业所得税征管工作的通知》（税总函〔2014〕318号）规定，在集团内部股权无偿划转、股权转让价格偏低的交易、转移至低税率地区的股权转让等交易行为，造成所得税款流失的，税务机关有权依法按照合理方法进行调整。

《股权转让所得个人所得税管理办法（试行）》的公告（国税〔2014〕67号）第2章第12条规定，申报的股权转让收入低于初始投资成本或低于取得该股权所支付的价款及相关税费的，可以被认为股权转让收入明显偏低。本案中的股权转让方认购价为0.242元/股，转让价为0.01元/股，可以被认为股权转让收入明显偏低。

4. 壳资源不可忽视

从ST展唐的经营状况来看，其基本上不存在投资的价值，其净资产在2016年上半年年报披露以后甚至到了－7148万元。但是随着新三板的高速发展，新三板市场的融资功能越来越得到重视，其中不乏很多企业净资产虽为负但是市值却很高。例如ST星美，从2008年到2010年，这家公司的资产总额分别为5.11万元、8.48万元和94.91万元，净资产则已经为负值。公司也只有7名员工，但是其市值在一段时间内仍然高达24.2亿元，支撑其市价如此高的原因一是投资者对于其未来卖“壳”重组的预期，二是壳资源本身对于那些急于进入新三板市场融资的公司具有很高的价值，

而从福特资产公司本身规划来看，公司计划于2016年上市，登陆新三板可能是其自身发展规划中的重要一步。目前，对于有意向新三板进军的企业来说，按照股转系统的规定流程进行挂牌存在以下几个缺点：

（1）时间成本。一般的挂牌流程耗时长，环节多，审批手续复杂，而借壳上市虽然也需要进行审批，但是相对于挂牌来说能节省几个月的时间，为企业的融资在时间上抢占了先机。

（2）企业成立需满两年。在新三板挂牌的企业有依法成立且存续期满两年的硬指标限制，这对于经营状况良好却存续期不满两年的企业来说是无法逾越的鸿沟，因此这些企业需要通过借壳上市来满足自己融资的需求。

（3）隐性成本。在企业挂牌上市的过程中，还存在着一些隐性成本，这些成本也是企业进行决策时不可忽视的因素。例如挂牌上市需要企业进行规范的财务状况整改，而许多企业在前期隐瞒了很多利润，需要补缴的税负可能比较重，以及很多公司以非货币进行出资，该部分在挂牌过程中需要进行重新评估，一旦评估值低于入账价值，需要股东补足差额部分。

上述原因决定了新三板市场壳资源的热度越来越高，目前新三板市场壳资源的价格一般在 2000 万元左右，福特资产仅以 46 万元的价格就控股了一家新三板企业，这个价格有失公允。

（三）股权转让收入核定方法

根据《税收征收管理法》第 35 条，对于纳税人申报的计税依据明显偏低，又无正当理由的，税务机关有权核定其应纳税额。就本案而言，虽然股票是在新三板市场上交易的，但是由于是协议转让，除交易双方外的第三方无法参与其中，存在关联交易的可能。经分析得知，交易价格有失公允，税务机关有理由质疑“一分钱交易”的正当性。因此，除非纳税人能够提供充分证据证明此项交易具有合理的商业目的，否则税务机关有权按照合理方法对交易价格进行调整，以反映其公允价值来核定应纳税额。但是税法未对股权转让价格确定方法做出明确规定，国际上比较公认的企业价值评估方法有收益法、市场法和成本法，但是对于 ST 展唐这样的公司来说，其适用以上 3 种方法都存在一定的限制因素。

对于新三板挂牌企业来说，税务机关核定应纳税额一般可以按照以下两个标准：一是排除异常价格后的近期股票均价，这个价格可以视作在非关联交易情况下市场的参与者对于该公司股票普遍认可的价格；二是公司对应的每股净资产公允价值，但是按净资产公允价值来核定征收是一种有争议的估值方式，净资产顾名思义即为总资产减去总负债剩余的部分，是一个静态的会计学意义上的股东权益，在很多情况下并不能代表企业的公允价值。首先，如果一家企业一直亏损，但是净资产很多，该公司的估值可能低于净资产，原因是无形资产无法收回；其次，如果一家公司盈利很多，市值可能是净资产的很多倍；最后，一家公司净资产是负值，估值也可能是正的。因此用每股净资产来核定股权转让收入存在很大的税收流失风险。

净资产是静态的会计学概念，企业的价值与净资产之间不一定存在必然的联系，还要综合其他因素来考虑企业转让股权的估值，根据独立交易原则，在本案中我们采用近期股价 1.15 元/股来核定股权转让收入。

（四）企业的涉税风险

1. 印花税的税收风险

（1）政策解析。股权转让适用印花税“产权转移书据”税目，税率为 0.05%，计税依据为数据记载金额，即转让股权的金额。本案中上述公司系协议转让股权，根据《中华人民共和国印花税暂行条例》第 8 条，同一凭证，由两方或者两方以上当事人签订并各执一份的，应当由各方就所执的一份各自全额贴花。

（2）税款计算。按一分钱交易计算，本项交易双方合计的印花税为 46.34×0.1%＝0.0463（万元），如果按ST展唐股票均价1.15元/股计算，则双方应纳印花税为1.15×4634×0.1%＝5.3291（万元），为实缴税额的115倍。

2. 企业所得税涉税风险

（1）政策解析。《企业所得税法》第8条规定，企业实际发生的与取得收入有关的、合理的支出，包括成本、费用、税金、损失和其他支出，准予在计算应纳税所得额时扣除。《企业所得税法实施条例》第32条进一步对税法准予扣除的损失范围做如下具体规定：损失，指企业在生产经营活动中发生的固定资产和存货的盘亏、毁损、报废损失，转让财产损失，呆账损失，坏账损失，自然灾害等不可抗力因素造成的损失以及其他损失。企业所得税法规定财产转让收入包含股权转让收入，故而企业股权转让方损失可以在企业所得税应纳税额中扣除。

根据《国家税务总局关于企业股权投资损失所得税处理问题的公告》（国税〔2010〕6号）和《企业所得税法》第8条有关规定，自2010年1月1日起，企业对外进行股权投资所发生的损失，在经确认的损失发生年度，作为企业损失在计算企业应纳税所得额时一次性扣除。

（2）税款计算。本案中的股权转让方认购价为0.242元/股，按一分钱交易计算，转让损失为（0.242－0.01）×4634＝1075.1（万元）。

如果ST展唐按照股票均价1.15元/股转让股权，则此项转让的收益为（1.15－0.242）×4634＝4207.7（万元），两者相差3132.6万元，假如股东适用的税率为25%，则本项交易对上述股东应纳税额的影响为3132.6×25%＝783.15（万元）。

如果上述股东不是公司，而是个人或合伙，则由于转让损失不能税前扣除，本项交易对股东的应纳税额影响为4207.7×20%＝841.54（万元）。通过以上计算可见，通过“一分钱交易”，企业逃避了大部分的税负，甚至可以用亏损确认抵减收入。

（五）纳税义务发生时间

企业转让股权收入，应于转让协议生效，且完成股权变更手续时，确认收入的实现。《中华人民共和国税收征收管理法》第32条规定，纳税人未按照规定期限缴纳税款的，扣缴义务人未按照规定期限解缴税款的，税务机关除责令限期缴纳外，从滞纳税款之日起，按日加收滞纳税款0.5‰的滞纳金。

如果判定上述股权转让收入不合理，ST展唐的原股东可能会承担巨额的税收滞纳金。

对纳税人偷税的，由税务机关追缴其不缴或者少缴的税款、滞纳金，并处不缴或者少缴税款的50%以上5倍以下的罚款；构成犯罪的，依法追究刑事责任。按照实质重于形式的原则，税务机关可以核定股权转让收入，用一分钱交易不能实现避税的目的，很可能存在偷逃税的风险，如果因为逃避税务等不良动机导致第三方利益受损，就会触犯相关法律，新三板企业应予以关注。

三、税案点评

（一）案例延伸思考

1. 个人受让股权分析

如果上述案件受让方为个人，根据《财政部、国家税务总局关于个人转让股票所得继续暂免征收个人所得税的通知》（财税字〔1998〕61号）规定，对个人转让上市公司股票取得的所得继续暂免征收个人所得税。转让方若在二级市场转让股权需要承担高额的税负，可以先以低价转让给关联的受让方，受让方在二级市场上转让股票收入免征个人所得税，可以实现避税的目的。

2. 资本利得税与股息红利所得税

根据《股权转让所得个人所得税管理办法（试行）》的公告（国税〔2014〕67号）和《国家税务总局关于企业所得税核定征收有关问题的公告》（国税〔2012〕27号）的规定，股东转让股权收入应全额计入应纳税收入额。该政策的出台解决了之前股权转让收入的争议，中央财经大学刘桓教授认为（2009）①，公司原有股东持有的原始股的成本价与股票解禁那天的市价之差，这部分应被视为股息红利所得来缴税，而在二级市场上出售股票赚取的价差收入，应视为资本利得，这部分收入应予以暂缓征税。资本利得税的提出，有利于划清股权与股票的概念，进一步完善我国的税制结构。

3. 一分钱交易的危害

首先，一分钱交易造成了新三板市场不必要的动荡，让投资者无法根据股票价格的历史走势分析未来的涨跌趋势。其次，一分钱交易容易滋生腐败，超低价股权定向转让为权力寻租留下空间，让行贿在不知不觉中发生。最后，就一分钱交易的实质判断，属于利用国家税收优惠政策的不严密，钻制度的

---

① 刘雨谦．新华都回应陈发树“逃税门”．《中国经济时报》．2009年9月22日（006）．

漏洞，人为设置低价将应税收入从高税负环节转让到低税负环节，造成了国家税负的重大流失，存在非法逃税的风险。

（二）国外经验借鉴

1. 一美元退市制度

ST 展唐作为一家长期经营不善的公司，却长期存在于新三板市场中，最终被卖壳交易，这与我国新三板市场退市制度不完善有关。美国纳斯达克实行的是“一美元”退市制度，即上市公司连续 30 个交易日股票成交价不足一美元，该公司将会收到警告，如果在收到警告一定期限内还不能改变其股价，将会被强制停止交易。美国纳斯达克上市公司数目变动情况如图 3 所示。

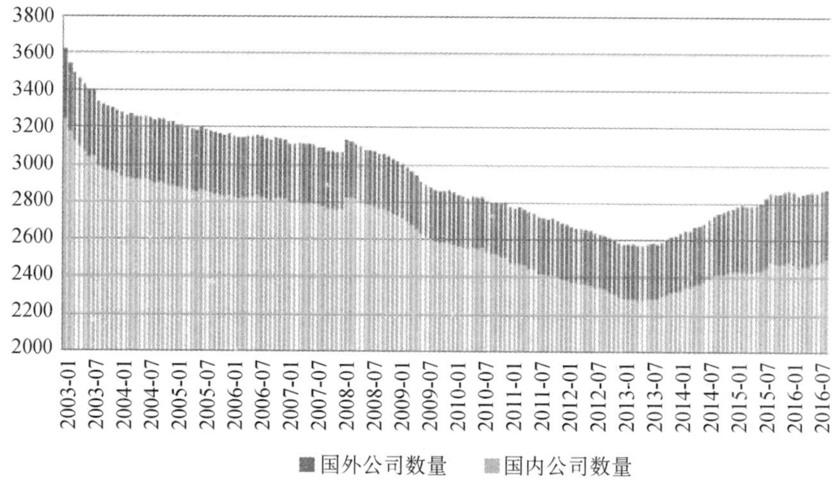

图 3　纳斯达克上市公司数目统计

由图 3 可知，从 2003 年到 2013 年，纳斯达克上市公司的数目大体上处于下降趋势，仅在近年来有所回升。纳斯达克的退市制度使上市公司受到了极大的约束，新三板市场一直被寄予“中国版纳斯达克”的希望，但是却一直缺乏市场化的退市制度。新三板市场一直是严进宽出，这使得市场监管成本大大提高，并且减缓了市场的流动性，不利于资本市场资源优化配置功能的发挥。

2. 交易制度

美国纳斯达克是分层次交易市场，其中全球精选市场采用的是竞价交易模式，竞价交易制度能很好地释放市场的流动性，提高企业的市值；全球市场和资本市场采用的是混合做市交易模式，美国具备完备的做市商制度，在促进做市商进行市场交易的积极性的同时加强对他们的监管，对违规行为有严厉的惩戒措施。中国的资本市场起步较晚，做市商制度于 2014 年 8 月 25 日正式上线，做市商制度实行以来协议转让和做市转让换手率情况如图 4 所示。

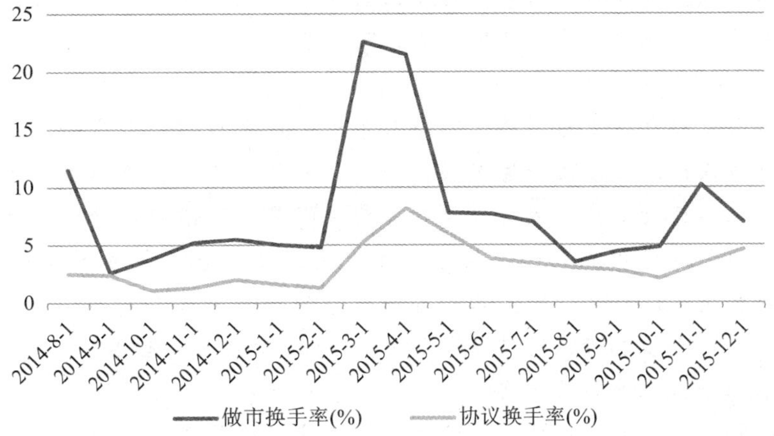

图 4　做市转让与协议转让换手率比较

由图 4 可知，做市商制度实行以后新三板流动性明显增加，尤其是做市换手率上涨明显，完善做市商制度，有利于淡化协议转让在融资过程中的作用，促进中小企业规范地进行融资行为。另外，新三板市场还是协议转让和做市转让并存的混合交易制度，随着协议转让和做市转让交易制度的弊端不断显现，投资者对竞价交易的呼声越来越高，竞价交易制度已列入计划中。

延伸阅读

四剂良方

一分钱交易这种极端交易之所以会在新三板市场上愈演愈烈，一方面是新三板市场协议转让制度和不设涨跌板限制为企业股东进行超低价定向转让提供了条件，另一方面是现有的税收政策规定在二级市场转让股权收入需要缴纳所得税，而在二级市场高价出售的资本利得免征个人所得税，这一高一低的税负差距为股东进行一分钱交易提供了动机。

2016 年 10 月 21 日，股转系统发布《全国中小企业股份转让系统挂牌公司股票终止挂牌实施细则（征求意见稿）》。从中我们可以发现，与美国纳斯达克退市制度中定量化、市场化的裁量标准不同的是，中国的退市制度存在着浓厚的行政色彩，偏向于用定性化、行政化的指标作为裁量标准，笔者集思广益，对于完善“一分钱壳交易”开出的四剂政策良方如下：

1. 完善新三板市场退市制度

显然，完善新三板市场的退市制度，定量化指标为主导的退市标准更加具备可操作性。加强市场监管，对于经营不善、股价脱离基本经营面甚至实际管理者已经离开的公司，应及时停止其交易。

2. 完善新三板市场交易制度

完善新三板市场交易制度，配合做市商制度积极推广做市转让的交易方式，限制协议转让，堵住制度漏洞，增加新三板流动性迫在眉睫。同时，对于协议转让的股权交易，适当地限制其涨跌幅度，在纳税人进行重大股权转让交易事项之前将相关资料交税务机关审核，可以进行有约束的事先裁定，规范纳税人交易行为的同时使其对可能产生的税收风险有所预期，让其所能发挥的“善”大于其带来的“恶”，同时对于股价异常波动公司要进行披露。

3. 保证企业信息披露真实性

相关监管部门要加大对企业信息披露真实性的核查，对于在新三板市场上挂牌的企业，可以没有是否盈利的要求，但是企业的经营状况信息一定要真实地呈献给投资者，让市场去判断投资风险和企业的真实价值，激发市场活力。

4. 加强税制改革

（1）新三板税收立法滞后。国家针对新三板上市的企业的税收立法整体来说是滞后的，只有印花税和股息红利个人所得税分红是有明确规定的，对于其他情形，无特殊规定按照上市公司的税收政策执行。但是在具体实施过程中，由于新三板和主板市场的制度细节存在差异，很多规定是不合理的，相关税收立法有待完善。例如，在新三板中有“对赌协议”的安排，对于交易股权取得所得按政策规定是要纳税的，但是目前却没有退税的相关规定。

（2）税收优惠政策有待完善。对于在新三板上市的企业来说，融资压力是不可忽视的一个因素，而税负不公，税收制度存在人为筹划空间是刺激纳税人避税甚至是逃税的一个重要诱因。针对我国目前的中小企业发展状况来看，有必要完善企业所得税和个人所得税的优惠政策，股权转让所得税过高，而对于在二级市场上转让股票的资本利得却免征所得税，会在一定程度上打击企业经营者的生产经营积极性，与国家鼓励大众创业、万众创新的政策形势不太相符，相关税收政策应该进行进一步完善。

参考文献

［1］陈怡璇．新三板的“壳”空间［J］．公司财务－特别聚焦，2015（07）．

［2］张鸿儒．停不下的买壳热［J］．特别策划－冷思考，2015（09）．
［3］李宁宁．西部证券股份有限公司上市案例分析［D］．辽宁大学，2013．
［4］张金松．新三板市场定位再议［N］．上海证券报，2016（009）．
［5］左永刚．新三板将迎来改善流动性等四大政策［N］．证券日报，2016．
［6］赵红梅．企业价值评估方法的选择及影响因素研究［D］．山东大学，2015．
［7］章曦．纳斯达克退市制度和对新三板市场的启示［J］．时代金融，2015（12）．
［8］李飘逸．新三板做市企业定价研究［D］．浙江大学，2015．
［9］毕明琛、蔡昌．一分钱交易为什么被叫停［J］．首席财务官，2017（2）．

国内税案9　国美电器税案①

一、国美电器缔造者黄光裕

黄光裕，从一个穷书生到中国富豪，他曾是无可争议的商界英雄，然而，他犯下的经济罪让他身陷囹圄。1987 年，黄光裕创立国美电器，以经营进口电器为主。但是自 1997 年起，多家外国家电企业在中国建立合资工厂，这样的竞争使国美电器调整经营理念，开始以经营合资、国产品牌电器为主。之后，国美在中国开始扩张，且保持强劲的盈利能力，这取决于它的核心竞争力：类金融模式——向供货厂商采用账期和承兑汇票方式为企业取得一笔巨大的“沉淀资金”。2004 年，为真正解决资金需求问题，国美在香港上市融资。在黄光裕的领导下，国美电器逐渐发展为具有国际竞争力的民族零售企业。下面用时间表（见表 1）来简要记述黄光裕大事记。

表 1　　国美缔造者黄光裕大事记

1985 年	黄光裕、黄俊钦兄弟怀揣 4000 元赴内蒙古闯荡经商
1986 年	黄氏兄弟在北京珠市口承包经营一家面积不足 100 平方米的服装店
1987 年	国美服装店更名为国美电器店，成为国美电器连锁的发端
1993 年	黄氏兄弟分家，黄俊钦创办新恒基集团从事房地产业，黄光裕留守电器零售业
1999 年	“国美连锁模式”在各地频繁复制；同年，黄光裕成立鹏润投资有限公司，总资产约 50 亿元。鹏润投资下属企业：国美电器、鹏润地产、鹏泰投资
2004 年 6 月	黄光裕将国美电器的 94 家门店以 88 亿元价格出售给香港上市公司鹏润集团，国美电器借中国鹏润在香港上市
2004 年 9 月	“中国鹏润”正式更名为“国美电器”，其主营业务随之转向电器零售业
2006 年	黄光裕实际控制的鹏泰投资成为中关村第一大股东

① 中央财经大学 2016 级税务专硕姚垚参与本案例研究与写作。

续表

2006 年 7 月	国美电器宣布以 53 亿余元，以换股加现金方式收购在香港上市的中国永乐
2007 年 12 月	国美以 36. 5 亿元全面托管大中电器
2008 年	国美以 6. 7 亿元现金收购三联商社 19. 7% 股权，成为其第一大股东
2008 年 11 月	黄光裕因涉嫌经济犯罪接受警方调查
2010 年 5 月 18 日	一审判决：北京市第二中级人民法院以非法经营罪，内幕交易、泄露内幕信息罪和单位行贿罪判处黄光裕有期徒刑 14 年，罚金 6 亿元，没收财产 2 亿元
2010 年 8 月 30 日	二审裁定：北京市高级人民法院维持一审原判
2016 年 5 月	北京二中院做出裁定：对黄光裕减去有期徒刑 11 个月

二、国美电器涉税问题事起存根联滞留票

存根联滞留票是指销售方已开出，并抄税报税，而购货方超过 90 天（自 2010 年 1 月 1 日起改为 180 天，自 2017 年 7 月 1 日起改为 360 天）未到税务机关进行认证抵扣，在税务稽核系统内有存根联数据而无相对应抵扣联数据的增值税专用发票。滞留票分为正常滞留票和非正常滞留票，正常滞留票的产生原因有 3 种：一是部分企业采购人员不慎丢失已取得的进项专用发票后，未向财务等有关部门报告，致使进项专用发票超过认证期形成的滞留票；二是销货方商品货物已发出，并已开具专用发票，由于购货方未支付货款或者未及时付款，导致销货方压着发票不给购货方，形成滞留票；三是按照税法规定不允许抵扣进项税额，形成滞留票。而非正常滞留票的产生原因是部分增值税一般纳税人受利益驱动，采取隐匿进销痕迹来达到偷税目的，将取得的进项专用发票不进行认证抵扣而形成的滞留票。

国美电器是大型电器零售企业，属于增值税一般纳税人，按月进行增值税纳税申报，适用税率为 17%（自 2018 年 5 月 1 日起，增值税税率调整为 16%）。按照税法规定，当期增值税额等于当期销项税额减去当期进项税额（特殊情况下还应减去上期留抵税额），企业可以根据认证的增值税专用发票来抵扣进项，但是企业将增值税专用发票不进行认证抵扣，这不符合企业追求利益的本性。企业为何会主动放弃进项专用发票的认证抵扣呢？分析如下：企业在经营过程中为少缴税或不缴税而采用销售货物不记账的方法来隐匿销售收入，即“账外经营”方式，若企业进行进项税额抵扣，会造成零税负或地税负申报，若购进货物入账而销售货物不记账，会造成企业账面存货余额较大，这两点都会引起税务部门的关注，使企业被列为重点评估或稽查对象。据税务机关工作人员证实，不同于传统的“假票抵扣”“虚开专票”等多抵

扣进项的偷税手段，这种主动放弃专用发票抵扣的新型偷税手段，更具有隐蔽性，更容易导致税款的流失。这已经引起了税务部门的高度重视，成为税务机关检查的重点。

三、税务机关对国美电器增值税存根联滞留票的核查

（一）专项核查起因

税务机关通过增值税专用发票稽核系统数据分析发现，国美、苏宁、大中等大型电器零售企业存在大量增值税专用发票存根联滞留（以下简称滞留票）现象，滞留票份数较多且金额较大。为分析原因，税务机关决定自2008年4月1日起，对国美、苏宁、大中所属461家电器零售企业在2006年1月1日至2007年11月30日期间留有的滞留票展开专项核查行动。

稽核系统发现的大量滞留票现象及各地税务部门核查情况表现如下：仅以中等城市河北省邢台市为例。按照河北省邢台市税务局的内部文件显示，该市税务系统共有271张没有按期认证抵扣的增值税存根联，其中与国美和苏宁等企业有关联的逾期未认证抵扣的发票存根共有251张。

据宁波市税务局的核查信息显示，全市经税务机关核查的滞留票份数共有2025份，而国美、苏宁两家企业的滞留票达1897份，占93.68%。

根据这两地的核查信息及其他地方税务机关反映的核查情况，显然国美电器存在大量未按期认证抵扣的发票存根联，税务部门有充分理由怀疑国美电器有隐瞒销售收入的可能，因此对国美电器展开了税务检查行动。

（二）专项核查通知

国家税务总局关于开展部分大型电器零售企业增值税存根联滞留票专项核查的通知

国税函〔2008〕279号　2008年3月28日

各省、自治区、直辖市和计划单列市国家税务局：

税务总局在税收数据分析工作中发现，国美、苏宁、大中等大型电器零售企业存在大量增值税专用发票存根联滞留现象，滞留票份数较多且金额较大。为分析原因，税务总局决定自2008年4月1日起，对上述企业全面开展存根联滞留票专项核查，现就有关事项通知如下：

一、核查目的

利用存根联滞留票信息，核实电器零售企业未认证抵扣进项税的原因，检查是否存在隐瞒销售收入问题。

二、核查对象

2006年1月1日至2007年11月30日期间，有存根联滞留票的国美、苏宁、大中所属461家电器零售企业。具体企业名单和存根联滞留票明细信息请各地通过税务总局存根联滞留发票核查工具软件“大型电器零售企业滞留票核查”模块获取。

三、核查工作步骤

（一）销货方税务机关核查

2008年4月1日至30日，销货方主管税务机关税源管理部门根据税务总局下发的存根联滞留发票信息，逐票对销货方企业的发票开具情况进行核查，并于2008年4月30日前将核查结果录入到核查工具软件“大型电器零售企业滞留票核查”模块的“销方管理”菜单项中。

（二）购货方税务机关核查

2008年5月1日至31日，购货方税务机关税源管理部门结合销货方税务机关反馈的核查结果，对电器零售企业进行核查，逐票落实未申请认证抵扣进项税的原因，并于2008年5月31日前将核查结果及处理情况录入到核查工具软件“大型电器零售企业滞留票核查”模块的“购方管理”菜单项中。

（三）2008年6月，各地对专项核查工作进行总结，并于6月30日前将总结报告上报税务总局流转税管理司。

（四）2008年7月10日前，各地国税局稽查部门对接收到的由税源管理部门移交的涉嫌偷骗税的案件，以省为单位，向税务总局稽查局上报《大型电器零售企业增值税存根联滞留票涉案企业接收检查情况统计表》（以下简称《检查统计表》，详见附件1）。

各级稽查部门应对本地区接收的案件进行认真查处，并于每月10日前，根据检查情况更新并上报上月《检查统计表》。各地应在9月底前查结案件，并在2008年10月20日前将《检查统计表》和《×××省国税局稽查局关于大型电器零售企业增值税存根联滞留票涉案企业接收检查情况的报告》上报税务总局稽查局。

四、核查工作要求

（一）此次专项核查工作由税务总局统一部署，各省、自治区、直辖市和计划单列市国家税务局的流转税管理部门牵头组织，信息中心负责技术支持，基层税源管理部门负责具体核查工作，稽查部门负责查处税源管理部门移交的涉嫌偷骗税且达到立案标准的税收违法案件。

（二）各级税务机关必须按照税务总局规定的核查工作步骤及时间要求，

认真开展存根联滞留票核查，及时反馈各项结果信息，确保此项工作落到实处。购货方税务机关税源管理部门应逐票查明未申请认证抵扣进项税的原因，对其纳税申报情况进行全面审核。经核查发现企业有涉嫌偷税、逃避追缴欠税、骗取出口退税、增值税专用发票和其他发票违法犯罪、抗税以及其他需要立案查处的违法行为，需移交稽查部门的，税源管理部门不对企业做出税务处理，填制《大型电器零售企业增值税存根联滞留票审核检查移交清单》（以下简称《移交清单》，详见附件2），连同相关资料报经主管领导审批后，移交稽查部门组织查处。《移交清单》应由移交人和接收入分别签字，一式两份，分别保存。

（三）对于核查中出现的本辖区内有此纳税人登记信息，但已逃走或列为非正常户的情况，除有证据证明该企业确实涉嫌偷骗税问题外，不移交稽查部门。

（四）核查工作结束后，各地应结合核查工具软件中统计报表数据，认真做好总结工作。总结报告要全面反映核查工作情况，主要内容包括：核查工作的基本情况、问题企业处理情况、问题产生原因分析、下一步工作意见和建议。

（五）为保证此次专项核查工作顺利开展，税务总局在核查工具软件中专门新增了大型电器零售企业滞留票核查功能模块。各级税务机关可登录税务总局内网“http：//130.9.1.51：8001/zpzlhc”反馈信息，掌握工作进度。

四、国美电器对专项核查的应对

（一）国美发布澄清公告

2008年6月12日《每日经济新闻》刊登了题为“涉嫌‘隐瞒销售收入’国税总局调查国美苏宁”的文章，文中提到“国家税务总局正在全国范围内开展专门针对国内三大家电巨头增值税存根联滞留票的核查行动”，并猜测原因是“卖场方面隐瞒了销售收入”。针对该报道，同日，国美通过港交所发布澄清公告承认了国美正受税务机关检查且否认存在任何“隐瞒销售收入”等问题，并强调税务部门只是在进行正常的检查。国美发布澄清公告如下：

董事会留意到2008年6月12日的一篇媒体报道，内容与税务机关对本公司及附属公司于中国的若干店铺开展增值税存根联滞留票核查有关。就本公司所知，国家税务总局到目前为止并无任何因该核查而向本公司或其附属公司发出任何违反法律的通知或罚款。

承董事会命

国美电器控股有限公司

执行董事

（二）国美做出核查解释

2008年6月13日，国美电器新闻发言人的声明包括三点内容：首先，国家管理部门对企业的监督、检查、指导属正常行为，国美历来欢迎并配合国家相关管理部门来企业进行各种监督、检查和指导工作。国美作为行业领导企业，有义务和责任配合并支持各项监督检查工作。国美认为国家管理部门的检查和指导工作，有利于行业和企业健康发展，有利于形成良好的行业经营秩序；其次，国美是一家上市公司，有严格的财务管理制度，国美严格定期进行内部审计，并按期接受国际会计事务所审计；第三，对于媒体报道，所谓大型家电零售企业可能“隐瞒销售收入”的猜测，国美电器负责任地告诉大家，国美电器没有任何隐瞒销售收入行为。

国美之所以出现“部分增值税发票滞留”，主要有三方面原因：一是部分供应厂家结款时会有一个对账周期，因此部分供应商可能出现“对账后再开增值税发票”的现象；二是供应厂家和零售商对账之后，可能会出现“实际交易金额与增值税发票金额不相符”的现象，此时，零售商就会退增值税发票给厂家，或者由厂家重新开票；三是固定资产的增值税发票无法抵扣，因此会有部分固定资产增值税发票滞留现象。

国美董秘办认为，增值税专用发票存根联滞留问题是行业性问题，并不是国美一家公司的个例。认证抵扣的专用发票需要填写实际数额，而在电器零售行业中采用分销模式，零售商从供货商拿货支付的价款并不是统一的实价，而要通过经销商销售后反映的实际数额来给出价格，这会形成一定的时间差，因此会造成一定的专用发票滞留现象。

通过国美内部人士的声明来看，国美存在存根联滞留问题是该行业的经营特殊性造成的，虽然存在这样的原因，但到底有没有“账外经营”的行为，还有待进一步查明。

（三）专项核查结果

针对国美电器的全国性税务稽查持续了一年，但是此番“规模空前”的税务稽查并没有对外公布结果。据透露，此次稽查行动国美电器最终连补缴税款外加滞纳金、罚款总共缴纳人民币8000万元，其中包括国美公司负责人个人所得税800万元。

五、国美电器滞留票的税务管理

（一）减少存根联滞留现象的出现

由于国美电器增值税专用发票大量且大额的存根联滞留，使其成为税务机关专项核查的对象。在存根联滞留票中，有正常滞留票也有非正常滞留票，这不但给企业造成了经济损失，而且损害了企业的形象。笔者建议在企业税务管理活动中，应该从以下方面来减少存根联滞留现象：

1. 提高财务人员的税收素养

企业应加大针对财务人员的税法宣传和纳税辅导力度，加强对增值税专用发票管理的学习，在取得专用发票后要在认证期限内尽快认证，确保增值税专用发票存根联与抵扣联数据信息比对一致。同时，财务人员应掌握专用发票丢失、发生销货退回等情形的税收处理，以减少正常滞留票数量，避免因人为因素而导致专用发票不能进行认证抵扣。

2. 加强企业发票日常管理

企业采购部或合同部业务员购进货物取得增值税专用发票后，应及时交给财务人员处理，据调查发现，有相当一部分的专用发票存根联滞留是由于抵扣联被截留在业务员手里，因而延误了认证抵扣期限。企业应加强采购部、合同部等部门的管理，业务员应尽快从销货方取得增值税专用发票，并及时将增值税专用发票交予财务人员进行及时处理。

3. 合理控制税务风险

对于国美这样的大型零售商业企业，税务风险管理显得越发重要，节税额并不是评判一个税收方案的唯一标准，更应该以合法性作为一个税务架构方案的前提。国美电器大量存根联滞留现象，有“隐瞒销售收入”之嫌，一旦被税务机关认定为账外经营，会以“逃避缴纳税款罪”处理，企业会遭受法律制裁、财务损失和声誉损害。因此，企业在日常经营活动中，应考虑税收因素的影响，经营行为要符合税法的规定；同时企业要建立全面、有效的信息系统，避免信息传递中的问题产生纳税风险。

（二）合理处理出现的存根联滞留票

若企业出现未认证抵扣的滞留票，该滞留票记载的信息确属企业经营内容，且该滞留票形成原因是属正当合理的，比如企业由于丢失增值税专用发票且未采取补救措施进行认证，或者由于企业业务员或出纳超过360日未抵扣，抑或是由于政策性因素（如固定资产、免税货物或非应税项目使用等）不得抵扣专用发票，企业可以根据留存的发票联或销货方提供的记账联复印件，将税额直接入账，计入购货成本，作为进行所得税前成本费用的扣除。

六、完善滞留票管理的政策建议

国美电器存在的大量存根联滞留票现象并不是个案，事实上，企业普遍存在增值税专用发票存根联滞留，而且通过税务稽核系统比对数据显示出相当多存根联发票滞留背后都与账外经营有关。然而，存根联滞留票核查工作一直是各级税务机关控管发票的重点和难点，下面采用图1来介绍传统的存根联滞留票核查工作流程进而说明其存在的问题。

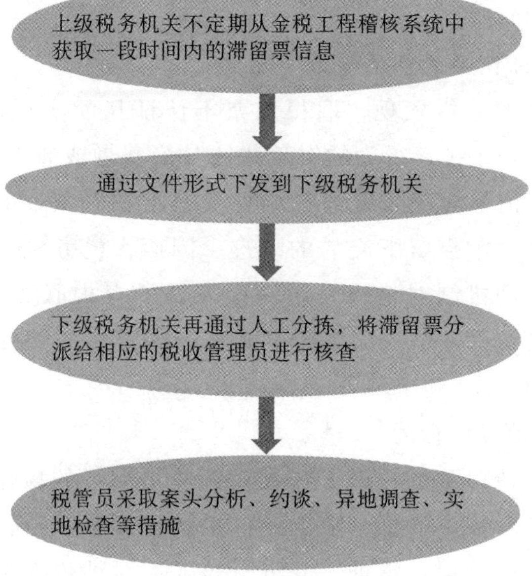

图1　统存根联滞留票核查模式

这种传统的核查模式，在实际工作中存在一些问题和不足：一是缺乏有效的筛选办法，滞留票数量多，核查工作量大；二是基层税务机关数据获取不方便，核查积极性受限制；三是上级税务机关缺乏有效的监控手段，核查工作质量难以保证；四是核查信息分析利用效率低。

因此，为加强税务机关滞留票日常管理和进一步提高滞留票核查工作的质量和效率，下面提出几点建议来作为完善滞留票管理的路径。

（一）提高对滞留票信息的重视

对滞留票的管理本是税务机关日常管理的工作，但还存在管理力度薄弱、管理手段单一、管理方式松散的问题，使相关工作人员没能及时发现滞留票信息中存在的问题，从而使企业偷逃税的事实长期存在。因此，税务部门有必要加强对滞留票信息的高度重视，实现制度管票、制度管税。

（二）建立滞留票数据库

各地税务机关要建立滞留票数据库，按月将提取的滞留票明细放入数据库中供各主管税务机关提取、查询，并对滞留票数据的变动情况进行定期分析，及时为各主管税务机关加强滞留票管理提供数据和分析资料。主管税务机关以此掌握纳税人存根联滞留情况，重点对连续3个月有存根联滞留问题的企业进行重点核实，督促企业按规定认证、抵扣进项专用发票，实现上游企业对下游企业的逆向制约，即双向以票控税，堵塞企业为平衡税负而人为不抵扣专用发票的问题。

（三）加强对滞留票的评估检查

通过对滞留票的分析发现，取得发票不认证从而实行账外经营的企业，多为外贸企业，其发生销售行为的对象往往是消费者或非增值税一般纳税人，脱离增值税链条。但是对于企图通过调控发票抵扣联认证的不法经营者，在平时的购销活动中一定会留下交易的痕迹。因而，税务机关在对滞留票进行检查时，要利用互动机制对稽核系统滞留发票的存根联数据进行详细分析，对企业进行科学的纳税评估，那么减少和杜绝纳税人“账外经营”的偷逃税行为是符合预期的。

（四）统一规范操作行为

对“存根联滞留票”的核查工作可设置简单易行的操作流程。首先由金税工程稽核系统导出核查信息，定期提供给纳税评估岗位；其次由纳税评估岗位通知纳税人进行约谈、举证，并进行核实，对纳税人主动承认违法行为的，采用调账补税等简易办法处理。最后对需向销货方外调取证的，向销货方的税务机关发送协查函；最后由购货方税务机关根据复函确认结果，属偷税行为的，移交稽查部门查处。

（五）强化对一般纳税人专用发票开具的监管

加强对纳税人使用和开具专用发票有关规定的宣传工作和防伪税控开票系统的培训工作，减少误操作造成的滞留票。对取得的政策不允许抵扣的进项发票应在90天内认证，确保增值税专用发票存根联与抵扣联数据信息比对一致，以减少正常滞留票数量。进一步加大对不按规定范围、时限开具专用发票（包括红字发票）的处罚力度，从源头上堵塞税收流失的漏洞。

参考文献

［1］李亚群．增值税专用发票管理问题研究［D］．中南大学，2007.

［2］鲍金明．增值税链条“断点”问题分析［D］．山东大学，2012.

［3］刘希静．中国增值税流失研究［D］．厦门大学，2007.

[4] 魏来. 信息化为滞留票核查工作提速增效 [J]. 中国税务，2013 (06)：60-61.

[5] 华伟. 建立长效机制加强滞留票管理 [J]. 中国税务，2007 (05)：46-47.

[6] 范新，王顺安，金琳，史渭威. 滞留票“滞”在哪里 [N]. 中国税务报，2007-11-07 (003).

[7] 陈世鸿. 关于建立稽查案件联动实施的思考. 税收问题与对策，2005，58.

[8] 郎朗. 隐藏销售收入? 国美、苏宁齐喊冤 [N]. 21世纪经济报道，2008-06-13 (017).

[9] 高明暄，马克昌. 刑法学. 北京大学出版社、高等教育出版社，2000.

[10] 曹子丹. 我国刑法中贪污罪贿赂罪法定刑的立法发展及其完善 [J]. 政法论坛，1996 (02)：15-19.

国内税案10　两面针公司税案[①]

一、案例背景

（一）公司概况

两面针股份有限公司（以下简称两面针公司）1941年成立，1994年改制为股份公司。两面针公司主要经营牙膏生产销售业务，但是由于行业竞争激烈，两面针很早就开始“多元化经营”，涉足地产、证券等多个行业。本案主要涉及两面针的金融投资业务。

1999年8月，两面针作为发起人参股中信证券（600030），共持有中信证券9500万股，投资成本1.52亿元。自2007年以来，两面针公司的主营业务萎靡不振，公司多次采用销售金融资产的办法，提高公司会计利润。中信证券的股票一直以来就是两面针公司重要的金融资产，多次为两面针公司解决燃眉之急。两面针公司分别在2006年、2007年、2009年、2010年和2011年出售中信证券股票（见表1）。

表1　　2004～2011年两面针公司持有中信证券股份情况

年度	持股数（股）	原始成本（元）	财务每股成本（元/股）	备注
至2004年底	55000000	88000000.00	1.6000	
至2005年底	50508048	86731684.80	1.7172	股权分置改革②
至2006年底	45628048	78351819.84	1.7172	转让488万股
至2007年底	33265000	299485181.67	9.0030	转让1586.3048万股③
至2009年底	63685000	286678397.63	4.5015	转让284.5万股

① 中央财经大学2016级税务专硕高皓洁（现就职于中国人民银行北京分行）、中国社会科学院研究生院2016级税务专硕吴迪参与本案例研究与写作。

② 中信证券2005年8月股权分置改革，公司支付流通股股东股份3699255股（无对价）；支付用于股权激励的股份792697股（有对价），相应成本减少1268315.20元。

③ 根据2007年年报，2007年末公司可供出售金融资产投资成本299525181.67元，其中40000元系持有交通银行股票1万股之成本，剩余系持有中信证券股票之成本。

续表

年度	持股数（股）	原始成本（元）	财务每股成本（元/股）	备注
至2010年底	87614153	262930412.63	3.0010	转让791.3347万股
至2011年底	69699685	209169024.75	3.0010	转让1791.4464万股

（二）税务机关追索营业税

2012年11月，国税总局检查组到柳州市抽查部分企业纳税情况，两面针公司属抽查企业之一。检查组认为两面针公司在2009～2011年期间出售中信证券股权所获收益应缴纳营业税及附加税费合计1737万元。

2013年2月23日，国税总局督察内审司向柳州市地方税务机关下达了《国家税务总局督察内审司关于征求广西壮族自治区地方税务机关税收执法督察报告意见的通知》（督审便函〔2012〕113号），要求公司补充申报缴纳2009～2011年期间出售中信证券股权应缴纳营业税及附加税费合计1297万元。

中信证券股票于2004年经过股权分置改革支付对价后成为两面针公司的全流通股。2009年之前，只有金融机构转让金融产品需要缴纳营业税；从2009年起，修订后的营业税暂行条例规定，非金融机构转让金融商品也应缴纳营业税。税务机关认为本案中应补缴营业税的为两面针公司2009年、2010年和2011年出售中信证券股票的行为，其获取巨额投资收益总计3.51亿元。

2009年出售中信证券股票以前，两面针公司于2007年8月27日以74.91元/股购得350万股中信证券增发的股票，并于2007年9月4日上市流通（公司2008年对持有中信证券股票无出售或其他变化）。故其后其持有的中信证券的股票由两部分构成：2007年以前持有的原始股股票（每股成本1.7172元）和2007年参与增发的股票（每股成本74.91元），两部分股票的税务成本确定是不一样的。

二、税收争议

（一）企业：股权转让行为不应缴纳营业税

两面针公司认为，公司转让的中信证券股票是公司1999年以发起人身份投资中信证券取得的原始法人股，2004年经过股权分置改革支付对价后才成为全流通股。公司出售该部分股票，实质上应界定为股权转让行为，根据《关于股权转让有关营业税问题的通知》（财税〔2002〕191号）第2条对“股权转让不征收营业税”的规定，不应缴纳营业税。另外，两面针公司通过股权分置支付对价后获得的全流通股的性质界定在当时税法中并没有明确规定，因此两面针公司认为，其按照股权转让进行处理不缴纳营业税并没有违反税法规定。

（二）税务机关：金融商品转让行为应缴纳营业税

税务机关将两面针公司转让中信证券股票的行为界定为金融商品转让。虽然两面针公司以原始股的形式取得中信证券的股票，但是经过股权分置改革，该部分股票已经能够流通，符合金融商品的定义。在企业出售股票时，转让的股票以有价证券形式存在，应当将企业的转让行为认定为金融商品转让，而非股权转让。根据营业税暂行条例，金融商品转让应当按照转让价与买入价的差额缴纳营业税，因此两面针公司理应补缴营业税。

三、案例分析

（一）股权和股票的界定

本案税收争议的焦点在于，两面针公司减持中信证券原始股的行为，属于股权转让还是金融产品转让。这就涉及金融产品的定性问题，但遗憾的是，不管是在过去营业税税收法规中，还是在“营改增”后增值税的相关税收法规中，都没有对股权和股票做出明确的界定。另外，两面针公司持有的中信证券的股票，从非流通股变成流通股，两面针公司买入该股权时，仍然属于股权投资，不属于金融商品，但卖出时因为中信证券的上市，其股权变成了股票，因而也变成了属于金融商品的范畴。但是，买入时不是金融商品，卖出时才是金融商品，这能否适用买卖金融商品征税是一个存疑点。

由于税法中没有关于股权和股票的基本定义，我们借鉴公司法和证券法的相关定义。股权指投资人由于向公民合伙及向企业法人投资而享有的权利。举一个简单的例子，如果你和两个朋友合伙开餐馆，你出 10 万元，他俩各出 5 万元，那么你就占 50% 股权，他俩各占 25% 股权。股权代表的是投资财产所有权的核心内容，从某种意义上来说也可以是对法人的控制权。继续以上一个例子为例，你和你两个朋友所占的股权有以下两项含义：

（1）表明你们各自的分红权利。如果餐馆盈利，那么你可以分得利润的 50%，两个朋友各自可分得 25%；

（2）表明你们各自在公司发表意见的权利，你的意见可以占到 50% 的份量，两个朋友的话语份量各自占到 25%。

从股权的客体角度分析，个人或公司持有的股权，既可以是对有限责任公司投资形成的股权，也可以是向股份有限公司投资形成的股权，还可以是对合伙企业投资形成的股权；同时，既可以是上市公司的股权，也可以是非上市公司的股权。这里需要特别注意的一点是，对于非上市公司（尤其是处于高速成长期的中小企业）而言，提到股权，更多的时候指的是一种利益分享机制，而非真实股权的工商登记变更，这称之为虚拟股，如华为员工持有的股权。总体而言，股权代表的是投资人由于投资活动产生的，并按照投资比例获得的综合性权利。

股票是一种有价证券，是股份公司在筹集资本时向出资人发行的股份凭证，代表着其持有者（即股东）对股份公司的所有权，这种所有权为一种综合权利，如参加股东大会、投票表决、参与公司的重大决策、收取股息或分享红利差价等，但也要共同承担公司运作错误所带来的风险。股票是股份公司发行的所有权凭证，是股份公司为筹集资金而发行给各个股东作为持股凭证并借以取得股息和红利的一种有价证券。按照能否公开发行并于集中市场挂牌买卖，股票分上市股票和非上市股票两种。股票可以认为是股份公司股权的外在表现形式。

比较股权和股票的定义，我们发现，税法意义上的股票事实上是狭义定义。营业税相关规定中，将股票转让作为金融商品转让征税，对股权转让免予征税。所以，政策体现出对投资行为的鼓励，同时将“股票转让”默认为二级市场的股票买卖行为。在实践中，业内人士通常以能否自由流动作为股票和股权的判定标准，即认为税法中的股票仅包括上市股票，即能够在二级市场自由流动的股票，而对于非上市股（如员工内部股）以及向有限责任公司、合伙企业投资而获得的股权，税法通常认定为股权。但税法对股票和股权没有明确的界定，所以容易造成概念混淆，模糊纳税人的视线。本案中，两面针公司转让的中信证券股票属于流通股，且该行为确实是发生在二级市场的股票转让。从行为本质来看，两面针公司是基于提高会计利润目的进行金融资产的转让，应该被认定为金融商品买卖中的股票转让行为，应对其征税。另外，即使两面针公司购入时的原始股应作为非应税股权，但发生转让时，原始股已变为能够自由流通的金融资产，为贯彻税收公平原则，应对其征税。

（二）买入价的确定

本案的另一个争议点在于，将两面针公司转让中信证券股票的行为界定为金融商品转让后，由于金融商品转让按照转让价与买入价的差额计征税款，转让价格毋庸置疑，但是如何确定金融商品的买入价成为一个重要问题。

本案中，最初国税总局是以原始股购买价来确定买入价计算转让收益，需要缴纳营业税及附加共计1700多万元。最终该案以两面针持有中信证券限售股转流通股后的上市首日收盘价来确定买入价，从而确定了应征收的营业税及其附加共计1300万元。此时我们可以看到在确定买入价时，出现了三种方式：一是原始股购买价格，二是上市首日的发行价格；三是上市首日的收盘价格。实际案例中，还出现了其他确定买入价的方式，包括：实际出资成本、实际购买价格、IPO公开发行价、上市首日开盘价、上市首日收盘价等口径，但本案例中只涉及上述三种口径，故下文只对其进行讨论，而这三种方式是否存在其各自的科学性和合理性，需要进一步的论证。

1. 以原始股买入价确定转让成本

许多公司所持股份均为多年以前进行共同经营共担风险的股权投资，由于企业需要承担极大风险，所以买入价格极低，如果按照这种口径计算税款，企业需要承担繁重税负，显然并不合适。营业税对股权投资有较大的税收优惠，意在鼓励企业进行长期股权投资，而非短期投机行为，因为发起人拥有的原始股是作为对公司的出资而参与经营和承担经营风险的。如今，越来越多的企业谋求上市，原先长期持有的股权转变为可以进行流通的股票，当股东进行抛售，需要征收营业税，或“营改增”后的增值税，如果以原始股买入价作为转让成本，而限售股原始成本极低，则企业会在短时间内被确认激增资本溢价，显然有失公平原则，也无法体现原先营业税对股权投资的鼓励意图。所以，单纯的以原始股买入价作为转让成本是不合适的。

2. 以上市首日的发行价确定转让成本

该种方法也是大多数地方税务机关采用的标准。按照营业税的有关规定，转让金融资产的营业额为买卖股票的价差收入，即营业额=卖出价-买入价。股票买入价是指购进原价，不得包括购进股票过程中支付的各种费用和税金。卖出价是指卖出原价，不得扣除卖出过程中支付的任何费用和税金。发起人的股权成本应为股票可流通当日的发行价格，即限售股变为流通股的即时价格为买入原价。我们不能简单地将限售股与流通股进行比较，而应将两者统一口径后再进行比较。两面针公司在二级市场上抛售中信证券的股票，而其又是中信证券的原始股东，卖出价按流通股价格算，买入价也应按其成为流通股的即时点价格算。所以，本文认为以IPO的发行价作为转让成本有其合理性。

3. 以上市首日的收盘价计算转让成本

本案例中以该口径确认买入价，但是笔者认为其有不合理性。我国股票市场尚未健全，许多一级与二级市场的政策朝令夕改，证监会等机构有权对股票市场进行调整。在我国沪市、深市都曾实行过无涨跌幅限制的交易制度，导致股价的暴涨暴跌很难控制。此后，沪深两市都分别实行过5%、10%的涨跌幅限制。现在，沪深两市股票上市首日涨幅最高为发行价的44%，对重大资产重组停牌后复牌的股票又无涨跌幅限制。所以，我国股票市场的涨跌幅限制政策时常根据市场情况进行更改，并无固定性，如果单纯以此作为转让成本价来计税，会导致计税的混乱，影响税收的固定性，也给企业造成避税的操作空间。

“营改增”后，增值税中规定转让解禁限售股符合“上市公司实施股权分置改革时，在股票复牌之前形成的原非流通股股份，以及股票复牌首日至解禁日期间由上述股份滋生的送、转股”情形的，以该上市公司完成股权分置改革后股票复牌首日的开盘价为买入价。政策规定与笔者分析结果是一致的。

四、案例点评

（一）准确定性金融商品转让

原始股减持到底是按照转让股权还是按其他金融商品转让，是否应当征收营业税，税务机关并无明确的税收法律依据。而“营改增”之后，税务机关同样没有划清股权和股票的界定。这就需要税务机关对金融商品转让做出准确的定性。只有准确定性金融商品转让，才会减少像本案例利用税法规定的“漏洞”，最后还要补税行为的发生，才会使金融商品市场交易有序地进行。笔者认为这是这种相关类似事件发生的根源所在。所以国家要对金融商品转让做出准确的明文规定来规范目前的混乱状态。

（二）合理保证税收公平

在征税时尽量保证税收公平，而灵活运用税收政策就是其实现的手段之一。税收公平指纳税人在相同的经济条件下应被同等对待，即所谓的同等税收待遇问题。税收公平又可分为横向公平和纵向公平。横向公平指经济条件相同的人缴纳相同的税。纵向公平则是根据支付能力或获得的收入对经济条件不同的人予以不同的对待。

两面针公司的征税问题，在一定程度上体现了税收公平的问题。两面针公司原本主营业务是卖牙膏，但在经营状况下降时多次采用销售金融资产的方式获取丰厚利润，这给两面针公司带来的附加利益也同样是丰厚的，如若此时两面针公司因为主张股权转让而申请不征税，对于同行业的其他纳税人就是不公平的。也就是说在相同的经济条件下其他纳税人受到了不同等待遇，也就是说没有实现横向公平。因此就这一方面来看，即使在当时并没有明确规定的情况下，也应该对其征税。

不同情况下根据当地经济状况以及其他纳税人情况结合税收制度合理运用税收政策能够更好地实现和保证税收公平，确保纳税的正常实施。

（三）严厉打击“钻空子”行为

两面针公司税案发生在2007年以后，进行企业纳税抽查是在2012年。而两面针公司此次之所以能成为经典案例，存在是否征税这一冲突，主要原因就在于我国的税收制度并不完善，当时对此情况并没有做出明确完善的规定，导致两面针公司以此为由与税务机关进行争论，耗费巨大的人力、物力和财力。

因此国家应该不断改进和完善税收制度，同时在这个过程中，严厉打击“钻空子”行为，对此有以下建议：

1. 制定相关法律制度，防止公司打“擦边球”，例如采取罚款、警告等措施。法律是最强制的手段，一定能够以最强力度有效惩罚公司的“钻空子”行为，同时减少公司“钻空子”的想法。

2. 强化税务稽查。税务机关应该增加抽查的密度。即税务机关应该增加在一段时间内对公司进行不定期纳税抽查的次数，使公司不能临时采取非正常手段隐瞒非正常避税行为，更好地打击“钻空子”的行为。同时税务机关在进行抽查工作之前一定要做好保密工作，不能给公司留有遮掩事实的机会。在税务稽查时运用多种学科知识，积极使用高科技手段，不放过任何一点蛛丝马迹。只有真正意义上做到税务稽查，才能打击震慑“钻空子”的行为，净化税收环境。

（四）提高纳税人纳税意识

两面针公司作为纳税人在销售金融资产获利后，并没有积极纳税的意识，而是寻找税法方面的漏洞，以此避免缴纳巨额税款。之所以出现这种情况，主要有两点原因，其一从纳税制度上来说，主要是因为我国的税收制度还处在初级阶段，并不完善，让纳税人有机可乘。其二就是纳税人本身的纳税意识淡薄，并没有意识到主动纳税对于国家的益处，只是看到自己的利益。

纳税意识是指公民在正确了解税收对国家建设和社会发展的作用，在提高对国家和社会责任感的基础上产生的照章纳税的意愿。直至现在多数人并不能真正意识到积极纳税的益处。因此，我们有必要采取措施提高全民的纳税意识。为此，提出以下建议：

1. 加大税收宣传。积极组织宣传活动，对全民进行税收教育，将税法教育真正贯彻落实到日常生活中，提高全民纳税意识，从认识税法开始，让纳税人真正看到纳税的益处。同时要实时接受纳税人的询问，做到耐心解答，让纳税人愿意了解纳税方面的知识。

2. 加强税收监督。一是要加强对纳税人自报数据的分析，通过案头分析，查找疑点与问题；二是要加强巡查巡管，做到及时准确地掌握纳税人的税收动态；三是要加强与工商、公安、银行等有关部门的信息交流与比对，查找管理上的盲点与漏点；四是要倡导社会监督。要鼓励社会人员对偷逃税行为的举报，严格落实举报奖励制度与保密制度，还可以通过聘请一些税收监察员或是协税员的方式，监督纳税人依法纳税。

3. 提高税务人员的服务意识。国民纳税意识不强，还有一个原因是一直以来，税务人员对待纳税人都有种居高临下、不冷不热的态度，存在着“门难进、脸难看、事难办”的现象。所以，作为税务人员，应该转换角色，以为纳税人服务为立足点，热情对待纳税人，为纳税人提供全方位的纳税服务，树立良好的征税人形象。

国内税案11　山西黄金税案[①]

一、案情分析

犯罪分子通过多头注册空壳公司，从黄金销售企业购进黄金，取得增值税发票，一方面通过转卖给不需要开增值税专用发票的黄金加工市场或回收中心变现，另一方面将取得的增值税专用发票经克隆后再转售给需要进项税额抵扣的煤炭企业，从而套取国家巨额税收的一起特大虚开虚抵增值税专用发票案件于2011年10月告破。该黄金税案波及广州、深圳等30多个省市，涉税金额高达46亿元人民币。

（一）案例背景

2010年下半年，黄金销售市场逆流涌动，山西作为重灾区也被波及其中。2010年国际现货金价以1096.8美元开盘，最高上试1430.6美元，最低下探1044.2美元。根据截至12月23日的数据，2010年报收1386.5美元，相较于2009年上涨290.1美元，而均价也相较上涨了249.45美元，年均价涨幅25.6%。即2010年金价走势非常稳健。就这种市场表现来看，黄金维持了良好的上涨趋势。但是在这种黄金销售市场一片向好的背景下，其毛利率和税负率却出现了不升反降的问题。

在这种混乱的情况下，太原税务稽查局决定开展一项大规模的稽查行动。初步的调查结果显示，虽然最近两年黄金销售企业收入呈现出爆发性的增长，但毛利率、税负率却直线下滑，超出正常预警范围。以某黄金销售企业为例，2008年实现销售收入1.03亿元，2010年为6.7亿元，而税负率却从0.8%降至0.1%。这种现象的成因就需要税务稽查人员去进一步挖掘。

（二）稽查过程

1. 增值税发票比对确定涉案企业

① 中央财经大学2016级税务专硕李晨希（现供职于中国联通）参与本案例研究与写作。

税务稽查人员在发现疑点之后，提请公安机关介入此次稽查行动。2010年8月的一天，28名税务稽查干部和太原市公安局经侦支队的20名民警，同时对14户企业进行突击检查。其中包括6户黄金经销企业、8户接受黄金销售企业开具的发票的受票企业，仅2008～2010年上半年开具和接受的发票就多达6700余份。

根据掌握的资料，稽查干部决定从发票入手。面对海量的数据，稽查人员需要对记账联和抵扣联逐一发出协查函核实其对应情况，省内发票以接发传真的形式比对，省外发票则通过发票协查系统发函比对。稽查人员昼夜奋战，通过逐一比对，焦点集中在记账联和抵扣联严重不符：同一发票号码，真假两张发票；两个货物品名，黄金变成了煤炭。从发票比对结果看，涉案企业遍及广州、深圳等全国30多个省市。

除此之外，稽查人员还发现，山西省黄金企业销售流向的104户企业都注册于沿海某城市，该市同时也是这些企业共同指定的提货地点。这些黄金销售企业从上海黄金交易所购得黄金后，以每克加价0.6～1.2元的微利以现金交易或转账方式卖给对方，购买企业只需要通过汇款凭证、黄金销售企业授予的密钥、本人身份证便可从上证所在当地指定的银行提货。

为深入调查此案，稽查局派精干力量组成了调查组。但是检查开始的最初两个月，这些企业之间的相关业务联系却少了很多。调查组成员迅速赶到当地国税稽查局，却发现目前这104户企业中，注销或逃走92户，而尚在经营的企业中大多又联系不上，无法取得相关证据，调查陷入僵局。

2. 资金流调查确定黄金销售企业涉嫌虚开增值税专用发票

为了发掘其中的缘由，调查组只能从资金流、物流入手，查明案件的真相。他们列举出案件涉及的72家大大小小的开户银行，随后由税务机关与这些开户银行取得联系，并在当地稽查局的密切配合下，调取了涉案企业的全部资金交易记录。将涉案企业的资金记录一一核查比对，并选取几户交易频繁且金额较大的企业进行外围调查，结果发现：购买黄金的资金从不同的商贸企业汇入销售企业，但余款却在转入同一个账户或是返回原来的商贸公司后，又进入同一个账户；或是同一笔资金在不同的公司间来回流动。种种迹象都表明，该销售过程名义上涉及104户企业，但实际上操控权却在少数几个人手里。

另外，尚在经营的黄金商贸企业负责人还给出了线索，即除自己加工外，企业还会将黄金卖给附近个体黄金加工点，而黄金加工点购得的黄金和商贸企业取得的价格几乎相同甚至更低。同时，附近的黄金回收中心也在大量收购黄金，回收价格均比市场价格略低。稽查人员认为犯罪分子有可能利用个体加工市场和回收中心回笼资金。因此，他们立即前往回收中心调查，结果是回收中心近一年时间回收黄金的数量高达1万多千克，是往年的9倍，回收中心工作人员表示他们回收的黄金是被削个角送进来的，回收价格较市场均价略低。另外，个体黄金加工点和黄金回收中心一般都属于小规模纳税人（个体户、个人）甚至小商小贩，在交易过程中很多不需要开增值税发票。所以，黄金商贸企业在上一环节取得的增值税发票不需要在这一环节进行抵扣。那么结果是显而易见的，这些黄金商贸企业购买黄金的目的在于增值税专用发票。

3. 账务检查确定煤炭企业涉嫌购买并虚抵增值税专用发票

税务稽查人员通过账务检查取得的另一个发现是：某洗煤厂存在原煤购进业务和相关手续，有过磅单、化验单，但是煤款却以现金形式被一名骆姓女子提走，且账面上有上万元应付款长期挂账。经调查该煤运公司没有姓骆的业务员，进一步调查发现，该洗煤厂也从未在抵扣联显示的煤运公司购进过原煤，洗煤厂却提供与该煤运公司的供货合同、银行账号、企业业务人员姓名相同的同一税号增值税发票，经中国人民造币中心研究鉴定，其抵扣联为伪造假票，该洗煤厂有涉嫌购买增值税发票的嫌疑。

通过了解得知，由于近两年煤炭市场火爆供不应求，洗煤厂会在小煤窑购进煤炭，由于无法取得增值税发票进行进项抵扣，每年都需要承担巨额税款。因此在仅收取6% ~7%费用的代开增值税发票广告找上门时选择了尝试，并发现伪造发票可以通过认证系统。比如，洗煤厂以票面金额6%的价格从黄金商贸企业购买了票面金额1亿元的增值税专用发票，成本为600万元，却能够以票面金额17%的比例进行进项税额抵扣，即实际减少缴纳增值税1700万元，企业逃税1700万元。

（三）作案原理（图1）

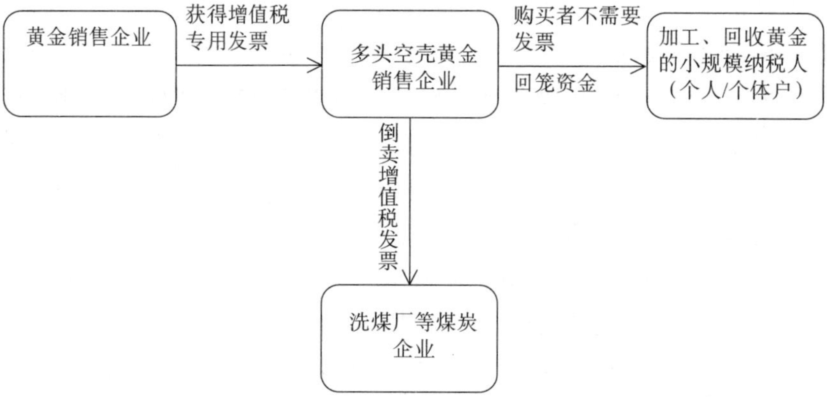

图1　作案原理

至此，作案的过程及目的就显而易见了。以骆某为首的犯罪分子通过注册104家空壳公司，从黄金销售企业购买黄金取得增值税进项发票。一方面，将黄金以略低于市场均价的价格卖给不需要开票的加工或回收企业，通过黄金加工市场或黄金回收中心变现以回笼资金；另一方面，利用增值税防伪税控系统只能比对数字信息不能比对汉字信息的漏洞，更改其货物品名、销货方单位、购货方单位，保留其数字信息，把黄金增值税发票克隆成了煤炭增值税专用发票。之后通过电话或者网络方式联系并卖给需要增值税发票进行抵扣的煤炭企业，从中牟取非法利益。煤炭企业则使用伪造的煤炭增值税专用发票进行进项抵扣，套取国家巨额税款。

（四）判决结果

2010年10月，太原市国税局稽查局向公安经侦部门移送了黄金税案的相关材料和犯罪嫌疑人情况，12月，骆姓女子被公安机关和税务部门在陕西渭南抓获。2011年8月检察机关对该洗煤企业法人代表起诉，随后税务稽查机关对以上企业依法做出税务处理，共计查补税款1274万元，罚款1274万元。

根据《中华人民共和国税收征收管理法》以及《国家税务总局关于纳税人取得虚开的增值税专用发票处罚问题的通知》，对于虚开增值税专用发票和虚开普通发票区别对待。

虚开增值税专用发票是严重破坏经济秩序的犯罪行为，是公安机关打击的重点行为，根据犯罪情节和涉案金额的不同，该罪最高可判处无期徒刑。《刑法》第205条规定：虚开增值税专用发票或者虚开用于骗取出口退税、抵扣税款的其他发票的，处3年以下有期徒刑或者拘役，并处2万元以上20万元以下罚金；虚开的税款数额较大或者有其他严重情节的，处3年以上10年以下有期徒刑，并处5万元以上50万元以下罚金；虚开税款数额巨大或者有其他特别严重情节的，处10年以上有期徒刑或无期徒刑，并处5万元以上50万元以下罚金或者没收财产。单位犯罪对单位判处罚金，并对直接负责的主管人和其他直接责任人员，处3年以下有期徒刑或拘役；虚开的税额较大或有其他严重情节的，处3年以上10年以下有期徒刑；虚开的税款数额巨大或者有其他特别严重情节的，处10年以上有期徒刑。

阳泉中院于2013年7月18日对犯出售伪造增值税专用发票罪的团伙做出一审判决，被告人马俊生与王庆军、王宏伟以及张旭升共同实施了出售伪造增值税专用发票的行为，构成共同犯罪。被告人马俊生在共同犯罪中起主要作用，系主犯，应当按照其所参与的全部犯罪进行处罚；被告人王庆军、王宏伟、张旭升，起次要作用，系从犯，应当减轻处罚；被告人马俊生，且系累犯，应从重处罚；被告人王宏伟归案后，认罪态度好，可以酌情从轻处罚。最后，4名被告马俊生、王庆军、王宏伟、张旭升分别被判处有期徒刑15年、8年、8年、2年，并分处罚金人民币40万元、10万元、10万元、5万元。

二、案例分析

该黄金大案涉及如此庞大的涉税金额以及广泛的波及范围，主要由于现行税制体系及征管方面存在着制度漏洞。下面分别从三个角度评点该案例。

（一）虚开虚抵黄金销售增值税发票问题

近年来，虚开增值税专用发票及其他发票案件一直占涉税案件的60%以上，源头主要集中在黄金、成品油、农副产品领域。例如，2015年利用黄金交易虚开增值税专用发票案件约占所有虚开发票案件的一半。这种现象主要基于以下两个原因：

一是黄金销售市场的独有特点：体积小、价值大、流动性好、便于私下交易，假设通过购置服装等消费品来获得增值税专用发票，那么犯罪分子需要准备庞大的仓库，也难以很快将这些库存转手销售，实际操作的可行性不高。而实物黄金所需储存空间不大，价值不菲，还容易变现，因此很容易成为犯罪分子选择的目标。增值税进项税额抵扣要求增值税发票上注明的交易是企业实际发生的，因此，一些充当“中介”的犯罪团伙就和需要用票的企业勾结，直接以企业的名义和黄金销售企业签订黄金买卖合同，取得黄金和增值税专用发票。

二是防伪税控装置子系统存在认证问题。增值税专用发票，即增值税一般纳税人销售货物，提供应税劳务、应税服务以及进口货物开具的发票，是购买方支付增值税额并可按照增值税有关规定据以抵扣增值税进项税额的凭证。增值税专用发票现已全面纳入防伪税控系统中进行管理。

但是增值税防伪税控系统还停留在对纸质发票票面进行加密、解密上，虽然目前金税卡和增值税专用发票上的密文已由64位升级为84位，但依然没能解决密码被破解、真票被克隆等问题。

2010年，金税工程二期的认证和稽核系统只能比对增值税专用发票的六要素，即发票代码、号码、购销双方纳税人识别号、金额、税额、开票日期，还不能识别票面上载明的纳税人名称、货物或劳务等其他汉字信息，给不法分子逃税留下了空间，客观上形成了税收征管的漏洞。而在山西黄金税案中的犯罪分子也正是利用了防伪税控装置只能识别数字而不能识别汉字的漏洞进行发票虚开虚抵的。

犯罪分子将发票上货物品名、销货方单位、购货方单位等要素更改，仅保留可以认证比对的数字信息，将黄金销售发票转化成煤炭销售发票，这种犯罪手法揭示了我国在增值税专用发票认证和比对过程中存在严重的问题及纰漏。

（二）煤炭企业抵扣链条存在问题

我国的增值税制度将纳税人分为一般纳税人和小规模纳税人，其中一般纳税人实行的是凭票抵扣的增值税计税方法，而小规模纳税人实行简易征收的管理办法，不得开具增值税专用发票。这造成的后果是小规模纳税人游离于增值税的抵扣链条之外，一般纳税人如果从小规模纳税人处购进货物或者相应劳务无法取得增值税专用发票，就无法进行进项抵扣，导致税负增加。

根据《国家税务总局关于修订〈增值税专用发票使用规定〉的通知》（国税发〔2006〕156号）第10条规定，增值税小规模纳税人需要开具专用发票的，可向主管税务机关申请代开。在申请代开时，小规模纳税人应填写《代开增值税专用发票缴纳和税款申报单》，连同税务登记证副本，到主管税务机关税款征收岗位按专用发票上注明的税额全额申报缴纳税款，同时缴纳专用发票工本费。从这个方面来看，这种代开增值税发票的过程会增加小规模纳税人的时间及成本。在不健全的市场环境下，存在不需要增值税专用发票的一般纳税人时，小规模纳税人为了节省时间及成本便会选择该一般纳税人。这种选择不利于增值税制度体系的合法运行。

除此之外，小规模纳税人代开增值税专用发票的征收率只有3%，意味着拿到专用发票的一般纳税人也只能抵扣3%的进项税。对于存在巨额销项税额的煤炭企业而言，这种抵扣并不能满足税收的横向公平原则。

如果该案例中的煤炭企业在煤炭市场火爆、供不应求时便从小煤窑购进煤炭，这种行为并不能取得增值税专用发票。由于不能进项抵扣所以煤炭企业每年需要承担巨额税款，正是增值税纳税人资格的认定导致抵扣链条中断使得一般纳税人对虚假增值税专用发票产生了需求，而市场的特性就是一旦存在需求，那么一定会有供给。所以在这种问题未被解决前，增值税发票的虚开虚抵现象是很难杜绝的。

（三）法律体系存在问题

该案例折射出的另一个问题是我国法律体系的不严密导致众多犯罪分子钻法律空子，例如，当他们注册大量空壳公司时，税务机关、工商机关不能及时察觉并做出惩罚。从另一个方面讲，我国法律缺少威慑力，在立法环节存在漏洞，在执法环节又存在犯罪分子活动的空间，才导致知法犯法的事情时常发生，难以彻底禁止。

1. 空壳公司大量存在，监管不给力

空壳公司最早是根据英国公司法确立的一种公司法律形式，是发起人根据中国香港或英国的法律成立的有限公司，但没有任命第一人董事，也没有投资者认购股份，不会发生经营及债权债务。但在中国，空壳公司一般指的是不符合法定成立要求的公司。在增值税发票虚开虚抵等经济犯罪的案例中，犯罪分子使用购买的他人身份证，通过代理注册登记的公司冒名到工商机关注册成立公司，并通过代验资公司获取验资证明，骗取营业执照，但该公司没有实际经营资金、场所和人员机构，不符合《公司法》的要求，这种公司被称为“空壳公司”。

在该黄金税案中，犯罪分子利用空壳公司编造资金往来掩人耳目，以掩盖资金往来的实际操控权在少数几个人手里的事实。犯罪分子通过空壳公司开设大量企业账户，编造虚假资金往来账目，在操控的多个企业账户间频繁转账后再转入个人账户，隐藏资金的真实来源。

这种空壳公司大量存在的原因在于：首先，企业法人登记注册环节监管懈怠，例如，对企业办公场所进行有效审核不严，《中华人民共和国企业法人登记管理条例》第7条规定，申请企业法人登记应具备固定的经营场所和必要的设施，同时第15条规定，申请企业法人开业登记，应当提交住所和经营场所使用证明。但是在该条例中并未对固定的经营场所的性质做出明确规定。在各类涉及空壳公司的税案中，犯罪嫌疑人通常利用临时租借的地点完成企业法人注册登记，而工商登记机关难以及时察觉。

其次，企业法人的日常管理环节存在漏洞，工商、税务等主管部门管理能力不强。因为在实际操作过程中，现实存在的企业数量众多，若仅凭借工商、税务主管部门的人力物力会导致监管不到位。仅依靠年检、投诉举报等发现问题效率低下，也不能达到很好的效果。

2. 法律缺乏威慑力

我国针对逃避缴纳税款行为的法律约束力以及威慑力不足以与巨大的利益诱惑相抗衡。

法律的首要作用即指引作用，为了预防犯罪并维护社会稳定。就这一点而言，我国的征管法规定存在缺陷。例如，对于尚不构成刑事犯罪的偷税行为，按照税收征管法的规定处以0.5~5倍的罚款，由于罚款弹性很大，所以购买虚假发票的企业可以通过疏通相关税务机关的关系，使得适用最低程度的罚款，导致处罚并不能真正起到惩处犯罪的作用，不具备警醒作用。

法不严则难以制众，法律没有了威慑力则难以让人们遵守。除此之外，税务人员素质水平参差不齐导致执法不严的现象普遍存在，对于增值税违法企业采取“以罚代打”或者“只罚不打”的执法态度。从这两点来看，制度和人为的双重因素削弱了法律对偷税行为的约束力及威慑力，导致犯罪分子容易在巨大的利益诱惑面前铤而走险。

三、政策建议

（一）完善增值税专用发票抵扣环节

针对增值税发票容易虚开虚抵的问题，本文就技术完善方面提出两点建议。一是可以通过电子发票与汉字比对技术的结合实现增值税专用发票的防伪；二是可以通过金税三期的推行完善税制体系，防止增值税虚抵问题的出现。

1. 结合电子发票与汉字比对技术

针对发票扫描认证仪不能对汉字识别的问题，2011 年国家税务总局发布了《关于增值税防伪税控系统汉字防伪项目试运行问题的有关通知》（国税发〔2011〕44 号），决定在上海、陕西和深圳三地从事黄金经销、成品油经销以及享受增值税税收优惠政策并使用防伪税控开票系统的增值税一般纳税人中试运行汉字防伪项目。该通知同时解释了汉字防伪项目是在不改变现有防伪税控系统密码体系前提下，采用了数字密码和二维码技术，利用存储更多信息量的二维码替代原来的 84 位和 108 位字符密文，在加密发票七要素信息的基础上实现了对购买方企业名称、销售方企业名称、货物名称、单位和数量等信息的加密、报税采集和解密认证功能。在汉字防伪项目试运行以后，增值税专用发票将同时存在二维码、84 位字符和 108 位字符三种密文形式，如图 2 所示。

但在该汉字防伪项目的实际操作过程中，扫描认证发票一次性通过率低，有的发票甚至要反复扫描，造成认证发票需要排长队等问题。除此之外，推行汉字扫描认证以后，发票存储信息大幅增加，导致运维成本增加。种种原因导致该试点政策没能大面积推广使用。

针对这个问题，税务机关可以选择利用现代信息技术推广电子发票。电子发票的应用不仅可以减少税收征管成本，提高税务部门办税效率，还可以提升税务部门现代化和信息化水平，全面提升税务整体管理水平和服务水平。

纳税人每开出一份电子发票，对应的发票开具信息便被实时存储到税务

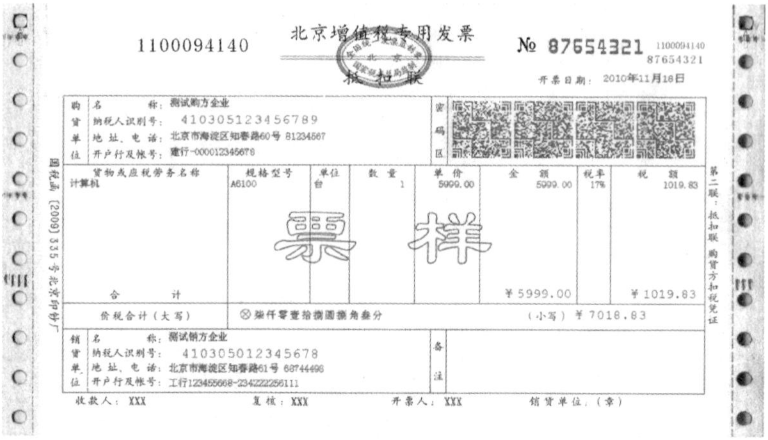

1100094140 北京增值税专用发票 № 87654321 1100094140 87654321

抵扣联

开票日期：2010年11月18日

购货单位	名称：测试购方企业 纳税人识别号：410305123456789 地址、电话：北京市海淀区知春路60号 81234567 开户行及帐号：建行-000012345678	密码区	

货物或应税劳务名称	规格型号	单位	数量	单价	金额	税率	税额
计算机	A6100	台	1	5999.00	5999.00	17%	1019.83
合计					¥5999.00		¥1019.83
价税合计（大写）	⊗柒仟零壹拾捌圆捌角叁分				（小写）¥7018.83		

销货单位	名称：测试销方企业 纳税人识别号：410305012345678 地址、电话：北京市海淀区知春路61号 68744498 开户行及帐号：工行123455668-2342222256111	备注	

收款人：XXX　复核：XXX　开票人：XXX　销货单位：（章）

国税函〔2009〕335号北京印钞厂

第二联：抵扣联 购货方扣税凭证

票样

图 2　增值税专用发票票样

机关的服务器中，保证发票数据被纳入税务监管。目前我国政府的管理手段缺乏与科学技术的紧密结合，而我国的统计体系中统计的数据需要层层上报，必然会受到人为干扰导致数据失真，还容易导致虚开虚抵增值税发票之类问题的产生。但是电子发票可以作为客观交易的数据载体，自动形成真实的交易记录，并汇总传输电子数据，从这个意义上说电子发票可以成为我国真实市场数据的源头。发票的电子数据本身具有的防伪性使得犯罪分子难以从中获得造假的机会。一旦电子发票实现普及，纸质发票的超长防伪密文便没有了存在的意义。

结合增值税专用发票需要实行进项抵扣的特点，结合汉字比对防伪技术推行电子发票，使得税务机关以最小代价和最低成本改造现行增值税防伪税控技术，解决汉字比对问题，最终解决增值税专用发票虚开虚抵的问题。

2. 金税三期工程的推行

金税二期工程存在众多遗留问题，金税三期工程逐步推进以改进相关问题。金税三期工程是我国税收管理信息系统的总称，属于国家级信息系统工程，是国家电子政务建设的重要组成部分。其主要围绕着“一个平台、两级处理、三个覆盖、四个系统”的总体目标而建立。其中，一个平台是指包含网络硬件和基础软件的统一技术基础平台；两级处理是指依托统一的技术基础平台，逐步实现数据信息在总局和省局集中处理；三个覆盖是指应用内容逐步覆盖所有税种，覆盖所有工作环节，覆盖国税、地税局并与相关的部门如工商、海关联网；四个系统则是指通过业务重组、优化和规范，逐步形成一个以征管业务系统为主，包括行政管理、外部信息和决策支持在内的四大应用系统软件。

金税三期最大的特点是其强大的数据库以及云计算能力。在它的推行与改进过程中，将会逐步实现对纳税人的税号下，进项发票和销项发票的行业、法人、地址、数量、比率等相关性的评估。除此之外，当今适用的开票软件已经增加了商品编码，那么单位编码的使用并非不可能，一旦有了单位编码，大数据的准确性将会大大提高，针对库存状况，资金流通状况等都会实现精准测算。一旦往这个方向进一步发展，商品品目由商品编码控制，商品数量由单位编码控制，再加上单价、金额等数字，这些在被纳入大数据之后可以被用来计算增值税税额以及库存存量额，让纳税人偷逃税款的机会变得渺茫。

一旦所有的商品信息被纳入大数据体系，所有的交易过程、资金流转都会变得透明化。这将会大大节约征税成本，同时增加数据的真实性，大大减少增值税专用发票虚开虚抵的可能性。

（二）法律问题

针对我国法律层面存在的众多问题，提出以下建议：

鉴于大量空壳公司的设立是税务、工商机关的疏忽造成的，那么接下来可以从完善现有的各项监管制度入手并同时落实各机关的监管职责。

第一，可以建立新注册公司和银行开户的背景审查机制。针对空壳公司犯罪中冒用他人身份证注册公司、开设公司银行基本账户的情况，建立统一的审查机制。在不影响公司正常开业经营的情况下，在公司注册成立及银行基本账户开设后，定期对与各企业有关的法定代表人信息、办公地信息等开展审查，检查是否存在异常情况。

第二，加强与基层管理部门的密切合作，利用基层采集的信息打击空壳公司的存在。针对普遍存在的公司注册地址不一致、不具备固定的经营场所的问题，通过覆盖全国的各基层管理部门，发动物业等社会力量，对各地区企业的状况进行排查，及时发现问题。

第三，可以加强治理，建立社会正向激励机制。通过责任倒查提高管理责任心，通过数据分析提高空壳公司犯罪的发现率，使通过与空壳公司有关的各类违法犯罪活动所获得的非法收益总量，明显低于因实施与空壳公司有关的各类违法犯罪活动而受到的处罚总量，使守法经营既成为良好的社会风尚，更成为企业维护自身现实利益的自觉选择。

第四，大数据的广泛应用需要统一信息立法。经济全球化的今天，信息是最宝贵的财富。大数据时代存在很大的问题是信息的采集、管理和运用都不规范。一是缺乏信息采集的标准，各行各业的标准各异，难以统一进行处理和分析；二是关于信息管理的规定十分散乱并没有独立的体系，因此想要运用大数据进行分析，信息安全也存在着严重的隐患；三是各部门信息缺乏共享，各自经营管理不利于效率的提高。这些问题的解决都需要统一的信息立法，规范信息的采集、管理和运用，确保信息安全并实现资源共享。

参考文献

[1] 夏卫东，孙正纲．浅议空壳公司经济犯罪的治理［J］．上海公安高等专科学校学报，2014（02）：28－33.

[2] 辽宁省阜新市国税局王宏伟，李乾一，梁军．网络开票＋汉字比对解增值税发票管理难题［N］．中国税务报，2013－06－19（B07）.

[3] 郭红雨，金波，邢英，李芙蓉．发票汉字比对：全方位防堵商贸企业管理漏洞［N］．中国税务报，2009－10－14（009）.

[4] 李亚群．增值税专用发票管理问题研究［D］．中南大学，2007.

[5] 张宁．浅析增值税征管过程中所存在的税收风险——基于山西黄金税案的案例分析［J］．经济研究导刊，2013（17）：142－143.

[6] 崔晓农，王晓红．黄金缘何变煤炭？——太原国税破获46亿元特大黄金税案纪实［J］．法制与经济（上旬），2011（11）：32.

[7] 任丽娜．山西破获46亿元特大“黄金税案”全记录［EB/OL］．中国新闻网，法治新闻，2011－10－28，http：//www.chinanews.com/fz/2011/10－28/3421507.shtml.

国内税案12 万科与央视的“欠税事件”之争①

一、案例背景

（一）万科简介

万科企业股份有限公司（以下简称“万科”）是一家成立于1984年，注册地位于深圳市的超大型房地产开发企业，该公司同时在A股、H股市场上市。

万科自1988年进入房地产行业，历经30余年发展，已成为国内规模和业绩都堪称领先的房地产开发公司，目前主营业务包括房地产开发和物业服务。截至2015年底，万科进入中国大陆66个城市，分布在以珠三角为核心的广深区域、以长三角为核心的上海区域、以环渤海为核心的北京区域，以及由中西部中心城市组成的中西部区域。

万科自2013年起开始尝试海外投资，目前已经进入中国香港、新加坡、旧金山、纽约、伦敦等5个海外城市，参与数十个房地产开发项目。2015年，万科实现销售面积2067.1万平方米，销售金额2614.7亿元，同比分别增长14.3%和20.7%，在全国的市场占有率达3.00%。由于出色的综合实力，根据中国房地产业协会与中国房地产测评中心联合发布的2016中国房地产开发企业500强榜单显示，万科已连续8年位居房地产开发企业第一名。万科2013~2015年主要财务指标如表1所示。

表1　　万科2013~2015年主要财务指标　　单位：元

财务指标	2015年	2014年	2013年	2012年
营业收入	195549130020.90	146388004498.44	135418791080.35	103116245136.42
营业利润	33122777302.51	24979358867.78	24261338387.14	21013040794.06

① 中央财经大学2016级税务专硕王程祥（现供职于中国人寿股份公司）参与本案例研究与写作。

续表

财务指标	2015 年	2014 年	2013 年	2012 年
利润总额	33802617619. 10	25252363233. 49	24291011249. 30	21070185138. 11
资产总额	611295567689. 29	508408755415. 65	479205323490. 54	378801615075. 37
营业税金及附加	17980426847. 11	13166745863. 90	11544998138. 82	10916297537. 10
应交土地增值税	1600344178. 09	1241740232. 55	1127699124. 69	1412974526. 29
已交土地增值税	6748839561. 10	4772784659. 08	3579971869. 70	4659966213. 06

资料来源：万科企业股份有限公司 2013 ~ 2015 年度报告。

（二）土地增值税及其征管情况

1. 土地增值税历史沿革

世界上开征土地增值税的国家和地区并不多，仅有中国大陆、中国台湾、韩国和意大利。

土地增值税作为一个较为年轻的税种，出于规范土地、房地产市场交易秩序，合理调节土地增值收益，维护国家权益①等目的，于 1993 年 12 月诞生。《中华人民共和国土地增值税暂行条例》规定了土地增值税的纳税人、征税对象、扣除项目、税率、税收优惠等，共 15 条。1995 年 1 月，财政部颁布《中华人民共和国土地增值税暂行条例实施细则》，对征税对象、扣除项目、征管方式等一系列问题给予了进一步规范化说明。

从 1993 年至 21 世纪初，房地产市场普遍处于萧条的背景下，土地增值税形同虚设，税款收入极少。2006 年后，伴随着房地产市场的繁荣，土地增值税才得以受到重视。

2000 ~ 2014 年土地增值税税收收入及税款占地方财政收入比重的变化如表 2 所示。土地增值税作为纯地方税，在地方财政收入中占比并不太高。2000 年，由于房地产市场不够活跃，土地增值税税款仅有 8. 39 亿元，占当年地方财政收入的 0. 13% 。随着房地产市场的不断成熟，土地增值税在 2002 年开始步入迅猛增长期，2002 ~ 2007 年，税收收入年均环比涨幅达到 84. 62% ，2004 年更是突破 101% 。2008 ~ 2009 年，由于国际金融危机等原因，房市低迷，土地增值税增速放缓，但仍超过三成。2010 ~ 2011 年，土地增值税再次进入高速增长期，体现为税收金额大幅度增加，同时占地方财政收入比重增加幅度更大。2012 年后，土地增值税税收金额增长较为平缓，占地方财政收入比重不断增加，于 2014 年达到 5. 16% 。

① 《中华人民共和国土地增值税暂行条例》。

表2　　2000～2014年间土地增值税涨幅及占地方财政收入比重

年度	地方财政收入（亿元）	土地增值税（亿元）	土地增值税税收金额环比涨幅	土地增值税占地方财政收入比重	土地增值税占地方财政收入比重的增加比率
2000	6406.06	8.39	—	0.13%	—
2001	7803.30	10.33	23.12%	0.13%	0
2002	8515.00	20.51	98.55%	0.24%	0.11%
2003	9849.98	37.28	81.76%	0.38%	0.14%
2004	11893.37	75.04	101.29%	0.63%	0.25%
2005	15100.76	140.31	86.98%	0.93%	0.30%
2006	18303.58	231.47	64.97%	1.26%	0.29%
2007	23572.62	403.10	74.15%	1.71%	0.45%
2008	28649.79	537.43	33.32%	1.88%	0.17%
2009	32602.59	719.56	33.89%	2.21%	0.33%
2010	40613.04	1278.29	77.65%	3.15%	0.94%
2011	52547.11	2062.61	61.36%	3.93%	0.78%
2012	61078.29	2719.06	31.83%	4.45%	0.48%
2013	69011.16	3293.91	21.14%	4.77%	0.22%
2014	75876.58	3914.68	18.85%	5.16%	0.39%

资料来源：国家统计局《中国统计年鉴》。

2. 土地增值税的税制概况

（1）征税对象。土地增值税对在中国境内转让国有土地使用、转让地上建筑物及其附着物征收。

（2）税率。税率有30%、40%、50%、60%四档，适用超率累进税率，具体见表3。

表3　　土地增值税税率表

增值率	税率	速算扣除率
X<50%	30%	0
50%<X<100%	40%	5%
100%<X<200%	50%	15%
200%<X	60%	35%

（3）计税依据。土地增值税的计税依据是转让房地产所取得的增值额。

房地产开发企业可扣除项目金额包括：土地成本、开发成本、开发费用、税金、财政部允许的加计扣除（土地成本、开发成本之和加计20%）。增值额=销售额-扣除项目，再以增值额除以扣除项目，确定增值率，最终以增值率确定对应的税率，计算应纳税额。

（4）计税公式。

土地增值税应纳税额=增值率×税率-扣除项目×速算扣除率

（5）征收管理。土地由于项目开发周期较长，清算滞后，一般选择预征方式征收税款。

二、案例分析

（一）缘起——央视报道

2013年11月17日、24日，中央电视台《每周质量报告》栏目，连续两周以“土增税黑洞”为题，报道了全国多家房地产开发公司欠缴土地增值税的情况。报道认为，自2005年1月1日至2012年12月31日，这8年间，全国各类房地产企业应该缴纳的土地增值税超过4.6万亿元，而实际上，8年间，国家征收到的土地增值税仅仅为0.8万亿元。

同时央视在对国内知名的45家上市房地产公司的企业年报进行分析后发现：这些公司无一例外都有巨额应交而未交的土地增值税，同期也几乎都有足够用以缴税的货币资金。而且，有不少房地产上市公司将应交巨额土地增值税长期未交，只是挂在账上，导致应交土地增值税税额滚雪球般的一年比一年多。其中，29家房地产上市公司截至2012年12月31日，应交未交土地增值税总额已经高达640亿元，其中万科有应交未交土地增值税58亿元，排在并列第三的位置。

央视的观点可以总结为，房地产开发企业财务报表中的“应交未交土地增值税”表示企业的实际欠税，长期挂账导致国家税款流失。

（二）高潮——房地产开发企业回应

2013年11月24日报道播出当晚，地产商任志强在微博指责央视报道有误。他认为政府的预缴正是无偿提前占用企业流动资金的纳税方式，企业其实是吃亏的一方。在会计处理上，企业在项目预缴土地增值税时就必须预提应交未交的土地增值税成本并列入公布的科目中说明这些应交而未交的税项，但在未达到税法规定的结算条件时，可以不交，并不违背税法。同时不排除项目公司利用筹划的方式，将预售的条件结点拖后，大项目分别领取预售证，等待现房或准现房时才开始销售等。即便开发商存在长期不清算的情况，税务机关迫于任务压力，也会主动要求开发商进行清算。最后任志强称，开发商敢将应交未交土地增值税的数据公开，恰恰说明有其未及时上缴的合法性。

（三）暂时平息——税务机关回应

2013年11月25日，深圳市税务局新闻发言人表示，央视的报道有些片面。土地增值税是先预缴后清算的税收，“应交未交的土地增值税”并不能定义为“拖欠”，而是待项目达到一定进度后进行清算。到了清算的节点，税务部门会下一个清算通知书给房企，由企业安排清算工作，并通过中介出一份鉴定报告，与清算报告一同交到主管税务部门，税务部门对清算结果认可后，由房企申报，再纳税。而不能说申报前就是拖欠税款。

2013年11月26日，国家税务总局发布《税务总局财产行为税司负责人就土地增值税政策和征管情况答记者问》，明确了土地增值税征管力度是逐步加大的，在配合国家房地产宏观调控，促进普通住宅开发，规范房地产市场交易秩序，合理调节土地增值收益等方面发挥了积极作用。近日引起社会关注的有关人员对欠税的巨额推算，方法是不正确的，对税收政策和征管方式存在误解误读。

（四）再起波澜——央视回击

2013年12月30日，央视再次以“土地增值税去哪儿了”为题，将矛头直接对准了万科。有记者在万科城发现该项目一期已全部售罄，住宅楼完工日期超过一年。当某项目销售或预售超过85%，就符合税务机关要求进行土地增值税清算的条件，税务机关必须要求企业进行清算。早在2011年12月31日，万科城预售比例就已经突破88%，符合清算条件。有记者在金域蓝湾项目（预售比98.04%）、万科同福西一期项目、万科华庭一期项目、柏悦湾一期项目等地采访发现，上述项目预售比例均超过95%，但仍未征缴土地增值税。媒体报道认为，当企业预售比例超过85%，而税务机关征税不及时的情况下，土地增值税很容易被延迟缴纳，乃至长期挂在企业账上，造成国家税款流失，损害了国家利益和民众利益。

（五）落幕——万科发布公告

2013年12月31日，在央视针对万科的报道播出后，万科发布公告称，不存在应交未交的土地增值税。万科表示，报道涉及的四个项目，均不满足上述条件中任何一条，不属于“应进行土地增值税清算”的情况。金域华庭项目，目前销售比例仅为49%，远未达到土地增值税清算条件；万科城项目，根据经审计的实际成本及收入测算，目前项目毛利率仅为16%，预计清算后实际应缴纳的土地增值税少于预缴金额，属于应退税项目；金域蓝湾项目、柏悦湾项目，均未全部完成销售。同时，万科称，基于谨慎性原则，对未来可能缴纳的土地增值税进行合理估计，并预提准备金。此预提为企业会计处理程序，与企业现时纳税义务无关。

三、案例评析

（一）土地增值税清算政策规定

国家税务总局《土地增值税清算管理规程》第 9 条规定，符合下列情形之一的，纳税人应进行土地增值税的清算：

1. 房地产开发项目全部竣工、完成销售的；
2. 整体转让未竣工决算房地产开发项目的；
3. 直接转让土地使用权的。

第 10 条规定，符合下列情形之一的，主管税务机关可要求纳税人进行土地增值税清算：

1. 已竣工验收的房地产开发项目，已转让的房地产建筑面积占整个项目可售建筑面积的比例在 85% 以上，或该比例虽未超过 85%，但剩余的可售建筑面积已经出租或自用的；
2. 取得销售（预售）许可证满 3 年仍未销售完毕的；
3. 纳税人申请注销税务登记但未办理土地增值税清算手续的；
4. 省税务机关规定的其他情况。

如企业符合土地增值税清算条件，未按照规定的期限办理清算手续，经税务机关责令限期清算，逾期仍不清算的房地产开发项目，税务机关可以参照与其开发规模和收入水平相近的当地企业的土地增值税税负情况，按不低于预征率的征收率核定征收土地增值税。

对于符合本规程第 9 条规定，应进行土地增值税清算的项目，纳税人应当在满足条件之日起 90 日内到主管税务机关办理清算手续。对于符合本规程第 10 条规定，税务机关可要求纳税人进行土地增值税清算的项目，由主管税务机关确定是否进行清算；对于确定需要进行清算的项目，由主管税务机关下达清算通知，纳税人应当在收到清算通知之日起 90 日内办理清算手续。

应进行土地增值税清算的纳税人或经主管税务机关确定需要进行清算的纳税人，在上述规定的期限内拒不清算或不提供清算资料的，主管税务机关可依据《中华人民共和国税收征收管理法》有关规定处理。

根据政策精神，若企业开发项目达到清算标准而未清算，属于延迟纳税行为，税务机关有权责令限期清算；同时，倘若企业未按规定如期清算，而税务机关也没有依法履行监督管理职责，则应认定税务机关失职，纵容企业免费享有递延纳税的货币价值。

（二）万科各项目土地增值税缴纳情况

央视与万科各执一词，央视认为万科欠税，万科却坚决反对。那么央视的报道是否有法可依呢？我们对央视报道提及的几个项目进行分析。

1. 万科城

央视报道称，实地查看一期项目楼盘后发现，万科城一期项目已经于2012年12月18日竣工并交付客户使用，万科公司2011年度企业年报显示，截至2011年12月31日，万科城预售比例高达88.19%，比85%的比例高出3.19%。即万科虽自2012年12月18日达到土地增值税清算标准，但至2013年底，万科城一期项目的土地增值税仍未清算，时间跨度超过一年。

万科在公告中给出的理由称万科城项目目前项目毛利率为16%，预计清算后实际应缴纳的土地增值税少于预缴金额，属于应退税项目。判断土地增值税是否退税，应当在进行土地增值税清算后得出结论，即企业预估项目土地增值税负增值率，并不能替代清算流程。因此，万科的回应并没有证明其行为的合法性，反而间接证实了万科城一期项目达到清算标准而拖延清算。

2. 万科金域蓝湾项目

央视报道称，万科租售中心金域蓝湾店整个小区三期楼房基本售罄，业主也已入住，当前该项目已没有一手房源。

万科回应称，金域蓝湾项目尚未完全销售。

而万科2012年企业年报披露，截至2012年12月31日，金域蓝湾预售比例高达98.04%，远远高于85%的清算要求。此外，央视报道称，金域蓝湾项目从2007年到2009年12月31日，有10个项目预售销售许可证，截至2012年12月31日，已满3年，也符合土地增值税清算条件。这就是说，无论从预售比例，还是项目预售许可证满3年的条件，截至2012年12月31日，金域蓝湾一期项目早已达到清算征缴土地增值税的条件。即使万科等地产界人士认为，该项目没有达到必须主动清算的标准，但税务机关应当履行依法督促企业清算的责任。

3. 万科同福西（金域华庭）项目

央视报道称，万科2011年报显示，万科同福西（金域华庭）项目，早在2011年12月31日前，其预售比例即达到100%，符合清算征缴条件已达1年，主管部门仍未对其清算征缴该项目土地增值税。

万科在公告中回应称：同福西（金域华庭）项目，目前销售比例仅为

49%，远未达到土地增值税清算条件。

万科2011年报显示，同福西项目开工时间2009年7月，预计首批竣工结算时间为2012年3月，项目预售比例为100%。该项目规划建筑面积85279平方米，截至2011年末竣工面积39201平方米。

截至2011年底，万科2011年报披露的同福西项目预售比例为100%，是指同福西首批竣工项目，而万科本次公告中所称，“目前销售比例仅为49%”，应该是指整个项目，二者不是同一个概念。

国税发〔2006〕187号文对清算单位有明确规定，“土地增值税以有关部门审批的房地产开发项目为单位进行清算，对于分期开发的项目，以分期项目为单位清算”。

《土地增值税条例实施细则》之所以规定房地产开发项目竣工结算后再清算土地增值税，是由于竣工结算前项目成本难以确定，而分期项目竣工后，分期项目成本已能够可靠计量。另一方面，一些房地产大型项目分若干期开发，前后可能延续10年甚至更长时间，若不分期清算，则可能导致一些房地产项目长期不能清算。

根据央视报道及万科披露的公开信息，即使万科同福西项目总体预售比例仅为49%，但同福西首批项目2011年底预售比例已达到100%且项目已竣工，应进行清算。

4. 万科柏悦湾项目

央视报道称，柏悦湾项目现在俨然是个成熟小区，其三期楼房均已销售一空，但仍未进行土地增值税清算。

万科回应称，柏悦湾项目，同样尚未全部完成销售，最近交付时间为2013年12月。

万科2010企业年报显示，柏悦湾项目规划建筑面积135689平方米，截至2010年末已竣工面积81938平方米，项目开工时间2007年11月，最近一期的竣工结算时间2010年11月，预计下期竣工时间2012年7月，截至2010年12月31日，万科柏悦湾一期项目预售比例达到96.1%，符合清算条件。至央视报道已经将近3年，万科该项目仍然没有清算。

与同福西项目相类似，柏悦湾项目也分多期开发，万科回应中并没有列出该项目各期的销售比例，以该项目96.1%的预售比例看，其早期的项目可能早已满足土地增值税清算条件。

综合上述分析，一方面，央视质疑房地产企业欠缴巨额税款，并非空穴来风。由央视的实地调查看，万科部分房地产项目早在2007年就已开工，并办理预售销售许可证，前期项目早已竣工，已经达到“应清算”的标准，却并未严格按照国税发〔2006〕187号文的规定，以分期项目为单位进行清算，确实有欠缴土地增值税之嫌。

四、案例点评

（一）土地增值税制度存在问题

1. 税制设计复杂

当期我国房地产开发企业土地增值税以房地产项目销售额减去扣除项目的增值额为计税依据，清算过程十分复杂，对税务部门的征管能力要求非常高。复杂的土地增值税征税工作，既考验地税系统工作人员的汇算清缴工作能力，又增加了大量的征税成本，单位税额的征税成本过高。在土地增值税清算时，平均一个房地产项目需要清算小组花费几十天的时间，大大降低了税务机关工作人员的积极性。

2. 清算规定存在漏洞，税务机关自由裁量权弹性较大

当前我国税法中将土地增值税清算条件分为两类，分别为“应清算”和“可要求清算”。这里涉及两个问题：一是企业总是追求自身利益最大化，往往希望通过延迟纳税来获取一定税收利益。因此当企业开发的项目处于“可清算”和“应清算”之间时，若既不主动清算，也不与税务机关沟通，而税务机关也并未及时察觉，将会出现监管真空，甚至会出现企业将责任推向税务机关的情况。二是当下税法仅规定了企业符合土地增值税清算条件，而缺少对税务机关不作为的限制规定。根据现行税法，清算与否的决定权，完全在地方税务部门手中。即是否要求企业清算、何时清算，税务机关有相当大的话语权，自由裁量权弹性较大。

（二）土地增值税改革的建议

1. 注重预征环节

清算不及时是土地增值税开设以来持续存在的问题，因此，出于利益最大化的目的，一些房地产开发企业会采取拖延清算甚至不清算的方式来逃避缴纳土地增值税。在这种情况下，税务机关在加强清算工作的同时，也需要严格把控预征环节。

2. 明确税务机关责任

土地增值税征缴过程是税务机关与企业的博弈过程，税务机关应主动作为，健全房地产开发项目税务评估机制，加强税务稽查。可以在项目设立之初建立档案，在房地产项目建设过程中实施全程监督，定期对申报的房地产

项目进行账务审核，对已经预缴还未清算的项目实行实时动态监督，掌握项目施工进度和销售情况。发现房地产开发企业达到可清算标准时，应结合实际情况，督促企业完成清算。

同时，建议在《土地增值税暂行条例》中明确税务机关稽查责任，避免出现税款应征未征的现象。

（三）注重法治环境下培养企业纳税意识

依法纳税是企业日常经营活动中必然履行的基本社会责任，在全面依法治国的建设过程中，企业依法纳税的必要性更为突出。过去，企业可能秉持“关系替代税收”的思维，但随着信息管税的进步，税收透明度不断提高，企业应意识到时刻存在的税务稽查风险，摒弃“人情税”“关系税”的旧思维模式，树立依法纳税意识，以坦然心态面对并自觉接受来自社会舆论的监督。

国内案例 13 霍尔果斯：影视传媒界的避税天堂[①]

一、案例背景

近十年来，中国电影票房一直呈现高速增长态势，年度总票房从 2006 年的 26.2 亿元一路飙升至 2016 年的 454.9 亿元，观众的观影热情越来越高涨，据统计，2016 年中国观影人次已达到了 13.7 亿人次。当我们一次又一次地坐在电影院欣赏电影的时候，我们不禁会关注到影片开头的制作方，“霍尔果斯某某公司”这样的字样相信很多人都见过。在霍尔果斯设立影视传媒公司已经不是行业秘密，有消息称在霍尔果斯注册的传媒类公司预估超过 600 家，绝大部分公司都是在 2016 年注册的，而这一数字还在不断增长。影视公司蜂拥而至霍尔果斯，而在霍尔果斯开展经营业务的少之又少，其目的大多都是为了避税。

这些“霍尔果斯某某公司”的背后，频频和当下国内的爆款电影相联系，不乏实力雄厚的国内知名大企业，也不乏耳熟能详的影视界大明星。“西游伏妖篇”“乘风破浪”“大鱼海棠”“从你的全世界路过”“火锅英雄”“老炮儿”“使徒行者”“北京遇上西雅图 2”……这些关注度极高的电影背后，都有霍尔果斯公司的身影。光线传媒一家企业就投资了霍尔果斯光威影业有限公司、霍尔果斯青春光线影业有限公司、霍尔果斯彩条屋影业有限公司、霍尔果斯青春文化传播有限公司、霍尔果斯光印影业有限公司、霍尔果斯十月文化传媒有限公司等十个公司，除了光线传媒外，华谊兄弟传媒、乐视影业、博纳影业、星美传媒等众多企业都在霍尔果斯建立了子孙公司等关联公司。不仅知名企业，影视明星投资或直接、间接控制的公司也不胜枚举，像邓超投资的霍尔果斯橙子映像传媒有限公司、杨幂投资的霍尔果斯嘉行影视文化有限公司、范冰冰投资的霍尔果斯爱美神影视文化有限公司、刘涛投资的霍

① 中央财经大学 2016 级税务专硕单滢羽（现就职于毕马威会计师事务所）参与本案例调研与写作。

尔果斯涛阁文化传媒有限公司、吴秀波投资的霍尔果斯不二文化传媒有限公司等（详见表 1）。

表 1　驻霍尔果斯的影视公司及其关联企业/关联人、股东信息一览表

公司名称	关联企业/关联人/股东
霍尔果斯彩条屋影业有限公司	北京光线传媒股份有限公司
霍尔果斯青春光线影业有限公司	北京光线传媒股份有限公司
霍尔果斯华谊兄弟浩瀚星空影视娱乐有限公司	华谊兄弟传媒股份有限公司
霍尔果斯博纳文化传媒有限公司	博纳影业集团有限公司
霍尔果斯乐视影业有限公司	乐视影业有限公司
霍尔果斯嘉行影视文化有限公司	杨幂
霍尔果斯橙子映像传媒有限公司	邓超
霍尔果斯亭东影业有限公司	韩寒
霍尔果斯爱美神影视文化有限公司	范冰冰
霍尔果斯东申影业有限公司	黄渤
霍尔果斯瀚纳影业有限公司	陈坤
霍尔果斯本山传媒有限公司	赵本山
霍尔果斯涛阁文化传媒有限公司	刘涛
霍尔果斯春暖花开影视有限公司	徐静蕾
霍尔果斯稻草熊影业有限公司	吴奇隆
霍尔果斯不二文化传媒有限公司	吴秀波
霍尔果斯悦凯影视传媒有限公司	杨洋、宋茜
霍尔果斯芒果果影视文化传媒有限公司	李湘
霍尔果斯业余时间文化传媒有限公司	陈建斌
霍尔果斯安普影视传媒有限公司	王学兵
霍尔果斯卓尔演艺经纪有限公司	张小童（张嘉译）
霍尔果斯七印象影视传媒有限公司	梁静
霍尔果斯佟悦名新文化传媒有限公司	关悦

看到这些统计，让人不禁有些诧然，影视业最为人所关注、最有吸引力的企业、明星、作品等资源几乎都和霍尔果斯有着千丝万缕的联系。那么霍尔果斯到底有着什么来历？

其实，霍尔果斯只是一个地名，它处于“一带一路”沿线上，位于新疆维吾尔自治区伊犁哈萨克自治州，是一个地级县，与哈萨克斯坦接壤。霍尔果斯，蒙古语意为“驼队经过的地方”，哈萨克语意为“积累财富的地方”，它历史文明悠久，自古以来就是丝绸之路上的一个重要驿站。霍尔果斯是中国向亚欧大陆中部跃进的一个重要门户，是“一带一路”经济走廊上的一个重要节点。2010 年 5 月，在中央工作座谈会上，将喀什、霍尔果斯两座城市定为经济特区，目的是依托沿边和国内两方面的生产力要素，聚集优势，加快发展，力争成为中亚的一个核心发展区。2011 年，国务院出台了支持经济特区建设的相关文件，不仅对霍尔果斯的建设进行全方位的部署，还特别给予霍尔果斯企业所得税 5 年免征的优惠，具体来说，就是对在 2010 年至 2020 年这 10 年间新办的鼓励发展产业目录范围内的企业，自取得第一笔生产经营收入时 5 年内免征企业所得税。早在 2011 年，新疆困难地区企业已经享受“两免三减半”，即前两年免税，第三年至第五年减半征收所得税的政策，而国务院政策的出台，事实上扩大了这一优惠力度。此后，国家税务总局、新疆维吾尔自治区政府、霍尔果斯经济开发区管委会继续出台一些针对性的税收优惠政策，至此，逐渐形成了包括增值税、企业所得税、个人所得税在内的一套税收优惠政策体系，包括免税、按比例奖励等手段。这给来霍尔果斯投资的企业带来了极大的政策吸引和税收利益，如此才造成了今天东部企业争先恐后来此投资的局面，而影视行业来此投资的现象颇为集中，引发全社会的普遍关注。

二、案例剖析：青春光线影业公司的节税测算

2017 年初期，媒体突发一阵报道浪潮，“霍尔果斯”“避税”与“明星”一时间成为人们热议的话题，多数媒体都在批评影视企业和明星没有承担应有的社会责任。同时，霍尔果斯税收优惠政策的力度之大，再次成为人们瞩目的焦点。

2017 年 2 月底的某媒体报道中，分析了霍尔果斯青春光线影业有限公司（以下简称青春光线）出品的电影的票房，并估算了该公司 2016 年应缴纳的税收，结果该公司实际纳税额比应纳税额节省了 50%。这一结果令人瞠目结舌，文化产业是一个高附加值的产业，其营业收入本来就比较可观，这节省的 50% 税收成本就是一笔不小的收入。

（一）青春光线影业公司的投资关系与经营状况

青春光线是北京光线传媒股份有限公司（以下简称光线传媒）的孙公司，也是北京光线影业有限公司（以下简称光线影业）的子公司。光线传媒是国内最大的民营传媒娱乐集团，成立于 1998 年，主营业务包括电视、电影的投资、制作、发行，艺人经纪，新媒体和游戏等，其在影视界拥有强大的资源

实力。青春光线的母公司光线影业是光线传媒主要的子公司之一，负责所有与电影相关的业务，光线传媒的电影业务可以占到其总营业收入的67%。

青春光线于2015年7月在霍尔果斯注册成立，它是光线影业在霍尔果斯创办的10个子公司之一。光线影业在霍尔果斯建立了自己的电影版图，其中，霍尔果斯彩条屋影业有限公司，主要负责公司影视动漫项目；霍尔果斯青春文化传播有限公司，主要负责IP版权的开发、购买；霍尔果斯青春光线影业有限公司，主要负责拍摄制作影视剧。公司成立虽不足两年，但是依靠母公司强大的资源实力，发展较快，取得了十分显著的成绩。自成立后不到半年时间，青春光线出品了“我是证人”“怦然心动”两部票房过亿元的电影；2016年，青春光线出品了六部电影，其中“谁的青春不迷茫”“从你的全世界路过”“火锅英雄”“大闹天竺”成绩卓著；2017年，青春光线还将出品苏有朋导演的“嫌疑人X的献身”和大鹏导演的“缝纫机乐队”等。青春光线出品的电影在市场上有着很好的票房，已上映的9部电影中有6部电影票房都过亿元，其中最高者已经超过8亿元，伴随这些令人羡慕的影视战绩，青春光线也必然有着不错的收入。

（二）青春光线的节税额测算

电影业务是光线传媒最主要的业务，而光线传媒又把业务部门中的大部分公司都设立在霍尔果斯，从中可以窥见光线传媒企图借力霍尔果斯的税收优惠政策大力发展电影产业的战略设想。某媒体对青春光线2016年的应纳税额进行了估算，以此测算青春光线的节税程度，并展示出霍尔果斯所享受的税收优惠政策的力度。

2016年青春光线参与出品了7部电影，这7部电影共计票房收入超过22亿元，详见表2。

表2　　霍尔果斯青春光线公司2016年出品电影票房统计[①]

电影	票房（万元）
“从你的全世界路过”	81419.5
“大闹天竺”	75852.8
“火锅英雄”	37054.2
“谁的青春不迷茫”	17990.4
“捉迷藏”	7144.4

① 资料来源：中国票房网：http：//www.cbooo.cn/。

续表

电 影	票房（万元）
“少年”	1590.9
“在世界中心呼唤爱”	1106.0
合计	222158.2

一部电影除了出品方的投资、制作，还需要发行方和影院的参与。除去发行方和影院分配部分，出品方分账约8.6亿元。青春光线在每部电影里基本都是主要的出品方之一，假设平均的投资比例是20%，年营业额即为1.72亿元。影视业的平均利润率为13.7%，增值税税负率为3.7%。媒体对青春光线的税收计算大致过程如下：

无税收优惠的情况下，青春光线需要缴纳如下税金：

企业所得税 = 17200 × 13.7% × 25% = 589.1（万元）

增值税 = 17200 × 3.7% = 636.4（万元）

城建税、教育费附加和地方教育附加 = 636.4 ×（7% + 3% + 2%）= 76.4（万元）

青春光线2016年应纳税额合计 = 589.1 + 636.4 + 76.4 = 1301.9（万元）

青春传媒设立在霍尔果斯后，自取得第一笔生产经营收入后五年内免除缴纳企业所得税，2016年为青春光线享受此税收优惠的第二年，青春光线只需缴纳增值税和附加税，合计金额为：636.4 + 76.4 = 712.8（万元）

此外，青春光线还可以享受一个“以奖代返”的优惠政策，即留存在地方的税收收入在300万～500万元，可以获得纳税额20%的返还金额。增值税在中央和地方五五分成，也就是说，地方政府可以获得的青春光线缴纳的税收额为：634.4 × 50% + 76.4 = 393.6（万元）

留存于地方的税收收入位于300万～500万元，返还20%，即393.6 × 20% = 79（万元）

因此，青春光线实际纳税额为：712.8 − 79 = 622.8（万元），占无税收优惠情况下的47.84%（622.8 ÷ 1301.9），节省了52.16%的税收成本。所以，将公司设立在霍尔果斯，税收优势明显。

三、税收效应：政策优惠力度

（一）霍尔果斯的税收政策

虽然霍尔果斯地处偏远，其经济基础也较为薄弱，社会发展、文化发展暂且弱于中部和东部地区，但还是吸引了大批东部企业来此投资，究其原因，国家战略导向和优惠政策是导致这一现象的重要诱因。在这些政策中，优惠的税收政策发挥了不可小觑的作用，相关税收优惠政策如表3所示。

表3　　霍尔果斯现行的税收优惠政策（按照出台生效时间顺序）

发文机关	时间	文件名	主要内容
财政部和国家税务总局	2011年6月	《关于新疆困难地区新办企业所得税优惠政策的通知》（财税〔2011〕53号）	企业所得税“两免三减半”
财政部和国家税务总局	2011年8月	《新疆困难地区重点鼓励发展产业企业所得税优惠目录》（财税〔2011〕60号）	“广播影视制作、发行、交易、播映、出版、衍生品开发”列入目录
国务院	2011年9月	《国务院关于支持喀什霍尔果斯经济开发区建设的若干意见》（国发〔2011〕33号）	企业所得税“五免”
财政部和国家税务总局	2011年11月	《关于新疆喀什霍尔果斯两个特殊经济开发区企业所得税优惠政策的通知》（财税〔2011〕112号）	企业所得税“五免”
新疆维吾尔自治区人民政府	2012年4月	《关于加快喀什、霍尔果斯经济开发区建设的实施意见》（新政发〔2012〕48号）	企业所得税“五免”后再免五年地方分享部分
霍尔果斯经济开发区管委会	2013年6月	《霍尔果斯经济开发区招商引资财税优惠政策（试行）》	增值税、营业税、企业所得税按比例奖励制度
霍尔果斯经济开发区管委会	2016年9月	《关于霍尔果斯经济开发区霍尔果斯园区引进企业薪金收入个人所得税奖励暂行办法（草案）》	个人所得税按比例奖励制度

为了促进新疆地区的经济发展，2011年6月财政部和国家税务总局发布《关于新疆困难地区新办企业所得税优惠政策的通知》（财税〔2011〕53号），明确“2010年1月1日至2020年12月31日，对在新疆困难地区新办的属于《新疆困难地区重点鼓励发展产业企业所得税优惠目录》范围内的企业，自取得第一笔生产经营收入所属纳税年度起，第一年至第二年免征企业所得税，

第三年至第五年减半征收企业所得税”。财税〔2011〕60号文具体列出了鼓励发展的产业类型，使得前一个政策有了更加具体明确的依据，鼓励类产业一共34项，其中第31大项的第六小项为“广播影视制作、发行、交易、播映、出版、衍生品开发”，注册的影视企业多属于这一类型。

2011年9月，国务院发布了《关于支持喀什霍尔果斯经济开发区建设的若干意见》（国发〔2011〕33号），其中明确霍尔果斯经济开发区的战略定位，即发挥向西开放窗口的功能和吸引外资以成为新疆经济增长点。第六大项“扶持政策”中的第三条提出“2010年至2020年，对经济开发区内新办的属于重点鼓励发展产业目录范围内的企业，给予自取得第一笔生产经营收入所属纳税年度起企业所得税五年免征优惠，具体目录由财政部、税务总局会同有关部门研究制定”。在此之后，2011年11月，财政部和国家税务总局联合发布了《关于新疆喀什霍尔果斯两个特殊经济开发区企业所得税优惠政策的通知》（财税〔2011〕112号），再次明确了上述优惠政策，对这两个经济开发区的所得税政策由“两免三减半”改为“五免”，这是对国务院政策的确定和具体部署。

在国务院明确了战略方向和国家税务总局确定了税收优惠政策后，新疆维吾尔自治区政府于2012年4月发布了《关于加快喀什、霍尔果斯经济开发区建设的实施意见》（新政发〔2012〕48号），其中明确了财税扶持政策，除了国发〔2011〕33号文提出的“五免”政策，还提出了“免税期满后，再免征企业五年所得税地方分享部分”的政策。此项政策让渡了地方财政利益，增加了两个经济特区的政策吸引力，地方政府全额留存两个经济开发区范围内2012～2021年的地方财政收入，扶持园区建设和产业发展。

2013年6月，霍尔果斯经济开发区管委会办公室印发了《霍尔果斯经济开发区招商引资财税优惠政策（试行）》，第四项提出了包括所得税和流转税在内的整体性税收优惠政策：按照纳税人实际缴纳的税款，当年留存开发区财政的增值税、营业税、所得税总额在300万～500万元、500万～1000万元、1000万～2000万元、2000万元以上的，分别按留存总额20%、25%、30%、35%的比率予以奖励，见表4所示。具体申报程序如下：一个纳税年度结束后，次年2月15日前纳税人按规定申报，核定并审批后于2月底兑现奖励，即纳税人申报后两星期内就可以获得奖励的豁免税款，手续简单，回报及时。

表 4　　霍尔果斯经济开发区增值税、所得税奖励金额比例

金额（万元）	奖励比例
300 以下	0
300 ~ 500	20%
501 ~ 1000	25%
1001 ~ 2000	30%
2000 以上	35%

2016 年 9 月，霍尔果斯经济开发区管理委员会又出台了《关于霍尔果斯经济开发区霍尔果斯园区引进企业薪金收入个人所得税奖励暂行办法（草案）》，适用于在园区内企业工作取得"工资薪金"，并选择园区作为其个人所得税缴纳地的境内外个人。其个人所得税实际缴纳额的地方留成部分：当月税额在 1000 元人民币（含 1000 元人民币）至 2000 元人民币（含 2000 元人民币）部分，奖励比率为其在园区实际缴纳个人所得税地方留成部分的 70%；当月缴纳个人所得税在 2000 元人民币至 4000 元人民币（含 4000 元人民币）部分，奖励比率为其在园区实际缴纳个人所得税地方留成部分的 80%；当月缴纳个人所得税在 4000 元人民币以上的部分，奖励比率为其在园区实际缴纳个人所得税地方留成部分的 90%。具体见表 5。

表 5　　霍尔果斯经济开发区个人所得税奖励金额比例

金额（元）	奖励比例
1000 以下	0
1000 ~ 2000	70%
2001 ~ 4000	80%
4000 以上	90%

（二）青春光线影业公司的应纳税额测算

根据霍尔果斯的税收政策，青春光线影业公司的节税额的测算存在以下方面的缺陷：第一，从电影票房中提取出品方收入的方法不清晰；第二，"以奖代返"政策的计算基数不对，基数包括增值税和企业所得税，而附加税不应算入；第三，"以奖代返"政策由霍尔果斯开发区出台，这项政策强调以留存在"开发区"的收入为基数计算，并不是全部地方收入。下面，我们对 2016 年青春光线影业公司的应纳税额进行科学测算。

1. 提取出品方收入

一部电影在获得票房收入后，这笔收入在电影的出品方、发行方以及影院之间的分账大致有如下规则：第一，影院方缴纳占总票房 5% 的电影事业发展专项基金。第二，影院方缴纳增值税及附加税，广播影视行业增值税税率为 6%。剩下的金额为净票房。第三，净票房的 50% 左右分给影院方，7% ~ 10% 分给院线，40% ~43% 分给出品方（含发行方）。

（1）电影事业发展专项基金：222158.2 ×5% =11107.91（万元）

（2）增值税及附加税：222158.2 ÷（1 +6%）×6% ×（1 +7% +3%）=13832.49（万元）

（3）净票房：222158.2 －11107.91 －13832.49 =197217.8（万元）

（4）假设出品方可以分得 40% 的收入：197217.8 ×40% =78887.12（万元）

（5）青春光线获得出品方总收入的 20%：78887.12 ×20% =15777.42（万元）

2. 计算无税收优惠情况下的应纳税额

（1）企业所得税：15777.42 ×13.7% ×25% =540.38（万元）

（2）增值税：15777.42 ×3.7% =583.76（万元）

（3）附加税：583.76 ×（7% +3% +2%）=70.05（万元）

（4）共计缴纳：540.38 +583.76 +70.05 =1194.19（万元）

3. 计算享受霍尔果斯税收优惠情况下的应纳税额

（1）企业所得税：免除

（2）增值税：15777.42 ×3.7% =583.76（万元）

（3）附加税：583.76 ×（7% +3% +2%）=70.05（万元）

（4）税收奖励：增值税先由中央划走 50%，剩下的多级地方政府之间共享。由于省级以下税额划分比较复杂，没有统一的固定比例。按照简便计算原则，我们假设地方留存税收收益的 50% 都划归霍尔果斯开发区所得。

583.76 ×50% ×50% =145.94（万元），低于 300 万元，尚未达到税收奖励“门槛”。

（5）共计缴纳：583.76 +70.05 =653.81（万元）

（6）占无税收优惠情况下的 54.75%（653.81 ÷1194.19），节省 45.25% 的税收成本。

四、霍尔果斯税收政策剖析

（一）企业角度

1. 企业所得税优惠

自企业取得第一笔生产经营所得开始，第一年至第五年，企业可以享受税率为25%的企业所得税免税优惠。五年免税期过后，第六年至第十年，企业还可以享受免除企业所得税地方分成部分的优惠，企业所得税由中央和地方按照六比四的比例进行分成，即相当于只需缴纳15%的企业所得税。

假设青春光线注册在没有税收优惠的地区，其连续盈利十年，且每年的应纳税所得额都为2000万元。如此一来，按照25%的企业所得税税率计算，每年应缴纳500万元的企业所得税，十年下来一共缴纳5000万元企业所得税。上述其他条件不变，现在青春光线能够享受霍尔果斯的优惠政策，那么，其前五年缴纳的企业所得税为0元，第六年至第十年缴纳的企业所得税为：$2000\times15\%=300$（万元），这样，十年下来，缴纳的企业所得税仅为1500万元。粗略算来，即便不考虑货币时间价值，像青春光线这样注册在霍尔果斯的公司10年间可以节省70%的企业所得税。

2. 增值税、企业所得税的综合优惠

霍尔果斯经济开发区出台政策规定，增值税、营业税、企业所得税按照留存开发区共计额度的不同，获得不同比例的“以奖代返”的税收优惠。

（1）这项政策强调“留存开发区的部分”。我国的政府级次较多，国家收上来的税收，先由中央划走一部分，剩下的在四级地方政府之间分配。对于增值税，四级地方政府共享全部增值税的50%；对于企业所得税，四级地方政府共享全部企业所得税的40%。如此算来，所有地方政府享有的税收也不到全部增值税和企业所得税的一半，那么具体到开发区政府这一比例就更小了。

下面计算当青春光线的营业收入达到多少时，可以享受“以奖代返”政策。按照简便计算原则，我们假设地方留存税收收益的50%都划归开发区所得。假设青春光线年营业收入为R，并设定“以奖代返”的门槛300万元为青春光线向开发区贡献的税收。影视传媒行业的平均利润率为13.7%，增值税税负为3.7%，可得到如下关系式：

$$(3.7\%\times R\times50\%+13.7\%\times25\%\times R\times40\%)\times50\%=300$$

解得：$R=18633.54$ 万元

结果表明，即便四级地方政府收入的一半都为开发区政府所得，那么青春光线年营业额必须接近 2 亿元，才能达到奖励“门槛”。

（2）这项政策强调“实际缴纳”。由于企业所得税“五免五减半”的优惠，地方政府十年之内无法取得较多的企业所得税收入，企业应该缴纳而又被免除的企业所得税不能算作“实际缴纳”，这么一来，上文所算的 18633.54 万元的营业收入只适用于青春光线十年后的情况，十年内若想享受这一政策，年营业收入还应增加。

假设青春光线的年营业收入为 P，其他所有情况不变，可得到如下关系式：

$3.7\% \times P \times 50\% \times 50\% = 300$

解得：$P = 32432.43$ 万元

结果表明，青春光线的年营业收入要达到 3 亿多元，才能够得上奖励“门槛”。

据调查，在霍尔果斯注册设立的影视公司，其注册资本金额的大致分布见图 1[①] 所示。

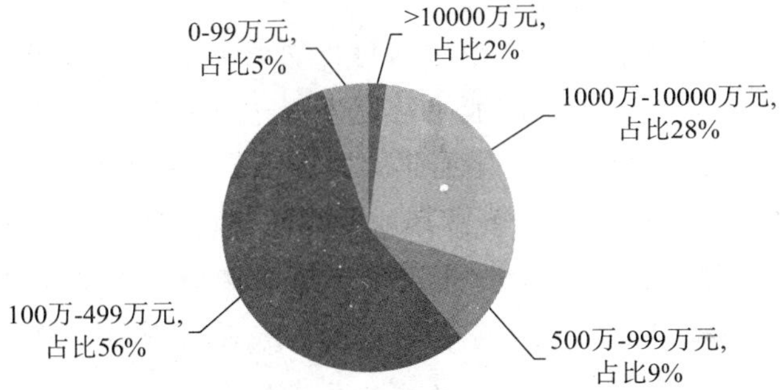

图 1　霍尔果斯影视行业企业注册资本结构类型

由图 1 可知，在霍尔果斯注册设立的影视公司，绝大部分的注册资本都在 100 万到 500 万元这个区间，要想达到 3 亿元的年营业额颇有难度，像青春光线影视公司这样享受不到“以奖代返”政策的企业不在少数，因此这一政策可能只是少数大企业的专利。

综上所述，中央政府和新疆维吾尔自治区政府出台的“五免”和“十免”的企业所得税优惠政策力度较大，但是霍尔果斯开发区出台的增值税、企业所得税综合奖励政策由于前一项税收优惠政策的存在，这项政策的优惠力度大大缩水。

① 资料来源：启信宝企业信用信息查询系统：http：//www. qixin. com/。

（二）个人角度

霍尔果斯的税收优惠政策除了大部分针对企业的外，还有一部分是针对个人的。霍尔果斯政策规定，当留存于开发区的个人所得税金额在 1000 元以上，开始返还部分优惠给个人。媒体报道，虽然出台了优惠政策，但是类似于青春光线这样的公司名下很少“挂人”，这一政策存在局限性，下面作具体分析。

1. 这项政策强调“地方留存部分”

对于个人所得税来说，中央地方六四分成，剩下的四成由四级地方政府再分。假设有一自然人 C，缴纳的个人所得税划归开发区政府的部分刚好达到税收奖励门槛 1000 元，开发区政府获得地方政府个人所得税全部收入的 50%。根据个人所得税税率表，初步分析该自然人的收入应该位于 25% 税率档次，得到如下等式：$[25\% \ (X-3500) \ -1005] \ \times 40\% \ \times 50\% \ =1000$，解得 $X=40040$（元）。由此推算，工资薪金至少达到 4 万元以上的自然人，才有享受该项优惠政策的可能，因此该项政策对普通收入者的吸引力相对有限。

2. 这项该政策强调“工资薪金”

该政策不覆盖全部的个人所得税项目，如果一个影视公司来霍尔果斯注册并开展经营，它向股东支付的股息红利不属于该范畴，公司给个人支付的特许权使用费也不属于该范畴，诸如此类的其他个人收入都享受不到该政策。

此外，个人所得税法规定，工资薪金所得由发放的单位代扣代缴，如果某自然人要在霍尔果斯缴纳个人所得税，就意味着该自然人必然和设立在霍尔果斯的企业建立了劳动合同关系，这同时也意味着其社会保险也必须在霍尔果斯缴纳。因此，无计划长期定居霍尔果斯的个人，一般不会选择和霍尔果斯注册的公司建立劳动合同关系，并在此缴纳社会保险。因此，该政策在较近范围内有一定的影响力和辐射作用，但对中国大部分地区的自然人吸引力度有限。

五、审视霍尔果斯的税收政策

（一）基于税收学视角分析

1. 税收的功能

（1）筹集财政收入。税收最基本的功能是筹集财政收入。调整某一区域的税收政策，政府甚至让渡短期的财政利益，则可以有效培植涵养税源，从长远来看增加了财政收入。

从中央政府层面分析，国家让渡 5 年的企业所得税收入；从新疆维吾尔自治区省级政府、霍尔果斯市级政府层面分析，地方政府让渡了十年的企业所得税收入；从霍尔果斯经济开发区层面来看，地方政府不仅让渡了十年的企业所得税收入，还让渡了一定比例的增值税和个人所得税收入。

从全国范围分析，税源会呈现从其他地区迁移至霍尔果斯的流动性特征。所以对于中央政府而言，免征的五年企业所得税确实减少了政府财政收入，但从五年间带来的经济繁荣效应和资源吸引效应角度分析，也是一项利国利民的税收政策。省、市级地方政府的税收收入，有一部分属于从其他地区税源抢夺而来，虽然免去了企业所得税，但仍需缴纳其他税种。所以，霍尔果斯地区的税收收入仍呈上升趋势。从霍尔果斯经济开发区政府层面分析，税收优惠力度虽然很大，看似牺牲了一些地方利益，其实其收获会更长远、更丰厚。

（2）公平收入分配。税收公平包括横向公平和纵向公平：横向公平是指对同等收入水平的经济主体征收同等水平的税收；纵向公平是指对高收入者多征税，对低收入者少征税，由此使得税后收入的差距缩小。

一些东部企业有意利用霍尔果斯税收优惠政策的行为，无疑破坏了税收公平性。从横向公平来说，建立在霍尔果斯的影视企业相对于建立在其他地区的影视企业，少缴纳部分税收，这就导致相同收入水平的企业，其税收负担不同。从纵向公平来说，来霍尔果斯发展的企业和知名人士，一般都是高利润企业和高收入阶层，而转移投资本身就削弱了税收的纵向公平性。

2．避税

内地企业并非因为实际生产发展的需要，而是出于避税目的来到霍尔果斯注册，从法律意义上来说，这是合法的，但从经济实质上来说，并不合理。基于税收本质属性分析，税收是经济主体因消耗了公共资源、享受了公共服务而向政府支付的一种对价。如果这家公司确实在霍尔果斯开展了业务，利用了当地的公共资源，那么这家企业应该向霍尔果斯政府纳税；如果这家公司并没有在霍尔果斯开展实际经营业务，只是一家“空壳”企业，其经济活动主要在其他地区开展，那么它会对其他地区的地方政府造成税基侵蚀的冲击。空壳公司借用了其他地区的经济资源才得以存在和运营，对于其他地方经济资源的消耗并没有给出相应的补偿，而是以较低的代价支付给了霍尔果斯政府。趋利避害的“空壳”企业在追求自身利润最大化的同时，并没有承担应有的税收成本，这无疑扭曲了国内的税收生态。

霍尔果斯不知不觉成为中国的“避税天堂”。世界上存在一些著名的避税地，如开曼群岛、英属维尔京群岛等，它们有一些共同的特征：不仅实行低税率或者零税率，还具有极其宽松的金融监管环境，对银行账户信息和税收信息有很好的保密性。比较来看，霍尔果斯的税收制度比国内其他地区要优惠很多，但是这一优惠比起国外“避税天堂”稍逊一筹，而且存在一定的时间限制。因此，霍尔果斯的税收政策使在该地区注册经营的企业在短时间内存在避税的可能性，对国内税收公平产生一定的消极性影响。

（二）基于政策意图视角分析

霍尔果斯的税收政策并不以增加财政收入为目的。而是以促进霍尔果斯的经济发展为根本。利用税收政策的倾斜，吸引国内、国外资本流入霍尔果斯，促进霍尔果斯的经济发展。

1. 利用国内资源促发展

我国经济经过几十年的快速发展，已经积累了一定的基础和经验，但是这些经济资源往往分布在中东部地区，很难向西部地区，尤其西部边陲地区辐射。若没有政府政策的支持，更不要提需要良好的政治经济条件作为支撑的文化产业。税收优惠政策的释放，使霍尔果斯变为税收洼地，税收政策成了快速积聚资源的良方。我们进一步设想，如果没有霍尔果斯的税收洼地，是否我国境内的一些资本会更多地流向境外的国际避税地。正是霍尔果斯的存在，使得我国出现一种能够和国际避税地抗衡的资本引力，以实现可能引起的资本转移。

影视公司为了谋求低成本而在霍尔果斯设立机构，这一行为本来无可批驳，但是如果它们仅仅是为了谋求税收利益，在霍尔果斯并无实际经营的话，这便违背了税收政策的实质精神，对影视行业和霍尔果斯地方经济来说，这其实是不受鼓励的现象。对影视行业来说，享受税收优惠的企业，在提供同样质量的影视作品的情况下，付出的成本较小，造成行业内部竞争的不公平。对霍尔果斯地方经济来说，其让渡税收利益，是以发展地方经济为交换条件的，如果该企业不能对霍尔果斯的经济发展产生拉动作用，则霍尔果斯政府的期望值就没有达到。因此，我国政府应鼓励影视公司能够真正拉动霍尔果斯文化业的发展，而不是建立“空壳”公司攫取税收利益。

2. 利用国外资源促发展

霍尔果斯位于我国边界，其优惠的税收政策不仅对国内企业有吸引力，对国外企业也有吸引力。因此，这一政策争抢的不仅仅是国内的资源，还有国外的资源。

霍尔果斯与邻国哈萨克斯坦接壤，霍尔果斯口岸是中国新疆与哈萨克斯坦众多口岸的其中一个，也是众多口岸中货物和人员流量最大的一个口岸，霍尔果斯口岸距离哈萨克斯坦最大的城市阿拉木图较近。因此霍尔果斯优越的地理位置和得天独厚的人文历史条件，使其成为发展中哈贸易、促进中国西部城市崛起的不二选择。《哈萨克斯坦税法典》规定，从2009年起，企业所得税由30%降为20%，2010年降为17.5%，2011年将为15%，这一税率远远小于我国的25%企业所得税税率。另外，从2009年起，哈萨克斯坦的税率由13%降为12%，这一税率也低于我国部分行业的税率水平。而现如今霍尔果斯地区优惠政策的出台，也是对现实状况和发展目标之间的差距的调整和回应，若不降低我国税负水平，让渡利益，难以吸引哈萨克斯坦的资本流入。另外，我国和哈萨克斯坦签订了避免双重征税的税收协定，于2001年生效，协定的签订也确保了我国优惠税收政策的有效性。借用外力，才能更快发展霍尔果斯和西部经济。

霍尔果斯的税收优惠只有短短五至十年的时间，一旦政策优惠期限过去，在霍尔果斯设立的企业与其他地方企业将被同等对待，不再享受任何税收优惠，这一政策就不再产生任何扭曲效应。这十年的税收政策吸引来的企业会给霍尔果斯的经济发展奠定良好的基础。当然，我们也应看到，明星趋利、富人避税，会产生极大的社会负面效应，加之影视行业的高曝光度，极易刺激舆论敏感点，使其税收优惠政策的负面效应成倍扩大。因此，霍尔果斯要妥善处理好促进增长和税收公平之间的关系，最终在促进地区发展与避免破坏税收公平性之间找到平衡。

参考文献

[1] 黄桦．税收学［M］．北京：人民大学出版社，2014.

[2] 常铭，任丽静．企业社会经济责任分析——基于避税地角度［J］．2016（34）：208－210.

[3] 张义．新疆霍尔果斯口岸经济研究［D］．中央民族大学，2013.

[4] 蔡昌、单滢羽．霍尔果斯的明星避税面纱［J］．首席财务官，2017（9）．

[5] 蔡昌、单滢羽．霍尔果斯税收优惠，效果如何［J］．中国财政，2018（5）．

第二篇

国际税案

国际税案1　亚马逊公司税收争议案①

一、引言

奥地利社民党领袖科恩②曾言："维也纳的咖啡馆，甚至是连香肠摊都比跨国公司交的税多。对，我指的就是亚马逊和星巴克之类的跨国公司。"此话不由引发了一个思考，近些年亚马逊公司在国际上的税收安排为何频遭各国指控？本案例将试图揭开其中的隐秘。

二、案件背景

（一）亚马逊公司基本情况

位于南美洲北部的亚马逊河被称作是"地球之肺"，其无论从面积还是流量来看都堪称世界之最。而由生产者、销售者和消费者构成的 e - Commerce 交易体系可以比喻成亚马逊河的各大支流。1995 年以网上书店开展第一条分支的亚马逊（Amozon. com）通过不断的产业扩张，延伸到图书领域以外的音像制品、服装、厨房用品、玩具、汽车用品、软件、计算机等多个领域，并为开拓新的商业领域而进行着不懈的努力。

20 世纪 90 年代初期，杰夫·贝佐斯观察到网络的快速成长，从而以亚马逊命名了网上书店，快速进行创业。他卓越的商业构想能力随着新千年的到来，通过资讯及 IT 服务实现了量的成长。同时，随着网络及移动网络产业的发展，亚马逊预测到了图书的生产和出版流通将会发生巨大的变革，于是展开了制造电子书阅览器的准备工作。亚马逊果断大胆地改变了原有商业界供给者、流通者、运输业者等形成的相互依存的构造，积极致力于改善他们之间的相互关系，因此得到了快速的成长。以网络销售书籍为起点开展业务后，

① 中央财经大学 2017 级税收学研究生沈静，税务专硕曾梓曦、王思月、张赛参与本案例研究与写作。

② 引自凤凰科技报道（网址：http：//tech. ifeng. com/a/20160905/44446956_ 0. shtml）。

又将公司业务进一步扩大到一般商品流通领域，同时还将电子书阅览器和云计算等互不束缚地放在同一个领域中，通过精密而充分地准备和果断地挑战全面参与，创建了新的商业构造和生态系统。亚马逊从网上书店到平板电脑领域，到风靡全球的 Kindle 商店，到进军媒体资讯产业，到太空飞行产业再到社会贡献活动，Amazons 在书写着一个个传奇。

（二）亚马逊公司全球战略

近期 IT 产业相关企业中最富盛名的企业可以说是苹果、谷歌、Facebook 等。然而被称为企业神话的亚马逊战胜了从 20 世纪 90 年代后期到 21 世纪初期席卷网络公司的危机，成长为世界最著名企业之一；战胜了创业 9 年间累计 30 亿美元的巨额亏损，成为在 2016 年年净销售额达到 1360 亿美元的电子商务帝国。亚马逊公司总部位于美国华盛顿州的西雅图，是美国最大的一家网络电子商务公司，已经成为全球商品品种最多的网上零售商和全球第二大互联网企业，在公司名下，包括了 AlexaInternet、a9、lab126 和互联网电影数据库等子公司。

1. 亚马逊主要发展沿革

亚马逊公司 20 余年的发展大事记如表 1 所示。

表 1　　亚马逊公司 1994 ~ 2012 年发展大事记

时间	事　　件[①]
1994 年	7 月，成立企业法人
1997 年	5 月，成功 IPO，实现股票上市；11 月，在特拉华州的纽卡斯尔设立物流中心
1998 年	4 月，成功收购 Internet Movie Database；10 月，亚马逊国际网站登场（英、德）
1999 年	1 ~ 5 月，在 Fernley、Nevada、Coffeyville、Kansas、Campbellsville、Lexington 和 Kentucky 开设物流中心；6 月，成功收购 Alexa 网站
2000 年	8 月，与玩具公司 Toy - R - Us，Inc. 合作，开设法国网站；11 月，开设日本分站
2001 年	4 月，与鲍德斯集团合作；9 月，与塔吉特百货公司合作
2002 年	6 月，开通亚马逊加拿大分站
2003 年	4 月，与 National Basketball Association 合作
2004 年	5 月，与 The Bombay Company 合作；6 月，在苏格兰设立软件开发中心；9 月，兼并 Joyo. com，Limited 公司；12 月，开通亚马逊美国红十字会捐款频道（社会形象良好，导致对其印象好）
2005 年	4 月，收购 BookSurge LLC；7 月，收购 Custom Flix Labs，Inc

① 资料来源：亚马逊网站。

续表

时间	事　　件
2006年	1月，开通亚马逊中国分站——卓越亚马逊；2月，开通亚马逊平台，收购shop-bop.com；4月，与Times公司合作
2008年	6月，收购Fabric.com；8月，收购Abebooks旧书网
2010年	10月，收购BuyVIP.com
2011年	1月，收购LOVEFILM International Limited；8月，在美国纽约开始推出本地商务服务；12月，设立KDP Select基金
2012年	3月，收购机器人物流自动化公司Kiva Systems；6月，收购出版商Avalon Books；10月，进军日本市场开启Kindle Store商店；11月，亚马逊App Store在日本上线

从企业收购情况来看，亚马逊合并的企业有IMDb（电影）、Askville（交流）、Shelfari（网络书屋）、CDNOW（音频）、Diapers（婴幼儿用品）、Zappos（鞋类）、Audible（有声书籍）、Alexa（搜索）、LOVEFILM（录像）、Woot（商务社交）等公司，不仅对亚马逊的商品，而且对亚马逊的数码产业也起到了核心互动作用。相比于内部开发和收购吞并等成长战略，战略合作所具备的优点就是在时间和资源合理利用方面存在很大灵活性，因此能够非常有效地适应环境的变化。同时，通过对企业的收购合并来强化流通平台的亚马逊的企业战略会一直持续下去。

2. 亚马逊的国际扩张

从1995年亚马逊主站在美国建立之后的22年间，亚马逊公司在全球五大洲开设了14家分站（见表2），保持着每1～2年就开设一家分站的速度。

表2　　　　亚马逊各国分站开通时间表

开通国家	进入时间①
亚马逊主站	1995年7月
亚马逊英国	1998年10月
亚马逊德国	1998年10月
亚马逊法国	2000年8月
亚马逊日本	2000年11月
亚马逊加拿大	2002年6月
亚马逊中国	2004年8月
亚马逊意大利	2010年11月
亚马逊西班牙	2011年9月

① 数据来源于网络。

续表

开通国家	进入时间
亚马逊印度	2013 年
亚马逊荷兰	2014 年 11 月
亚马逊墨西哥	2015 年 6 月
亚马逊巴西	—
亚马逊澳大利亚	2017 年 9 月

3. 亚马逊全球销售模式

亚马逊除销售图书外，还制造并销售拥有主商标权的电池等电子产品，尤其是 Kindle 的研发和销售。其运营着通过网络销售打折和退货产品的仓库型网络卖场，开展了著名品牌服装的销售，积极引领云计算时代的到来。除去自身公司的直接经营，亚马逊销售额 30% 以上是通过合作实现的。虽然亚马逊的销售额仅为苹果的一半左右，但是比跨国网络广告企业谷歌的销售额高出 16.7%。亚马逊的营业利润率相对较低的原因可以从产业结构的特殊性来寻找。

亚马逊的战略方向用一句话来总结："广泛播种，然后静待种子长成参天大树。"虽然不能预先了解哪颗种子可以长成参天大树，但是当大部分业务都成为公司不断成长的支柱，亚马逊就成长为一家有广泛影响的成功公司。亚马逊在 2007 年推出 Kindle 以后就改变了原有的以流通为中心的产业模式，正式向新型 3C（Commerce、Contents、IT）战略目标进发。

此外，合格卖家也通过在亚马逊各个分站注册，入驻各个分站，进行全球销售，这大大提高了资源的整合效率。亚马逊为"我要开店"项目提供了两种合作模式以满足不同的需求：（1）自主配送：自主仓储、自行配送并提供客服；（2）使用亚马逊物流：专业的亚马逊仓储、配送和客服，支持货到付款。这种合作模式进一步拓宽了亚马逊的经营领域，同时也节省了大量成本。但为了保证用户高质量体验的延续，在这种合作模式下，亚马逊还建立起严格的分类审核制度，以保证入驻商家提供产品的质量。

4. 亚马逊的物流配送模式

SCM（Supply Chain Management）是指企业内部或企业之间的各种商业活动的程序和超越部门与机构之间的间隔，实现对从订购到配送一条龙的商品供给流程的有效管理。以 SCM 为基础的持续物流系统的强化成为亚马逊今天能够在市场立足的重要因素。随着技术的不断进步和物流公司规模的不断扩大，物品配送速度迅速提高。亚马逊曾遵循着"如果不运营实体店铺，就不需要支付营业税”的美国法律，通过免缴营业税而比其他实体店铺在价格方面存在 8% ~10% 的价格优势，这被评价为亚马逊的核心竞争力。但是亚马逊目前决定通过缴纳一定额度的营业税，首先在美国建立起以实体店铺为基础的流通系统。

北美是一个广阔而独特的销售地区，不仅拥有大量热爱购物的顾客，而且还拥有亚马逊最大的 Prime 会员顾客群。此外，在美国范围内，入驻商家可充分利用亚马逊物流的“小而轻”服务，以低于亚马逊物流的常规价格来快速配送重量轻、体积小的商品。

欧洲站是由 5 个不同的站点组成，商家也仅需建立一个统一的卖家账户，便可接触到大量的欧洲优质顾客。无论是在几个站点进行销售，亚马逊物流都能提供独特的配送方案，包括多国库存—MCI，欧洲配送网络—EFN。而最新推出的“亚马逊物流欧洲整合服务”还能将货物分配到离顾客更近的地方，并以快速和更低的成本完成订单的物流配送。

亚马逊的物流服务流程如图 1 所示。

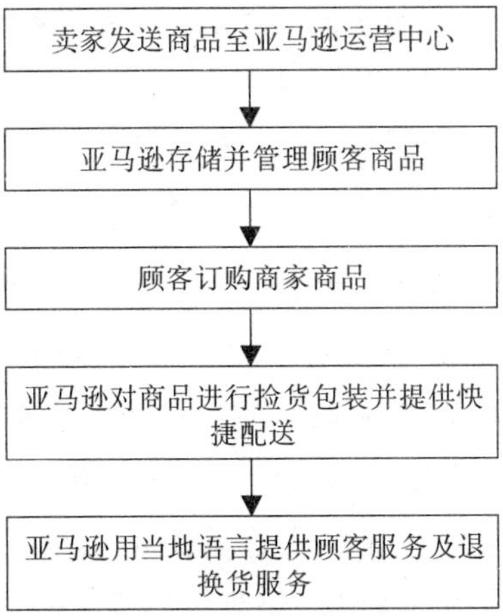

图 1　亚马逊物流服务流程图①

近年来亚马逊持续地进行物流服务程序的改善。亚马逊对不同的产品进行了登记分类，在各物流中心投入了“Pick up to light”系统，并尝试通过电脑与操作者实施直接对话的视频技术。而 DMAIC 能够通过对顾客订单处理过程实施监视达到降低操作者失误的效果。同时，亚马逊为了降低运费，还开

① 根据亚马逊公司官网资料整理完成。

发了被称作是“Postal Injection”和“Zero-Skipping”的方法，运载货车在亚马逊装满商品后，从物流中心直接到达目的地，而不在物流枢纽地停留的方法，达到了节省5%~17%运费的良好效果。之后，亚马逊还推出了被称作是“自动化之花”的机器人并通过收购Kiva Systems实现机器人对顾客订单的全自动化处理。

（三）亚马逊公司的税收争议

亚马逊公司作为跨境电商的典型代表在欧美各国的税收安排，一直以来就争议不断，在全球范围内面临着多国政府的指控和媒体的指责，近年来亚马逊跨国税收争议情况（2012~2017年）如表3所示。

表3　　亚马逊跨国税收争议情况（2012~2017年）

时间	指控方	争议内容	争议结果
2012年	英国税务部门	42亿英镑的销售额仅纳税款320万英镑	未果
2013年	德国税务部门	营业收入与所纳税金反差巨大	未果
2014年	欧盟	与卢森堡政府签订的税收优惠协议，属于非法政府补贴。要求补缴2.5亿欧元（约合2.94亿美元）税款及利息	未果
2016年	意大利税务部门	2009~2014年间逃税超过1.3亿欧元	米兰法庭审理中
2017年	美国国家税务局（IRS）	与卢森堡子公司的成分分摊协议，逃税15亿美元	IRS败诉

2012年，因为被怀疑在英国没有缴纳全部税款，亚马逊英国分公司自2004年以来的纳税情况受到英国税务部门的审查；同年，亚马逊德国站同样受到了德国媒体的质疑。当年亚马逊德国站向德国税务局缴纳的税款仅为300万欧元，但众所周知，德国是亚马逊在美国本土以外最大的海外市场，产生的收入达亚马逊海外总收入的1/3，如此少的税款显然无法匹配其市场地位。

2013年，由于较高的营业收入与较低的利润申报、较少的税金支付所形成的巨大反差，亚马逊被怀疑避税，引发德国当局强烈不满；2014年10月，欧盟宣布对亚马逊2003年与卢森堡政府签署的税收协议展开深入调查，以确定亚马逊是否非法转移利润以降低税款。

2016年3月，亚马逊意大利公司遭逃税调查，意大利税务部门称亚马逊在过去的5年间（2009~2014年）在意大利逃税超过1.3亿欧元。

2016年8月，德国、法国表示要联手打击科技巨头的逃税行为，其中就包括亚马逊；9月，美国国家税务局起诉亚马逊逃税15亿美元，亚马逊最终赢了官司。

但好景不长，2017 年 4 月，意大利税务局向米兰法院提交了对亚马逊意大利站调查的资料，认为自 2009 年至 2015 年间，亚马逊意大利站产生的累计收入为 250 亿欧元，在意大利累计逃避缴纳税款达 1.3 亿欧元。半年后，就在 2017 年 10 月 4 日，欧盟委员会就宣布了近 3 年来对亚马逊的调查结果，认为亚马逊在卢森堡非法避税，责令其补缴 2.5 亿欧元（约合 2.94 亿美元）的税款和利息。

三、亚马逊频遭指控的原因

（一）典型个案分析

1. 亚马逊在欧盟的税收安排引争议

显而易见，亚马逊在欧洲各国缴纳的税款相对于其来源于当地的巨额收入来说是微乎其微的。虽然，亚马逊在欧洲各国频频遭到调查和质疑，但至今为止仍未补缴过税款。而它之所以能在各国大肆避税，屡遭诟病的原因，正是其在整个欧洲布局的税收安排。从英国、德国、意大利、奥地利等这些国家对亚马逊避税的指责中，我们不难发现，它们都频繁地提及了一个国家——卢森堡，欧洲大陆的“税收洼地”。

亚马逊在卢森堡设立了一个只有 500 人的子公司——亚马逊欧盟有限公司（Amazon EU Sarl），作为亚马逊集团在欧洲的总部，亚马逊将整个欧洲的销售收入都计入了该公司。之所以能将销售收入计入亚马逊欧盟有限公司，是因为亚马逊在欧洲其他地区设立的分公司都只作为亚马逊欧盟有限公司的服务提供商，提供仓储、配送和售后服务。根据协定范本的规定，仅利用缔约他方的固定场所购买商品或收集企业信息；仅利用缔约他方的固定场所从事准备性或辅助性的活动等通常不会被认定为常设机构。尤其在 OECD 范本中，更是将“专为储存陈列或交付本企业货物或商品的目的而使用的场所”排除在了“常设机构”一词的范围之外。因此亚马逊集团在欧洲各地的分公司，不构成当地的税收居民，从而避免了居民企业无限的纳税义务。

当来自于欧洲各地的顾客，在亚马逊的网站上点下“购买”键，就会有一笔收入被自动计入位于卢森堡的这家子公司。例如，亚马逊在英国的公司有 4000 多名雇员，包括几千名通过其他机构为亚马逊工作的员工，但亚马逊英国站只是作为亚马逊欧盟有限公司的一个服务提供商，所有英国的销售额都会从卢森堡公司走账。因此英国公司只有营业的支出和员工的薪金的税款，需要缴纳的税款就少了。德国作为亚马逊公司最大的海外市场，也通过同样的方法将利润转移至卢森堡。据调查，仅2012年一年，亚马逊德国站就已经通过此方法向卢森堡子公司转移了870亿欧元的收入。同理，亚马逊在意大利、奥地利等其他欧盟国家的收入，也是以同样的手法转移至卢森堡。然而，亚马逊欧盟有限公司作为卢森堡的居民企业需向卢森堡税务局缴纳企业所得税。根据Tax Foundation的数据，2017年欧盟平均企业所得税税率为21.82%，但IBFD最新数据显示，卢森堡的企业所得税税率在2017年才刚从21%降至19%，略低于欧盟平均水平，且存在计税依据与企业所得税大致相同的地方政府商业税（MBT）。

亚马逊进行了进一步筹划。亚马逊在卢森堡设立另一家科技公司——亚马逊欧洲控股技术公司（Amazon Europe Holding Technologies SCS，简称AEHT）作为Amazon EU Sarl的母公司，并于2005年把亚马逊集团的核心知识产权从美国转移至AEHT。该公司没有雇员也没有房屋土地，是一家空壳的有限责任合伙公司。根据卢森堡国内税法，有限责任合伙制公司在卢森堡免税。因此，Amazon EU Sarl通过向AEHT支付巨额特许权使用费，转移了整个欧洲地区的大部分收入。Amazon EU Sarl只需向卢森堡税务局缴纳少量税收，而AEHT获得的巨额利润都免税。之后，AEHT再通过之前与Amazon US签订的CCA协议（成本分摊协议有两种说法，OECD的说法是Cost Contribution Arrangement，简称CCA；美国的说法为Cost Sharing Arrangement，简称CSA）将利润转移回美国本土的Amazon US用于研发支出。

亚马逊集团在欧洲的税收安排看似天衣无缝，但仍然遭到了欧盟成员国与欧盟委员会的指控。一些欧盟成员国对于亚马逊将收入全部计入卢森堡总部极为不满，例如法国就提议要以亚马逊在整个欧洲的收入作为税基进行统一征税，而不再是各国分别以利润进行征税，但该项提议还未得到认可。同时，欧盟委员会裁定，卢森堡与亚马逊集团的预约定价协议是非法国家援助。欧盟的理由是，AEHT只是一个空壳公司，简单地将IP授权给Amazon EU Sarl，该公司本身并没有通过任何方式积极参与管理、开发或使用该项知识产权，没有任何活动来匹配它所收到的巨额特许权使用费。而被其授予知识产权的Amazon EU Sarl，才是真正承担开发亚马逊在线平台和收集客户信息等任务的公司。这些活动说明了该公司才是实质管理和使该项知识产权增值的公司。从OECD《跨国企业与税务机关转让定价指南》中的规定和当前国际反避税的普遍做法来看，无形资产的开发、价值提升、维护、保护和使用（DEMPE），可以获得部分无形资产的收益权。是否能够对无形资产的开发承担风险和取得使用的控制权，也将影响无形资产的收益。因此，Amazon EU

Sarl 拥有一部分无形资产的收益权，卢森堡对 Amazon EU Sarl 该项特许权使用费的认定过高，且无法反映经济的实质。

2. 亚马逊与美国税务局（IRS）的纠葛

亚马逊打赢了与 IRS 的官司，并且不必缴纳超过 15 亿美元的联邦税款及相应利息。这场诉讼涉及亚马逊与卢森堡一家子公司在 10 年前发生的交易。美国税务法庭法官阿尔伯特·劳勃尔（Albert Lauber）驳回了美国国税局的诸多指控，判定国税局多次滥用自由裁量权（Discretion），行为武断随意。

本案标的是亚马逊公司与其位于卢森堡的子公司的成本分摊合同，该交易发生于2005～2006 年，涉及超过15 亿美元的税款。同样涉及卢森堡的这家子公司。美国居民身份的判定标准是公司注册地标准，由于位于卢森堡的子公司是亚马逊美国的控股独立子公司，并不在 IRS 的税收管辖范围内。而亚马逊美国子公司是美国的税收居民。争议的主要对象有两个，一个是固定资产的一次性购进，一个是后期开发费用的成本分摊，后者是主要的。亚马逊美国与卢森堡子公司签订的协议中采用的定价方法是 CUT（可比非受控价格法），而 IRS 认为应当采取 DCF（现金流折现法）。除此之外，IRS 还认为合同中的一项技术补贴也应当被划入分摊的范围。其法律依据是 IRC 条款第 7 条（g2）Preexisting Intangibles 原则。

美国 IRC 的 482section 比经济发展与合作组织的转让定价还早，可见美国从很早开始就关注转让定价的问题了。其税务主管机关关于关联公司转让定价的税收管辖权 Transfer Pricing 税法条款 IRC1. 482 确定的基本原则是：为了防止纳税人通过在不同税收管辖地布局关联机构，操纵关联交易来避税逃税，IRS 可以在关联企业或关联活动之间调整分配收入、扣除额和税收减免额等可能影响纳税人应税所得的项目，以反映其真实的应税所得。但其实现金流折现法是一种比较主观、特定性强的方法，其缺少参照物，需要去评估亚马逊的未来发展状况以及选择合理的折现率，强调的是未来收益与当前的资产关联度有多强，是否是直接来源于当前转让的无形资产。除非能够证明各种指标的选择是合理的，不然就会受到质疑。这也是 IRS 败诉的一个原因。

这并不是 IRS 因为主张采用现金流折算法而败诉的第一个例子，但其为何还要一而再、再而三地使用这种方法呢？首先，美国的商业活力很强，给科技创新与发展创造了良好的环境，因此 IRS 认为其通过税收收回这些获益是理所当然的。其次，税收是一个主权的问题，是税源争夺的问题，而现在越来越多的科技企业会把“生产”拿出去，把“营销中心”拿出去，而把创新和开发的部分留在美国本土，而无形资产又是很难进行度量的。这是经济全球化导致的企业跨国发展的必然结果，从而导致了企业将一部分属于美国本土的税源带走了。

亚马逊2016年的净收入为23.7亿美元，是此前4年利润总和的4倍。亚马逊2016年的营业收入为1360亿美元。Baird Equity Research的分析师科林·塞巴斯蒂安表示："法庭这份判决让亚马逊免去了大量潜在的税务负担，影响范围超出了该案涉及的时间。"IRS拒绝置评，亚马逊也未做出回应。

在赢得大选前，美国总统特朗普曾指责杰夫·贝索斯领导的亚马逊没有缴足税款，甚至还曾在福克斯新闻网上公开指责亚马逊逃税。

这个案件同样涉及"转让定价"的问题，以及跨国公司内不同部门在相互交易时故意抬高价格。

（二）外部因素

亚马逊面临的税收争议，并不仅仅是其做出的税收筹划安排导致的，还有其他一些社会条件和经济因素。

1. 美国零售业的凋零，亚马逊难辞其咎

一直以来，以振兴美国经济、增加美国就业为政治口号的美国总统特朗普就对亚马逊颇有微词，他在上任前就多次表示，亚马逊存在避税的问题，自己若是当选，亚马逊的日子不会好过。让人感到讽刺的是，在过去的18年中，特朗普自己从未缴纳过联邦税，对于这个问题，他的回应是："这显示出我的聪明之处。"由此看来，以特朗普的观点，避税不仅不该受到谴责，反而是聪明之举。显然，税收问题只是特朗普"找碴"亚马逊的一个借口，其背后还有更深层次的原因。2017年8月17日，特朗普在推特上发文指责亚马逊造成的三大严重问题——逃税、垄断、失业。短短137字的推文公开指出电子商务巨头亚马逊运用不公平的避税手段损害了合理纳税的零售业者，造成美国的失业，损害了各州民众的利益。该消息一经发酵，亚马逊股价应声下跌，一天市值蒸发50多亿美元。

根据全球职介咨询公司Challenger，Gray &Christmas在2017年8月发布的数据，截至2017年7月底，美国的零售商已经宣布裁员6.4万人，较一年前增加46.7%。据Business Insider统计，2017年美国已有6403家零售店宣布关闭（如图2所示）。而零售业凋零的主要原因就是电商的冲击。同时，从数据上来看，亚马逊占美国电商市场的比例正逐年上升（如图3所示），这必然导致亚马逊成为众矢之的。其实，亚马逊也是一个巨大的就业创造者，其已经在美国雇用了150多万人，在全球范围内雇用了230万人。截至2017年7月底，这家公司在全球范围内新雇佣人数达38.24万人，一年前为26.89万人，增幅高达42%。但亚马逊的这些贡献在特朗普看来，显然是远远不够的。正所谓树大招风，特朗普对于亚马逊的避税指责究其根源，在于亚马逊作为电商中的龙头企业，对美国零售业造成了巨大的冲击。

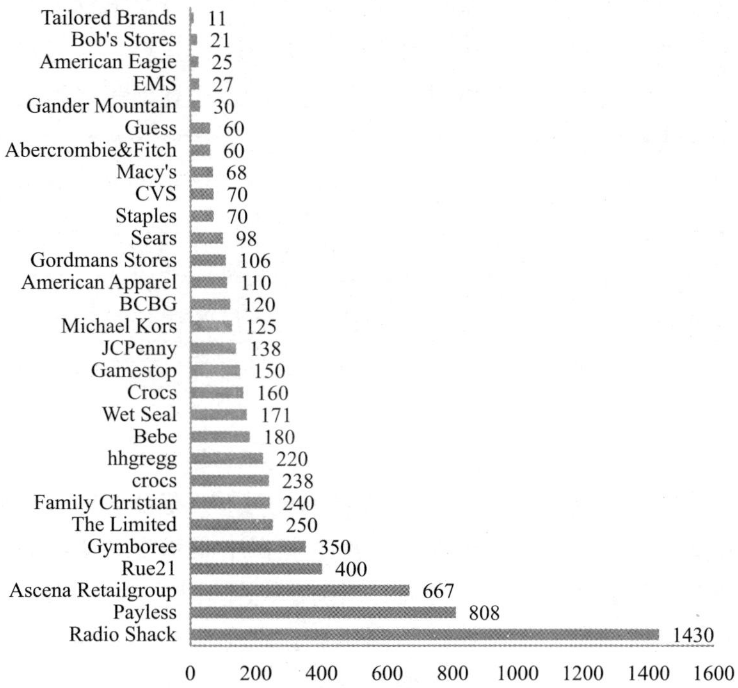

图2　2017年美国零售商关店数量①

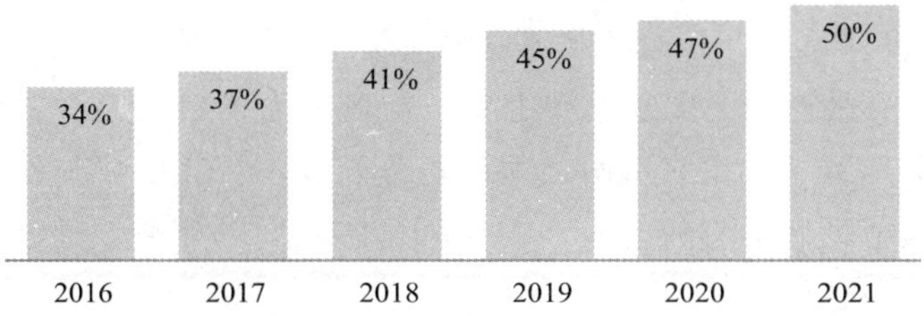

图3　亚马逊占美国电商市场份额②

2. 欧盟加强集权，各国争夺税源

通常来看，对亚马逊、苹果、Facebook、星巴克、谷歌、微软之类的跨国

① 资料来源：Needham & Co。

② 资料来源：Needham & Co。

经营者而言，之所以将子公司设立在爱尔兰、卢森堡、荷兰、英属维尔京群岛等避税天堂的欧盟，是因为其一扎根就能获得一个降低全球税赋的基地。通过其为当地带来的先进技术以及就业增加和消费拉动，可以和当地政府在税收优惠问题上达成协定，以提供商务、转让技术和资金借贷等活动所确定的企业内部价格，将利润从一个高税率分支机构转移至另一个低税率分支机构，同时也利用法律本身的漏洞进行进一步避税。这有助于将纳税额降至最低，并且不被法律所禁止。

但自 2013 年 6 月以来，欧盟委员会一直在调查成员国的税收政策，其中最主要的是关于预约定价安排是否符合欧盟规定。并且，从 2014 年 12 月起将该项调查扩展到所有成员国。2015 年 10 月，欧盟委员会得出结论，卢森堡和荷兰的税务局曾给予菲亚特和星巴克选择性的税收优惠，从预约定价协议中人为降低了应纳税所得额。2016 年 1 月，欧盟委员会宣布，比利时政府给予至少 35 个跨国公司选择性税收优惠，主要来自欧盟，其“超额利润税计划”对于欧盟国家援助规则而言是非法的。在 2016 年 8 月，欧盟委员会裁定爱尔兰非法给予苹果公司在爱尔兰的两家子公司 130 亿欧元的税收优惠。在这之后，受到调查的还有麦当劳和法国燃气苏伊士集团等。从欧盟委员会近几年的调查来看，欧洲的“税收洼地”“避税天堂”屡屡陷入麻烦。

欧盟紧锣密鼓地插手调查各成员国的预约定价协议，加强对各成员国税收援助的规范，其真实意图，在于削弱各国税收主权，将权力收归欧盟委员会。自 2008 年经济危机以及随后的欧债危机以来，欧元区的经济蒙上了一层阴影。以经济不振为外因，经济全球化导致国与国之间利益分配不均为内因，近年来，“新民粹主义”思潮在欧洲逐渐兴起。尤其是欧盟元老英国脱欧，欧盟一体化进程更是遭到了“新民粹主义”前所未有的巨大挑战。而“避税天堂”的存在更导致了欧盟成员国之间利益分配的不公正，要加快推进欧盟一体化进程，遏制民粹主义的抬头，缓和成员国之间的矛盾，逐渐加强欧盟委员会的权力势在必行。

但美国方面，对欧盟的做法颇有微词。2016 年，当苹果公司遭到欧盟的指控时，美国方面出台了《关于欧盟近期对转让定价裁定开展国家援助调查的白皮书》。美国方面指责欧盟委员会此举超越了其职能范围，成为“超国家税收机构”，还指责其追溯征税违反法律不溯及既往的原则，以及其对转让定价的认定原则违背了 OECD 转让定价指南。美国的指责固然有一定道理，但若盟对美国的跨国公司征税，则跨国公司利润汇回时使用抵免法将使美国的税源流向欧洲。加之 2016 年美国 IRS 对亚马逊提起诉讼时所主张的现金流折现法，也是意在防止跨国公司仅将研发中心留在本土而将税源带至海外。由此可见，不仅是欧盟成员国内部对税源的争夺推动了对亚马逊的反避税调查，亚马逊在美国和欧洲遭到的指控，还涉及了美国与欧盟的博弈。因此，亚马逊遭到指控的深层原因，还来自于经济全球化背景下，各国对税源的争夺。

3. 国际税收的发展，BEPS 行动计划掀起反避税浪潮

BEPS 行动计划（Base Erosion and Profit Shifting Action）是国际反避税所达成的初步共识，正引领着国际反避税的发展趋势。2008 年国际金融危机以后，许多国家，特别是经济发达的国家受危机影响出现了财政困难的问题，使得打击避税行为成为政府必然的政策选择。

BEPS 通常指跨国公司利用国际税收规则存在的不足、不同国家和地区的税制差异以及征管的漏洞，人为地将利润由高税率地区向低（无）税率地区转移，从而最大限度地（甚至在旧体制下合法地）避税，甚至达到双重不征税的效果，造成对各国税基的侵蚀。根据 OECD 统计，全球每年有 4% ~10% 的企业所得税因跨境避税流失，每年税收损失约为 1000 亿 ~2400 亿美元。BEPS 项目于 2013 年启动，于 2015 年 10 月发布了全部 15 项具体的行动计划。

而跨国公司更是反避税的重要对象之一，尤其是亚马逊这类以科技、信息引领产业发展的国际巨头正趁着数字经济和科技的发展，利用征税原则和方法存在的漏洞大肆避税。加强对大型跨国公司的税收监管和实践，有利于形成各国相互合作，共同探索国际税制发展的局面，这也是 BEPS 行动计划的一个初衷。BEPS 行动计划中的第 1 项“应对数字经济带来的挑战”、第 3 项“受控外国公司规则”、第 5 项“有害税收实践”、第 8 项“无形资产转让定价指引”、第 9 项“风险与资本”、第 10 项“其他高风险交易”以及第 13 项“转让定价同期资料和国别报告”更是与亚马逊公司的税收情况联系密切。

四、亚马逊公司的国际避税路径

（一）境内避税路径

一直以来，亚马逊都避免向美国各州缴纳销售税。其依据是 1992 年美国最高法院的一则案例——奎尔办公用品公司诉北达科他州一案，该案最后裁决任何州都不能对在该州没有实体存在的销售商所进行的邮购交易征收该州销售税。在亚马逊公司有零售业务经营的州——比如在其总部所在地华盛顿州，它就必须要向消费者征收销售税。而在其他州，亚马逊使用了创造性的方法来避免缴纳销售税——“实体隔离法（Entity Isolation）”。

“实体隔离法”即亚马逊通过在有销售税的各州设立全资子公司，避免在

当地建立经营实体，从而避免缴纳销售税。例如，得克萨斯州曾寄发给亚马逊公司一张总计2.69亿美元的未收税款账单，这些税款是得克萨斯州的居民在过去4年时间内从该公司网站上购物所需缴纳的得克萨斯州销售税。得克萨斯州还特别指出，亚马逊公司在达拉斯地区拥有一座仓库。而亚马逊的回应仅仅是关闭了那间仓库。

亚马逊一直通过避免缴纳销售税而获得相较于实体零售商的税收优势。亚马逊可凭此优势，提供免费送货上门的服务，所以这就使消费者更愿意足不出户地从亚马逊的网站上购买商品。但这一情况在2008年后开始出现了转变。

2008年，经济危机对各州财政造成了巨大的影响。并且由于亚马逊这一电商巨头造成了零售业的重构，2010年美国零售销售总额增长了6.6%，网上零售销售额增长了15%，而亚马逊的总体销售额暴涨了40%，其中北美地区销售额攀升46%。各州开始对亚马逊这块“蛋糕”虎视眈眈。打响向亚马逊征收销售税“第一枪”的是纽约州。纽约州通过了一个法案，规定对在纽约州内设有子公司的外州实体征收销售税。这一规定使亚马逊的“实体隔离法”不再有用。也就是说，亚马逊如果在纽约州内通过子公司来达到设立经营实体的目的，则仍须缴纳销售税。作为回应，亚马逊和Overstock.com对纽约州提起上诉，但结果以失败告终。因此，该项针对电子零售商的销售税被称为“亚马逊税”（Amazon Tax）。随即，各州纷纷效仿，最先通过此类立法的有8个州：纽约州、阿肯色州、加利福尼亚州、伊利诺伊州、康乃狄克州、北卡罗来纳州、罗德岛和得克萨斯州。之后，该项立法逐渐扩展到美国所有征收销售税的州。但不可否认的是，避免缴纳销售税在亚马逊建立初期对亚马逊的发展起到了至关重要的作用，其可以为亚马逊节约一笔成本，从而降低销售价格。

在2009～2014年，面对新形势，亚马逊对销售税的筹划只能通过断绝与许多州内分支机构的附属关系来达到目的。据报道，在2012年，亚马逊仅在5个州缴纳销售税。但随着越来越多的州拥有该项法案，亚马逊税收筹划的成本也越来越高。其在各州失去仓库以及充值中心的损失，逐渐超过了避免缴纳销售税获得的收益。

亚马逊于2012年开始在加利福尼亚州缴纳销售税，并开始在得克萨斯州、宾夕法尼亚州和其他州建立仓库。到2016年底，亚马逊已经扩大到29个州。截至2017年4月1日，除了没有销售税的5个州——阿拉斯加州、特拉华州、蒙大拿州、新罕布什尔州和俄勒冈州，亚马逊已经在所有州缴纳销售税。

虽然亚马逊已在各州放弃了销售税的筹划，但其税负仍然偏低。在亚马逊向美国证券交易委员会（Securities and Exchange Commission）提交的2017年度报告中称，2014年向IRS缴纳的企业所得税为1.77亿美元，2015年为2.73亿美元，2016年为4.12亿美元。根据《纽约时报》分析，标准普尔全球市场情报机构发现，从2007年到2015年，亚马逊集团支付的联邦、州、地方以及海外所得的平均税率为13%。这一比例比标准普尔500指数（Standard & Poor's 500 - stock）26.9%的平均水平要小。集团整体税负低的原因不仅在于，其在美国本土的研发中心有大量的研发费用扣除，抵减了企业所得税，还牵涉到境外的税收安排。

（二）境外避税手段

1. 美国税法规则

（1）打勾规则（Check - the - Box rule）。根据美国税法规定，除了其上市公司一般会被认定为当然公司实体外，其他纳税人可以填写一张表格，在表格上自由打勾来选择其在税法认定下的性质。纳税人可以自由选择公司、合伙企业或者无视实体（Disregarded Entity）。例如，如果美国某公司在中国根据中国公司法设立了一个有限责任公司A，则在美国税法下可以选择将其视为无视实体。这样，在美国税法下，A公司就被视同为中国的一个分支机构，A公司和该公司是同一个法人。美国之所以规定这样的规则是为了避免纳税实体认定的复杂性，从而减轻纳税人的负担。

（2）受控外国公司规则（Subpart F）。根据Subpart F规则，符合条件的受控外国子公司的当期所得需要归属于美国的母公司，并且在美国缴税。国外基地公司所得（FBCI）是该规则下最重要的所得类别。FBCI又进一步分为四个类别：国外私人控股公司所得（FPHCI）、国外基地公司销售所得（FBCSI）、国外基地公司服务所得（FBCSI）、国外基地公司石油所得（FBCOI）。然而在该规则下存在着一些重要的例外，例如被苹果、谷歌等公司所利用的一个例外：受控外国子公司进行积极营业活动收取来自非关联人的特许权使用费不属于Subpart所得，受控外国子公司自己制造产品并进行销售获得的所得不属于Subpart F规则下的所得。

（3）Section 367（d）。在美国税法典Section367（d）下，若母公司把无形资产转移到新设立的国外子公司换取子公司的股权，该交易将会被视同为母公司销售无形资产，应就该无形资产在未来20年间产生的所有特许权使用费在美国纳税。

2. 亚马逊境外避税手段

亚马逊在境外的避税手段，不仅利用了卢森堡国内税法和预约定价协议，还涉及了美国国内税法规则、成本分摊协议等等。如图 4 所示。

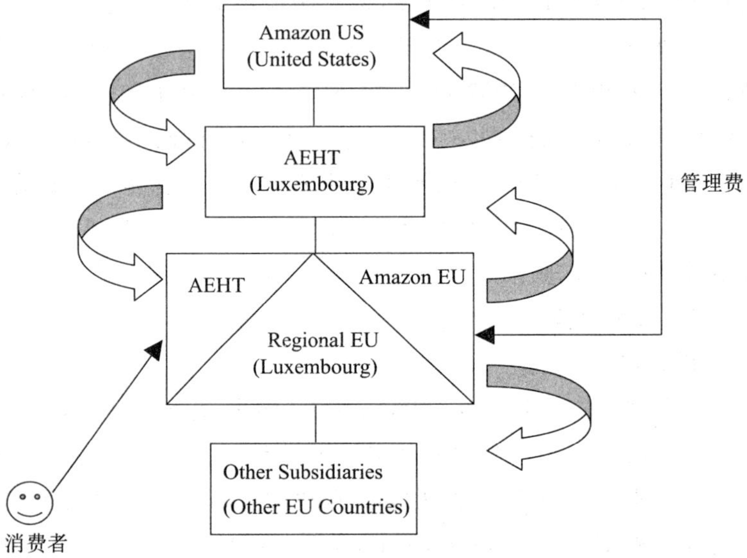

注：Amazon US：亚马逊美国　　AEHT：亚马逊欧洲控股技术公司

Amazon EU：亚马逊欧盟有限公司　Other Subsidiaries：亚马逊在欧洲其他分站

图 4　亚马逊避税结构图

美国本土的亚马逊母公司主要从事研究开发、美国本土的网络平台维护和产品销售。亚马逊集团在卢森堡成立了子公司 AEHT 和孙公司 Amazon EU。再利用美国税法中的打勾规则，将美国海外的子公司孙公司等等都认定为无视实体，即意味着 AEHT 和 Amazon EU 以及欧洲各地的亚马逊子公司都被视为和 Amazon US 是同一法人实体，从而避免了其母子公司之间支付的费用成为 Subpart F 所得，向美国缴税。又根据美国“推迟课税”的规定，若将利润留在海外，则不需要向美国纳税。因此，亚马逊在美国海外的利润免于向美国纳税。此外，Amazon US 在 2005 年将集团一部分核心知识产权转移至位于卢森堡的子公司 AEHT。AEHT 向美国母公司支付一次性购进费用并按可比非受控价格法签订了成本分摊协议。根据美国税法 Section 367（d）规定，母公司把无形资产转移到新设立的国外子公司换取子公司的股权，该交易将会被视同母公司销售无形资产，应就该无形资产在未来 20 年间产生的所有特许权使用费在美国纳税。但成本分摊协议使无形资产成为母子公司之间共同开发、共同拥有，因此避免适用 Section 367（d）。

在欧洲，AEHT获得美国母公司授权的IP之后又将其授权给Amazon EU，并与卢森堡税务局签订了预约定价协议，收取合法的巨额特许权使用费。位于卢森堡的Amazon EU负责亚马逊位于欧洲网络平台的开发运营、支付结算，是亚马逊在欧洲的总部，同时也构成了卢森堡的税收居民。卢森堡税法中规定了居民企业缴纳企业所得税和地方政府商业税，但有限合伙制企业可以获得免税。而亚马逊集团位于卢森堡的另一家公司AEHT为有限合伙制企业。Amazon EU通过特许权使用费将大部分收入转移至其母公司AEHT，并向美国本土的Amazon US支付管理费，使利润大大降低，因此只需向卢森堡税务局缴纳少量的税收。

在欧洲各地亚马逊集团的子公司，如亚马逊英国站、德国站、意大利站等等，仅为当地市场提供货物仓储、物流配送和售后服务，因此不构成常设机构。这些子公司作为Amazon EU的服务提供商，并不拥有商品的所有权，所以欧洲各地的买家从网络平台购买亚马逊的产品时，收入被计入Amazon EU而不被计入各地的子公司。不仅如此，各地子公司还通过成本加成法计算出费用支付给Amazon EU。这就导致这些公司只需要向欧盟成员国政府缴纳极少量的税收。

五、避税模式分析：亚马逊与苹果、谷歌的差异比较

（一）“爱尔兰—荷兰—爱尔兰”三明治避税结构

苹果与谷歌等科技巨头公司采用的海外避税结构被称为“爱尔兰—荷兰—爱尔兰”三明治税收筹划结构，其核心就是利用无形资产产生的利润所得征税权在来源国与居住国之间进行分配。三明治避税模式的具体操作如下（见图5）：

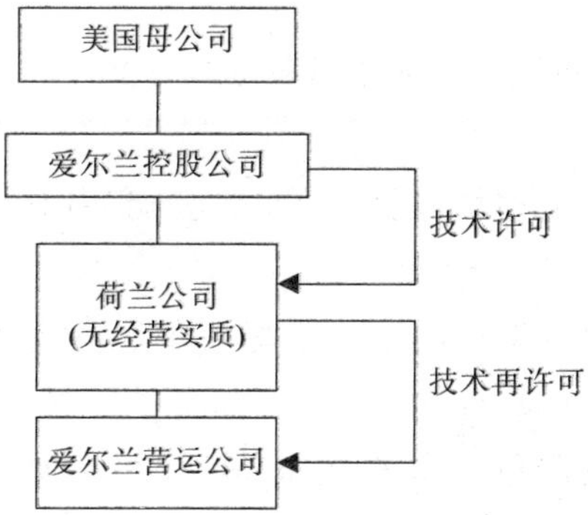

图5　三明治避税结构简图

首先，由美国的母公司在爱尔兰设立一家爱尔兰控股公司，两公司签订成本分摊协议（CSA），共同研发和拥有无形资产。而后，爱尔兰控股公司再通过支付买入款项（Buy - in Payment），买进欧洲地区的无形资产所有权。其之所以采用成本分摊协议也是为了避免使用上述的 Section 367（d）。母公司就其爱尔兰控股公司支付的买入款并不需要缴纳很多的税收。

其次，爱尔兰控股公司再在荷兰设立一家荷兰公司，该公司在美国进行打勾时选择无视实体。这样，当爱尔兰控股公司把无形资产许可给荷兰公司，荷兰公司再向爱尔兰控股公司支付大量的特许权使用费，则该项特许权使用费便被视同没有发生。毕竟荷兰公司在美国税法下被视为与爱尔兰控股公司属于同一法律实体，其内部款项支付不会产生纳税义务。此外，爱尔兰控股公司的实际管理机构往往设在英属维京群岛、百慕大等国家或地区。而在爱尔兰税法下，只有实际管理机构在爱尔兰的公司才负有全面纳税义务，因此该特许权使用费也不需要在爱尔兰纳税。

再次，由荷兰公司在爱尔兰设立另外一家爱尔兰营运公司，由荷兰公司把该无形资产再许可给爱尔兰营运公司。荷兰公司只需要就向爱尔兰营运公司收取的金额与向荷兰控股公司支付的金额的差价在荷兰缴纳少量的企业所得税。又由于荷兰不对向境外支付的特许权使用费征收预提费，因此，该项特许权使用费也不需要在荷兰缴纳预提税。

最后，根据税收协定和欧洲国家的国内税法，积极营业所得不需要在来源国缴税，除非爱尔兰营运公司在所得来源国设立了常设机构。因此，其在欧洲各国也不需要纳税或者只缴纳少量的税收。另外，当爱尔兰营运公司将无形资产用于欧洲的营业活动中而向欧洲非关联客户收取广告费、特许权使用费等营业收入时，其可以扣除所支付的大量特许权使用费，在爱尔兰只缴纳少量所得税。

（二）亚马逊避税模式与三明治避税架构比较

1. 相同点

亚马逊采用的避税架构与谷歌、苹果等公司采用的三明治避税架构相比，主要有以下共同点：

首先，这些企业避税架构的第一步都是在“税收洼地”设置一个控股子公司，通过与控股子公司签订 CSA，从而避免美国当局将无形资产的“许可”认定为销售无形资产以避免适用 Section 367（d），使得不需要在美国本土就该项交易缴纳税收。

其次，这些企业均充分利用美国税法体系下的打勾规则，使得母公司与海外子公司或者海外子公司之间在美国被视为同一法人主体，从而避免就所谓的“内部交易”缴纳一定的税收。

再次，这些企业均将把“生产”和“营销中心”以及产生的利润放到海外去，而把创新和开发的部分留在美国本土，并运用CSA，使得在海外缴纳少量税收的同时，在美国本土缴纳的税收也很少。

最后，这些企业均聪明地运用自身能给控股公司所在地带来就业、GDP增长等好处为条件，与当地政府签订协议，从而得到更大的税收优惠，避免在海外缴纳大量税收。

2. 不同点

三明治避税模式是一种“许可再许可的模式”，即由爱尔兰控股公司将无形资产使用权许可给荷兰公司，再由荷兰公司许可给爱尔兰营运公司，其在爱尔兰的两家公司之间多设置了一层夹心，即无经营实质的荷兰公司。而这层夹心的主要作用就是把爱尔兰销售公司的收入“零成本”转移到爱尔兰运营公司。而亚马逊采用的避税结构并没有这层夹心，直接由卢森堡控股公司将获得的无形资产使用权直接许可给另一家孙公司——卢森堡欧盟有限公司。其利用的是卢森堡特别的税制规定，即有限合伙制企业可以获得免税，从而将该孙公司设置成有限合伙制，并与转让定价方法结合，达到节税的目的。总体来看，亚马逊的避税模式相比较“爱尔兰—荷兰—爱尔兰”三明治避税模式来看，避税路径更加清晰简明。

六、国际避税与反避税——基于BEPS规则的解读

（一）国际避税的三大“法宝”

1. 离岸注册

美国本土企业在拓展跨国经营业务的过程中，为规避美国本土的高所得税，往往选择在“避税天堂”进行离岸注册。这种操作使得这些跨国企业虽然总部在美国，但是在法律上却是这些“避税天堂”的公司。比如将公司注册到爱尔兰，美国注册公司的所得税税率达35%，但是在爱尔兰，则仅为12.5%。这样的避税地除了爱尔兰，还有巴拿马、开曼群岛、卢森堡等等。

2. 转让定价

转让定价是指跨国公司利用不同地区的税率差异和税收优惠政策，将其利润从高税率国家的公司转移到低税率国家的公司，从而实现整个集团的税收最小化。具体来说，企业集团可在高税率地区降低其商品定价，而在低税率国家提高定价，从而降低利润的税收负担。如图6所示。

图 6　转让定价

3. 债务转移

债务利息的处理问题，允许税前扣除是国际通行规则。利用这条规则，母公司可以控制其境外控股子公司向其另外的分公司发放高额利息的借款，然后分公司再将本金和高额利息偿还给境外控股子公司。这样，分公司的营业收入在缴税前就通过还债方式，转移到了处于税率低洼之地的境外控股子公司。当然，这还依赖于子公司和分公司所在国家和地区的税收制度。

（二）国际反避税调查与实施

1. 预约定价协议的调查

亚马逊和苹果公司面临欧盟的罚款，主要原因都是其涉及了非法国家援助。亚马逊与卢森堡对特许权使用费的预约定价协议，以及爱尔兰对苹果公司提供的税收优惠都被认定为非法国家援助。虽然征税的主体是国家，而预约定价协议又是一国政府与企业签订的协议，但欧盟对成员国的调查，仍有其法律依据——欧盟的反不正当竞争法体系。欧盟的反不正当竞争法体系自 1957 年签署的《建立欧洲经济共同体条约》起，数十年来随着欧盟一体化进程的加深，逐步完善并形成了一整套体系。其中，于 2007 年经《里斯本条约》修订后生效的《欧盟运行条约》第 107 条规定了一项国内措施要构成国家援助必须满足一定的条件。而在 2013 年，欧盟对《国家援助程序规则》（the State Aid Procedural Regulation）进行了修订，该法案成为欧盟委员会对于各成员国国家援助调查的主要依据。该法案规定了欧盟成员国的国家援助必须经过欧盟委员会的认可才能实施，并且欧盟委员会有权力对其成员国不符合规定的国家援助进行调整。因此，欧盟委员会有权力干涉其成员国所做出的预约定价协议。

加之欧盟委员会趁着对 BEPS 行动计划的落实，以积极响应国际反避税的呼声为由，更显得名正言顺。BEPS 行动计划中第一项便是数字经济（Digital Economy），亚马逊和苹果这类公司就是国际反避税的重点关注对象。此外，BEPS 行动计划第 5 项——有害税收实践（Harmful Tax Practices）要求 BEPS 项目参与国要自发交换单边预约定价安排等 6 项税收裁定，以提高税收透明度，发现和共同打击有害税收实践。为此，欧盟准备就税收裁定的强制和自动交换，修订 2011/16/EU 指令。欧盟对预约定价协议的调查虽有合理理由，但其具体手法仍然有待商榷。欧盟委员会对成员国国家援助的调查，使得税收协定和预约定价协议具有了不确定性。对跨国公司与成员国签订的单边预约定价协议所使用的转让定价方法的规定和解释不够清晰，使欧盟委员会有较大的权力对国家援助的合法与否进行裁定，再加之其追溯征税的行为，亚马逊、苹果等企业的税务风险变得尤为巨大。

2. 成本分摊协议

从亚马逊、苹果公司的案例来看，利用成本分摊协议进行无形资产研发避税已经成为跨国科技巨头企业的一种常用方法。国际上对成本分摊协议的研究和管理已经持续多年，国际组织和外国学者普遍认为成本分摊协议是否合理，除了要满足转让定价的通用原则——独立交易原则（Arm's Length Principle）之外，还要考虑风险收益相符原则。

独立交易原则是指完全独立的无关联关系的企业或个人，依据市场条件所采用的计价标准或价格来处理其相互之间的收入和费用分配的原则。关联交易是否符合独立交易原则，可以通过独立交易区间确定。独立交易区间可以通过多项可比数据应用相同的转让定价方法得出，或者通过应用不同的转让定价方法得出。但是，现实运用中，可比数据的获取极其困难，独立交易原则在现实运用中也就不容易界定。

风险与收益相符原则归根到底也是独立交易原则在成本分摊协议中的具体应用。根据 OECD 转让定价指南，无形资产的开发、价值提升、维护、保护和使用（DEMPE），可以获得部分无形资产的收益权。是否能够对无形资产的开发承担风险和取得使用的控制权，也将影响无形资产的收益。我国《特别纳税调查调整及相互协商程序管理办法》（国家税务总局公告 2017 年第 6 号）中甚至规定对无形资产仅有法定所有权，而未对无形资产价值做出贡献的，不应参与收益分配。因此，成本分摊的收益必须与贡献相配比。

亚马逊和苹果公司都采用了成本分摊协议转移和授权无形资产，并且都受到了指控。一方面，从亚马逊、苹果在欧盟受到的指控来看，欧盟所认定的独立交易原则与 OECD《跨国企业与税务机关转让定价指南》中所认定的独立交易原则并不完全一致。欧盟所使用的独立交易原则来源于《欧盟运行条约》第 107 条第 1 款框架内实现税收公平待遇的普遍性原则。另一方面，从 IRS 对亚马逊的诉讼案可以看出，亚马逊在成本分摊协议中使用了 CUT 法，但 IRS 使用的是 DCF 法。根据国际普遍认可的 OECD 转让定价指南相关政策，如果 CUT 法合理的话，就将优先适用。虽然在现实操作中，很难适用 CUT 法，但 IRS 也并没有在十年前就对其进行起诉。而 IRS 正是使用了 DCF 法对 CSA 的定价进行认定，才成为最终败诉的主要原因。DCF 对未来现金流预测的不确定性以及折现率确定时存在较大的主观性因素，且无形资产又是很难进行度量的，因此 IRS 的指控无法令人信服。

【延伸思考】

2017 年 3 月 23 日，亚马逊在与美国税务局（IRS）的一场涉及金额超过 15 亿美元的税收诉讼中获得了胜诉。该场官司的标的是亚马逊公司与其位于卢森堡的子公司 10 年前签订的一份成本分摊协议。IRS 主张协议采用定价方法应为 DCF，而亚马逊公司采用的是 CUF，最终美国税务法庭驳回了 IRS 的指控，判定 IRS 滥用自由裁量权。

1. 试思考亚马逊公司在这场“官民纠纷”中获得胜诉的主要原因。

2. 利用所掌握的税收知识和经验，预测欧盟案件的进展和结果，并给出你的理由。

3. 税务机关在对成本分摊协议认定时，其判断转让定价方法合理性的适用规则是什么？

4. 跨境电商以惊人的速度迅速拓展至全球，面对数字经济的发展，世界各国的税制改革应朝什么方向才能更适应数字经济的发展？

5. 随着国际一体化进程，跨国公司在全球迅速崛起，在 BEPS 行动计划背景下，跨国公司如何避免跨国经营中因各国税制的多样性而带来的税务风险？

【参考答案】

1. 关于关联公司转让定价（Transfer pricing）的税收管辖权，税法条款 IRC 1.482 中规定了评估和修正关联交易定价的原则，包括：公平交易原则（Arm's Length Standard）、最佳方法原则（Best Method Rule）以及可比性分析。其中最佳方法原则就是要选择最佳定价方法以反映公平交易结果，可比性分析中应当考虑的可比性因素包括交易资源、合同条款、风险、经济条件、资产或者服务类型。有形资产的定价方法包括 CUP（可比非受控价格法）、RPM（再销售价格法）、CPM（成本加成法）、CPM（可比利润法）、PSM（利润分割法）以及其他合理方法；对于无形资产的转让或许可，则应遵循转让或许可所产生的所得应与可归属于这笔无形资产的所得成合理比例的原则；在无形资产及其研发的成本分摊中，选择适用 CUT、CPM（可比利润法）、

PSM以及其他合理方法。

亚马逊在与IRS的这场诉讼中能够获得胜诉，主要有以下三方面的原因。

第一，亚马逊在设立海外子公司过程中，对产生的关联交易所签订的成本分摊协议中涉及对无形资产使用权和后续开发费用的成本分配，其采用的成本分配方法和定价原则与美国税法所支持的方法和原则是一致的。根据美国税法精神，对于定价方法的认定上，可比性占首位。怎样去执行公平交易原则就内在性地要求要找到“可比性”才能准确反映公平交易规则。而IRS主张的DCF（现金流折现法），则更具有主观色彩，难以找到合理的参照物去证明所选取的各项指标是科学的。因此，亚马逊公司在CSA中采用了CUP定价方法无疑为其胜诉增加了筹码。

第二，在案件审理过程中亚马逊公司援引了有利于自身的类似案例。美国属于英美法系，而英美法系的一个典型特点就是法律渊源以判例为主，其在过去审理过的经典案例的判决结果，可以作为形成以后判决的依据。IRS有纳税评估的权利，而纳税人对于评估税款有争议也可以上诉至法庭，并且可以援引同类案例中的有利结论。亚马逊公司正是运用了美国法律体系中“判例成法”的规则，引用了有利于自己的判例，从而赢得了法官的支持。

第三，亚马逊公司的胜诉原因与IRS的败诉原因就像是同一事物的两个方面。IRS败诉的一个重要原因就是其面对每年纷繁的税务诉讼案件，人力与物力跟不上，导致自身的诉讼比较苍白，也给予了亚马逊公司胜诉的机会。

2. 观点一：亚马逊和卢森堡政府拒绝向欧盟委员会补缴税款。首先，征税的主体是国家。但欧盟委员会将卢森堡政府对亚马逊提供的税收优惠认定为非法国家援助并要求补税，极大地削弱了卢森堡的税收主权，有成为“超国家税收机构”之嫌。其次，欧盟委员会对亚马逊补税的裁定是在协议开始履行后才开始的事后审查，以事后掌握的信息评判卢森堡税务机关数年前做出的事前判断，对税务机关不公平。而事后追溯，时间间隔越长，要求亚马逊补税并加收的利息也越多，这一点也有失公允。最后，从苹果案件过去一年多以来的进展来看，欧盟委员会想真正追征到税款仍然遥遥无期。亚马逊和卢森堡也正计划对欧盟委员会提起上诉，因此亚马逊案的进展从目前来看，不会补缴税款。

观点二：亚马逊会向欧盟委员会补缴税款。首先，欧盟委员会将卢森堡政府的税收优惠认定为非法国家援助是依据了《国家援助程序规则》（the State Aid Procedural Regulation），具有法律效力。其次，相较于欧盟委员会对苹果公司130亿欧元的罚款来看，对亚马逊的2.5亿欧元罚单显得微不足道，并且美国也并未站出来像替苹果公司说话那样替亚马逊撑腰。因此亚马逊很可能会选择补缴税款。

3. 成本分摊协议是否合理，至少要满足两个原则。第一，要满足转让定价的一般原则——独立交易原则，即完全独立的无关联关系的企业或个人，依据市场条件所采用的计价标准或价格来处理其相互之间的收入和费用分配的原则。第二，在满足独立交易原则条件下，还要满足风险与收益相配比的原则。风险与收益是否相符的原则归根到底也是独立交易原则在成本分摊协议中的具体体现。根据 OECD 转让定价指南，无形资产的开发、价值提升、维护、保护和使用（DEMPE），可以获得部分无形资产的收益权。是否能够对无形资产的开发承担风险和取得使用的控制权，也将影响无形资产的收益。

4. 数字经济是指信息和通信技术（ICT）转型过程所带来的产物，ICT 的革新使得科技变得更加廉价，更具有影响力，更为标准化，在经济的各个领域中不断优化商业流程和激励创新。美国商务部在 1999 年出版的数字经济报告中，明确将数字经济定义为“信息技术与电子商务的结合”。信息技术是触发电子商务的重要关键，并将继续在电子商务的发展过程中扮演着重要的角色。

数字经济及其商业模式都表现出一些与税收相关的特征，比如流动性、对数据的依赖性、网络效应、多层面商业模式的拓展、寡头垄断倾向的多变性等。数字经济的发展与传播为国际税收带来了前所未有的挑战。数字经济给各国及全球的直接税体系和间接税体系都带来了税务挑战。

在直接税领域，数字经济带来的挑战主要有三大类：一是随着数字科技的不断发展，在诸多情况下业务的开展已经不需要设立实体进行运行，使得现有的对于关联度的认定规则变得不相适应；二是信息的跨境收集和使用戴爱玲诸如如何从税务角度对通过电子产品和服务衍生的数据创造的价格进行分配的定性的问题；三是新数字产品或者传输方式的发展对新商业模式下如何对收入进行合理定性带来了不确定性，尤其是与云计算相关的部分。为应对上述挑战，新的更合时宜的国际规则的制定尤为重要，BEPS 行动计划中给出部分应对策略，包括修订常设机构例外条款、修改常设机构的判定规则、对特定的数字化交易开征预提所得税，以及引入对带宽使用的征税。

同样，数字经济对于间接税层面也带来一些新的挑战，包括进口低价值货物免征增值税以及向消费者提供远程数字供应。对于使用增值税税制的国家来说，虽然各国设定的增值税的起征点有所不同，但无论起征点是多少，随着电子商务的日益增长，很多国家都发现未被征税的低价值货品的进口数量显著上升。跨境B2C通过远程提供服务以及无形资产的强劲增长，使得这种行为没有或者只被征收少量的增值税，给本地的供应商带来了竞争压力。应对上述挑战，各增值税国家应考虑对低值货物进口也征收增值税，重新审视起征点，确保仍然适用；对于企业对消费者跨境供应服务和无形资产也要征收增值税，使得征收范围不仅仅局限于数字商品的贸易，而更广泛地包括服务和无形资产贸易①。

总之，世界各国应当主动去了解和探究包括跨境电商在内的数字经济，从本国国情出发，逐步与国际接轨，通过合作和改革来迎接数字经济发展所带来的税收挑战。

5. 跨国公司要避免跨国经营中因各国税制多样性而带来的税务风险，还是应该采取事前预防的原则。首先，跨国企业在赴境外投资前要熟悉来源地的国内税法，以及来源国与居住国是否签订税收协定，从整体上把握和提高对跨境涉税信息的了解，以避免信息不对称招致不必要的调查。同时，了解该国对BEPS行动的执行情况，比如是否加入国别报告信息交换等等；其次，跨国企业在与某些国家（尤其是欧盟成员国）签订单边预约定价协议时，对转让定价的选择方法必须参考已有案例，进行反复推敲，以降低纳税风险，避免重蹈亚马逊、苹果公司的覆辙。为以防万一，在签订单边预约定价协议的同时，还应做好应对调查的准备。最后，可以考虑以双边预约定价安排取代单边预约定价安排，这一方法可以极大降低涉税争议的可能性。

参考文献

[1] 王宝杰．完善成本分摊协议税制，加强成本分摊协议管理［J］．特别策划，2009年7月．

[2] 刘天永．中国转让定价实务与案例［M］．法律出版社，2009年12月．

[3] 赵国庆．成本分摊比例应与预期收益比例一致［J］．中国税务报，2010年11月1日．

[4] 朱青．成本分摊协议税收管理难点问题分析［J］．财会月刊，2011年11月．

[5] 戴志华．卓越亚马逊的物流配送模式选择研究［D］．天津大学，2012.

[6] 柳永镐．亚马逊经济学［M］．电子工业出版社，2014；62－83.

[7] 张嘉怡．有效创新激励还是有害税收竞争？——BEPS背景下“专利盒”政策的困境［J］．中央财经大学学报，2015年第5期．

---

① 参考BEPS行动计划第一项——应对数字经济的税收挑战。

[8] 白彦锋，苏璐璐．苹果公司避税案与国际税收治理新挑战 [J]．税收经济研究，2017，22（01）：73－82.

[9] Eric Bjorklund. Just One Click Away：The Politics of E－Commerce Sales Tax Policy [J]. Sociological Inquiry 2017.

[10] Rochelle Toplensky. Amazon and Apple Hit by EU tax crackdown [J]. Financial Times 2017.

[11] Leslie Hook. US Cities shower Amazon with offers of tax breaks [J]. Financial Times 2017.

[12] Linda Qiu. Dose Amazon Pay Taxes? Contrary to Trump Tweet, Yes [J]. New York Times 2017.

[13] OECD. Addressing the Tax Challenges of the Digital Economy [J]. 2015 Geoffrey Propheter.

[14] OECD. Addressing Base Erosion and Profit Shifting [R]. OECD Centre for Tax Policy and Administration, 2013.

[15] Political Determinants of State E－Commerce Sales Tax Policy [J]. Politics & Policy 2012.

[16] OECD. OECD Transfer Pricing Guidelines for Multinational Enterprises and Tax Administrations [J]. 2010.

[17] Blaise M. Sonnier. The amazon law：Will you pay web sales tax? [J]. Journal of Corporate Accounting & Finance 2009.

国际税案 2　李嘉诚和记电讯印度离岸避税案[①]

一、案例背景

2017 年 8 月 28 日，香港富豪李嘉诚旗下长江和记实业有限公司（原和记黄埔，以下简称“长和集团”）董事会发布自愿性公告称，在 2016 年 11 月至 2017 年 7 月间，印度税务机关连续三次向其旗下的全资子公司和记电讯国际有限公司（以下简称“和记电讯”）发出评税令和罚款令，就 2007 年和记电讯向沃达丰国际控股集团（Vodafone International Holdings B. V.，以下简称“沃达丰”）出售开曼 CGP Investments Ltd.（以下简称“开曼 CGP”）的股权转让收益追收税金及罚款合计 3223 亿卢比（1 美元约合 63.78 印度卢比），其中包括 790 亿卢比的应纳税款、1643 亿卢比的利息和 790 亿卢比的罚款。印度税务机关的这一举动使得著名的非居民企业间接股权转让案——沃达丰印度税案又重新回到人们的视野。

在了解非居民企业间接股权转让的税务争议前，首先必须要了解什么是“合理商业目的”。我国《企业所得税法实施条例》第 120 条对“不具有合理商业目的”进行了解释：“不具有合理商业目的，是指以减少、免除或者推迟缴纳税款为主要目的。”然而从现实的税案处理来看，国际社会对“合理商业目的”的判定没有明确统一的标准，税务机关的主观性较强，在非居民企业间接股权转让的处理中往往有较大争议。因此，对于“合理商业目的”的界定是非居民企业间接股权转让的焦点问题。一般有两种分析视角，一是基于政府国际反避税的角度研究了在税务稽查中如何准确判定“合理商业目的”；二是站在企业税收筹划的角度，分析企业国际避税的合理性及如何合理利用国际税制漏洞来规避不具有“合理商业目的”的认定风险。下面将从这两种不同视角入手对不同观点进行简要梳理（见表 1）。

---

① 中央财经大学 2017 级税务专硕魏志华参与本案例研究与写作。

表 1 部分学者“合理商业目的”研究

角度	观点
基于政府反避税视角	张颖（2007）① 认为，只有当一系列交易行为中每一个行为都没有商业目的，或者一系列行为组合在一起来看没有商业目的，政府才可以认定其为不具有“合理商业目的”的安排
	周启光（2012）② 认为，在政府认定设立在国际避税地或国际税收协定签订地的中间控股公司是否具有合理商业目的时，不能只根据中间公司这一项就认定该交易安排是为了避税
	任超（2014）③ 总结澳大利亚的经验提出安排具有两个以上的目的时，只要其中一个目的是避税，不管其他目的是合理经营或其他正当目的，这种安排都将被视为避税行为
基于企业合理避税视角	周铁军（2008）④ 提出应保护纳税义务人的筹划权。税务机关在判断中间控股公司的设立是否是避税安排时，应按照实质重于形式的原则，不能仅考虑纳税人缴税是否符合法律形式
	史玉峰（2015）⑤ 认为，如果给出明确的不具有“合理商业目的”的判断标准，会限制税务机关自由裁量的范围，纳税人可以在实施股权转让前预先规划从而规避风险
	黄茂荣（2012）⑥ 认为，税收筹划权与纳税征管权互不矛盾，通过反避税实现国家税收只能并不当然剥夺纳税人税收筹划权，纳税人利用税法条款漏洞安排税务筹划，是合乎税收法定主义的是一种合法行为

① 张颖．从拉姆齐原则看“合理商业目的”——对新企业所得税法相关反避税条款的探讨［J］．首席财务官，2007（09）：86－89.

② 周启光．《从沃达丰税案看我国非居民间接转让股权的所得税处理》，载《税案点评》2012 年 5 月．

③ 任超．《我国一般反避税条款的理解及适用问题》，载于《财会月刊》2014 年 6 月．

④ 周铁军．《纳税人权利保护研究——基于法经济学的视角》，西南财经政法大学博士论文，2008 年．

⑤ 史玉峰．对“不具有合理商业目的”的从宽解释及对纳税人的影响［N］．财会信报，2015－03－23（B02）.

⑥ 黄茂荣．《税法总论：法学方法与现代税法》第 3 版，植根法学丛书 2012 年版，第 561 页。

二、案例分析

（一）离岸避税交易事实

表2　　交易事实概况

时间	2007年5月
出让方	和记电讯国际有限公司（香港）
受让方	沃达丰国际控股集团（荷兰）
转让标的	CGP Investments Ltd（开曼）
转让结果	印度和记爱莎电讯公司67%的股权被间接转让给沃达丰

如前文背景所述，2017年，印度税务机关连续三次向和记电讯发出评税令和罚款令，针对的是发生在10年前的一桩股权交易。2007年5月，李嘉诚旗下和记电讯以111.2亿美元的价格将其间接持有的开曼CGP公司全部股权转让给沃达丰，之所以会被印度税务局稽查是因为被转让的标的开曼CGP公司拥有多个毛里求斯公司的股权，而这些毛里求斯中间控股公司共持有印度居民企业和记爱莎电讯公司（以下简称"印度和记"）67%的股权。因此，该股权交易的结果是使沃达丰间接取得了印度和记67%的股权。间接股权转让架构示意图如图1所示。

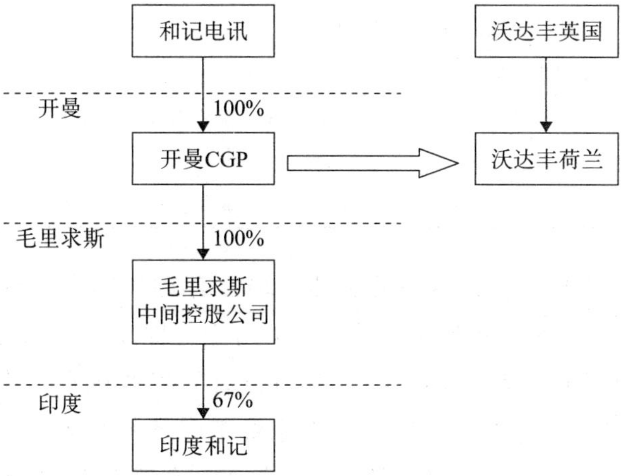

图1　间接股权转让架构示意图

（二）案情进展

如表3所示，该笔股权转让交易税案一波三折。2007年8月，印度税务局向沃达丰发出通知，根据印度《1961年所得税法案》第195节规定，沃达丰需履行扣缴义务。沃达丰回复，根据印度宪法第226条，其不属于所谓的评估代表（Representative Assessee），没有义务代扣代缴。2007年9月印度税务机关向沃达丰发出了“说明理由通知”，要求其说明不代扣代缴税款的理由。沃达丰认为印度税务机关无权对此笔交易征税，并向孟买高等法院提起诉讼。2008年初孟买高等法院驳回沃达丰的诉讼请求，沃达丰继续向印度最高法院上诉。2009年1月，印度最高法院驳回沃达丰的诉讼请求，同时将案件发回印度税务机关要求其调查是否有权对此笔交易征税。2010年5月，印度税务机关做出有权对此笔交易征税的决定，并要求沃达丰补缴税款。沃达丰对印度税务机关的征税决定向孟买高等法院提起诉讼。2010年9月，孟买高等法院维持印度税务机关的决定，判决沃达丰败诉，沃达丰继续向印度最高法院上诉。2012年1月，印度最高法院判决沃达丰胜诉，印度税务机关无权对此笔交易征税。

表3　　　　案情进展概况

2007年8月	印度税务局通知沃达丰需履行扣缴义务，沃达丰回复其没有义务
2007年9月	印度税务机关要求沃达丰说明不代扣代缴税款的理由，否则将面临处罚
2008年初	沃达丰向孟买高等法院提起上诉，被驳回
2009年1月	沃达丰继续向印度最高法院上诉，高院发回税局重新评估征税权
2010年5月	印度税务局再次向沃达丰征税
2010年6月	沃达丰再次向孟买高院起诉
2010年9月	沃达丰败诉，遂向印度高等法院起诉
2012年1月	印度最高法院判决沃达丰胜诉，印度税务机关无权对此笔交易征税
2012年5月	印度修订发布新的所得税法案
2017年7月	印度税务局向和记电讯发出评税令追缴税款和罚款3223亿卢比，和电拒绝

然而印度税务机关并没有就此罢休。2012年印度国会修订了《1961年所得税法案》，修订案明确此类跨境兼并交易行为，即便交易双方为经营注册地在印度境外的企业或经济实体，只要其所持有的资产或资本直接或间接来源于印度，那么该项资产或资本应被视作来源于印度的收入，应按照印度新所得税法的规定缴税，同时该修订案法律效力可追溯至1961年该法案生效之时。经过了一段时间的沉寂之后，在2016年11月至2017年7月短短8个月间，印度税务局连续三次向和记电讯发出评税令和罚款令，向其追收合计3223亿卢比（1美元约合63.78印度卢比）的税款、利息和罚款。2017年8月28日，和记电讯母公司长江和记实业有限公司董事会发布自愿性公告，称

此案已经由印度最高法院做出了裁决，处罚不会对其公司任何期间的财政状况或经营业绩构成任何影响，明确拒绝了印度税务机关补缴税款和罚金的要求。

（三）争议焦点

根据国际税法理论，一国如要对一笔所得征税须具有税收管辖权，而税收管辖权可分为居民管辖权和地域管辖权。由于此股权转让交易双方当事人都是非印度税收居民，不符合印度居民管辖权，所以唯有认定此股权转让所得来源于印度，印度税务机关才能对其征税。根据印度《1961 年所得税法案》规定，股权转让所得来源地是被转让股权的公司注册所在地或股权转让发生地。本案中，被转让股权的公司（开曼 CGP）注册地以及股权转让发生地都在印度境外，印度政府唯有认定李嘉诚的离岸避税架构是为躲避税收而搭建，中间控股公司与沃达丰的此笔股权交易不具有“合理商业目的”才可以利用“穿透”规则。因此，本案的争议焦点是能否认定李嘉诚的离岸避税架构不具有“合理商业目的”来确认此笔股权转让交易所得来源于印度境内。

印度税务机关认为，此笔股权交易的实质是转让印度和记的资产，开曼群岛和毛里求斯的中间控股公司只是一个壳，根据股权交易协议，沃达丰收购股权的目的正是为了获得印度和记的股权，投资印度电信市场。股权交易的尽职调查是针对印度和记展开的，向公众披露的股权交易信息也是说获得了印度和记的控股股权，而未提及开曼群岛的公司。股权交易的价格 111.2 亿美元也是在评估印度和记资产的基础上确定的，股权交易的实质应该是转让印度境内的资产，股权转让所得来源于印度，因此应认定李嘉诚的离岸避税架构及其与沃达丰的此笔股权交易不具有“合理商业目的”，印度对此股权转让所得应具有征税权。

李嘉诚及沃达丰方则针对此进行了抗辩，主要基于以下两个方面：

（1）基于税收管辖权角度。印度立法征税的原则有居民税收管辖权和来源地税收管辖权两个原则。首先从居民税收管辖权角度来看，交易不符合居住地原则，双方交易的标的是开曼 CGP，而非印度公司的资产交易，标的不是居民，出让方和受让方也不是居民，因此不属于居民管辖权的范围。其次从来源地税收管辖权角度来看，印度税法规定股权转让所得来源地是指交易发生地或者被转让企业所在地，而非交易价值的来源地，双方是在境外成交，收入来源地在境外，所以也不符合收入来自印度的来源地税收管辖权。

（2）基于税务欺诈角度。李嘉诚及沃达丰方认为税务机关应该从整体上来确认交易的实质，不能把交易拆开了单独确认。香港和记电讯早在 1994 年就通过中间控股结构进入印度市场投资。这个结构在 1994～2007 年都在运营中，而且印度和记在 2003 年 3 月至 2006 年 7 月间每年都向印度当局缴纳所得税。因此，本案的中间控股交易架构并不是专门为避税而临时搭建的。公司存在的目的不仅仅是作为中间控股公司，它还有利于实现企业经营管理的便利化及企业所有权的顺利转变，并且可以享受印度与毛里求斯的税收协定，这是印度政府本来就认可的。同时交易标的开曼 CGP 公司除了间接持有印度和记公司外，还持有其他公司股权，并附加多项条件，是一揽子交易，无法分拆。因此具有“合理商业目的”，不存在税务欺诈。

2012 年 1 月，印度最高法院发布了长达 256 页的判决书，支持李嘉诚和沃达丰方，确认了交易方符合“合理商业目的”原则，李嘉诚的避税架构是正当的，不属税务欺诈，沃达丰胜诉。

三、李嘉诚印度离岸避税为何能成功

作为一个精明的商人，李嘉诚对于企业税务管理十分重视，并且有着超前的筹划意识。李嘉诚之所以能够战胜印度税务机关赢得诉讼，有两大因素十分关键：一是合理利用税收协定成功搭建了“开曼＋毛里求斯”离岸避税架构；二是该架构符合印度“合理商业目的”的认定规则，避免了中间控股公司被“穿透”。李嘉诚在 1994 年进入印度市场时搭建的“开曼＋毛里求斯”避税架构主要分为两层，第一层为“毛里求斯＋印度”结构，第二层为“开曼＋毛里求斯”结构。下面将从这一架构入手（见图 2），解析其结构设计及成功避税的原因。

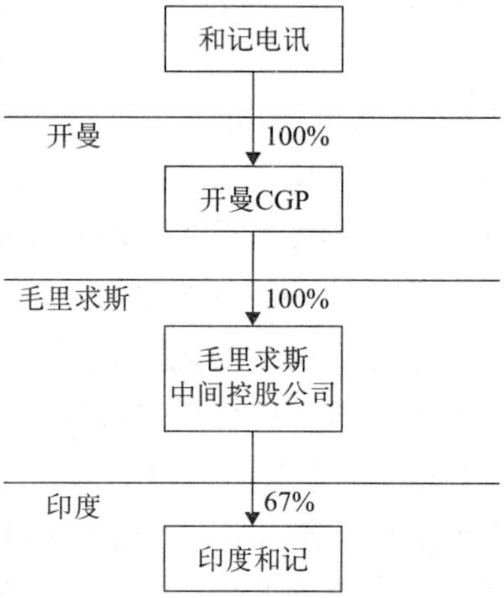

图 2 “开曼＋毛里求斯”架构示意图

（一）第一层：“毛里求斯 + 印度”结构

李嘉诚旗下香港和记电讯在 1994 年投资印度时，通过设在毛里求斯的控股公司持股印度和记，而非其香港公司直接持有，即搭建了“毛里求斯 + 印度”这一持股结构，之所以搭建这个结构是为了享受毛里求斯与印度的税收协定。

1982 年，印度政府和东南非岛国毛里求斯政府签署双边税收协定，两国采用免税法和抵免法两种方式避免双重征税。在免税法下，某项所得只须在一个国家纳税，而在另一个国家免税。根据印毛双边税收协定，对于跨国投资的资本利得，投资者可以选择在印度或毛里求斯任何一国纳税。因此，这些戴着“毛里求斯面纱”的投资所得，选择在毛里求斯纳税，而毛里求斯是有名的低税地，对资本利得基本不征税。因此，印度和记分回毛里求斯控股公司的股息红利所得既不需要向印度缴税也不需要向毛里求斯缴税，可以节省一大笔税款支出。

除此之外，针对国内税务机关对于该协定的争议，印度中央直接税委员会 2000 年 4 月 13 日发布第 789 号公告，声明“毛里求斯政府提供的税收居民身份证明，可以作为该公司在印度投资获得免税待遇的证据”，税务部门不应对这些公司核定征税。外国投资者通过毛里求斯投资印度来避免印度的审查监管，不能被认为是避税行为，这也为外国投资者利用这一架构提供了保护伞。

（二）第二层：“开曼 + 毛里求斯”结构

李嘉诚旗下和记电讯并没有直接持有毛里求斯控股公司的股权，而是通过开曼离岸公司间接持股。离岸公司是指并不在注册地进行实质业务的公司，开曼群岛是世界第四大离岸金融中心，当地政府对这类公司没有任何税收，只收取少量的年度管理费，具有高度的保密性、减免税务负担、无外汇管制三大特点。

根据开曼群岛的税收规定，岛内税种只有进口税、工商登记税、旅游者税等几个简单的税种，几十年来没有开征过个人所得税、企业所得税、资本利得税、不动产税等。在开曼注册公司也十分的便捷，只需要一位股东、一位董事，且股东董事可同为一人，对于股东资料绝对保密。此外开曼对于公司注册的股本要求较低且不需要验资。李嘉诚之所以选择通过开曼 CGP 来持有毛里求斯公司，除了税务因素之外，也考虑到了开曼公司管理方便、保密严格的优势。同时，其中间控股公司开曼 CGP 不止是专为控股印度和记而设，其还持有其他多家公司股权，在转让交易中也附加了多项条件，从而使其在商业上具有经营实质。

因此该离岸避税架构不论实质还是形式都符合印度最高法院认定的“合理商业目的”，从而避免了该架构被印度税务机关“穿透”而追缴巨额罚款。

李嘉诚印度离岸避税架构的成功运用对于“走出去”企业具有十分重要的借鉴价值，有助于“走出去”企业在进行相关业务安排时未雨绸缪，通过进行合理筹划来规避纳税风险、节约纳税成本。

首先，应当合理利用税收协定进行事前筹划。税收协定中往往规定了较为优惠的税收条款，合理利用税收协定的优惠条款进行纳税筹划是每个纳税人的权利。企业进行跨境投资时，在投资国的经营收入所得税不可避免，但税后的投资收益回流主要通过股息红利或者进行股权转让，因此就必须要考虑税收协定的重要影响，根据税收协定合理进行事前筹划是跨国企业节税的重要途径。

其次，应当注重经营实质避免被“穿透”。各国在对是否符合“合理商业目的”进行判定时大多遵循“实质重于形式”的原则。体现在非居民间接股权转让行为中就是要评估中间控股公司的设立目的、存续历史、企业有无实际履行的经济职能和承担风险的能力等。因此“走出去”企业在搭建中间控股公司时，要注意其经营实质，不能仅用100%的避税地持股结构，需要根据实际进行双层或多层的合理变种，避免单纯作为导管公司存在。

最后，还要密切关注政策变化及时调整策略。企业除了要充分了解所在地的经济政策外，还必须要充分了解所在国的政治环境，进行境外投资时尽量选择政治稳定、政策变化小的国家，政策朝令夕改会给企业带来很多不必要的麻烦。各国的法律条例在不断修订完善，会使某些做好的税务筹划失去效用，甚至与法律相抵触。因此，企业要随时掌握所在地的会计、税务、法律等条例的变化情况，依照新的课税制度做出新的税务计划安排。

四、税案预判与点评

截至2018年6月，印度税务机关与和记电讯的争议还在继续，和记电讯能否再次摆脱印度税务机关的逃税指控还不得而知。但根据税收原理和基本事实认定，印度税务机关想征到这笔税难度较大。基本判断与分析如下：一方面，印度政府通过修改法令来推翻最高法院判决的行为有违国际法的追溯原则。据世界银行最新发布的《2017年营商环境报告》显示，在所有190个国家中印度营商便利度仅排在第130位，倘若印度税务机关一意孤行，会进一步使国际社会对印度的政府信誉和经营环境产生严重担忧，这对于迫切需要改善营商环境的印度来说是得不偿失的。另一方面，10年前在收购交易进行时，和电国际仍为一家上市公司，而在收购事项后，和电国际已被私有化并已终止业务运作，自身及其附属公司在印度并无任何业务，再进行补缴则有违常理。

附　录

一、李嘉诚及其商业帝国

（一）李嘉诚

李嘉诚，香港著名企业家、慈善家，绰号“李超人”。生于1928年7月29日，汉族，祖籍广东潮州潮安，现任长江和记实业有限公司及长江实业地产有限公司主席，经营范围包括房地产、能源业、网络业、电讯业以及传媒业。自从1999年被福布斯评为全球华人首富以来，连续15年蝉联华人首富宝座。2015年8月19日，胡润发布2015年全球华人富豪榜，李嘉诚以2000亿元财富位列全球华人富豪第二位。李嘉诚商业大事年表见表4。

表4　李嘉诚商业大事年表

1943年	14岁时被迫辍学开始进入社会谋生
1947年	在一家五金厂当推销员，因业绩出色于次年升为经理
1950年	22时用积蓄7000美元在筲箕湾创办长江塑胶厂
1957年	研制出塑胶花，填补了香港市场的空白得到热销
1958年	在港岛北角建起了第一幢工业大厦，正式介入地产市场
1967年	左派暴动，地价暴跌，李氏以低价购入大批土地储备
1972年	“长江实业”上市，其股票被超额认购65倍
1979年	收购“和记黄埔”22.4%的股权，成为首位收购英资商行的华人
1984年	购入“香港电灯公司”的控制性股权
1986年	进军加拿大，购入赫斯基石油逾半数权益
1995年	长江实业集团3家上市公司的市值，总共已超420亿美元
1999年	总资产首次超越李兆基成为华人首富
2009年	长江实业总市值达到10000亿港元
2014年	收购爱尔兰移动通信服务商O2，重组了爱第二大移动通信运营商，蝉联华人富豪榜的第15年
2015年	以2000亿元财富位列全球华人富豪第二位

（二）李氏商业帝国

长江和记实业有限公司是李嘉诚商业版图中的旗舰，业务遍及全球超过50个国家，雇员人数超过29万名。长和集团在香港的成员包括3家同为恒生指数成份股的上市公司：长和（股份代号：0001）、和记黄埔有限公司（股份代号：0013）及电能实业有限公司（前称香港电灯集团有限公司，股份代号：0006）；在香港联合交易所主板上市的长江基建集团有限公司（股份代号：1038）、长江生命科技集团有限公司（股份代号：0775）、和记电讯香港控股有限公司（股份代号：0215）及TOM集团有限公司（股份代号：2383）等。截至2015年3月31日，长和集团旗下在香港上市之公司的总市值约为11970亿港元。如图1所示，李嘉诚拥有一个庞大的商业帝国。

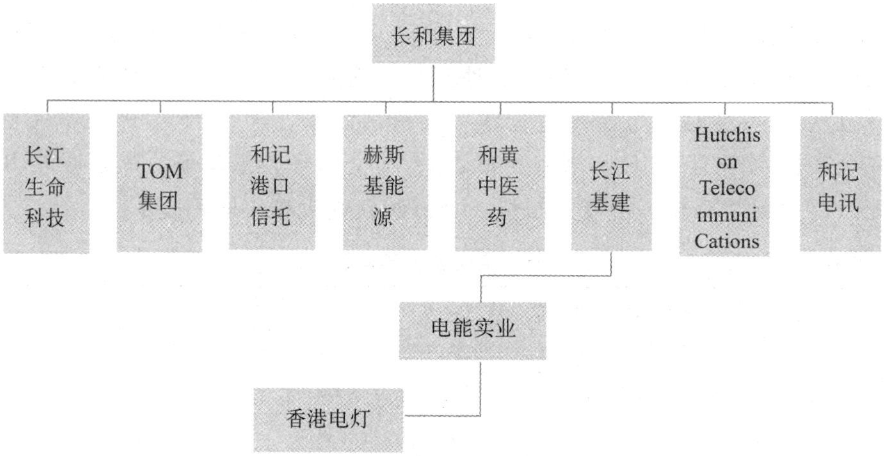

图3　李氏集团架构图①

二、"合理商业目的"的国内外法规研究

（一）国内法规梳理

我国对于合理商业目的的规定总体上是一个从粗放型向精细型变化的过程，对"合理商业目的"的界定也越来越清晰，相关法规的简要梳理见表5。

我国关于间接股权转让的所得税处理规则源自《企业所得税法》第6章第47条的一般反避税条款："企业实施其他不具有合理商业目的的安排而减少其应纳税收入或者所得额的，税务机关有权按照合理方法调整。"

① 资料来源：长江和记实业有限公司官网 http：//www. ckh. com. hk/tc/about/。

表 5　　我国“合理商业目的”法规梳理表

类型	文件名称
法律	《企业所得税法》第 6 章第 47 条
行政法规	《企业所得税法实施条例》第 120 条
部门规章	《关于印发〈特别纳税调整实施办法（试行）〉的通知》（国税发〔2009〕2 号）
	《关于企业重组业务企业所得税处理若干问题的通知》（财税〔2009〕59 号）
	《关于加强非居民企业股权转让所得企业所得税管理的通知》（国税函〔2009〕698 号）
	《关于非居民企业所得税管理若干问题的规定》（国家税务总局公告 2011 年第 24 号）
	《非居民企业股权转让适用特殊性税务处理有关问题的公告》（国家税务总局公告 2013 年第 72 号）
	《一般反避税管理办法（试行）》（国家税务总局令 2014 年第 32 号）
	《关于非居民企业间接转让财产企业所得税若干问题的公告》（国家税务总局公告 2015 年第 7 号）

《企业所得税法实施条例》第 120 条对“不具有合理商业目的”进行了解释“企业所得税法第 47 条所称不具有合理商业目的，是指以减少、免除或者推迟缴纳税款为主要目的。”

《特别纳税调整实施办法（试行）》第 94 条进一步明确规定“税务机关应按照经济实质对企业的避税安排重新定性，取消企业从避税安排获得的税收利益。对于没有经济实质的企业，特别是设在避税港并导致其关联方或非关联方避税的企业，可在税收上否定该企业的存在”。

《一般反避税管理办法（试行）》在其第 5 条中规定：税务机关应当以具有合理商业目的和经济实质的类似安排为基准，按照实质重于形式的原则实施特别纳税调整。

国税函〔2009〕698 号文第一次明确规定了间接股权转让的问题，其第 6 条规定“境外投资方实际控制方通过滥用组织形式等安排间接转让中国居民企业股权，且不具有合理的商业目的，规避企业所得税纳税义务的，主管税务机关层报税务总局审核后可以按照经济实质对该股权转让交易重新定性，否定被用作税收安排的境外控股公司的存在”。

2015 年 2 月国家税务总局颁布的 7 号公告首次对于非居民企业股权转让如何判断合理商业目的提供了具体指引，包括了在判断是否符合合理商业目的的八大考虑因素，对于部分特定情形则直接认定为不具有合理商业目的以及集体内部重组所适用的安全港规则。

由上述规定可知，我国间接股权转让所得税处理的关键是“合理商业目的”的判断。适用我国一般反避税条款的前提是“安排不具有合理商业目的”。

（二）国外相关规定

1. 澳大利亚“合理商业目的”判定

澳大利亚税务机关于2009年12月连续发布了两个法案，旨在规定针对税收协定滥用的一般反避税规则适用问题及私募资本的税务问题，2010年12月上述两个法案获得通过并最终正式公布。根据这两个法案，澳大利亚税务机关可以根据一般反避税规则否定在与澳大利亚签订有税收协定的国家成立的特定中间实体公司，在下列情形下，应认为符合一般反避税规则下的“不具有合理商业目的”：（1）在税收协定国家（地区）成立的实体在该国家（地区）并没有从事实质性的商业活动；（2）中间控股实体并非出于某些法规的特定原因而成立，也很少或未开展其他商业活动。反之，即可以认定该特定架构具有合理商业目的。

2. 英国“拉姆齐”原则

英国没有反避税的一般条款，将“不具有合理商业目的”作为国家的反避税措施之一是通过一个很典型的判例，即IRC v. Ramsay公司规避资本利得税案，被英国上议院确定为“不具有合理商业目的”避税案判例，即著名的拉姆齐原则（Ramsay Principle）。该案例的判决意见主要从以下几个方面进行了分析：（1）从目的来看，该安排完全以避税为目的，没有任何商业价值，因为通过该计划的实施，纳税人不可能有任何利润收入，相反一定会有损失，也就是其实施该计划所需要的成本。（2）整个计划都会按照预定安排确实进行，最终获得预定的效果。（3）将整个计划中的所有交易作为一个整体来看，它不会产生任何收益或损失，不会对任何人的地位产生任何影响。在很短的一段时间内，它计划并最终也确实使纳税人回到了计划开始时的状态。

3. 印度尼西亚“常设机构”标准

印度尼西亚没有一般反避税条款，但是在其2008年的所得税法中有针对税收协定滥用的特别规定。印度尼西亚2008年所得税法第18条第3段规定：自2009年1月1日起，转让设立或处于避税港国家（或地区）的导管公司或特殊目的公司的全部或部分股份，并且该导管公司或特殊目的公司持有设立或处于印度尼西亚公司的子公司，或该导管公司或特殊目的公司在印度尼西亚构成常设机构，则非居民将被视同转让设立或处于印度尼西亚的公司的股份或是转让设于印度尼西亚的常设机构。

参考文献

［1］陈晴，张涛．中国非居民企业间接股权转让反避税规则的反思与完善［J］．重庆大学学报（社会科学版），2015，21（05）：152－159.

［2］冯少华．非居民企业间接股权转让的反避税研究［J］．中国注册会计师，2016（07）：120－123＋3.

［3］林绥，杨俊．我国非居民企业间接股权转让中的合理商业目的判定——以印度沃达丰间接股权转让案为例［J］．国际税收，2016（02）：50－55.

［4］田志刚，王建伟．对“合理商业目的”税收立法条款的再解读［J］．当代经济，2015（18）：28－29.

［5］吴振宇．“合理商业目的”辨析［J］．国际税收，2013（09）：24－26.

［6］延峰，曾立新，王晓琨．“不具有合理商业目的”的判定及应对［J］．中国税务，2015（03）：53－54.

［7］叶姗．一般反避税条款适用之关键问题分析［J］．法学，2013（09）：92－101.

［8］India，Income－Tax Act，1961 as Amended by Finance Act，http：//law. incometaxindia. gov. in/DIT/.

［9］［美］P. S. 阿蒂亚，R. S. 萨默斯．英美法中的形式与实质——法律推理、法律理论和法律制度的比较研究［M］．金敏等译，中国政法大学出版社，2010，82.

［10］［美］理查德．L. 多恩伯格：国际税法概要［M］．马康明等译，中国社会科学出版社，1998，69.

［11］蔡昌，魏志华．李嘉诚印度避税为何会成功？［J］．首席财务官，2018（4）．

国际税案3　中联重科跨境并购意大利CIFA公司税案[①]

为融入世界经济大潮，拓展国际混凝土机械市场，长沙中联重工科技发展股份有限公司（以下简称中联重科）选择并购产品性价比高、技术管理水平先进、销售前景广阔的意大利CIFA（全称为Compagnia Italiana Forme Acciaio）公司。2008年9月28日，中联重科正式并购CIFA公司，自当年5月开始，中联重科就通过在中国香港、卢森堡、意大利设立特殊目的公司的方式建立了“香港—卢森堡”的并购组织架构，不仅便于并购与风险控制，在税收筹划方面也起到了很大的作用。

一、案例背景

（一）主要并购方——中联重科基本情况

中联重科成立于1992年，法定代表人为詹纯新，注册资本现已达76.64亿元。其前身为长沙高新技术开发区中联建设机械产业公司。经过20余年的发展，中联重科逐步成长为一家集工程机械、农业机械和金融服务为一体的全球高新技术装备研发制造企业，是业内首家A股+H股上市公司，同时也通过了高新技术企业认定，享受着15%的高新技术企业优惠税率。截至目前，中联重科市场覆盖全球100余个国家和地区，在全球近20个国家拥有分、子公司，并在“一带一路”沿线国家和地区均有市场布局。

并购CIFA后，中联重科的国际市场地位大为提升，稳居中国第一大混凝土机械制造商的地位，接近世界第一，改变了全球混凝土机械市场的竞争格局。2013年6月22日，这一并购案例也荣获“首届中国海外投资经典案例”奖，引起社会各方关注。

（二）被并购方——意大利CIFA公司基本情况

意大利CIFA公司于1928年创建，是一家历史悠久的工程机械制造商，

---

① 中央财经大学2017级税务专硕张赛、王思月参与本案例研究与写作。

总部设于意大利米兰附近的塞纳哥。第二次世界大战后，CIFA 公司开始驾驭建筑市场的演进，20 世纪 50 年代将其业务拓展到混凝土搅拌车、混凝土泵车、搅拌机及混凝土运输设备等，不仅在欧洲传统市场具有相应的市场份额和客户忠诚度，而且已经布局东欧、俄罗斯、印度等具有发展潜力的新兴市场，形成了良好的竞争态势，2008 年中联重科收购 CIFA 后，帮助 CIFA 在欧美同行中率先走出金融危机的影响。

（三）共同投资方

与中联重科共同完成收购案的还有另三家基金公司，分别为弘毅投资、高盛集团、曼达林基金。用中联重科董事长詹纯新的话来说，“弘毅投资是具有国际视野的中国本土基金，高盛公司是具有全球投资管理经验的纯国际化基金，而曼达林基金的股东之一是意大利最大银行联合圣保罗，它的管理团队是相对了解中国国情的意大利本土团队”，与国内外这三家公司的强强联合推动了收购案各方面的顺利进行。

（四）并购过程的重要细节

根据中联重科 2008 年 10 月 8 日披露的《重大资产购买暨关联交易实施情况报告书》，现将重要细节列示如下：

2008 年 1 月 14 日，中联重科收到卖方发出的邀请投标程序函及目标公司的初步情况介绍材料。

2008 年 1 月和 3 月，中联重科分别递交了一、二轮投标文件。

2008 年 6 月 20 日，买卖双方签署了最终的买卖协议。同日，买方（中联重科与共同投资方）签署了共同投资协议以及与意大利 Intesa 银行的相关融资协议。根据买卖协议，本次交易中 CIFA 全部股权作价 3.755 亿欧元，由中联重科和共同投资方合计支付的 2.515 亿欧元作为股权转让价款（合计支付总额为 2.71 亿欧元，剩余 0.195 亿元为交易费用，费用由中联重科和共同投资方按比例承担），差额部分 1.24 亿欧元（3.755 - 2.515）最终由 CIFA 自身长期负债解决。共同投资协议规定，在本次交易完成后的 3 年届满之后，中联重科可随时行使其以现金或中联重科股票购买各共同投资方在控股公司中全部股份的期权，除非共同投资方的退出价值低于共同投资方的初始投资。

2008 年 9 月 5 日，中联重科将本次收购相关事宜报送湖南省国资委备案。

二、中联重科并购 CIFA 的组织架构

中联重科并购 CIFA 的组织架构如图 1 所示，有关落实交易结构的情况如下：

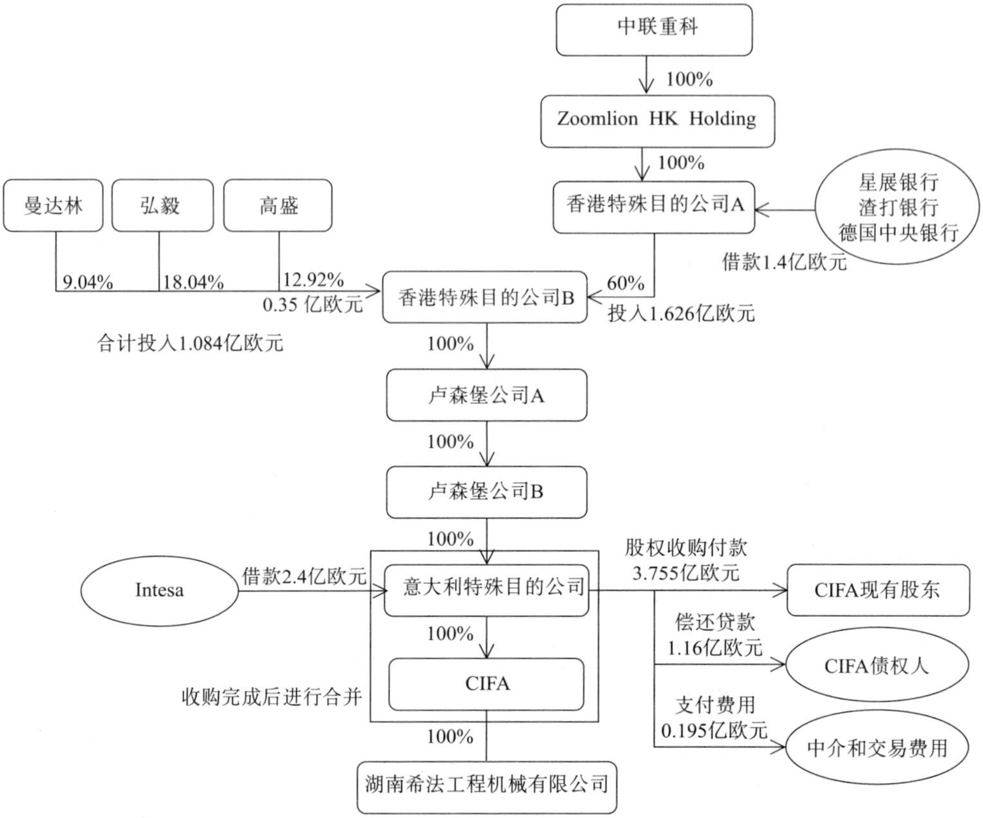

图 1　中联重科并购 CIFA 公司的组织架构图

1. 2008 年 5 月 28 日，Zoomlion H. K. Holding Co. Ltd（中联重科（香港）控股有限公司）在香港成立，为中联重科的全资控股子公司，8 月注入资本金 526500000. 03 港元（约合 0. 48 亿欧元）。

2. 2008 年 6 月 23 日，中联重科海外投资管理（香港）有限公司，即香港特殊目的公司 A——Zoomlion Overseas Investment Management（H. K.）Co. Limited 在香港成立，为中联香港控股公司的全资控股子公司，资本金为 448500000. 01 港元（约合 0. 4 亿欧元）。

9 月 3 日，该公司与星展银行有限公司、渣打银行（香港）有限公司和德国中央合作银行香港分行 3 家银行签署了金额为 2 亿美元（约合 1. 4 亿欧元）的定期贷款协议，期限 3 年，利率为 Libor + 1%，该贷款协议适用香港法律，由中国进出口银行以相同期限、相同金额为中联重科向以上 3 家银行提供担保，中联重科向中国进出口银行提供反担保。该笔贷款连同部分自有资金用于向香港特殊目的公司 B——ZoomlionCifa（Hong Kong）Holdings Limited

的出资。

3. 2008 年 7 月 31 日，香港特殊目的公司 B——ZoomlionCifa (Hong Kong) Holdings Limited 在香港成立。9 月 10 日依照《共同投资协议》，中联重科联同共同投资方向该公司出资 2.71 亿欧元，其中中联重科的投资实体香港特殊目的公司 A 出资 1.626 亿欧元，持有 60% 股权；弘毅的投资实体 Sunny Castle International Limited 出资 0.489 亿欧元，持有 18.04% 股权；曼达林的投资实体 Ace Concept Holdings Limited 出资 0.245 亿欧元，持有 9.04% 股权；高盛的投资实体 GS Hony Holdings I Ltd. 出资 0.35 亿欧元，持有 12.92% 股权，3 家共同投资 1.084 亿欧元。

4. 2008 年 8 月 11 日，卢森堡公司 A——ZoomlionCifa (Luxembourg) Holdings S. a. r. l 在卢森堡成立，设立时其资本为 0.00126 亿欧元，9 月 12 日香港特殊目的公司 B 向该公司进行增资，总出资额为 2.71 亿欧元，并持有该卢森堡公司 A 的 100% 股权。

同日，卢森堡公司 B——Cifa (Luxembourg) Holdings S. a. r. l 在卢森堡成立，设立时资本为 0.00123 亿欧元，9 月 12 日卢森堡公司 A 向该卢森堡公司 B 进行增资，总出资额为 2.71 亿欧元，并持有该卢森堡公司 B 的 100% 股权。

5. 2008 年 8 月 27 日，意大利特殊目的公司——Cifa Worldwide S. p. A. (股份有限公司) 在意大利米兰成立，设立时资本为 0.0012 亿欧元。卢森堡公司 B 于 9 月 22 日向该意大利特殊目的公司增资至 2.71 亿欧元，并持有该意大利特殊目的公司 100% 股权。

6. 意大利当地时间 2008 年 9 月 19 日，CIFA 股权的交割手续完成。根据中联重科聘请的意大利律师事务所 Caffi Maroncelli e Associati 出具的法律意见，本次收购中的意大利特殊目的公司，即 CIFA Worldwide S. p. A. 已经依意大利法律合法成立且有效存续。

CIFA 及意大利特殊目的公司分别于交割日向意大利银行 Intesa 提取 1.1745 亿欧元和 1.2255 亿欧元（共计 2.4 亿欧元）的现金并承担相应债务，用于支付买卖对价并偿清了目标公司 CIFA 原有的优先级贷款和卖方贷款。收购完成后 CIFA 公司和意大利特殊目的公司完成合并，中联重科间接持有 CIFA 公司 60% 的股权。

7. 2012 年 12 月 28 日，中联重科收购了由弘毅等股东持有的 40% 的意大利 CIFA 股权，实现了对意大利 CIFA 的 100% 全资控股。2009 年 12 月 1 日，意大利特殊目的公司为了帮助 CIFA 进入中国市场，在中联重科的“老家”长沙市设立了湖南希法工程机械有限公司，公司性质为外国法人独资的有限责任公司，从事混凝土机械的研发、生产、销售及售后服务，2016 年 12 月 30 日股东变更为意大利 CIFA 公司。

三、中联重科组织架构的涉税分析

中联重科设立的组织架构常被称为“香港—卢森堡”结构，这一结构最大的好处就是可以利用避税地和税收协定这两种税收技巧进行税收筹划。由于卓越的地理环境、稳定的政治环境、出色的金融服务、优惠的税收政策和丰富有弹性的双边税务协定，卢森堡和香港在境内企业进驻欧洲市场时备受青睐。下面就这一结构面临的税收问题进行讨论与分析。

（一）利息费用与投资资产成本的税前扣除

目前我国企业跨境并购可采取的融资方式有内部资金、债务融资、权益融资，使用内部资金融资不涉及税收相关问题。《企业所得税法》规定，非金融企业向金融企业借款的利息支出可据实扣除，使用债务融资的方式可获得利息抵税的税收利益。在本次交易中，香港特殊目的公司 A 向星展银行、渣打银行、德国中央银行借款 2 亿美元，中联承担还款责任，则利率为 12 个月的 Libor + 1%，还款期限为 3 年，每年可依照利率扣除相应利息。

《企业所得税法》第 8 条规定，企业实际发生的与取得收入有关的、合理的支出，包括成本、费用、税金、损失和其他支出，准予在计算应纳税所得额时扣除。《企业所得税法实施条例》指出，成本、费用、损失和其他支出都是与生产经营活动有关的，中联重科此次股权收购是企业生产经营活动还是企业资本经营活动，其收购股权支付的对价能否税前扣除还有待商榷。但可以明确的是，《企业所得税法实施条例》中规定，通过现金支付方式取得的投资资产，以购买价款为成本，中联重科支付现金对价 1.626 亿欧元（其中 1.509 亿欧元为股权款，其余 0.117 亿欧元为交易费用）取得意大利 CIFA 公司的权益性投资资产，只能在资产转让或者处置时扣除，在对外投资期间计算应纳税所得额时不得扣除。中联重科在此次交易中没有发生所得，成本也不得扣除，不必就该笔交易缴纳企业所得税，但这笔现金作为投资资产的成本的的确确流出了企业，使资金链面临较大的风险，又无法在当期应纳税所得额中扣除，对其来说是一个沉重的负担。

（二）印花税涉税处理

印花税的征税范围包括借款合同、产权转移书据等，共有 13 个税目。《中华人民共和国印花税暂行条例》规定在中华人民共和国境内书立、领受条例所列举凭证的单位和个人，都是印花税的纳税义务人。《印花税暂行条例施行细则》规定，应纳税凭证应当于书立或者领受时贴花，如果合同在国外签订的，应在国内使用时贴花。应纳税凭证所载金额为外国货币的，纳税人应按照凭证书立当日的中华人民共和国国家外汇管理局公布的外汇牌价折合成人民币，计算应纳税额。印花税部分税目、税率如表1所示。

表1　　我国印花税部分税目税率

税目	范围	税率	纳税人
借款合同	银行和其他金融组织和借款人（不包括银行同业拆借）签订的借款合同	按借款金额的0.05‰	立合同人
产权转移书据	包括财产所有权在内的8种转移数据和合同	按所载金额的0.5‰	立据人

中联重科与共同投资方签署的共同投资协议不涉及印花税问题。中联重科及共同投资方与意大利Intesa银行签订的融资借款协议金额为2.4亿欧元，按照2008年6月20日外汇牌价100欧元=1066.6元人民币，则2.4亿欧元=25.584亿元人民币，印花税为127920元人民币。如果在中国境内书立、领受，则协议双方要在中国境内缴纳这笔税款，如果在中国境外签订合同，那么合同在境内使用时，双方还是要缴税的。

香港特殊目的公司A与星展银行、渣打银行、德国中央银行签订的贷款协议适用于香港法律，香港税制中的印花税仅对房地产转让、租约和证券转让这3项交易的有关文书进行征税，贷款协议不涉及这3项，所以香港不会对此协议进行征税。

如果中联重科直接与意大利CIFA签订股权收购合同，那么这项合同要被视作产权转移书据向中国缴纳印花税，1.616亿欧元=17.34亿元人民币，需缴纳印花税867145.8元人民币。现在由意大利特殊目的公司负责收购CIFA，就可以规避掉向中国缴纳的这笔巨额印花税。

（三）股息汇回中国的税务处理

中联重科成为意大利CIFA公司的第一大股东后自然享受其分配的股息，在股息从境外向境内汇回的各个步骤上，充分体现了“香港—卢森堡”这一结构在避税方面的优势。CIFA被收购后，其意大利居民公司的身份仍然没有改变，继续享受国民待遇，将股息分配到中联重科时，中联重科享受的税收优惠主要体现在4个层次上。

第一层为根据欧盟《关于不同成员国间母子公司税收指令》，意大利不得对股息征收预提税。

为避免对股息进行双重征税，扭曲市场主体的经营决策行为，阻碍欧洲市场统一的趋势，欧盟各成员国一直有意地在双边税收协定中解决这个问题。1990年，欧盟理事会通过了《关于不同成员国间母子公司税收指令》（简称《指令》），《指令》规定了适格客体、适格主体来规范豁免的条件。适格客体明确规定为“分配利润”，按字面意思来讲，仅包括子公司分配给母公司的股息；适格主体分为公司和常设机构（2003年新增），并对母子公司规定了持股比例和持股时间的条件。《指令》要求可以享受优惠的公司必须同时满足三个条件：（1）必须是《指令》附件中列出的公司，包括股份有限公司和有限责任公司；（2）必须是成员国国内税法意义上的居民，同时也不能被非成员国视为税收居民；（3）必须在成员国负有不可选择且未被豁免的公司税义务。

CIFA的企业性质为意大利股份公司，卢森堡公司B的企业性质为CIFA（卢森堡）控股有限公司，满足条件（1）；意大利律师事务所Caffi Maroncelli eAssociati出具的法律意见表明，CIFA系依意大利法律正式组建、有效存续且资格完备，仍为意大利税收居民，而根据卢森堡税法，注册地或主要管理地在卢森堡的公司为居民公司，所以卢森堡公司B为其居民企业，满足条件（2）；CIFA公司要向意大利缴纳公司税，卢森堡公司作为居民公司也有纳税义务，满足条件（3）。

除此之外，母公司对子公司的持股比例在当时还必须满足25%以上，持股时间满两年为上限。卢森堡公司B持有CIFA公司100%的股份，只需让持股时间满足意大利本国规定即可。

第二层为卢森堡不对该笔股息征税。

卢森堡税法规定，居民公司是指注册地或主要管理地在卢森堡的公司，居民公司应就来源于境内外的所得缴纳公司所得税，卢森堡公司的应税所得额涉及卢森堡税法中规定的公司间股息和外国所得。但卢森堡税法对公司间股息设立了以下条件，达到条件可以免税：

（1）分配公司可以是卢森堡居民公司、欧盟居民公司，也可以是非居民有限责任公司；

（2）受益公司可以是卢森堡居民公司，也可以是欧盟国家或者与卢森堡签订税收协定国家的税收居民公司的常设机构；

（3）受益公司必须持有分配公司10%以上的股份，或者在会计结算最后期限之前的12个月以上参股额不低于120万欧元（现已改为600万欧元）。

分配股息的公司是意大利CIFA公司，属于欧盟居民公司，受益公司为卢森堡公司，且持有 CIFA 公司 100% 的股权，因此公司间的股息免征公司所得税。同时，税法规定，从外国子公司获得的股息应当纳税除非满足上述免税规定。这样无论这笔股息被认为是公司间股息还是外国子公司所得都免于缴纳公司所得税。

一般来说，对股息征收预提税的都是子公司居民国，但有时母公司居民国也会征收，如比利时曾对银行子公司支付给母公司的股息征收过预提税。为此，《指令》第 6 条规定，母公司所在国不得对母公司源于子公司的利润征收预提税，也使得卢森堡无法对意大利公司汇回的股息征收预提税。由此可知，在卢森堡境内，这笔股息可以获得“三重保险”。

第三层为卢森堡与香港之间签订有《香港—卢森堡双边税务协议》。

根据该协定，如果香港受益所有人是直接持有卢森堡公司至少 10% 资本的公司，则无须向卢森堡缴纳股息预提税。又由于香港实行单一的收入来源地管辖权，即各个税种的征收权限仅限于来自香港本土的财产和收入，来源于本土之外的财产和收入一律不征收，那么这笔股息在由卢森堡公司汇到香港的时候，由于不是在香港本土取得，香港也不对该笔股息征税。

第四层为中国内地与香港签订有《内地和香港特别行政区关于对所得避免双重征税和防止偷漏税的安排》（以下简称《安排》）。

《安排》中规定，“一方居民公司支付给另一方居民的股息，可以在该另一方征税。然而，这些股息也可以在支付股息的公司是其居民的一方，按照该一方法律征税。但是，如果股息受益所有人是另一方的居民，则所征税款不应超过：（一）如果受益所有人是直接拥有支付股息公司至少 25% 资本的公司，为股息总额的 5%；（二）在其他情况下，为股息总额的 10%。”中联重科为内地居民公司，也为股息的受益所有人，持有 Zoomlion H. K. Holding Co. Ltd 100% 的股份，当 CIFA 汇回的股息抵达“港陆之界”时，这笔股息仅按照 5% 的税率向香港政府缴纳预提所得税。如果直接从内地投资 CIFA 公司，则股息汇回时需要适用中意之间签订的《中华人民共和国政府和意大利共和国政府关于对所得避免双重征税和防止偷漏税的协定》，按照不超过 10% 的税率征收预提税。

（四）股权转让的税务处理

严格来讲，香港并没有一套单独全面的税法体系，现行的香港税制由香港《税务条例》及其附例和税务规则构成，《税务条例》首次颁布是在 1947 年，在这将近 70 年的历史中，不管形势如何变化，香港吸引外资、促进本港经济贸易发展的指导思想从未改变，也因此可以继续保持税率低、税制简单、最少干扰经济的优点。在香港税制中没有设立投资利得税，这样高盛、弘毅或者曼达林退出投资，将股权转让给香港特殊目的公司 A 时可以不必就投资利得缴税。香港的利得税税率也很低，公司等法人或者团体的税率仅为 17.5%，远远低于内地 25% 的企业所得税税率。如果中联重科将利润截留在香港子公司从事生产、投资，就算获得了来源于香港本土的财产或者收入，也可以以低税率的方式缴税。

（五）湖南希法的税负分析与筹划思路

湖南希法公司汇回中联重科的股息很有可能无法获得抵免，下面从以下两个角度分析：

1. 经过设立湖南希法公司，中联重科形成了境内—香港—卢森堡—意大利—境内的多重母子公司关系模式，每一层子公司汇给母公司的股息所得相应承担的子公司的所得税都可以通过间接抵免的方式在母公司所在国获得抵免，但我国适用间接抵免法的层级最多为三层，湖南希法处于间接抵免的第四层，其在中国境内缴纳的企业所得税不能在计算中联重科的所得税时间接扣除，造成了重复征税。

2. 湖南希法公司地处境内，向中联重科汇回的股息收入不能作为“企业来源于中国境外的所得”，其缴纳的企业所得税不能作为“可抵免的境外所得税税额”进行抵免。

虽然中联重科和湖南希法都是中国的居民企业，但是湖南希法向中联重科分配的股息并不符合免税优惠。《企业所得税法》第 26 条规定，对于符合条件的居民企业之间的股息、红利等权益性投资收益以及符合条件的非营利组织的收入免征企业所得税。这个“符合条件”的因素在《企业所得税法实施条例》第 83 条得到了进一步解释，即居民企业直接投资于其他居民企业取得的投资收益。中联重科只是通过多层子公司间接持有湖南希法的股份，并不符合直接投资的条件，所以中联重科收到的股息所得也不可免税。此外，湖南希法将利润汇到境外的 CIFA 公司时还要代扣代缴不超过 10% 的预提所得税，湖南希法在中联重科的整个税收体系中十分尴尬。

值得欣慰的是，财税〔2011〕47 号文规定，高新技术企业来源于境外的所得可以按照 15% 的优惠税率缴纳企业所得税，在计算境外抵免限额时可按照 15% 的优惠税率计算境内外应纳税总额。中联重科已经通过国家高新技术企业认证，享受 15% 的优惠税率，也许在抵免来自意大利 CIFA 公司的股息所得税时可以享受到税收优惠。

如果由中联重科从意大利 CIFA 公司手中购买湖南希法的股份，则中联重科直接持有湖南希法的股份，符合《企业所得税法》第26条的免税规定，且随着购买股份的增多获得的免税优惠也越多。相应地，向意大利CIFA公司汇出的股息在缴纳预提税时税款会减少，从境外将股息汇回中联重科时由于税款不可抵免造成的重复征税状况也能得到一定的缓解。

四、对境外子公司税务风险的界定与控制

中联重科的组织架构在税收筹划方面发挥了很好的作用，虽然在设立该组织架构时已经获得国家发改委、商务部、湖南省国资委、国家外汇管理局、证监会等部门的批准，但并不带代表这一组织架构没有潜在的税务风险。

（一）对境外子公司税务风险的界定

1. 受控外国企业

根据国际税法和我国税法，中联重科设立的香港特殊目的公司和卢森堡境外子公司有被认定为“受控外国企业”的风险。国际税法上的“受控外国企业”一般是相对于股东居住国而言的，指的是由该国居民直接或间接控制或者拥有实质利益但是设立于其他国家（地区）的企业。这类企业一般设立于税负比较低的国家或者地区，股东可以通过控制受控外国企业，对利润的分配时间、用途等进行控制，以达到递延纳税或是不纳税的目的。我国国税发〔2009〕2号文在我国最先提出了这一概念，《企业所得税法》及实施条例也表述了这一概念。在我国，要判定一个境外企业是否构成受控外国企业需要满足以下3个条件：

（1）该境外企业由中国税收居民企业控制，或由中国税收居民企业和中国税收居民个人控制。控制既包括股份控制，也包括其他控制。股份控制中分为直接控制和间接控制。对于中联重科来说，其设立的诸多境外中间企业都满足控制标准。

（2）该外国企业设立在实际税负明显低于12.5%水平的国家或地区。在中国首例受控外国企业案例中，山东A公司的全资控股子公司香港B公司，就被税务机关认定为设立在实际税负低于12.5%的国家（地区）。因此，中联重科设立在香港的特殊目的公司有被认定为“受控外国企业”的风险。国税发〔2009〕37号文规定了不构成受控外国企业的“白名单”，如果中国居民企业或居民个人能够提供资料证明其控制的外国企业设立在美国、英国、法国、德国、日本、意大利、加拿大、澳大利亚、印度、南非、新西兰和挪威的，可免于将该外国企业不做分配或者减少分配的利润视同股息分配额，计入中国居民企业的当期所得。卢森堡不包括在内，所以中联重科设立的卢

森堡公司，虽然为间接控制，但仍然有被认为是“受控外国企业”的风险。

(3) 并非由于合理的经营需要而对利润不做分配或者减少分配。然而我国税法并没有对什么是合理的经营需要、什么是不合理的经营需要做出规定，实际上这也难以确定，如果中联重科要把利润保留在境外，在这一条上就有了很大的斡旋空间。

如果这些境外公司被认定为“受控外国企业”，那么中联重科就不能通过将利润保留在境外来规避纳税，无论利润是否汇回，中联重科都要就这笔利润纳税，计算公式为：

$$\text{中国居民企业股东当期所得} = \text{视同股息分配额} \times \text{实际持股天数} \div \text{受控外国企业纳税年度天数} \times \text{股东持股比例}$$

2. 境外中资控股居民企业

上文中提到的境外子公司，不仅受到中国受控外国企业反避税规则的挑战，也会面临境外中资控股居民企业认定的问题，从而就全球范围的所得纳税，甚至会面临重复征税。《企业所得税法》引入的“居民企业”的判定条件，不仅明确了注册地标准，也明确了实际管理机构所在地标准。而境外中资控股居民企业指的就是因实际管理机构在中国境内而被认定为中国居民企业的境外注册中资控股企业。境外中资控股居民企业的认定除了要首先满足由中国内地企业或企业集团为主要控股投资者外，还需要同时满足以下 4 个条件：

(1) 企业负责实施日常生产经营管理运作的高层管理人员及其高层管理部门履行职责的场所主要位于中国境内；

(2) 企业的财务决策（如借款、放款、融资、财务风险管理等）和人事决策（如任命、解聘和薪酬等）由位于中国境内的机构或人员决定，或需要得到位于中国境内的机构或者人员的批准；

(3) 企业的主要财产、会计账簿、公司印章、董事会和股东会议纪要档案等位于或存放于中国境内；

(4) 企业 1/2（含）以上有投票权的董事或者高层管理人员经常居住于中国境内。

税总函〔2013〕183 号文中，国家税务总局依据上述 4 个条件，判定中粮集团（香港）有限公司等 164 家中粮集团境外注册中资控股企业为中国居民企业。中联重科在并购过程中曾做出与意大利 Intesa 银行的融资决策，虽然与星展银行、渣打银行、德国中央银行的贷款协议是由香港特殊目的公司 A 签订的，但决策非常有可能是中联重科在境内做出的。但应注意的是，在认定境外中资控股居民企业仅是企业所得税上的居民纳税人，是否涉及我国的其他税种还要再根据实际情况判断，如果境外企业在其他国家被认定为某税种的纳税人，则境外企业还要向其他国家的税务机关缴纳税款。

3. 受益所有人与导管公司

"受益所有人"是税收协定中的概念，只有属于税收协定下的受益所有人，才能享受协定规定的股息、利息、特许权使用费和技术用费中的协定优惠税率。1966 年，英美税收协定首次提出这一概念，经合组织在 1977 年采纳这一概念，防止第三国居民滥用税收协定。1987 年 OECD 财政事务委员会在《双重征税条约与"导管"公司的运用》中特别指出，导管公司虽然形式上是受益所有人，但如果它仅仅是受托人或者管理者，拥有非常小的权力，就不能被认为是受益所有人。这一报告体现了实质重于形式的原则。同时，欧盟《母子公司指令》也规定了反避税的例外条款，其中反导管公司规则和反滥用协定规则明确规定可以不予使用税收优惠。但长期以来，国际上对"受益所有人"的概念缺乏统一的规定，各国在实践中的理解也各不相同。

经过捋顺中联重科投资的资金流动过程，我们发现，中联重科和投资方共同投资的 2.71 亿欧元经过香港特殊目的公司 B、卢森堡公司 A、卢森堡公司 B，最终到达意大利特殊目的公司，用于收购 CIFA 公司，根据中联重科于 2008 年 10 月披露的报告来看，这些中间公司几乎没有发挥其他重要作用。除了考虑到规避母公司股权变动风险、便于并购计划执行等非税因素外，中联重科肯耗费大量的成本设立多层子公司，很可能是看到了组织架构带来的税收利益。中联重科通过设立中间公司，使之在多层母子公司关系之间成为"受益所有人"，达到免缴或少缴预提税的目的，那么这些中间公司的性质是否为导管公司就非常值得探讨。一旦导管公司的性质落实，那么意大利 CIFA 母公司—卢森堡公司 B、卢森堡公司 A 母公司—香港特殊目的公司 B 都不能被当局判定为受益所有人，免除预提税的优惠就可能不能适用。

（二）对境外子公司税务风险的控制

1. 避免认定为受控外国企业

中联重科可以利用"受控外国企业安全港规则"来"明哲保身"，满足规则中的任意一条就可以免除上述纳税义务。

中联重科可在"白名单"中选取一个国家，如法国。法国与卢森堡同为欧盟成员国，CIFA 公司将股息汇到法国的境外子公司时可以享受同样的免征预提所得税的优惠；香港与法国之间也签订有税收协定，预提税率由之前的 25% 降为 10%，只是达不到与卢森堡之间免税的效果；法国税法规定，母公司可以对来源于国内或国外子公司分配的股息选择参股免税规定，股息的95%免征公司所得税。显然，相比于卢森堡来说，在法国设立境外子公司要付出的成本更多，因此中联重科需要进一步筹划，衡量认定后向中国缴纳税额与设立法国境外子公司后向境外缴纳税额之间的大小，做出对企业最有利的决策。

中联重科还可以证明企业主要取得相对于股息、利息、特许权使用费等消极所得而言的积极经营活动所得，这类经营活动包括生产、销售、劳务提供等。目前税法并没有对“主要取得积极经营活动所得”做出判定标准，在实践中一些税务机关将比例设定为50%，即从事积极经营活动以外的其他活动所得不超过全部所得的50%。这就要求中联重科在境外开展积极经营活动，或是控制股息所得的数额。

为扶持中小企业“走出去”，简化税收管理，我国还规定境外企业年度利润总额低于500万元人民币可免于被认定为“受控外国企业”。相比于上述两条规则来说，这一明确的标准给了中联重科确切的筹划空间，中联重科可以采用企业分立的方法降低每个境外企业的年度利润，利用居住国税法规定的加速折旧等优惠尽量多列成本和费用支出。

2. 避免认定为境外中资控股居民企业

目前认定境外中资控股居民企业的规则中仍然存在着漏洞，要避免被认定为境外中资控股居民企业可以从以下3个角度入手：

首先，从主要控股投资者入手。认定规则规定，主要控股投资者必须为中国内地企业或企业集团，也就是说中国内地居民个人作为主要控股投资者在境外注册成立的企业不适用认定规则。如果中联重科可以找到个人合作者，由个人合作者设立境外公司，通过与个人合作者签订协议完成CIFA公司生产技术的引进，则可以降低认定风险。

其次，从高层管理人员和高层管理部门入手。迄今为止税法并没有对高层管理人员和高层管理部门进行清晰的界定，税务机关在判定时可能会根据不同企业的具体情况。中联重科可以依据自身的企业特点就何为“高层”与税务机关进行磋商，争取主动权。在上文中提到的中粮集团案例中，中粮集团有限公司明确规定集团下属企业需由集团派出董事，164家境外企业除外方董事、独立董事外，主要董事均由集团领导人员、职能部门经理人、集团经理人担任，人数占具有投票权董事的1/2以上，这些负责企业生产经营运作的高层管理人员均在北京常住。所以中联重科可吸取中粮集团的教训，在任命负责日常运作的境外企业董事和高层管理人员时采用适量雇用外国人员、对境内派出人员进行补贴以提高其赴外积极性、在境外建立办公室等方法，将主要履行职责的场所和经常居住地从境内转移至境外。

第三，从条件（3）入手。因为这4个条件需要同时满足，所以中联重科可以立足条件（3）来降低、规避被认定的风险。境外企业的主要财产主要是长期股权投资、银行存款和各种往来款项。中联重科对境外子公司注入资金时，子公司的银行存款一般存放于境外离岸银行，不会依然滞留于境内，长期股权投资和往来款项本身也不在境内，将会计账簿、公司印章、董事会和股东会议纪要档案存放于境外企业就可以满足条件，相比于其他条件来说这点还是比较容易做到的。

3. 避免认定为导管公司

为获得受益所有人享有的免征预提税的税收优惠，中联重科应避免香港特殊目的公司B、卢森堡公司A、卢森堡公司B和意大利特殊目的公司被当局认定为导管公司。

为避免上述公司被认定为导管公司，满足受益所有人的认定标准，缔约对方国家（地区）居民在申请享受股息、利息和特许权使用费等条款规定的税收协定待遇时，如除持有所得据以产生的财产或权利外几乎没有其他经营活动，将不利于对其受益所有人身份的认定。目前实质性经营活动的内涵仍然处于相对模糊的状态，受益所有人的判定存在法律盲区，但一般的观点认为制造、经销、管理属于实质性经营活动。税总函〔2013〕165号文也指出了不能仅根据某一个不利因素就判定公司不符合受益所有人身份，还要结合其他因素综合判定。虽然该文件是针对香港企业申请协定待遇的规定，但文件所体现的基本原则可供参考。因此，中联重科可尽量为上述公司安排生产经营活动，给予部分对所得或所得据以产生的财产、权利的控制权或处置权，使其具备与商业经营活动相适应的承担风险的能力，并拥有与所得数额相匹配的资产、规模及人员配置，以备应对经营风险之需。

中联重科的并购之旅无疑是成功的，其“香港—卢森堡”组织架构的最大亮点就在于利用避税地和税收协定降低股息预提税，然而在未来复杂的国际税收环境下，这一组织架构可能会暴露出潜在的税务风险，这是我们应该特别关注的问题之一。

【延伸思考】

1. 中联重科利用“中国香港—卢森堡”结构在股息汇回上获得了哪些

好处？

2. 如果中联重科的境外子公司被认定为境外中资控股居民企业，则中联重科将面临怎样的税收环境？

【参考答案】

1. 中联重科主要运用避税地和税收协定两种国际避税方式，在“香港—卢森堡”结构上得到了股息汇回的好处，总共为四层：

第一层为根据欧盟《关于不同成员国间母子公司税收指令》，意大利不得对股息征收预提税。

欧盟《关于不同成员国间母子公司税收指令》（以下简称《指令》）规定了适格客体、适格主体来规范豁免的条件。适格客体明确规定为“分配利润”，按字面意思来讲，仅包括子公司分配给母公司的股息；适格主体分为公司和常设机构（2003 年新增），并对母子公司规定了持股比例和持股时间的条件。CIFA 和卢森堡公司 B 的企业性质、税收居民身份和纳税义务均满足《指令》中具体的要求。此外，《指令》要求母公司对子公司的持股比例在当时还必须满足 25% 以上，持股时间满两年为上限，成员国可以自行规定甚至不做要求。卢森堡公司 B 持有 CIFA 100% 的股份，只需让持股时间满足意大利本国规定即可。

第二层为卢森堡不对该笔股息征税。

卢森堡税法对公司间股息设立了条件，达到条件可以免税。分配股息的意大利 CIFA 公司和获得股息的卢森堡公司，以及它们之间的持股比例均满足卢森堡税法规定，因此公司间的股息免征公司所得税。同时，税法规定，从外国子公司获得的股息满足上述免税规定可以不纳税。这样无论这笔股息被认为是公司间股息还是外国子公司所得都免于缴纳公司所得税。此外，《指令》第 6 条规定，母公司所在国不得对母公司源于子公司的利润征收预提税，也使得卢森堡无法对意大利公司汇回的股息征收预提税。由此可知，在卢森堡境内，这笔股息可以获得“三重保险”。

第三层为卢森堡与中国香港之间签订的《中国香港—卢森堡双边税务协议》。

根据该协定，如果中国香港受益所有人是直接持有卢森堡公司至少 10% 资本的公司，则无须向卢森堡缴纳股息预提税。又由于中国香港实行单一的收入来源地管辖权，即各个税种的征收权限仅限于来自中国香港本土的财产和收入，来源于本土之外的财产和收入一律不征收，那么这笔股息在由卢森堡公司汇到中国香港的时候，由于不是在中国香港本土取得，中国香港也不对该笔股息征税。

第四层为中国内地与香港签订的《内地和香港特别行政区关于对所得避免双重征税和防止偷漏税的安排》（简称《安排》）。

《安排》中规定，一方居民公司支付给另一方居民的股息，可以在该另一方征税。然而，这些股息也可以在支付股息的公司是其居民的一方，按照该一方法律征税。但是，如果股息受益所有人是另一方的居民，则所征税款不应超过：如果受益所有人是直接拥有支付股息公司至少 25% 资本的公司，为股息总额的 5%；在其他情况下，为股息总额的 10%。中联重科为内地居民公司，也为股息的受益所有人，持有 Zoomlion H. K. Holding Co. Ltd 100% 的股份，这笔股息仅按照 5% 的税率向中国香港政府缴纳预提所得税。

2. 中联重科的境外子公司被认定为境外中资控股居民企业后，则：

（1）这些境外子公司在境外取得的所得视同我国居民企业的境外所得要在我国缴纳企业所得税，应该向中国税务机关按季（月）申报预缴，年底汇算清缴。

（2）其向母公司中联重科分配的股息视为中联重科从居民企业取得的投资收益根据规定纳税。

（3）境外中资控股居民企业的认定只适用于企业所得税，并不意味着境外子公司也是我国增值税或者其他税种的纳税人，还要视具体情况而分析，但境外子公司在境外发生的应税行为应该向境外税务机关缴纳税款。

（4）如果境外子公司向其他非居民企业支付股息、利息、特许权使用费等，还需要按照《企业所得税法》扣缴预提所得税。

（5）当境内境外双方都按照本国税法认为境外子公司为本国的居民企业时，应当按照双方签订的税收协定的有关规定确认其居民身份，如果确认为我国税收居民，可适用我国与其他国家（地区）签署的税收协定，享受优惠。

参考文献

［1］张维银，卜村吏．国际避税基本问题微探［J］．知识经济，2009（13）．

［2］左颖丹，何民庆．中联重科并购 CIFA：一次成功的战略性并购［J］．企业导报，2013（8）．

[3] 薛沛沛，龚小凤．中联重科并购 CIFA 体系性对策研究［J］．现代商业，2015（9）．

[4] 高艳．中国企业成功实现跨国并购的探索之路——基于中联重科收购 CIFA 的案例研究［J］．商，2016（6）．

[5] 蔡昌、张赛、王思月．中联重科组织架构的涉税分析与筹划［J］．新理财，2018（4）．

国际税案4 澳大利亚雪佛龙税案[①]

一、案例背景

雪佛龙公司（Chevron Corporation）是一家总部位于美国的石油公司，是世界上最大的能源公司之一。2001年10月9日，雪佛龙公司收购了其主要竞争对手德士古公司（Texaco Corporation）并将公司名改为雪佛龙—德士古公司（Chevron Texaco Corporation）。2005年5月9日，雪佛龙—德士古公司宣布更名为雪佛龙公司。

雪佛龙公司在澳大利亚、中国、印度尼西亚等国都设有控股公司，且在美国特拉华州设立了雪佛龙—德士古融资公司（Chevron Texaco Funding Corporation，以下简称CTFC[②]）为集团融资贷款。其中，CTFC注册为C股份有限公司[③]。2002年，雪佛龙公司开始对其在澳大利亚设立的澳洲控股公司（Chevron Australia Holdings Pty Ltd，以下简称CAHPL）进行资本结构调整。如图1所示。

2003年6月，CAHPL与CTFC签订了信贷融通协议，协议中约定，由CTFC在美国外部商业票据市场中进行资金筹措，筹措资金共计约25亿美元，其资金利率的成本为不超过美元LIBOR的利率（约1.2%），并由最终控股母公司即雪佛龙公司为借贷提供担保。CTFC融资成功后将向CAHPL提供约等值25亿美元的澳元关联贷款，利率为澳元LIBOR+4.14%（约9%）并以澳元计提相关利息，预计利息收入18.4亿美元。对于这笔交易CTFC与CAHPL

---

① 中央财经大学2017级税务专硕龙佳希、张雪麒参与本案例研究与写作。

② 新闻报道中选用“CFC”为美国公司的缩写形式，本文用“CTFC”替代，以避免和受控外国公司的概念混淆。

③ C股份有限公司是注册美国公司最常选用的公司类型，由于它对于注册人的要求少，非美人士亦可以注册，公司结构清晰，权责分明，易于吸引投资者等。C公司名称一般以Corporation、Incorporated、Limited或其缩写CORP、INC、LTD等结尾。

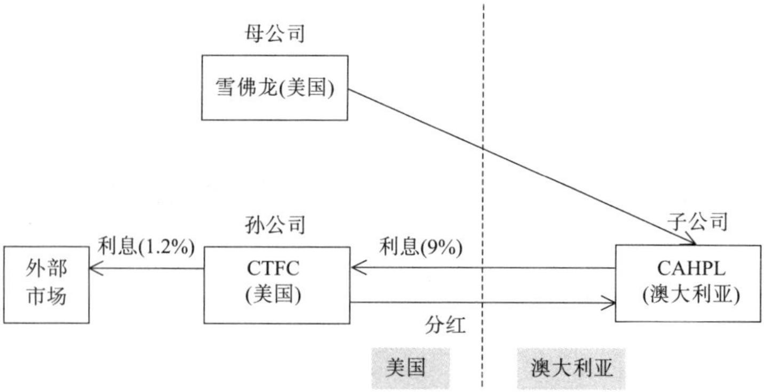

图 1　关联融资交易结构图

之间并未约定相应的担保或财务、营运保障。此安排使得雪佛龙在 5 年内获得了 8.62 亿澳元的免税分红。

澳大利亚税务局于 2014 年初对雪佛龙集团间的这项安排进行了转让定价调查，税务机关认为，雪佛龙集团通过跨境关联方之间的融资交易，将 CAHPL 的利润转移至美国，逃避在澳大利亚的纳税义务。在过去的 7 个纳税年度，有 5 年都没有缴纳企业所得税（见表 1）。澳大利亚税务机关认为，根据澳大利亚转让定价法规，CAHPL 支付给 CTFC 的利息支出应该被调整，并要求雪佛龙补缴税款 3.4 亿澳元，折合人民币约 17.3 亿元。雪佛龙方面则拒绝接受澳大利亚税务局的纳税评估结果。

表 1　2008～2014 年 CAHPL 的实际所得税税率①　单位：年、%

纳税年度	2008	2009	2010	2011	2012	2013	2014
实际所得税率	0	0	0	7	8	0	0

资料来源：Economic Contribution Report of Chevron Australia Holdings。

2014 年 9 月，澳大利亚税务局将 CAHPL 诉至法院，初审法院于 2015 年做出一审判决，认定 CAHPL 在澳大利亚利用跨境关联交易转让定价少缴企业所得税，支持了税务机关的要求。CAHPL 不服一审判决并向澳大利亚联邦法院提出上诉。2015 年 10 月 23 日，澳大利亚联邦法院做出判定维持原判。在法庭辩论阶段，纳税人 CAHPL 与澳大利亚税局针对 CAHPL 与 CTFC 之间的融资交易是否符合独立交易原则展开了激烈的辩论。CAHPL 首先提供了外部投

① Chevron Australia's corporate tax rate (not including royalties or other taxes) has been calculated using the following formula: $\frac{\text{income tax paid}}{\text{Accounting Profit for the Income Tax Consolidated Group}}$.

资银行专家对在同等条件下，即“无担保、无抵押”时企业与第三方银行间的借款利息证明材料，并提交了详尽的可比数据分析，但澳大利亚联邦法院认为纳税人提供的可比性分析并未考虑交易双方的主体特征，不具有可比性，因而驳回了纳税人提供的证明材料。接着，税务局引用加拿大通用电器GE案提出了集团隐形支持，税务局认为，由于CAHPL是雪佛龙集团中的一员，由于集团隐性支持的存在，CAHPL的偿债能力和信用状况将得到大幅提升，因而CAHPL向外部市场借款时，其利率水平将得以进一步降低；而纳税人CAHPL则提出，若引用GE案，则GE案中所承认的单体信用评级也应同样适用，那么在对CAHPL进行单体信用评价后，由于脱离集团支持，CAHPL的信用评级下降，利率将提高。在这一点上，法院依然支持了澳大利亚税务局的立场，并在信用评级的适用上以集团成员间不适用单体信用评级为由驳回了CAHPL有关信用评级的请求。最后，澳大利亚税务局在担保方面给了CAHPL最后一击，税务局认为从理性经济人的角度分析，理性的贷款人面对如此高额的借款不可能不要求提供担保或抵押，而理性的借款人则会选择用担保或抵押来获取一个更低水平的利率，纳税人CAHPL提出的高水平的利率是由于没有提供担保这一抗辩最终也未获得法院的认可。

联邦法院判决后，雪佛龙方面表示仍将上诉至澳大利亚高等法院提请再审。而在2017年4月，雪佛龙方面表示将放弃上诉，撤回递交到澳大利亚高等法院的上诉状，接受澳大利亚税务机关的补税决定。

二、相关税收制度

（一）澳大利亚和美国的国际税收协定

国际税收协定是国家之间的协定，但可直接影响到纳税人的利益。条件满足的情况下，纳税人可以直接向有关税务当局提出适用有关税务条约的条款，以享受该条款提供的税务优惠或好处。美国和澳大利亚也签订了税收协定，相关规定见表2。

表2 美澳税收协定相关规定

具体情况	相关规定
来源于澳大利亚并支付给美国居民的利息	可以在美国征税，也可在澳大利亚征税，税率不超过10%
来源于美国并支付给澳大利亚居民的股息	如果股息的实际享有人拥有美国居民公司10%（含）以上的有表决权的股份，所征税款不应超过股息总额的5% 如果股息的实际享有人拥有美国居民公司不足10%的有表决权的股份，所征税款不应超过股息总额的15%

协定第一条规定，协定适用于属于缔约国一方或双方居民的人。第三条规定，这里的“人”包括自然人、公司、信托、合伙等实体。

根据美澳税收协定第10条，澳大利亚投资者作为受益所有人从投资的美国居民公司分回的股息所得可以在澳大利亚征税。同时，上述股息也可以在美国按其法律规定征收预提所得税。其中，如果股息的实际享有人拥有美国居民公司10%（含）以上的有表决权的股份，所征税款不应超过股息总额的5%；如果股息的实际享有人拥有美国居民公司不足10%的有表决权的股份，所征税款不应超过股息总额的15%。

根据美澳税收协定第11条，美国居民作为受益所有人从澳大利亚居民公司取得的利息所得可以在美国征税。同时，也可以在澳大利亚按其法律规定征收预提所得税，但所征税款不应超过利息总额的10%。协定维护了美澳双方各自的税收利益，但没有要求美国或澳大利亚必须对该利息或股息征税。

（二）美国特拉华州企业所得税制

本案例涉及的公司设立在美国“避税胜地”特拉华州，故主要分析该州税收政策。

根据特拉华州企业所得税税法规定，在特拉华州开展业务或从特拉华州的财产中获得收入的居民企业和非居民企业都需要缴纳特拉华州的企业所得税，企业所得税税率为8.7%。根据第1.3.3条规定，在计算企业所得税时，可以扣除联邦一级所包括的某些类型的收入，包括外国股息、利息和特许权使用费，即各个注册公司不必对在其他国家获得的股息、利息和特许权使用费缴纳税金。第5.3条规定，特拉华州对其注册为C股份有限公司①的居民企业向非居民股东支付的股息不征收预提所得税。

（三）澳大利亚企业所得税制和转让定价税制

澳大利亚企业所得税法规定，澳大利亚居民企业需要就其境内和境外所得缴纳企业所得税，企业所得税税率为30%。居民企业支付给其境外子公司的贷款利息享受利息预提所得税豁免。值得注意的是，澳大利亚采用控股公司机制②，规定澳大利亚公司从其拥有10%或更多表决权的外国公司取得的股息可免税，而不论其是否已经在国外缴纳了税收。

---

① C股份有限公司是注册美国公司最常选用的公司类型，由于它对于注册人的要求少，非美人士亦可以注册，公司结构清晰，权责分明，易于吸引投资者等。C公司名称一般以Corporation，Incorporated，Limited或其缩写CORP，INC，LTD等结尾。

② Holding company regime，是指一国采用的在税务上适合或鼓励跨国公司在该国设立母公司的一套规则，其中核心部分一般被称为“参与豁免”。

美国特拉华州与澳大利亚的企业所得税税法比较见表3。

表3　　美国特拉华州和澳大利亚相关企业所得税制汇总表

项目（居民企业） \ 国家（地区）		美国特拉华州	澳大利亚
企业所得税法定税率		8.7%	30%
利息	来源于境外的利息	不征税	—
	支付给境外非居民企业的利息	—	居民企业支付给其境外子公司的贷款利息享受利息预提所得税豁免
股息	来源于境外的股息红利	—	从其拥有10%或更多表决权的外国公司取得的股息可免税
	支付给境外非居民企业的股息	对其注册为C股份有限公司的居民企业向非居民股东支付的股息不征收预提所得税	—

澳大利亚转让定价规定在应用前不需要考虑是否存在避税动机。其主要适用于不符合独立交易原则的跨境交易，而不要求跨境交易双方必须为关联方。如果ATO① 认为关联交易中的利润不是基于一个公平合理的价格，ATO有权重建不符合独立交易原则的关联交易，即有权提高归属于澳大利亚居民企业的利润。第815－125（2）条规定，在识别独立交易原则时可以运用包括可比非受控价格法、利润分割法在内的5种方法。第815－130条指出独立交易原则的确定是基于商业或金融关系的形式和实质。

法规第8章专门就关联融资进行了分析。法规强调，利息数额要按照独立交易原则下的利率水平确定。在确定这个利率时，将会考虑包括以下因素：贷款的性质和目的、贷款授予时的市场状况、贷款金额、期限和条款、提供贷款的货币和必须偿还的货币、借款人提供的担保、涉及贷款的担保、借款人的信誉、借贷双方的地点以及可比较贷款的现行利率。法规指出，确定关联融资的公平交易对价的首选方法是可比非受控价格法，一般为在基本利率（如LIOBR）上添加适当的利润以反映具体的条款和贷款条件和借款人的信用风险。

---

① Australian Taxation Office 澳大利亚税务局。

在确定关联方贷款基准利率的适当保证金时，ATO 通常会审查借款实体的信用评级。但是，这个的前提是该经济实体是一个独立的实体。ATO 同时指出，在对该经济实体进行信用评级时，应当考虑所有的隐性信贷支持（一般为母公司给予的）以及母公司向一家能够独立运用其所需资金的子公司提供担保，以使该子公司能够以较低的成本获得资金的因素。而该担保费将根据子公司在独立借款基础上（即母公未提供担保，但包括任何隐性信贷支持）和在母公司提供担保之间的信用质量差异来确定。“隐性”信贷支持包括仅由于作为跨国集团的一部分而对借款实体的实际或隐含的信用状况以及实体之间的任何协议的任何利益，这种协议不具有法律约束力。

在澳大利亚，如果企业通过人为安排来逃避向政府贡献企业利润，议会立法可就相应的欠税征收最多一倍的罚金。此外，立法机关还可以对采取避税或利润转移做法的重要的全球性实体（全球收入达 10 亿澳元以上）收取双倍罚金。

三、案例剖析

（一）雪佛龙集团的离岸融资结构

在本案例中，CTFC 公司以 1.2% 利率向外部商业票据市场融资 25 亿美元，支出利息费用约 1.1 亿美元。再将这部分贷款以 9% 利率借给 CAHPL，CAHPL 将根据双方的融资安排向 CTFC 支付利息，预计利息收入达到 18.4 亿美元。扣除成本费用后 CTFC 每年将从 CAHPL 取得巨额利息收入。同时，由于 CTFC 是 CAHPL 的全资子公司，这笔巨额利息收入将作为 CTFC 的税后利润以股息的形式向母公司 CAHPL 分配，而对于股息在汇出澳大利亚时，将无须向美澳两国缴纳任何税款，且可以作为费用在 CAHPL 税前列支。下面对这两笔业务做具体分析（见图 2）。

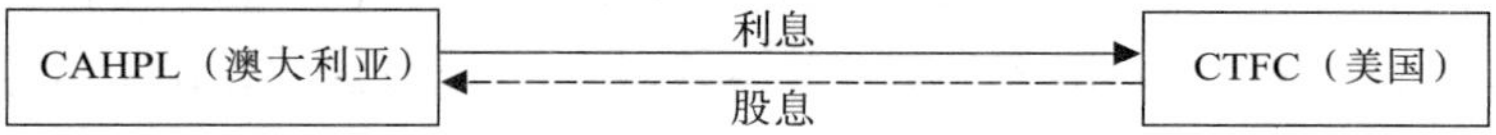

图 2　离岸融资结构图解

1. CAHPL 支付给 CTFC 的利息

根据《澳大利亚企业所得税法》第 1.3.2 条规定，居民企业支付给其境外子公司的贷款利息享受利息预提所得税豁免，故 CAHPL 向 CTFC 支付 9% 利率的利息免于在澳大利亚缴纳预提所得税。而根据《美国特拉华州企业所得税法》第 1.3.3 条规定，来源于境外的利息收入为不征税收入，从而使得

CAHPL 支付给 CTFC 的这笔利息在美澳两国均未缴纳企业所得税。

2. CTFC 汇回 CAHPL 的股息

根据《美国特拉华州企业所得税法》第 5.3 条规定，特拉华州对其注册为 C 股份有限公司的居民企业向非居民股东支付的股息不征收预提所得税。雪佛龙集团为了享受这种税收优惠，将 CTFC 注册为 C 股份有限公司，从而使得 CTFC 汇往境外的股息不用在美国缴纳预提所得税。

根据澳大利亚企业所得税法规定，澳大利亚居民企业从其拥有 10% 或更多表决权的外国公司取得的股息可免税。CAHPL 是 CTFC 的母公司，表明其拥有 CTFC 的股份高于 10%，所以对于 CTFC 汇给 CAHPL 的股息，澳大利亚方是予以免税的。因而这笔股息也达到了双重不征税的效果。

澳大利亚税务机关认为，CAHPL 将产生的利润通过利息的形式汇出澳大利亚，再以股息的形式返回澳大利亚，将免于在美澳双方缴纳税款，这一安排属于利用转让定价逃避税款的行为，应当予以调整，进行重新定性，并要求 CAHPL 补缴税款。

（二）关联融资为何被重新定性

《澳大利亚转让定价法》第 8.1.2 条规定，判断关联企业间交易是否真实关键在于其利率水平是否符合独立交易原则[①]。根据独立交易原则，关联企业之间各类交易的定价，必须按照无关联企业在相同或相似条件下的交易价格确定，在这种条件下确定的交易价格就是正常交易价格。对于本案例而言，CAHPL 与 CTFC 之间关联融资交易的正常交易价格就是利息。因而，衡量这笔关联融资交易是否符合独立交易原则，所关注的重点就是利率水平，这也是澳大利亚税务局与雪佛龙争论的焦点问题。下面将分别从可比性分析、关联交易下的担保问题、集团隐性支持与信用评级逐一展开分析，见图 3。

1. 可比性分析

《澳大利亚转让定价法规》第 4 条规定，企业若要证明所发生的业务符合独立交易原则，可以采取可比非受控价格法、成本加成法等进行说明。由于融资贷款不同于一般的货物交易，在方法选择上较受局限，纳税人在方法选择上多倾向于选择可比非受控价格法。法规指出，当考虑比较受控交易与非受控交易的条件时，这两种交易之间的具体差异必须予以考虑，包括交易的性质或可能影响正常交易的条件，例如所转让的财产或提供的劳务的特点、

① 独立交易原则，是指完全独立的无关联的企业或个人，依据市场条件下所采用的计价标准或价格来处理其相互之间的收入和费用分配的原则。独立交易原则要求关联企业之间的内部交易应按照无关联企业之间的可比非受控交易的方式和条件进行定价和分配。

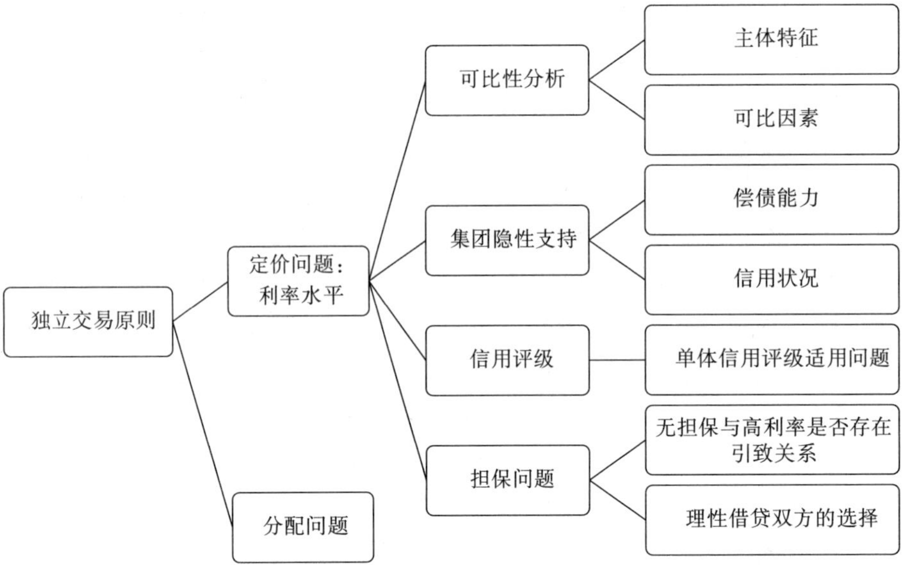

图 3　独立交易原则分析框架

各方所发挥得功能、合同条件、各方的经济环境以及每个企业所实施的经营战略等，都应被纳入可比因素的分析考虑中。

在本案中，CAHPL 选择用与第三方金融机构之间的贷款利率来证明关联交易符合独立交易原则，是不符合可比性分析要求的。这其中一方面忽视了 CAHPL 与 CTFC 存在的母子公司关系，此种关联公司的因素在融资借贷中作为评价的一个重要因素，是不能在可比分析中忽略的；另一方面，由于集团效应的存在，CAHPL 作为跨国集团企业的一部分，具有独特的身份特征，在没有准确将集团对 CAHPL 的影响剔除之前，CAHPL 是不能被评价为单个企业的，其与第三方金融机构之间的“虚拟贷款”数据也不具有可比性。

2. 关联交易下的担保问题

本案中，关联交易担保的认定问题也成为 CAHPL 与澳大利亚税务机关争论的焦点。根据《澳大利亚转让定价法》第 8. 1. 2. 1. 1 条规定，判断关联交易是否符合独立交易原则要考虑贷款金额、期限和条款；借款人提供的担保；涉及贷款的担保；借款人的信誉；可比较贷款的现行利率等因素。据此，纳税人 CAHPL 提出，由于 CAHPL 与 CTFC 之间的融资贷款协议中未约定担保或财务运营保障，这也是这笔关联融资贷款的利率水平高于市场利率的原因之一，即 CAHPL 认为此笔融资安排未提供担保与 CAHPL 向 CTFC 支付高额的利息费用具有引致关系。澳大利亚税务机关则从理性经济人的视角出发，提出在非关联交易下，理性的借贷双方对如此大额的借款不会不要求提供相应担保，且在独立交易条件下，贷款方通常情况下会选择以提供的方式来取得公平的市场利率，换言之，贷款方会选择提供担保来节省支出的利息费用，因而需要对这一融资安排重新定性。

3. 集团隐性支持与信用评级

集团隐性支持是指单个企业因其作为集团的一部分而可能被外界认同的偿债能力和信用状况的提升。根据《澳大利亚转让定价法》第8.2.2条规定，在考虑关联融资交易是否符合独立交易原则时要适当考虑集团隐性支持。本案中，CAHPL在独立交易下将依靠集团隐性支持在外部市场以一个低于市场利率的价格筹集到资金，因而这一利率水平将在LIBOR利率水平以下，更不会达到9%，进一步表明CAHPL与CTFC之间融资安排利率的不合理。

CAHPL认为，如果剔除集团隐性支持因素，脱离集团对CAHPL进行单体信用评级，CAHPL的信用评级将降低，因而在对外借款时的利率也将相应提高。根据《澳大利亚转让定价法》第8.1.2.2条规定，借款实体的信用评级只有在该经济实体是一个独立的实体时才有效。本案中CAHPL之所以能与CTFC进行如上融资安排是得益于两者的跨国企业集团成员的身份及两者之间的控制与被控制身份，如果抛开这些特殊性，将CAHPL作为单个主体进行单体信用评级来考虑市场利率是没有意义的。此外，以单体信用评级为基础的分析方法在独立金融机构贷款中较为常见，而对于本案中CAHPL与CTFC之间存在母子公司特殊关系的情形并不适用，因而纳税人提出的单体信用评级①并没有被法院采纳。

除此之外，澳大利亚税务局发现CFTC并没有实质的商业活动，其承担的功能仅仅是为了澳大利亚控股母公司的利益而筹资。

综合这些要素，法院判决该笔融资安排借贷利率的不合理性，该关联交易应被重新定性。更重要的是，在澳大利亚随后修订的转让定价法规②中，赋予了税务机关对关联交易进行重新定性的权利，即税务机关有权在对纳税人的行为进行充分论证调查后，对纳税人不符合独立交易原则的转让定价行为进行重新定性，并有权按照重新定性后认定的交易类型进行征税。若纳税人

① 目前国际上对于单体信用评级的适用存在很大争议，这也导致各国法院在具体判断时会基于综合各种考量做出不同的判决。在BEPS出台的第8~10项行动计划中对这一问题进行了一定说明，有望明确对此类问题的处理，具体分析将在后文中提及。

② 2016年4月15日，澳大利亚对本国转让定价法规进行修改，将否认关联交易重新定性的举证责任归属于纳税人一方。

对税务机关重新定性后认定的交易类型不予认可，证明原关联交易合理性的举证责任将属于纳税人，即纳税人需要举证对税务机关的重新定性进行反驳。

（三）双重征税风险分析

在 BEPS 行动计划 8～10 项中，明确提出了对集团协同效应的指南。在文件中，将集团协同效应按照其实质分为隐性支持所产生的附带性收益和特意采取的协同行动。BEPS 指出，如果关联企业仅仅因为是集团的一员，而非出于特定的活动，那么该关联企业则不应被认定为接受了该项服务；相反，如果该收益来源于企业特意的行为，则应当对这一协同行动进行补偿。澳大利亚联邦法院在审理中，对于集团劳务的转让定价问题并未给予相应说明。在本案例中，雪佛龙美国母公司为 CTFC 向外部市场融资贷款提供了担保，使得 CTFC 得以以一个较低的利率取得贷款。根据 OECD 发布的转让定价指南，母公司为其集团内的公司提供担保服务，这一服务应获得相应的补偿。那么，虽然对于母公司向其孙公司提供的担保服务究竟应如何收费目前尚未提出一个明确的考量指标，但可以确定的是孙公司 CTFC 需要向母公司支付一定的费用作为担保服务的对价。与此相对应，在对 CAHPL 进行转让定价的调整中，CTFC 向外贷款的利率应随之调整。

基于上述关于母公司担保服务对价的分析，我们认为 CTFC 向母公司支付的担保费用补偿对价将可能会面临双重征税。倘若美国税务机关目前尚未对雪佛龙公司提出转让定价挑战，将可能会为公司带来新的风险点。具体来说，若澳大利亚税务机关在尚未考虑 CTFC 向美国母公司支付的担保费对价，对转让定价调整后的利润征收澳大利亚企业所得税，而美国税务机关认为 CTFC 作为集团协同效应的收益方需对母公司予以补偿，那么美国母公司再被美国税务机关进行转让定价调整后增加的担保服务费对价部分，将可能面临双重征税的风险。在这种情况下，一方面需要雪佛龙公司向两国税务机关提出并进行协商，另一方面，对美国母公司担保价值的分析将成为新的问题。

四、案例点评

（一）对跨国企业税务信息披露要求将进一步加大

在雪佛龙案中，澳大利亚税务机关虽然对纳税人转让定价文档的提交提出了要求，但并未对转让定价文档的详细内容予以限定，因而导致雪佛龙集团虽连续几年企业所得税的实际纳税额为零，但直至 2014 年才被税务机关要求调整。然而，在 BEPS 行动计划实施以后，这样的情形将随着对跨国企业税务信息披露要求的加大而减少。

伴随着跨国公司的拓展与跨国交易规模的不断增长，跨国企业的税收安排越来越多地呈现国际化、全球化的特征。近年来，跨国企业国际间关联交易以及转让定价的问题越来越受到各国的重视，尤其在BPEPS第13项行动计划[①]公布后，各国税务机关均纷纷着手将这一计划成果结合各国实际写入国内税法中。一个显著的趋势就是对跨国企业税收信息披露的要求将进一步加大，进一步提高了对纳税人合规性义务的要求。若跨国企业未能及时注意到这些变化，严格审查业务审视风险，将可能对跨国企业造成巨大冲击。

我国是较早将BEPS第13项行动计划本土化的国家之一。2016年6月，国家税务总局出台《关于完善关联申报和同期资料管理有关事项的公告》（以下简称“42号公告”），对关联业务报告表和同期资料管理进行了规范。对于中国“走出去”企业而言，需要应对的是42号公告所规定的国别报告的申报义务以及作为总部如何提前准备介绍全球运营情况的主体文档，并前瞻性地对相应披露可能带来的潜在风险进行准备。国别报告和主体文档的新披露要求也促使我国“走出去”企业重新审视自身的转让定价安排。长期以来，我国大部分企业在转让定价管理方面都较为薄弱。例如，我国很多“走出去”企业并没有制定系统的转让定价内部手册，对集团间各关联公司的功能、风险和资产管理也没有整体的分析和设定，对我国“走出去”企业而言，将在国外面临重大的转让定价风险。因而，对于跨国企业而言，尽快提升转让定价管理水平，应对税务信息披露的要求，有助于及时防范国际经营中的转让定价税务风险。

（二）国际社会对转让定价领域的高度关注

2017年5月16日，澳大利亚税务局基于最近发生的雪佛龙案件发布了实践合规指南草案，草案中规定了跨境关联方融资安排的合规方法。准则草案提供了一个自我评估风险框架，使纳税人能够自行评估其关联方融资安排的税务风险，并了解合规办法。该准则草案于2017年7月1日生效，将适用于现有的和新产生的融资安排，结构或功能。预计雪佛龙案对其他国家转让定价法规的修订完善也会产生一定的影响。影响包括但不限于以下几个方面：

第一，如何界定关联融资交易是否满足独立交易原则。从之前的案例剖析可以看出，雪佛龙案的关键在于CAHPL和CTFC之间的交易是否符合独立交易原则，从而判断交易价格（即利率）是否合理。事实上大多数转让定价

① BEPS第13项行动计划为转让定价文档与同期资料，旨在为各国税务机关提供分国别报告模版，从而提高税收透明度，评估复杂的转让定价问题。

案例的突破点都在独立交易原则的界定。雪佛龙案从以下几个因素进行了考量（但不限于）：（1）集团的定价政策、融资策略和管理目标；（2）集团隐性支持的考量；（3）双方约定的交易形式和关系相比金融机构与第三方之间的重大差异；（4）双方的关联关系认定以及财务状况；（5）双方的职能和风险承担能力。

第二，关联融资交易的定价方法和分析。雪佛龙案表明纳税人在选择包括可比非受控价格法在内的转让定价方法前要考虑该方法的适用性，在很多情况下，可比信息并没有达到可以运用上述方法的要求。此外，雪佛龙案中，税务当局密切关注关联融资交易的交易条款，包括利率、担保等，还结合双方的关联关系对该条款进行分析（比如母子公司之间的融资交易要充分考虑其本身的控制关系和联动效应，当母公司出现违约时子公司是否真正拥有追偿的权利等）。信息获取的渠道不仅限于合同，关联双方的实际行为更为税务当局所关注。

除此之外，随着 BEPS 行动计划的全面完善，世界各主要国家开始修订完善其国内相关法规。跨国企业面临的最直接的 BEPS 相关问题就是企业关联交易和转让定价。可以预见，转让定价问题是中国企业“走出去”面临的最值得关注的税务风险之一，关联融资相关的税收争议将日趋复杂化。

参考文献

[1] WITTENDORFF JENS：Transfer Pricing and the Arm's Length Principle in International Tax Law [M]. Netherlands：Kluwer Law International BV，2010. 16 – 17.

[2] OECD. Multilateral Convention to Implement Tax Treaty Related Measures to Prevent Base Erosion and Profit Shifting [EB/OL]. http：//www. oecd. org/tax/treaties/multilateral – convention – to – implement – tax – treaty – related – measures – to – prevent – BEPS. pdf.

[3] Australia. Transfer Pricing [EB/OL]. https：//online. ibfd. org/kbase/# topic = doc&url = /collections/tp/html/tp_au_s_008. html&WT. z_nav = Navigation.

[4] Australia. Corporate Taxation [EB/OL]. https：//online. ibfd. org/kbase/# topic = doc&url = /collections/gtha/html/gtha_au_s_001. html&WT. z_nav = outline&hash = gtha_au_s_1.

[5] Australia – United States. Convention Between The Government of The United States of America and The Government of The Australia for the Avoidance of Double Taxation and The Prevention of Fiscal Evasion with Respect to Taxes on Income [EB/OL]. https：//www. so. com/s？ q = Convention + between + the + government + of + the + United + States + of + + America + and + the + government + of + the + Austral&src = srp&fr = hao _ isearch2 _ 2. 1&psid = f55aab205b9037dd47e530813c8cf714&eci =

f9a6d7442fea08de&nlpv = suggest_b.

[6] United States – Delaware. Corporate Taxation [EB/OL]. https://online.ibfd.org/kbase/#topic = doc&url =/collections/nathsuba/html/nathsuba _ us _ de _ s _ 005.html&q = Delaware&WT.z_nav = outline&hash = nathsuba_us_de_s_5.

[7] Australia; United States. Federal Court of Australia rules against Chevron in transfer pricing case [EB/OL]. https://online.ibfd.org/kbase/#topic = doc&url =/highlight/data/tns/docs/html/tns_2017 – 04 – 25_au_1.html&q = chevron&WT.z_nav = Navigation2017 – 4 – 25.

[8] 杨志清，何杨．国际税收理论与实务［M］．中国税务出版社，2016.

[9] 池澄．后 BEPS 时代中资企业走出去的转让定价风险分析及建议［J］．国际税收，2016（12）：21 – 23.

[10] 陈璐．"后 BEPS 时代"跨国企业何去何从？［N］．中国贸易报，2016 – 09 – 15（007）.

[11] 志合税务律师．离岸融资税案：转让定价 + 混合错配［EB/OL］. http://mp.weixin.qq.com/s? __biz = MzI4NzE2MTEzMQ%3D%3D&idx = 1&mid = 2650489610&sn = 48458b47d21de7070ec117289432afd6.

[12] 杨肖．BEPS 行动计划 5、成果 3 考虑透明度和实质性因素 有效打击有害税收实践［J］．国际税收，2014（10）：21 – 23.

[13] David Chamberlain，张宇．BEPS 以后的转让定价：一种全新的模式？［J］．税务研究，2015（10）：99 – 102.

[14] 高阳．观察 BEPS 探索国际税收新秩序——专访安永转让定价合伙人田雯琦女士［J］．国际税收，2014（10）：50 – 53.

[15] 舒伟、余华颖、孙一顺．案例分析 | 跨国关联融资的税务挑战——澳税务局胜诉雪佛龙［EB/OL］. https://mp.weixin.qq.com/s? _ biz = MzA4NTI3NzExNg%3D%3D&idx = 1&mid = 2651253249&sn = adadc37488a9d46e19e3d66810eda806.

[16] 叶益豪．BEPS 逐步落地，"走出去"企业需重塑盈利模式［N］．中国税报，2016 – 01 – 29（B01）.

[17] 佐克．BEPS 逐步落地，"走出去"企业如何应对［N］．中国税务报，2016 – 01 – 08（B01）.

国际税案 5　麦当劳变金拱门背后的税收秘密[①]

一、案例背景

（一）基本事实

2017 年 1 月 9 日，中国中信股份有限公司发布《收购麦当劳中国大陆和香港业务之控制权益》的公告。该公告称，购买方中信股份（港股 00267）将出资 6.656 亿美元（约合 516500 万港元）购买位于境外的麦当劳中国管理有限公司 32% 的股份，其他买方还包括 CITIC Capital China Partners, L. P（中信资本）和 Carlyle Asia Partners IV, L. P.（凯雷），拟通过 Grand Foods Investment Holdings Limited（买方，作为公司的间接非全资附属公司）收购麦当劳中国大陆和香港业务的控制权益。图 1 是本次收购前的股权结构。

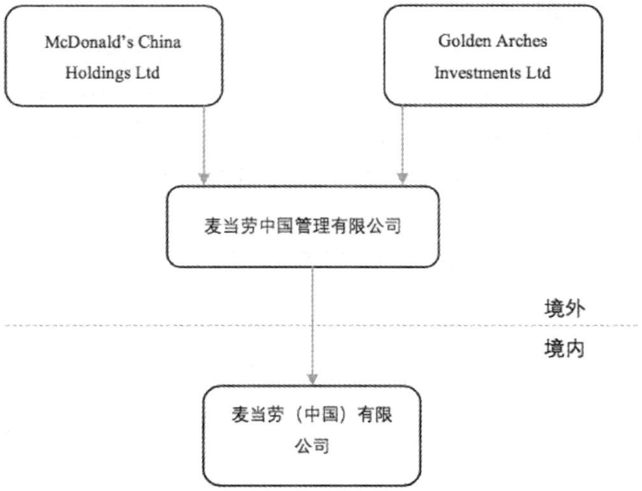

图 1　收购前麦当劳中国管理有限公司的股权结构

① 中国社会科学院研究生院 2017 级税务专硕戴梦妤、陈钰钦参与本案例的研究与写作。

买方与 McDonald's China Holdings Ltd.（以下简称“MCHL”）及 Golden Arches Investments Ltd.（以下简称“GAIL”）签订了股份收购协议，以 2080 百万美元（约合 1614100 万港元）的总对价收购麦当劳中国管理有限公司（目标公司）的全部已发行股份。收购对价部分以现金方式支付，部分以将发售给 GAIL、Grand Foods Holdings Limited 为买方的中间控股公司的新股来结算。

收购交割后，目标公司将由 Fast Food Holdings Limited（该公司由中信股份和中信资本分别间接持有约 61.54% 和 38.46% 的股权）、凯雷和 GAIL 分别持有 52%、28% 和 20% 股权。目标公司将在交割后成为中信的间接非全资附属公司。交割后，目标集团将获授予特许经营权在中国大陆和香港经营麦当劳餐厅，期限 20 年，目标公司的董事会将由中信股份、中信资本、凯雷和麦当劳的代表组成。收购之后的股权结构如图 2 所示。

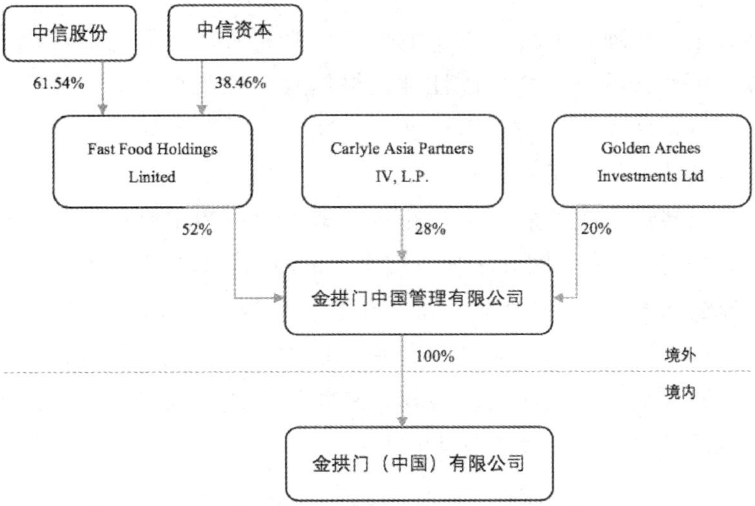

图 2　收购后金拱门中国管理有限公司的股权机构

中信股份是中国最大的综合性企业，也是恒生指数成分股之一，其中国和海外的业务涵盖金融、资源能源、制造、工程承包、房地产和其他领域。自此麦当劳（中国）有限公司的母公司麦当劳中国管理有限公司易主，麦当劳中国管理有限公司已变更为金拱门中国管理有限公司，麦当劳（中国）有限公司变更为金拱门（中国）有限公司。从公告可以反推麦当劳中国管理有限公司的价值约为 20.8 亿美元。

麦当劳出卖股权时没有出售名称使用权这项无形资产，而是“授予主特许经营权，根据两份主特许经营协议，在中国大陆和香港经营麦当劳餐厅，期限20年，将自交割起开始”。也就是金拱门（中国）有限公司获得的是国内麦当劳的资产所有权，但并没有获得麦当劳这个品牌的所有权，以后20年会继续使用麦当劳商标，这种情况下金拱门（中国）有限公司要向麦当劳支付特许权使用费。

（二）涉税问题

众所周知，此次股权收购标的的收入主要来源于中国大陆，根据属地管辖原则，中国对此拥有税收主权。从美国麦当劳公司及其他股东的税收筹划角度，本次收购主要有两个关键点颇受关注。

1. 非居民企业间接股权转让

针对非居民企业的间接股权转让逐渐成为我国反避税调查的重点，从《企业所得税法》到7号公告，针对间接股权转让相关文件逐步明确，实际可操作性更强，为我国的相关反避税工作提供了指引。

麦当劳中国管理有限公司位于境外，只要其所在地的股权转让税率相对于中国境内更低，就是一个税收洼地。根据我国税收相关的法律法规，税务部门对于没有合理商业目的，不从事实质性经营活动的导管公司可以重新定性，通过刺破公司的外壳来保护税收主权。

间接股权转让指的是某企业A在避税地以避税为主要目的在税收洼地设立一个空壳公司B，B公司并不从事实质性的经营活动。A企业通过这个壳来控股另一家公司C，C公司所在地是主要收入来源。需要转让C公司股权时，企业A为了避免征收较高的企业所得税，通常不会直接出售标的C，而是通过转让位于避税地的B公司的所有权，来间接转让股权，从而避免在收入实际来源地被征税，该避税模式参见图3。

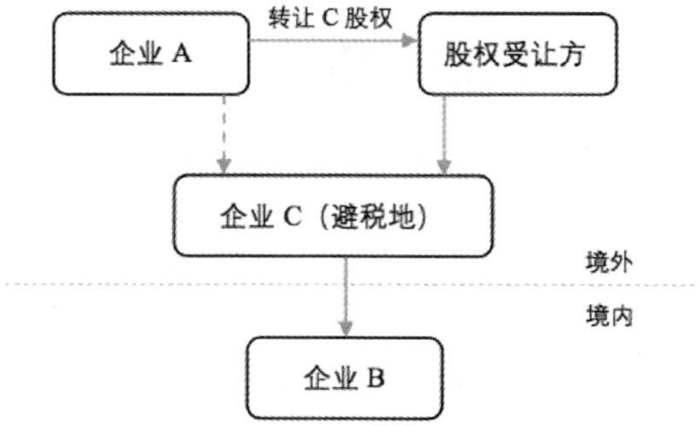

图3　避税模式的基本原理

具体到本次中信收购麦当劳就是典型的间接股权转让，美国麦当劳公司作为非居民企业，实质是转让收入来源在中国的麦当劳（中国）有限公司，双方交易的标的是境外公司，即麦当劳中国管理有限公司。但是这个境外公司全资控股麦当劳中国公司，麦当劳中国公司再管理控制国内的麦当劳产业。20.8亿美元约合138.28亿元人民币的转让价的估值标的显然是麦当劳在中国境内的产业。因为交易的主体不在中国，实际上收购了麦当劳（中国）有限公司，但只要将麦当劳中国管理有限公司设在一个税收洼地，那么就可以达到避税甚至免税收购。

2. 关联方间的特许经营权使用费

首先，根据《国家税务总局关于完善关联申报和同期资料管理有关事项的公告》（国家税务总局公告2016年第42号，以下简称42号公告）第二条第一款规定，一方直接或者间接持有另一方的股份总和达到25%以上；双方直接或者间接同为第三方所持有的股份达到25%以上构成关联关系。而金拱门投资公司持有麦当劳中国管理有限公司20%的股份，持股低于25%不符合本款描述的情形。但是，根据本条第三款的规定，“双方存在持股关系或者同为第三方持股，虽持股比例未达到本条第（一）项规定，但一方的生产经营活动必须由另一方提供专利权、非专利技术、商标权、著作权等特许权才能正常进行”，金拱门投资公司如果从国内获得特许权使用费还是属于关联交易。

公司如果为了回避导管公司的税收风险不申请税收协定，而把收取特许权的公司设立在开曼、英属维尔京这种避税地，税收成本会大大降低，比持有部分股份收取分红的25%企业所得税+10%预提所得税要更加经济。比如，特许权使用费税前如果为1000万元，税收成本10%，税后则为900万元，相比于股息税前1000万元，成本32.5%，税后675万元更“划算”。企业为了实现利润和股东利益最大化，从税收的角度，会不合理地提高特许权使用费，从而降低税收成本。下面对这两个涉税问题进行具体的分析。

二、间接转让股权问题的适用法律

（一）相关法律法规

我国规制非居民企业间接转让股权涉及的文件，既包括反避税的法律法规，如《中华人民共和国反避税法》，也包括国家税收总局发布的部门规章，如《关于加强非居民企业股权转让所得企业所得税管理的通知》。

1. 反避税法律法规

2008年1月1日，《企业所得税法》正式开始实施，将非居民企业纳入统一管理，同时，首次在税法中加入一般反避税条款，确立了“特殊反避税条款”与“一般反避税条款”相结合的特别纳税调整模式。《企业所得税法》第41条到第46条分别针对关联企业采用转让定价、设立受控外国公司、进行资本弱化等方式进行避税的行为做了具体的规定，而《企业所得税法》第47条作为兜底性条款，针对非居民企业实施其他不具有合理商业目的而规避纳税义务的安排做了一般性的反避税规定。《中华人民共和国企业所得税法实施条例》（国务院令第512号）第120条对一般反避税条款中的“不具有合理商业目的”做了进一步的阐释，“不具有合理商业目的”，即“以减少、免除或者推迟缴纳税款为主要目的”。

为了配合企业所得税法的实施，规范和加强特别纳税调整管理，具体实施反避税措施，国家税务总局与2009年1月18日制定发布了《特别纳税调整实施办法（试行）》，对一般反避税调查的管理做了具体的规定。2014年12月2日，国家税务总局颁布了《一般反避税管理办法（试行）》，对于一般反避税的立案、调查、结案等程序的管理做了规定。

2. 相关规范性文件

一般反避税法律和法规较为抽象，实际操作性不强。针对非居民企业间接转让股权的反避税管理问题，国家税务总局先后发布了多个部门规章和规范性法律文件。

2009年1月9日，国家税务总局印发《非居民企业所得税源泉扣缴管理暂行办法》的通知，对非居民企业取得来源于中国境内的股息、红利等权益性投资收益和转让财产所得实行源泉扣缴。2009年12月10日，国家税务总局发布了《关于加强非居民企业股权转让所得企业所得税管理的通知》（国税函〔2009〕698号），对非居民企业股权转让所得的所得税管理做了明确的规定。698号文首次明确了对非居民企业通过滥用组织形式等安排间接转让我国居民企业股权的征税权，是我国税务机关在反避税领域迈出的重大一步。2011年3月28日，国家税务总局发布《关于非居民企业所得税管理若干问题的公告》（国家税务总局公告2011年第24号），公告第6条对698号文中的部分问题做了一些明确。

2015年2月3日，国家税务总局发布了《关于非居民企业间接转让财产企业所得税若干问题的公告》（国家税务总局公告2015年第7号）。7号公告对698号文进行了补充，扩宽了适用范围，对合理商业目的的判定、集团内部重组的豁免等问题进一步明确，同时，698号文和24号公告中相关条款废止。

（1）698号文的相关规定。2009年颁布的698号文对非居民企业股权转让征税的管理有了一定的突破。698号文第6条规定“境外投资方（实际控制方）通过滥用组织形式等安排间接转让中国居民企业股权，且不具有合理的商业目的，规避企业所得税纳税义务的，主管税务机关层报税务总局审核后可以按照经济实质对该股权转让交易重新定性，否定被用作税收安排的境外控股公司的存在”。698号文指出了我国税务机关对于我国非居民企业间接转让境内居民企业股权取得所得的征税权，赋予了税务机关否定不具有合理商业目的的境外中间控股公司存在的权利，并将该间接转让交易重新定性为直接转让我国居民企业股权，从而产生申报和纳税的义务。698号文对于非居民企业间接转让股权只提供了一般性的指导规则，很多细节问题有待于进一步明确。在7号公告发布前，698号文在实施中也备受争议，主要问题有：

税收管辖权的争议与双重征税。对于一笔间接转让股权交易，根据698号文的相关规定，只要税务机关认定境外投资方不具有合理的商业目的，就可以否认境外中间控股公司的存在，对该项交易重新定性，认定其为来源于境内的所得，从而对其征收所得税。这样就有可能导致境外投资方所在地、中间控股公司所在地与我国之间税收管辖权的重叠。尽管中间控股公司一般设立在避税地，对这项股权转让所得不征税或者只征收很少的税款，但转让方所在地却有可能需要征税。加上一些发达国家当前并不认可对间接转让股权所得的征税原则，所以也无法通过税收协定来避免双重征税。这样会造成纳税人税收负担的加重，并且会引发国际间税收管辖权和税收利益上的冲突。

强制申报义务。根据698号文的有关规定，对于一项间接转让股权交易，只要境外投资方转让的中间控股公司所在地所得税实际税负低于12.5%，或者该国对于本国居民的境外所得不征税，境外投资方就需要向被间接转让股权的我国居民企业所在地的税务机关申报并提供相关资料。根据这一规定，在许多具有合理的商业目的的交易中，不应要求对中国承担纳税义务的境外投资企业也要申报和提交资料。另外，需要提交的材料和报告的信息比较复杂，相关企业也很难在规定时限内完成申报。然而，698号文对这一申报义务并没有规定相应的法律责任，非居民企业不按规定提供材料需要承担的法律后果并不明确，导致该项规定并没有实际意义上的强制性。另外，由于698号文的规定缺乏实际操作性，在实践中，有时一些进行间接转让股权交易的非居民企业按照文件要求申报后，税务机关并没有给予明确的税务处理意见。

（2）7号公告的相关规定。2015年，国家税务总局又一次针对非居民企业间接转让股权的征税问题发布规范性文件，7 号公告延续了 698 号文的原则和精神，并在内容上有了较大的扩展。7 号公告扩大了适用范围，对合理商业目的的判定、扣缴义务人的确定等实际操作中的一些问题给予了明确，并且废除了强制申报义务，规定了安全港规则。

7 号公告扩大了适用范围。698 号文将反避税管理的范围限定在非居民企业间接转让股权上，对不具有合理的商业目的、采用滥用组织形式等安排进行间接转让我国居民企业的股权的，重新定性，征收所得税。7 号公告延续了这一规定，并将适用范围进行了扩展，将管理范围进一步扩大到“中国应税财产”，即包括应在我国缴纳所得税的境内机构、场所，以及不动产和居民企业权益性投资资产等。另外，对于“间接转让”的解释，7 号公告将非居民企业的重组所引起的境外企业股东发生变化的情形也包含在内。由此可见，7 号公告扩大了间接转让中国财产反避税的管理范围。

合理商业目的的判定是非居民企业间接转让股权反避税管理最大的难题。7 号公告的第 3 条首次对合理商业目的的判断标准给出了说明，列出了应综合考虑的 8 项因素。

7 号公告的第 4 条还给出了危险港规则。也就是说，如果一项间接股权转让交易中的中间控股公司的价值和收入主要来源于中国，而其自身不具有足够的经济实质，并且该项交易的境外税负低于直接转让所应承担的中国税负，那么这项交易就会被直接认定为不具有合理的商业目的而需在中国缴纳所得税。

此外，安全港规则，7 号公告的第 5 条规定了两项不需要重新定性向中国缴纳所得税的情况。即公开交易和税收协定两个安全港。对于第一种情况，在 2009 年 698 号文中就有相关规定，“不包括在公开的证券市场上买入并卖出中国居民企业的股票”。24 号公告又对公开交易的股票做了进一步的解释。而 7 号公告则进一步明确买入和卖出的股票应该属于同一个境外上市公司。对于第二种情况，如果直接转让股权根据税收协定可以免于缴纳税收，那么其间接转让股权的交易自然不是为了减少、免除或延迟缴纳税款的目的，也就不应认为其不具有合理的商业目的而进行重新定性。

在现实中，许多大型的集团公司会根据企业自身的需要而进行企业收购、合并、分立等内部重组活动，在这些内部重组活动中往往会发生间接转让股权的交易。2009 年 698 号文中并没有规定对集团内部重组所导致的企业间接转让我国居民企业股权行为给予豁免。尽管这类交易并不是出于规避税收的目的，但很多却因为形式上符合文件的规定而要进行纳税申报。这不仅加重了境外投资者的税收负担，也浪费了税收管理资源。

2015 年的 7 号公告的第 6 条对于符合条件的企业内部重组导致的间接转让股权给予了豁免。即在交易双方相互持股比例、可能再次发生间接转让交易的税负水平、支付股权交易对价的方式等方面符合规定的集体内部重组，可以直接认定其具有合理的商业目的。符合条件的集团内部重组应当同时满足以下 3 个条件，见表 1。

表 1　　7 号公告第 6 条的豁免条件

持股比例	股权转让方直接或间接拥有股权受让方 80% 以上的股权 股权受让方直接或间接拥有股权转让方 80% 以上的股权 股权转让方和股权受让方被同一方直接或间接拥有 80% 以上的股权 除此之外，境外企业股权 50% 以上（不含 50%）价值直接或间接来自中国境内不动产的，上述持股比例应为 100%
所得税税负	本次间接转让交易后可能再次发生的间接转让交易相比在发生本次间接转让交易情况下的相同或类似间接转让交易，其中国所得税负不会减少
交易对价	股权受让方全部以本企业或其具有控股关系的企业的股权（不含上市企业股权）支付股权交易对价

由此可见，7 号公告对于符合条件的股权交易以及集体内部重组中的股权间接转让规定了安全港规则。但由于其要求条件较为严格，可能导致其适用范围过窄，不能发挥很好的作用。

7 号公告还规定了支付方的代扣代缴义务，非居民企业间接转让股权的交易双方一般都是非居民企业。根据我国《企业所得税法》第 37 条的相关规定，对非居民企业取得的应税所得实行源泉扣缴制度，以支付方作为扣缴义务人。而国税发〔2009〕3 号文规定了在境外发生的交易双方都是非居民企业的股权转让交易，由取得所得的企业申报纳税，而没有强调支付方的代扣代缴义务。

7 号公告的第 8 条强调了间接转让股权交易的支付方的扣缴义务。这一规定有助于税务机关及时掌握相关的交易情况，在税收征管方面较大地保障我国的税收利益。然而，在实际操作中，支付方履行扣缴义务存在着各种困难，为税收征管带来了难题。首先，支付方作为非居民企业会面临税务登记、外汇管制等实际困难。其次，因为合理商业目的的判断较难，所以扣缴义务人很难判断转让方是否在中国存在纳税义务。而且，在转让方不认可的情况下，扣缴义务就会很难执行。另外，就算支付方能够履行扣缴义务，如何确定应该扣缴的税额也会是一个难题。

（二）麦当劳间接转让股权分析

1. 合理商业目的与经济实质

根据我国《企业所得税法》第47条规定，企业实施其他不具有合理商业目的的安排而减少其应纳税收入或者所得额的，税务机关有权按照合理方法调整。《企业所得税法实施条例》第120条规定，《企业所得税法》第47条所称不具有合理商业目的，是指以减少、免除或者推迟缴纳税款为主要目的。我国税法将间接转让股权不具有合理商业目的作为穿破中间层公司的条件，而实践中，中国税务机关更倾向于通过评估经济实质来判断交易目的，即如果麦当劳中国管理有限公司不具备经济实质，则该项交易很可能就被预设为不具有合理商业目的。

但是，经济实质与合理商业目的并不等价。比如，印度最高法院就认为，非居民企业与本地投资者在当地投资应该区别对待，前者利用中间层公司设计撤资方案本身就是合理的商业目的，即便中间层公司不产生营业收入，也不具备经济实质。

2. 7号公告的相关规定

7号公告中强调，在判断“合理商业目的”时，应整体考虑与间接转让中国应税财产交易相关的所有安排。该公告再一次将目的测试作为基本考虑要素，同时强调“实质重于形式”是进行判断的首要原则。7号公告的第3条首次对合理商业目的的判断标准给出了具体指引，列出了应综合考虑的8项因素，安全港（第5条和第6条）和危险港规则，实际可操作性较强。下面主要依据7号公告进行分析。

（1）安全港规则。首先考虑7号公告第5条和第6条的规定。即非居民企业在公开市场买入并卖出同一上市境外企业股权取得间接转让中国应税财产所得，以及按照可适用的税收协定或安排的规定免税的股权转让，在中国可以免予缴纳企业所得税[①]。美国麦当劳公司转让麦当劳中国管理有限公司股权并不在公开市场交易，没有可适用的税收协定或安排，本次股权转让也不属于符合条件的企业内部重组导致的间接转让，因此不适用。

（2）判断合理商业目的的因素。将公告第3条用于分析本次股权转让，条文提出判断合理商业目的的需要重点关注的8条要素，我们可以将其归纳为3

① 国家税务总局关于非居民企业间接转让财产企业所得税若干问题的公告（国家税务总局公告2015年第7号）。

个角度来考虑，见表 2。

表 2　　7 号公告中合理商业目的的判定标准

	评价要素
所得来源地	1. 境外企业股权主要价值是否直接或间接来自中国应税财产
	2. 境外企业资产是否主要由直接或间接在中国境内的投资构成，或其取得的收入是否主要直接或间接来源于中国境内
经济实质	3. 境外企业实际履行的功能和程度的风险
	4. 境外企业股东、业务模式及相关组织架构的存续时间
税收目的	5. 间接转让中国应税财产交易在境外应缴纳所得税情况
	6. 股权转让方间接投资、转让交易与直接投资、转让交易的可替代性
	7. 间接转让中国应税财产所得在中国可使用的税收协定或安排情况
	8. 其他相关因素

反避税调查的第一步，税务机关会判断麦当劳中国管理有限公司是否在避税地，境外纳税是否少于境内应纳税收。如果依靠境外公司转让股权的确产生了税收收益，美国麦当劳公司需要证明麦当劳中国管理有限公司除了中国境内的麦当劳餐厅业务，还有其他营业收入来源。企业在使用间接股权结构时，应当通过间接层公司资产来源的多样性说明合理商业目的的存在。

对于功能和风险承担，7 号公告并未对风险和功能的考量因素给出具体指引。我们建议美国麦当劳可以从制造、经销、融资等实质性经营活动，签署的合同和独立履行的义务，每年出具的审计报告来证明公司的经济实质。需要注意的是，中间层公司（本案例中即麦当劳中国管理有限公司）所承担的功能与风险应当与经营活动相联系。

关于间接投资与直接投资的可替代性分析，最早出现于 1981 年澳大利亚颁布的《所得税实施法》之中，可替代性测试将可能对整个间接转让的控股链甚至供应链价值进行全面的技术分析。就此而言，美国麦当劳公司应当考虑准备相关的资料证明其架构存在的合理性，并证明该架构不能被任何直接转让交易安排所替代。比如，如果选择其他股权转让结构，公司将付出额外巨大的商业成本，不具有商业合理性。

美国麦当劳公司需要证明该组织架构的存续时间明显早于本次股权转让，中间层公司并不是临时的、有针对性的避税安排。综上，美国麦当劳公司应当从多个方面来证明，本次股权交易架构并不是以减少我国企业所得税为主要目的。

三、特许权使用费的分析

（一）特许权使用费概述

在这起麦当劳出售股权的案例中，我们发现，美国麦当劳并没有出售其品牌名称使用权，而是授予了为期20年期限的主特许经营期，也就是说，金拱门（中国）有限公司获得的是国内麦当劳的资产所有权，但是并没有获得麦当劳这个品牌的所有权，以后20年会继续使用麦当劳商标，理论上需要向麦当劳支付特许权使用费。

特许权使用费，根据企业所得税法实施细则的有关规定，是指企业提供专利权、非专利技术、商标权、著作权以及其他特许权的使用权取得的收入。企业向境外支付特许权使用费和向境外支付股息相比，税负有较大的差异。例如，企业向境外支付100万元的特许权使用费，根据企业所得税法的规定，企业支付的特许权使用费允许税前扣除，企业在向境外支付时只需要代扣代缴10%的预提所得税，因此，境外企业取得的这笔特许权使用费实际承担税款10万元。而企业向境外支付100万元的股息，则不允许在企业所得税前扣除，需要在境内缴纳25%的企业所得税，在向境外支付时还需缴纳10%的预提税，这样境外企业取得股息实际承担的税负就有32.5万元（见表3）。由此可以看出，从税收的角度来说，特许权使用费的税收成本要远低于股息。但是在现实中存在着许多企业通过不合理的支付高额的特许权使用费来避税，税务机关对于这个方面也越来越重视，因此，企业在向境外支付特许权使用费时存在着一定的税收风险。

表3　　支付特许权使用费与支付股息的税负比较

项目	特许权	股权
税前	100	100
企业所得税（25%）	0	25
税后	100	75
预提所得税（10%）	10	7.5
实际收入	90	67.5
纳税合计	10	32.5
税收成本率	10%	32.5%

（二）特许权使用费涉税风险

由于特许权使用费的税收成本较低，企业通常尽可能多地收取特许权使用费，使境内公司微利或者亏损，从而达到节税的目的。在实践中，经常出现企业通过不合理的支付高额的特许权使用费来转移利润，进而避税的情况。目前，我国反避税的重点也从商品转让定价转移到特许权使用费的合理性问题上。

1. 涉税风险的根源

（1）特许权使用费定价困难。由于技术、知识、商标等产品大都有其自身的独特性，没有同类产品进行参考，使得特许权的定价很难确定，这就增加了税务机关的征管难度。由于不能获得市场价格，税务机关对其进行转让定价调整也很难进行。特许权定价的困难增加了税收征管的难度，而税收征管的不确定性无疑给企业带来了税收风险。

（2）税源地的判定限制。我国企业所得税税法规定特许权使用费所得按照负担、支付所得的企业或机构场所所在地确定，或者按照负担、支付所得的个人的住所地确定。这种采用单纯依据特许权使用费支付者居住地标准，就容易造成跨国技术转让的避税操作，当一个企业故意设立导管公司，空壳公司进行税源地规避时，税权实际归属地就成为征税部门难以准确判断的问题点。

2. 风险较高的交易形式

（1）重复支付特许权使用费。中国企业从境外关联方购入核心固定资产的同时向境外关联方支付特许权使用费，由于中国企业与境外关联方只签署有固定资产购销合同，与购入固定资产相关的特许权使用费已经含在购销合同之中，却又另行支付了该笔特许权使用费，从而构成重复支付。

（2）对已过技术保密期的技术支付特许权使用费。境外关联方授权中国企业使用的某一专利技术已过保密期，或者授予的专有技术已为同行业企业普遍应用和掌握，不再具有专有技术价值的，中国企业仍然继续向境外关联方支付高额的特许权使用费的交易欠缺合理的商业目的和经济实质。

（3）生产企业向关联销售公司销售产品支付特许权使用费。中国企业在跨国集团企业内部作为主要承担生产功能的企业，其生产的产品全部销售给集团总部指定的其他关联公司，没有销售给无关联的第三方，因此，相关技术或商标在生产环节和销售环节都不会带来实际收益，而中国企业仍需向境外关联方支付大额特许权使用费的交易难以证实其经济实质。

（4）特许权使用费的支付与双方在集团内部承担的功能和风险不匹配。境外关联方通过授权境内子公司相关技术的使用权而获取高额特许权使用费的同时，自身却不承担任何研发费用和风险，或者自身的净资产水平与高额特许权使用费收入明显不成比例，或者境外关联方无法最终控制研发成果的利益归属。

（三）跨国企业如何防范特许权使用费税收风险

在跨国公司的交易中，涉及企业间提供专利权、非专利技术、商标权等特许权的使用，而由居民企业向境外的关联方支付特许权使用费的，应当重点注意防范反避税调查的风险。企业应当合理地制定自身的特许权使用费的定价政策，确保相关的交易和定价符合经济实质和独立交易的原则；同时，企业应当充分准备相关的支持材料，以应对税务机关的相关调查。

1. 合理商业目的和经济实质

首先，对于一项特许权使用费的交易，企业应当充分地准备相关支持材料，以证明这项交易具有合理的商业目的和经济实质。具体可以从以下 3 个问题入手。

（1）特许权的市场价值。在特许权使用费交易的调查中，税务机关会关注交易的特许权本身的市场价值，例如，税务机关会重点关注特许权本身已贬值的情况下仍向境外支付高额特许权使用费的交易。因此，在市场价值方面，企业应当提供相关资料，说明企业取得的商标或专有技术等无形资产仍然处于保密期，并没有被同行业中的其他企业所掌握和应用，具有较高的市场价值，以证明其市场价值与其支付的特许权使用费相匹配。

（2）交易的实际利益。在对特许权使用费交易的调查中，税务机关也会关注特许权使用费支付的必要性，及该项交易是否会为企业带来实际的利益。在有些跨国集团公司中，集团中的中国公司主要负责产品的生产，然后根据集团的指定将生产出的产品销售给关联公司，由于这项交易只发生在集团内部，生产和销售环节都没有带来实际的利益，从经济实质出发，中国的生产企业就不应该对生产销售过程中所使用的相关技术和商标向境外关联方支付特许权使用费。因此，为了证明特许权交易具有经济实质和合理的商业目的，企业应当证明该项无形资产的使用能提高企业的生产、运营效率，能使企业在行业中具有竞争优势，并因此的确能给企业带来实际的经济利益。

（3）功能和风险。功能和风险是判定经济实质的重要因素，在一项特许权交易中，支付使用费的一方和取得使用费的一方各自承担的功能和风险应当与这项交易相匹配，这也是税务机关在税务调查中重点关注的内容。取得使用费的一方应该主要承担无形资产的研发，并有权决定与该项无形资产相关的利益的归属和承担相应的研发风险；在企业内部资产和人员的设置上，也应当配备相应的研发设备和技术人员。否则，向不承担功能或者只是承担简单功能的境外关联方支付特许权使用费有较大的避税风险。相应的，支付使用费的一方则主要承担生产经营方面的功能和风险，而不应承担与研发相关的风险与费用。

2. 独立交易原则

除了保证相关交易具有经济实质和合理的商业目的外，企业还应当注意特许权使用费计费的合理性，即要符合独立交易原则。企业应当按照企业所得税法及实施细则，以及相关法律法规的规定，参照转让定价调整的5种方法，在可比性分析和充分论证的基础上来选取合理的定价方法。在实践中，有些特许权使用费的支付是随着利润情况变动的，企业最好将定价政策体现在交易合同中，并保持前后的一致性，而不能随机地确定应支付的价格。

3. 充分准备相关支持资料

企业在合理地筹划特许权使用费政策的同时，要在交易过程和日常经营中事前准备相关的说明资料，以便在和税务机关的沟通中说明特许权使用费支付的合理性。企业应当准备技术的使用情况、技术的构成情况、技术的占有情况、技术预期效益的具体测算、技术开发费用、技术的可替代性以及相关各方的功能与风险等资料，并定期根据交易的变化情况对合同内容进行复核和及时调整。

四、税案点评

通过本次麦当劳变金拱门的股权收购案例，我们可以看出，从税收角度，企业在间接转让股权架构和特许权使用费两方面有涉税风险。企业既要说明中间层架构有经济实质，存在合理商业目的，也要证明特许权使用费定价合理，并没有通过转移利润来避税。

在间接转让股权方面，如果中间层架构位于税收洼地，针对税务机关的反避税调查，企业应当重点证明其中间层公司有实质性的经营活动以及多样性的收入来源，以证明其股权转让架构的安排具有合理的商业目的。

在支付特许权使用费方面，企业应当重点关注其交易能给企业带来的实际利益和交易中的特许权的市场价值，并注意使特许权交易与交易双方所承担的功能和风险相匹配，以证明其特许权交易的经济实质。同时，企业在对特许权使用费定价时，要遵循独立交易原则，以应对税务机关的调查。

参考文献

[1] 蔡文宇．浅析特许权使用费国际税收风险［J］．现代商业，2014（08）：

262－263.

［2］裴依菲．税收协定下跨国特许权使用费征税法律问题研究［D］．安徽财经大学，2013.

［3］王骏．特许权使用费：来源地决定征税权［J］．财务与会计（理财版），2011（09）：42－43.

［4］魏姝明．数字经济下特许权使用费的国际税收问题研究［D］．华东政法大学，2015.

［5］翟志浩．特许权使用费的国际征税问题研究［D］．郑州大学，2017.

［6］林绥，杨俊．我国非居民企业间接股权转让中的合理商业目的判定——以印度沃达丰间接股权转让案为例［J］．国际税收，2016（02）：50－55.

［7］吴振宇．“合理商业目的”辨析［J］．国际税收，2013（09）：24－26.

［8］田志刚，王建伟．对“合理商业目的”税收立法条款的再解读［J］．当代经济，2015（18）：28－29.

［9］张颖．从拉姆齐原则看“合理商业目的”——对新企业所得税法相关反避税条款的探讨［J］．首席财务官，2007（09）：86－89.

［10］延峰，曾立新，王晓琨．“不具有合理商业目的”的判定及应对［J］．中国税务，2015（03）：53－54.

国际税案 6　特朗普的避税招法①

2016 年 10 月，《纽约时报》曝光了一份 1995 年的报税单，使得美国第 45 任总统唐纳德·特朗普深陷“避税门”。作为美国具有传奇色彩的房地产大亨，特朗普长达 20 余年游走于法律边缘，巧妙避税，但其“避税门”风波并未阻碍其通往白宫之路。

一、特朗普运用的避税方法

特朗普的身份首先是一位成功的房地产商人，然后才是美国总统。他不仅拥有天才的商业头脑，在避税方面也有过人的智慧。特朗普打破了 1972 年以来美国总统候选人公布纳税申报表的传统，并在公开场合多次自豪地表示，其已多年未缴纳联邦所得税。根据《纽约时报》公布的报税单及媒体披露的特朗普企业的经营信息，从 20 世纪 90 年代至今，特朗普避税总额或已超过数千万美元。特朗普避税的核心在于合理合法利用美国的税收优惠和财政补贴政策，积极为自身和企业谋求税收减免的红利。总体而言，特朗普的避税行为并未明确违反美国税法，但充分利用美国税法的优惠政策和疏漏之处，甚至有滥用之嫌。

（一）善于运用亏损结转避税

特朗普虽具有非凡的商业天赋，但在商场上也并非战无不胜。20 世纪 90 年代初期，特朗普多处地产出现巨额亏损，三家大西洋城赌场经营不善，收购曼哈顿广场时机不利造成巨大损失，同时航空公司业绩不佳，使得特朗普的公司陷入财务困境。根据有关报道，特朗普的企业在 1991 年和 1993 年均出现净亏损。而《纽约时报》曝光的特朗普 1995 年的纳税申报表显示，特朗普的企业在当年出现净营运损失 9.16 亿美元。虽然在经济上遭受巨大损失，但是特朗

---

① 中央财经大学 2016 级税务专硕高皓洁（现供职于中国人民银行北京分行）参与本案例的研究与写作。

普并未因此消沉下去，而是利用这次财务灾难获取税收利益，即通过亏损结转规避巨额联邦所得税。特朗普申请将企业亏损向前向后结转，根据美国 1995 年税法，当年发生亏损的企业可将经营性损失向前结转 3 年，向后结转 15 年。也就是说，在 18 年内，如果特朗普企业的净经营所得不超过 9.16 亿美元，那么就不必缴纳联邦所得税。经测算，这笔 9.16 亿美元的巨额损失可以抵销其每年 5000 万美元的应税收入，足以让他超过 18 年规避联邦所得税。

（二）积极寻求减免税和财政补贴

纽约市分管房产与经济发展的副市长艾丽莎·格兰曾这样评价特朗普："在追求减税和补贴方面，特朗普比其他任何开发商都积极。"从刚入商界起，特朗普就享受税收减免优惠政策。1975 年，特朗普购买了纽约市曼哈顿第 42 大街上一家破败的铁路集团酒店，其房地产大亨生涯由此起步；由于他的此次购入行为，纽约市政府破天荒地给予其 40 年的免税优惠政策。1980 年，特朗普耗资 1.2 亿美元，将这家破败的酒店进行彻底翻新重建，这就是著名的纽约君悦酒店。由于纽约市政府给予的免税政策，君悦酒店从 1980 年至 2020 年均不必向纽约市政府纳税。截至 2016 年，君悦酒店已从纽约市获得 3.6 亿美元的免税优惠。

特朗普善于利用法律武器，通过多次起诉政府，不断获取税收优惠。2000 年，特朗普计划在联合国大厦附近推广特朗普国际大厦（Trump World Tower），而纽约市住房金融部门工作人员认为该项目不符合公共利益，拒绝为其提供税收优惠。为获得纽约市的 421 - A 税收优惠（纽约市一项住宅优惠政策），特朗普提起诉讼。在该诉讼陷入僵局后，特朗普又提起另一项诉讼，该诉讼于 2003 年以和解收场，而该和解协议豁免特朗普 371 套公寓 10 年的税收，约合 1.195 亿美元。特朗普位于第五大道的特朗普大厦和位于第一大道的特朗普国际大厦，均通过起诉政府的途径获得了价值不菲的税收优惠。

根据各项财政税收记录显示，从 1980 年起，仅在纽约，特朗普至少享受了 885 亿美元的税收优惠。

另外，特朗普也不会放弃任何财政补贴的机会。"9·11"恐怖袭击后，为帮助世贸大楼附近地区的小型企业恢复经营，纽约政府提供了一大笔财政补助。特朗普抓住机会，为其在该地区华尔街 40 号的特朗普大楼申请了 1.5 万美元的财政补贴。2016 年 4 月，特朗普发布声明称这笔钱是对当时特朗普大厦向避难者免费提供暂住的补偿，但部分官员却质疑特朗普并未做出任何贡献。

（三）充分利用地产避税

特朗普的商业王国主要是地产，而其很多避税招法也是地产行业独有的。

例如，美国税法规定，企业的债务利息和折旧费用可以在公司所得税前扣除。房地产企业的杠杆率往往较大，每年发生大量债务利息，可以抵销应纳税所得额；另外，地产行业的固定资产投资巨大，每年能够产生可观的折旧抵税额，而对于企业，折旧只体现在账面数字，并不影响企业现金流，却可以减少一大笔应纳税额。

美国税法对地产行业的相关规定也有值得推敲的地方。有消息称，特朗普在新泽西州拥有一处高尔夫球场，他将这块土地捐赠出去，用于“保护地役权”，并豢养了一群山羊，因此他声称这块土地属于农业用地的范围。而根据美国税法，如果一块土地被归类为“农业用地”或者“环保用地”，往往可以免缴某些联邦和市政税款。因此，2005年，特朗普的这处高尔夫球场获得了3910万美元的税收豁免。

由于信息不对称，地产商往往采取低报地产价值的方法，通过贬低财产价值减少应纳税款。另有消息曝光，特朗普声称其在奥斯宁的一处高尔夫球场价值仅为135万美元，因此他按照135万美元申报纳税。但是根据奥斯宁州的房地产经纪人称，该高尔夫球场的市场估价大概为5000万美元。通过低估财产价值，特朗普又避开高昂的财产税。

（四）隐瞒被豁免债务

20世纪90年代初，特朗普的房地产王国面临重大损失，他一方面采取措施减轻经济损失，另一方面利用种种手段逼迫财务支持者们豁免了他数以亿计的债务。大量债务的豁免为特朗普的赌场带来生机，但同时意味着特朗普产生巨额应纳税额。因为根据美国税法，获得债务豁免相当于获得应税收入，特朗普理应以取消赌场债务的形式上报国税局，将其在90年代的经营亏损与这数亿美元的应税收入（即债务豁免额）相冲抵。但是，特朗普选择了大胆的避税策略，向国税局隐瞒了被豁免的债务。

这项避税策略的实质是通过亏损债权人的大量资金，谋求自身的巨大税收利益，实际上已经违背了美国税收政策的核心原则。根据曾在众议院筹款委员会担任过民主党首席税务顾问的巴克利的说法，特朗普的避税策略一方面侵占了政府的财政税收利益，另一方面也侵害了其债权人的利益。因为特朗普赌场的债权人同意其豁免债务，事实上产生了损失，应该允许这些债权人用这些损失向后结转，抵销其未来应纳税额，但特朗普利用同一笔债权人的损失来抵销自己的应纳税额，实际上相对加重了债权人的税收负担。一旦特朗普接受IRS（美国国家税务局）审计，这一策略很可能被认定为非法避税。

二、特朗普收购避税案始末

奠定特朗普在纽约房地产伟人祠中地位的是其对科摩多饭店收购的完美交易。科摩多饭店是宾夕法尼亚中央铁路公司在曼哈顿拥有的5家酒店之一，以19世纪的铁路大亨科摩多·科尼利厄斯·范德比尔特的名字命名。但至20世纪70年代，该饭店濒临破产，特朗普成功收购并改造这家饭店，并从纽约市政府取得40年税收优惠。

（一）收购的优势条件和面临问题

1. 收购的优势条件

（1）科摩多饭店拥有被收购的价值。历经65年风霜的科摩多饭店已经老朽破败，无法提供安全可靠的住宿条件，入住率一路下滑，平均入住率低于50%，平均年亏损已达100万美元。但迫于强大的工会压力，饭店不得不继续支付员工工资。再者，科摩多饭店几年累积的未付房地产税已超过650万美元，而建筑物的市场估值仅为1000万美元。因此，管理者将其视为烫手山芋，转手愿望迫切。基于此，收购者在谈判的过程中能够拥有更大的话语权，很可能以非常低廉的价格收购该饭店。

其次，科摩多饭店的地理位置优越，位于纽约中央车站附近，客流量大，而且潜在消费群体中不乏富裕和成功人士。因此，饭店濒临破产的问题出现在饭店本身，而非周边环境。极具商业头脑的特朗普判定，如果能使科摩多饭店改头换面，必会大获成功。

（2）纽约市政府财务状况日益恶劣，面临市场萧条、人口流失的问题。1965年，纽约市的全部债务中，短期高息债务只占5.26亿美元，即只占10%。但到1975年，短期高息债务已高达50亿美元，占据该市债务总额的1/3。这就意味着，纽约市再也无法利用短期高息债务筹措资金。纽约市政府财务状况日益恶劣，政府当局公信力丧失，企业界和金融界的领头人要求更换政府当局。纽约市房地产市场萧条，人口流失率大，纽约市需要鼓励企业发展带动经济活力。在此情况下，纽约市政府的税收利益和特朗普的最大利益并行不悖，特朗普能够以收购项目将带给纽约市的经济利益与市政府谈判减税事项，且由于纽约市政府存在迫切招商引资的需求，特朗普极可能具有更强的话语权。

（3）凯悦饭店是特朗普的潜在合作伙伴。特朗普虽拥有商业天赋和资金优势，但没有酒店经营管理经验，需要寻找合适的合作伙伴。至1974年，特朗普将目光锁定在凯悦饭店身上。这家饭店归芝加哥豪门普利茨克家族所有，在全国性大型饭店管理连锁店中，它是唯一在纽约没有任何据点的一家。凯悦饭店拥有进驻纽约市场的需求，特朗普拥有寻找合作伙伴的需求，二者能够通过谈判获得共同利益。

2. 收购面临的问题

特朗普翻新科摩多饭店需要7000万美元，这需要向银行贷款。如果要成功取得贷款，则必须获得纽约市政府减税凭证。按照预期10%的利率计算，7000万美元贷款每年需要还息700万美元。根据预测，饭店每年盈利900万美元左右，并需支付200万美元不动产税，外加约200万美元的运营开销，则剩余利润中能够归还抵押借款的只有500万美元。这将造成200万美元的可能亏空，任意一家银行都不可能安心放款。根据这种情况，要做成这笔交易的唯一出路是减税，直至饭店拥有支付税款的能力为止。此外，在特朗普落实减税优惠之前，凯悦集团也不会与其签订最终协议。

因此，如图1所示，特朗普在收购中面临的首要问题就是如何成功获得纽约市政府的税收减免优惠，而最后结果将达成纽约市政府、特朗普和宾夕法尼亚中央铁路公司共赢的局面。

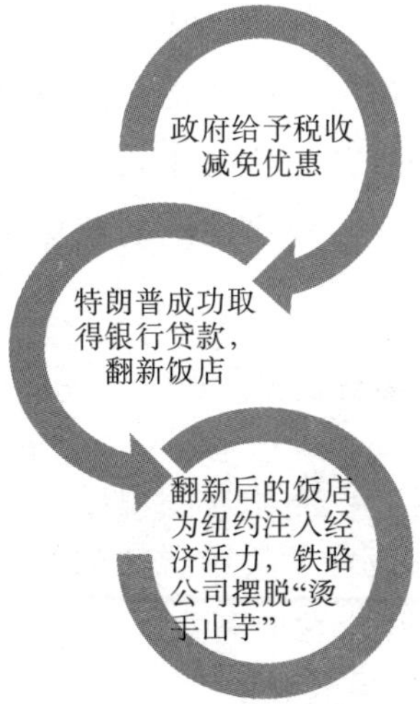

图1　收购过程税收减免的意义

（二）特朗普的收购流程及收购结果

明确税收减免对项目收购的重要意义，特朗普积极与纽约市政府、贷款银行、宾夕法尼亚中央铁路饭店和凯越集团展开谈判。其具体行动流程如图2所示。

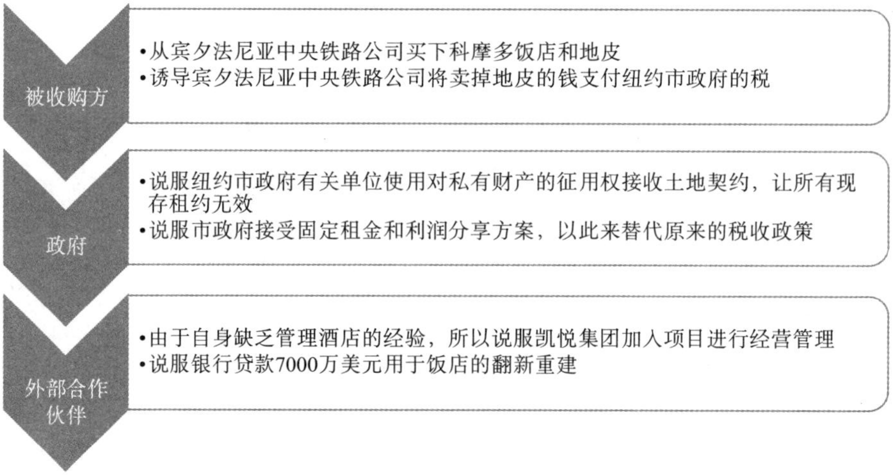

图 2　特朗普的收购流程

最终，迫于各方压力，纽约市政当局以 8:0 的票数同意特朗普计划中给予重建酒店 40 年税收减免的优惠政策，仅此一项谈判使得特朗普在接近 40 年时间内节省近亿美元应纳税额。政府对特朗普做出让步，特朗普也接受了纽约市政府的条件，即补偿对搬迁户造成的损失。纽约城市开发公司同意接受土地契约，取消所有现存租约，纽约市政府也同意纽约城市开发公司的租契，接受固定租金加利润分享的方案。事实上，纽约市政府相当于作为开发商的合资伙伴身份出现，在这一税收优惠的减免条件中纳入一种纯利润分享机制。

三、特朗普的避税原理揭秘

特朗普的避税方法游走于美国法律的边缘，表面看上去并不明确违反法律，但实际上很多策略都是违背了美国税法的初衷。可以说，特朗普充分利用美国税法的最大容忍限度谋求税收利益。

（一）美国关于净营运损失的规定

税法上的“企业亏损”与会计上的“企业亏损”有所不同，会计上的“企业亏损”用于核算企业经营情况，税法上的“企业亏损”则是用来计算所得税。税法认为，当企业经营不利、发生重大决策错误或由于发生其他事项，企业的所得税允许抵扣的金额（包括损失）可能超过企业收入，即企业的应纳税所得额为负，此时企业发生净营运损失。企业有可能在个别年份发生净营运损失，也可能在连续年度发生净营运损失。对于新成立的企业，在最初年度发生净营运损失是非常正常的。

美国允许亏损企业将净营运损失向前向后结转。根据 IRC（美国国内收入法）第 172 条第 a 款，一般情况下，允许企业将本纳税年度产生的净营运亏损向前结转，同时允许将其向后结转。1995 年，美国税法规定的期限为，向前结转的期限为 3 年，向后结转的期限为 15 年。因此，特朗普利用该条款，合法规避联邦所得税长达 18 年。2016 年，美国将该条款的期限进行修改，向前结转的期限缩短为 2 年，向后结转的期限延长至 20 年。该项修改与美国经济发展状况和企业生命周期的变化具有直接关系。换句话说，如果特朗普企业的重大亏损发生在 2016 年，那么他或许可以连续 22 年规避联邦所得税。

另外，美国对于指定责任损失、商业银行坏账损失、农场损失、2008 年小型企业可结转损失等特殊经营事项的净营运损失具有特殊规定。例如，与特朗普避税案相关的可能还有关于 REIT（房地产投资信托基金）亏损结转的特殊条款。IRC 第 172 条第 b 款规定，REIT 年度发生的净营运损失不得向前结转，同时，不允许将 REIT 年度发生的净营运损失向后结转至非 REIT 年度。

（二）纽约的 421 – A 法案

纽约 421 – A 免税政策是当地政府针对房地产市场的特殊税收优惠政策。1971 年纽约市房地产市场萎靡不振，人口大量流失。为鼓励开发商建设住宅楼，纽约市推出 421 – A 税收优惠政策。最初规定，开发商在纽约市 5 个行政区内建造房屋，可以在 10 年内减免新建房屋的税收，只征收土地的税收；20 世纪 70 年代，421 – A 法案是对房地产行业的全面减税优惠。具体税收优惠方案是，最初两年全额免税，接下来两年免税 80%，再接下来两年免税 60%，以此类推。至 20 世纪 80 年代，纽约房地产市场回暖，政府修改该法案，规定在曼哈顿繁华地段，只有开发建造经济适用房才允许适用 421 – A 免税政策。从此时起，421 – A 法案转变为鼓励开发商建设可负担住房的减免税政策。

但是，在政策鼓励的行为外，开发商们仍有办法得到 421 – A 的税收优惠。开发商可以选择从建造经济适用房的开发商手里购买 421 – A 税收减免待遇证书，前者获得的税收利益足以弥补其购买证书的支出，而后者利用出售税收减免证书的所得在其他地方开发建造廉价住房。在这个过程中，政府在无形中成为遭受利益损失的一方。另外，开发商还可以用所谓的 80 – 20 策略，即开发商在同一地点开发建设一定数量的住房，但至少 20% 的面积用于建设可负担住房，这种条件下开发商依然可以根据 421 – A 法案得到税收减免，在10年至30年的时间内免除房产税。

由于421－A法案的政策成本相对较高，长久以来一直受到各界诟病。可以说，421－A法案在发展过程中已经逐渐背离其保障居民可负担性住房供给的初衷，而逐渐沦为房地产商规避税收的手段。2007年，纽约市政府将适用421－A法案优惠政策的标准提高；2016年初，纽约市宣布取消421－A法案。至此，421－A法案退出历史舞台。

（三）美国税法的债务重组漏洞

根据美国相关法律，债务人的债务被债权人豁免，相当于债务人获得一笔收入，债务人应当填报1099－C（税务信息表格），向税务机关申报纳税。举个例子，如果2017年特朗普的债权人勾销其400万美元的贷款，相当于特朗普获得400万美元的收入，应当就这400万美元申报纳税。但是，企业往往采取大胆的避税策略，将被豁免的债务转换为股份，看似企业还清债务，且不用就被豁免部分承担纳税义务，但实际上侵害了美国政府的财政利益。因此，1993年，美国国会和国税局全面禁止所有公司“债转股”。

但是，美国的富人再次利用美国税法的漏洞，避开禁令，将被豁免的债务转为合伙企业的股份，其避税原理和避税效果和“债转股”完全相同。以特朗普为例，特朗普在大西洋城共拥有3家赌场，全部通过合伙企业形式持有。而20世纪90年代，特朗普迫使其债权人豁免部分债务，正是将被勾销的债务转换为合伙企业的股份而规避纳税义务。当然，这种做法在当时并没有违背美国税法，因为税法规定禁止将被豁免债务转换为公司股份，却并未禁止将其转换为合伙企业股份。在美国，公司和合伙企业具有本质不同，美国税法存在的这项漏洞再次被企业家们利用。2004年，美国国会宣布禁止合伙企业债转股，堵塞了这一避税途径。

目前，美国的税法中仍有疏漏之处，美国地产行业避税已成为常态。美国的公司税制极其复杂，但对于大型地产公司而言，大多数地产公司和建筑公司属于私人所有，在税法上也并不像上市公司那样受到严格审查。地产公司往往有办法通过各式各样的税务操作手法和相关安排躲避纳税。例如，美国税法第1031条规定，如果利用自己商业性质的房产交换同样或类似的房产，则不予承认交换过程中的资产利得，也就不用缴纳交换过程中产生的资产利得税。美国房地产企业往往通过类似条款，递延或者规避纳税义务。

（四）美国的企业制度

美国法律规定，企业可以自行选择实体（如有限责任公司等）或者非实体（如合伙企业等）的组织形式。不同组织形式适用不同的税收制度。企业选择实体形式，意味着需要承担企业所得税，而由于美国的企业所得税较高，且股东通常面临企业所得税和个人所得税的双重课税，所以富人往往通过选择非实体形式避免缴纳企业所得税，例如选择合伙企业形式经营，则企业的所得直接计入合伙人的个人所得，由合伙人申报缴纳个人所得税。特朗普在大西洋城的三座赌场全部是通过合伙企业形式经营，当发生亏损时，就能够冲减实际个人应纳税额。通过选择合伙企业或者无限责任公司这种经营形式，就可以将避税所得直接转化为个人财产利益。

四、避税游走于法律边缘

企业有逐利的天性，避税行为在各国均屡禁不止。美国被公认为全球税收制度最完善的国家之一，而其税法尚且存在避税行为可利用的疏漏之处。

对于特朗普避税是否违反法律法规，各界争论不休，看法不一。特朗普本人及其支持者声称，作为企业家，特朗普只是充分利用税法，合理安排企业财务和业务经营，尽最大可能维护自己企业的合法权益；企业具有追求利益最大化的天性，企业家通过合法手段节约税收支出是无可厚非的。但是反对者则认为，特朗普滥用税法漏洞的避税策略已经达到法律容忍的边缘，其避税行为已经侵害他人（如豁免特朗普债务的债权人）的税收利益，严重违背美国税法的核心原则，应该追究其法律责任。

不管最终结论如何，值得思考的是，特朗普的避税风波并未成为其登上总统宝座的阻碍。与逃税不同，从表面来看，避税策略并未直接违反相关法律，但避税行为利用法律的漏洞，本质上已经违背法律初衷。换句话说，避税处于合法和违法之间的灰色地带，一方面侵害国家财政税收收入，另一方面破坏了税收的公平原则，但法律却不能有理有据地谴责避税行为。

如何打击灰色地带的避税行为，已经越来越多地引起各国关注，国际税收领域热门的 BEPS 计划的主要目的之一也是打击国际避税行为。既然避税没有明确违反法律，就无法完全利用法律手段解决问题。因此，打击避税的最有效手段就是及时更新税法，弥补法律疏漏，最大限度压缩合法与非法之间的灰色地带。对于怎样界定避税和逃税，也应当引起政府部门的重视，或许可以重新界定避税和逃税的界限。虽然有些避税策略在表面上符合法律规定，但实质完全背离法律要求，应当适当予以惩罚。但需要注意的是，怎样算是背离法律要求，无法确定具体量化标准，可能会涉及赋予税务机关自由裁量权，而过度的自由裁量权意味着寻租、腐败的概率增加。因此，法律应当谨慎赋予自由裁量权，在避税和寻租之间寻求平衡，以最大限度地维护法律的公平公正。

参考文献

［1］ Holly Magister. Trump's Tax Avoidance：Breaking Down The Basics［EB/OL］. http：//www. forbes. com/sites/hollymagister/2016/10/05/trumps - tax - avoidance - 101/2/#503180145202，2016 - 10 - 05.

［2］ Seema Mehta. Trump used 'legally dubious' maneuver to avoid reporting taxable income, according to new report［EB/OL］. http：//www. chicagotribune. com/news/nationworld/politics/ct - trump - legally - dubious - tax - maneuver - 20161031 - story. html，2016 - 10 - 31.

［3］ Josh Barro. No，Donald Trump's tax avoidance is not normal［EB/OL］. http：//www. businessinsider. com/donald - trump - tax - avoidance - 2016 - 10，2016 - 10 - 04.

［4］ 白彦峰．特朗普避税案与我国现代化税制构建［J］．税务研究，2017（1）：47 - 51.

［5］ 方向明，贺盈．特朗普会赚钱更会避税，合法避税达9亿美元［N］．第一财经日报，2016 - 09 - 21（A04）.

［6］ 格温达·布莱尔．地产之王唐纳德·特朗普［M］．上海：上海译文出版社，2007，59 - 72.

［7］ 吉莲·邰蒂．特朗普是美国地产业避税的缩影［EB/OL］．http：//www. ftchinese. com/story/001067879，2016 - 06 - 06.

［8］ 李霖．唐纳德·川普传［M］．辽宁：辽宁人民出版社，2016，33 - 36.

［9］ 蔡昌、高皓洁．透视特朗普"磁铁"税收新政［J］．首席财务官，2017（11）.

国际税案7　世界足球明星逃税案[①]

足球明星在球场上骁勇善战的精神和力挽狂澜的表现不仅会为其带来无数球迷的崇拜，而且会使之得到不少品牌商的青睐，因此代言费和广告费收入是多数足球明星很大一部分收入来源。为了获得更多的税后收益，不少足球明星利用各种手段逃避纳税。

一、足球明星涉税案

近年来，在当地税务部门的调查下，一些足球明星逃税案被媒体披露出来，引发世界关注，比较著名的有梅西、C 罗、马斯切拉诺、内马尔和莫德里奇涉税案件。这些球星的涉税案件不仅对球星及其所在俱乐部的声誉造成损害，而且引发了税务部门对球星纳税情况的持续深入调查。

（一）梅西逃税案

2016 年 7 月 6 日，梅西逃税案在西班牙巴塞罗那法庭宣布了最终判决结果，梅西与其父亲涉嫌在 2007 年到 2009 年逃避缴纳税收 410 万欧元，被判处入狱服刑 21 个月，并缴纳罚款 370 万欧元。

早在 2013 年 6 月，西班牙加泰罗尼亚省地区检察官拉奎尔·阿玛多宣布起诉效力于西甲巴塞罗那俱乐部的球员梅西涉嫌税务欺诈。起诉书中表示，梅西及其父亲在 2007 年、2008 年、2009 年 3 年间通过向海外第三方授予肖像权转移了大量广告收入从而逃避纳税；此外梅西通过使用在伯利兹和乌拉圭等避税港的空壳公司“规避税务责任”；诉状同时点出了梅西及其父亲的名字，他们都被指控在这 3 年内年骗得价值数百万美元的所得税退税。巴塞罗那地区法庭接受了该检察官的起诉书，并要求梅西父子于 9 月出席法庭。梅西税务案件在当时引起了不小的轰动。梅西也在被指控后补缴了 500 万欧元的税款。不过，梅西本人表示自己专心于踢球，对避税问题并不知情，只负

① 中央财经大学 2016 级税务专硕李蓓蕾（现就职于深圳华为集团）参与本案例研究与写作。

责在合同上签字，对合同内容并不了解，公司和财务问题都交给自己的父亲和哥哥打理。在梅西补缴税款之后，法院撤销了对他的指控。但 2014 年巴塞罗那法院又拒绝撤销对梅西逃税案的指控，认为有证据表明梅西可能知道其父亲的避税手段。2015 年 10 月，因无法证明梅西对其父亲避税行为知情，巴塞罗那地方法庭驳回对梅西的指控，认定由其父亲承担所有责任。但一天之后，西班牙国家通讯社发布消息称，巴塞罗那地方法庭首席法官确认，他们已经推翻之前的决定，梅西将与其父亲一起就税务问题出庭受审。

梅西避税案件的审理一直持续到 2016 年，虽然在巴塞罗那法庭宣布的最终判决结果中，梅西面临 21 个月的监禁，但根据西班牙的法律，对于监禁时间短于 24 个月的初犯人员，不必入狱服刑，而且梅西已主动缴纳税款，且对社会没有造成危害，所以梅西不会真正入狱服刑。但梅西方面对这一判决结果向西班牙高级法院提出了上诉，12 月马德里的《缘由报》称西班牙高级法院的检察官已经要求法官驳回梅西父子的上诉，确认对二人的刑罚。原因是检察官认为梅西父子二人确实在 2007 年到 2009 年逃税 410 万欧元，且梅西表示自己不看合同就签字的说法难以成立，他其实直接参与了自己肖像权的开发。因此，梅西设法推翻巴塞罗那地区法院判决的可能性不大。

（二）马斯切拉诺逃税案

马斯切拉诺在此前也被西班牙税务部门指控，认为其利用在美国和葡萄牙设立的离岸公司将肖像权收入转移到避税地，从而累计少缴纳税款约 160 万欧元。但马斯切拉诺在 2015 年 10 月的庭审中主动承认其避税行为，并在补缴税款之后，缴纳了 81.6 万欧元的罚款。法庭判决其一年有期徒刑，缓期执行，也就是说，只要在一年当中，马斯切拉诺不发生其他违法犯罪行为，就不用担心牢狱之灾。

（三）C 罗避税案

2015 年 12 月初，有媒体爆料足球明星克里斯蒂亚诺·罗纳尔多存在偷税漏税行为。西班牙《世界报》报道，C 罗从 2009 年初起，将他的肖像权收入存放在避税天堂的多家公司内，这些公司属于没有实际经济活动的空壳公司，以不透明的方式进行运作，使 C 罗大量的广告收入避免缴纳西班牙税款。12 月 3 日，西班牙财政部开始对 C 罗进行审查，财政部认为 C 罗可能在 2011 年、2012 年、2013 年的非居民所得税报税中存在违法行为，因此对其展开调查。C 罗在这 3 年共缴税 560 万欧元，但其避税总额达到 1.5 亿欧元，也就是说其个人肖像权收入实际缴纳税款只占应税所得的 4% 左右。

另据《阿斯报》透露，C 罗在 2015 年 1 月之前共上缴 900 万欧元的税款，其中包括两部分，一部分是 2008 年到 2014 年的 450 万欧元个人肖像权收入，另一部分是 2015 年到 2020 年肖像权收入预支部分的税款，也是 450 万欧元。根据西班牙税法，年代言费超过 60 万欧元的人需缴纳 43% 的税款，可以看出，C 罗所缴税额与其上亿欧元的广告收入相差甚远。

目前西班牙财政部还在调查之中，并未对 C 罗是否存在逃税行为做出回应和指控，如果相关部门确认 C 罗也存在逃税行为，并且逃税金额上亿欧元，那么 C 罗可能面临与梅西、马斯切拉诺同样的结果，甚至更长的牢狱之灾。

（四）内马尔逃税案

2015 年巴西媒体《环球体育》报道，内马尔因涉嫌逃税和非法避税，被巴西联邦法院冻结了 4200 万欧元的资产。2011 年至 2013 年，内马尔涉嫌逃税和非法避税共 1572 万欧元。当时内马尔只申报了自己总收入的 8%，而巨额商业赞助和加盟巴萨时拿到的签字费都没有申报缴税，逃税金额高达 1400 万欧元。被冻结的 4200 万欧元就是根据内马尔逃税金额的 3 倍外加相应利息确定的。

2016 年，《马卡报》报道称内马尔和桑托斯、巴萨以及耐克的合同都涉嫌逃税，2012 年到 2014 年间，内马尔及其家人利用自己的公司逃避了 5600 万欧元的税款。2016 年 3 月，内马尔被巴西法院定罪为逃税和骗税，需要补缴税额 4500 万欧元。不过这并非最终判决，内马尔还可以提出上诉。

（五）莫德里奇逃税案

皇马中场莫德里奇近期也卷入球星逃税的风波之中。据西班牙媒体《世界报》报道，莫德里奇曾把自己的广告费转移到卢森堡一家公司名下，将可能承担 51% 的税负降低为 1% 的税负，大大减少了应纳税额。西班牙财政部已经对莫德里奇 2012 年至 2014 年的纳税明细展开了深入调查。

（六）贝克汉姆涉税案件

贝克汉姆是全球炙手可热的足球运动明星，但与前几位球星不同的是贝克汉姆并未被媒体曝光涉嫌逃税事件，但这并不意味着他没有进行相关的税收筹划。早在贝克汉姆效力曼联时，其就为自己设立公司，经营个人肖像权，将个人收入转为企业收入，从而降低税负。2013 年其与巴黎圣日耳曼俱乐部签订合同时，将全部收入捐献给儿童福利院，这引起大众对其行为可能为避税的质疑。2014 年英国政府对英国电影行业避税行为调查时发现，贝克汉姆有涉嫌通过投资电影进行避税的嫌疑，可能面临 40 万英镑到 1000 万英镑的税款追缴。

二、世界球星逃税案涉及的税收政策

（一）球星收入的来源

职业足球运动员一般会加入职业化、专业化的足球俱乐部，运动员的工资由俱乐部和主要赞助商按比例支付，俱乐部和赞助商在发放工资时，会帮运动员代扣代缴个人所得税，运动员拿到的工资和年薪是扣除个人所得税后的收入，因此这部分的税收，运动员是难以偷逃税的。足球运动员的另一部分收入来源就是肖像权的使用收入，即各种代言费和广告费收入，这笔收入占运动员收入的很大一部分，例如2015年6月到2016年6月，梅西的商业收入总额为2200万美元，C罗的商业收入总额为2700万美元，这同时意味着这笔巨额收入要承担高额税负。因此，为了获得更多的税后收益，一般足球明星都会在肖像权的使用上设法偷税逃税。

从上述案例中也可以看出，梅西、马斯切拉诺、C罗、内马尔、莫德里奇都是通过转移肖像权收入的手法规避税收的。

（二）税收管辖权的归属

出生于阿根廷的梅西、马斯切拉诺，葡萄牙的罗纳尔多和克罗地亚的莫德里奇都被西班牙税务部门因逃税原因进行过调查和指控，但西班牙政府是否对这些外籍球员的个人所得有征税权？以梅西为例。梅西1987年出生于阿根廷，13岁时举家搬迁到西班牙，并加入巴塞罗那俱乐部。2005年9月，梅西拥有了西班牙公民资格，即获得阿根廷和西班牙的双重国籍。至此，梅西不仅长期居住在西班牙境内，从西班牙境内获取所得收入，而且拥有西班牙国籍，因此西班牙政府有权对梅西取得的收入进行征税。对于没有加入西班牙国籍的马斯切拉诺、C罗和莫德里奇，他们长期在西班牙的俱乐部工作并在西班牙境内获得所得，因此也应就西班牙境内的所得向西班牙政府纳税。

巴西的内马尔在2013年以前效力于桑托斯队，从巴西境内取得收入，作为巴西的居民和国民应对巴西政府缴纳个人所得税，2013年5月巴萨队以5700万欧元的价格签入内马尔，年薪880万欧元。而早在2011年内马尔就同耐克公司签订了11年的赞助合同，每年获得超过2000万欧元的赞助收入，正是因为如此巨额的代言收入和转会费收入内马尔未如实向巴西税务机关申报，导致税务机关对其进行调查并要求补缴税款。

（三）西班牙足球运动员个人所得税制度

1. “贝克汉姆法案”

西班牙为引进高水平的足球运动员，在2003年颁布了一则“贝克汉姆法案”，这个名称来自当年皇马主席弗洛伦蒂诺为引进贝克汉姆而游说时任西班牙首相的阿斯纳尔设定的条款。该法案主要是为了降低外籍球员的个人所得税税率，从而吸引外籍球星为西班牙足球俱乐部效力。该法案规定，符合条件的外籍球员只需就西班牙境内获得的收入承担 24% 的个人所得税，而本地球员的税率高达 43%。不过在 2009 年 11 月，西班牙宣布取消“贝克汉姆法案”，并于 2011 年 1 月 1 日开始正式实施，之前享受过优惠税率的有效期为 5 年。法案修改后，在西班牙工作的外籍人员如果未在西班牙居住满 10 年，且年收入超过 60 万欧元，将缴纳 43% 税率的个人所得税。像 C 罗等外籍球员年收入必然高于 60 万欧元，那么其收入的将近一半要作为税收上缴西班牙政府，这无疑会引起一些球员的避税行为。

2. 球员的个人所得税税率

近年来，西班牙球员的个人所得税税率每年都有变化。以 2012 年来说，税法规定年收入 30 万欧元的西班牙本土球员，除加泰罗尼亚地区和巴斯克地区税率分别为 56% 和 28% 之外，其他地区均为 52%。对于表现优异的本土球员，年收入超过 30 万欧元也是轻而易举的，那么每年超过一半的收入要上缴给西班牙政府作为个人所得税。在如此高额的税款面前，不少球员都会选择采取必要手段进行避税活动。

（四）避税地国家的相关税收制度

1. 爱尔兰相关所得税制度

首先，爱尔兰是著名的低税率国家，尤其是其公司所得税税率仅为 12.5%，远低于欧洲 23.2% 的平均水平，更不用说许多欧盟国家 30% ~40% 的税率。其次，爱尔兰是欧盟成员国之一，欧盟成员国之间的交易可以免除缴纳所得税。最后，爱尔兰实行管理和控制中心地的居民认定标准，即使在爱尔兰注册成立公司，其实际管理和控制机构不在爱尔兰境内，也会被认定为外国公司，其所得不需在爱尔兰纳税。爱尔兰的个人所得税也较低，据 OECD 统计，已婚职员平均在爱尔兰纳税为其总收入的 5%，在 OECD 国家中排名在倒数第 7 位。爱尔兰的所得税制度对许多大型跨国公司形成巨大的吸引力，许多国际公司利用在爱尔兰注册成立子公司，进行国际避税活动，最著名的就是苹果公司的“双爱尔兰三明治”结构。因此，爱尔兰也成为一些足球明星转移收入进行避税的重要选择。

2. 英属维尔京群岛

在全世界所有能自由进行公司注册的避税港中，英属维尔京群岛的注册要求最低，监管力度最小。在那里，设立注册资本在 5 万美元以下的公司，最低注册费仅为300美元，加上牌照费、手续费，当地政府总共收取980美元，此后每年只要交600美元的营业执照续费即可。1984年该岛颁布了《国际商务公司法》，该法令规定外国公司可以以离岸公司的形式在岛上注册登记，离岸公司可以享受大量的税收优惠，包括免除当地所有的税收及印花税，公司每年支付当地政府一项固定费用即可，这就使公司的税收负担极大地减轻，从而吸引很多企业在这里设立离岸公司进行避税活动。

3. 卢森堡

卢森堡也是著名的避税天堂，许多跨国企业利用在卢森堡设立控股公司，通过一系列的内部运作，最终将收入转移至卢森堡境内，且负担的税率不足转移收入的1%。另外，卢森堡实行银行保密机制，不需向英美德等国家公开客户的银行记录，客观上帮助企业的避税行为。不过卢森堡宣称将从2017年起废除银行保密机制，对相关银行采取国际标准，这就为卢森堡告别“避税天堂”的称号做出了前期铺垫。

类似的“避税天堂”还包括百慕大群岛、开曼群岛、伯利兹等，这些“避税天堂”都是跨国公司以及足球明星进行财产转移的主要目的地。

三、球星避税的主要模式

（一）梅西避税案模式分析

如图1所示，为梅西逃税的主要模式。首先梅西将个人的肖像权以低价售卖给位于伯利兹和乌拉圭等避税地的公司，虽该公司是梅西的团队（父亲及哥哥）设立，但梅西是设立该公司的直接受益人，因为梅西此后的广告合同都为该公司与赞助商签谈，赞助商直接将高额的广告费支付给位于“避税天堂”的公司，而这些避税港对企业所得税实行很低的税率甚至免除所得税，从而梅西将个人收入本应在西班牙承担的高额税额大大降低。

图1　梅西逃税模式

这种避税方法在欧洲爆发经济危机之前较为普遍，许多明星都利用在避税港设立公司，通过肖像权的授予，将获得的巨额广告收入转移到避税地，从而减少应承担的高税负。但在欧洲爆发经济危机后，西班牙政府为了增加财政收入、促进国内经济复苏，对这一避税行为展开积极的调查，并从法律上修改此前的优惠税率。一方面废除了“贝克汉姆法案”，外籍球员的个人所得税税率大大提高；另一方面，西班牙政府通过了一项新的个人所得税法，即西班牙球员将个人肖像权转移给境外的某公司，即便不再拥有个人肖像的使用权，但该肖像权产生的商业收入，应计入该球员个人所得税的税基之中，计算缴纳个人所得税。因此，对从 2000 年即加入巴塞罗那俱乐部的梅西来说，“贝克汉姆法案”早已不适用，其转移肖像权获得的广告收入也应计入西班牙个人所得税应纳税所得额中，按照本地球员适用税率计缴纳税。巴塞罗那地区法庭之所以要求梅西补缴税款及罚金就是基于上述规定。

（二）C 罗避税案件涉税分析

如图 2 所示，为 C 罗进行避税的模式图。C 罗的避税模式较为复杂，但与梅西的相似之处在于其主要目的都是转让肖像权从而转移收入。

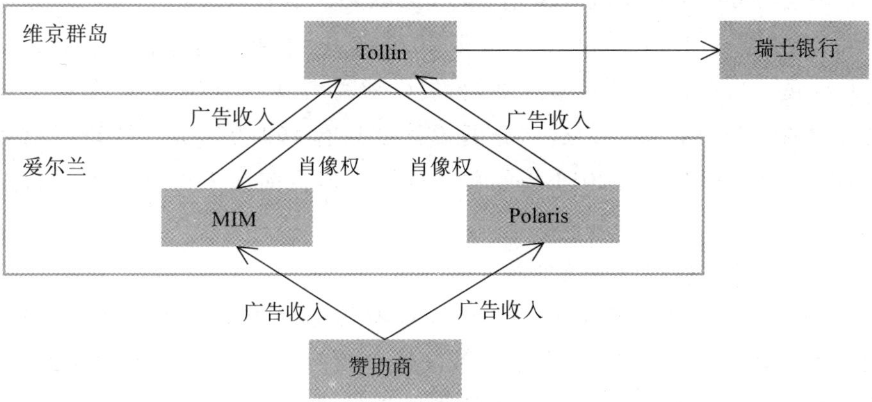

图 2　C 罗避税模式

C 罗的避税计划分为两部分，第一部分从他 2009 年被皇马签下到 2014 年底，第二部分从 2014 年底到未来 6 年。2008 年底到 2009 年初，C 罗将肖像权转让给维京群岛的 Tollin 公司，Tollin 公司又将他的肖像权转让给在爱尔兰境内的 MIM 公司和 Polaris 公司，这两家公司的老板都是 C 罗的经纪人门德斯。这两家公司获得肖像权后与赞助商签谈，售出 C 罗的肖像权，并获得巨额广告费收入，随后将广告收入转移至维京群岛的 Tollin 公司，该公司再将相关款项汇入瑞士银行一个 C 罗名下的账号，供 C 罗使用。在整个运作过程中，爱尔兰起着重要作用。第一，在爱尔兰设立公司能够享受到欧洲范围内最低的公司所得税税率；第二，爱尔兰属于欧盟，在与赞助商交易的过程中可以为其开具发票，而如果直接在避税地和赞助商之间进行交易则无法开具大企业所需的发票，影响双方交易进程；第三，Tollin 公司实际为避税地的空壳公司，并不进行实质性的经济活动，当其把肖像权授予爱尔兰的两家公司时，可以从爱尔兰获得一笔特许权使用费，将爱尔兰的利润转移至避税地。最后避税地公司通过瑞士银行为C罗提供资金支持。C罗通过这样复杂的转移减少了大量的应纳个人所得税。

C罗在2009年加入皇马时，“贝克汉姆法案”仍然生效，但2015年C罗所享受的外籍球员优惠税率即将到期，所以C罗为其从2014年到2020年的肖像权收入提前缴纳了税款。根据《世界报》的披露，C罗将其2014年底到2020年未来6年的肖像权以7500万欧元的价格卖给了位于维京群岛的Adifore公司和Arnel公司，而这两家公司的所有人是巴伦西亚主席、新加坡人林荣福，也是门德斯的合伙人。林荣福所支付的款项也汇入到C罗名下的一家瑞士银行账户中。

C罗自2009年到2014年共有7480万欧元广告收入，但其向西班牙财政部申报2009年至2014年和2015年至2020年共12年的肖像权税款时，只有560万欧元。为此，C罗的律师解释称C罗总计1.5亿欧元的收入中只有22.7%是在西班牙挣得的，这部分的税款就只有560万欧元。西班牙财政部正在调查C罗2011年到2013年的税务问题，但目前尚未得出C罗逃税的有效结论。

（三）其他足球明星避税模式

其他足球明星的避税方式与梅西、C罗等球星类似，例如马斯切拉诺、内马尔和莫德里奇等都是通过将肖像权授予与自己利益相关者设立的公司，进而将广告费收入转移至避税地或低税负地区来获得税受利益。然而在西班牙政府的严厉打击下，该种避税模式的操作空间日益缩小，越来越多的足球明星受到调查，并补缴了税金和罚款。

英国足球明星贝克汉姆也进行过相关的税收筹划，不过与梅西不同的是，贝克汉姆设立自己的公司经营自己的肖像权和相关服务，获得的广告费收入直接入账自己的公司，将高额的个人所得税变为较低的公司所得税；当自己需要资金时，再向公司“借款”。这样一来，公司在年度申报纳税时，可能出现“亏损”，从而规避企业所得税。这种税收筹划方式成为后来英超球星效仿的典范。

四、税案点评

欧洲经济危机是西班牙政府对球星逃避税问题进行调查的主要导火索，而西班牙个税的高税负是球星进行避税活动的直接原因。足球运动员在选择加入俱乐部时，个人收入所承担的税负也是其考虑的重要因素之一。

作为理性经济人，没有人愿意将自己收入的一半交给政府，即使通过转让肖像权的方式规避税收不再行得通，球员们也会寻找其他避税的方式。所以西班牙政府想要既留住足球明星，又取得充足的财政收入，必须调整足球运动员个税的征收方式，从其他领域获得财政收入来源。

参考文献

［1］曲明．梅西缘何跑上“财政悬崖”［N］．中国税务报，2014-09-10（B06）.

［2］常士臣．梅西偷税案的启示［N］．黑龙江经济报，2014-07-09（B03）.

［3］郝正非．足球场：逃税时常有今年格外多［N］．中国税务报，2014-06-11（B05）.

［4］陈听雨．球星梅西涉嫌税务欺诈［N］．中国证券报，2013-06-14（A05）.

［5］乐正昶．关于梅西逃税案，你都需要了解什么？https：//zhuanlan. zhihu. com/p/21534148.

［6］蔡昌、李蓓蕾．点击梅西球星逃税案［J］．首席财务官，2017（5）.

国际税案8　苹果公司全球战略税收筹划案例[①]

一、背景资料

（一）苹果公司基本情况

苹果公司（Apple Inc.）是美国一家高科技公司，总部位于加利福尼亚州的库比蒂诺。苹果公司创立于1976年4月1日，当时公司名称为美国苹果电脑公司（Apple Computer Inc.），并于1980年12月12日公开招股上市，2007年1月9日更名为苹果公司。

苹果公司最初是一家从事个人电脑研发和销售的公司，目前该公司经营的硬件产品主要是Mac电脑系列、iPod媒体播放器、iPhone智能手机和iPad平板电脑；在线服务包括iCloud、iTunes Store和App Store；消费软件包括OS X和iOS操作系统、iTunes多媒体浏览器、Safari网络浏览器，还有iLife和iWork创意和生产力套件。

（二）苹果公司的全球销售架构

苹果公司在销售架构上把全球的销售区域划分为两大块，一块是美洲地区（包括美国本土、加拿大、拉丁美洲等地区），另一块是美洲以外地区（包括中国、欧洲、亚太等地区）。美洲地区主要是由苹果美国公司（API）负责销售，而美洲以外地区则是由相关海外销售公司负责销售。

1. 苹果公司全球控股关系

苹果公司在全球范围内设立控股子公司。注册于爱尔兰的苹果国际运营公司（AOI）由苹果美国公司（API）控股；同时AOI也控制着设立在爱尔兰和其他国家的子公司，比如注册于荷兰的苹果欧洲运营公司（AOE）、注册于爱尔兰的苹果国际分销公司（ADI）、注册于新加坡的苹果新加坡公司（ASA）等；荷兰的苹果欧洲运营公司（AOE）对爱尔兰的苹果国际销售公司

① 中央财经大学2016级税务专硕单滢羽、李蓓蕾参与本案例研究与写作。

（ASI）也具有控制权。

2. 苹果产品的生产销售模式

苹果产品的生产并不是在本国进行，它把大量的制造组装业务外包给了海外公司，比如中国第三方合约制造商。他们只会给予制造商有限的利润，使得销售公司能够以较低的价格从中国合约商手中获得商品，销售时却会附以高价，因为他们拥有苹果价值链中最有价值的核心部分——知识产权。这样低成本购进，高价卖出，使得苹果获得了高额的利润。苹果美国公司（API）和苹果国际销售公司（ASI）都是以低价从合约制造商购进产品，而当它们把产品转售给相关联的分销公司，就会附上高价，这样使得 API 获得了销往美洲市场产品的利润，ASI（包括 ADI）获得了销往美洲以外市场产品的利润。这样，通过关联交易美洲市场的销售利润保留在 API，API 再将其部分利润存放在内华达州的资金管理公司；美洲以外市场的销售利润保留在 ASI（包括 ADI），再通过"爱尔兰—荷兰—爱尔兰"三明治结构的操作方法把利润集中于 AOI。

（1）美洲市场销售网络。从图 1 可知，苹果美国公司（API）从合约制造商买回产品后，又有两个流向：一是通过零售店直接销售给美国本土的消费者；二是通过转售给 ALAC 区域的关联分销公司销售给其他美洲国家。在美洲的销售是由苹果美国公司全权负责的，所以这部分销售收入应该在美国纳税，这也是导致苹果公司在美国缴税最高的原因。

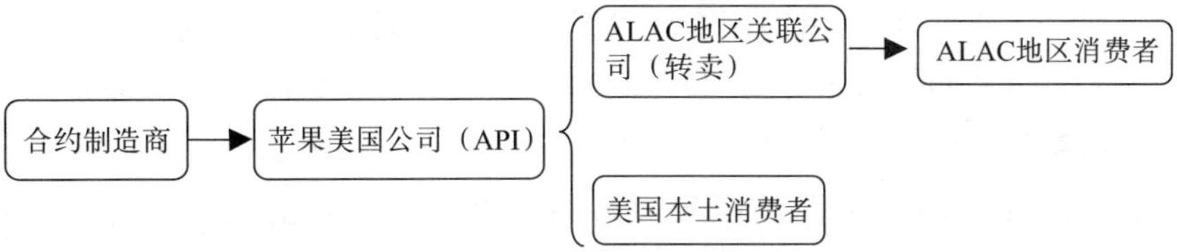

图 1　美洲市场销售网络

（2）美洲以外市场销售网络。苹果国际销售公司（ASI）和苹果国际分销公司（ADI）则负责美洲以外市场的销售（如图 2 所示），它们首先从合约制造商低成本收回商品，再把产品转售给相关区域关联分销公司，再由区域分销公司转售给各国的销售公司，最后由各国销售公司通过各自的方式把产品最终销售给消费者。特别注意的是中国市场，由苹果国际销售公司（ADI）作为第一手买家，把苹果商品转售给中国的关联销售公司，再把苹果商品最终销售给中国消费者。

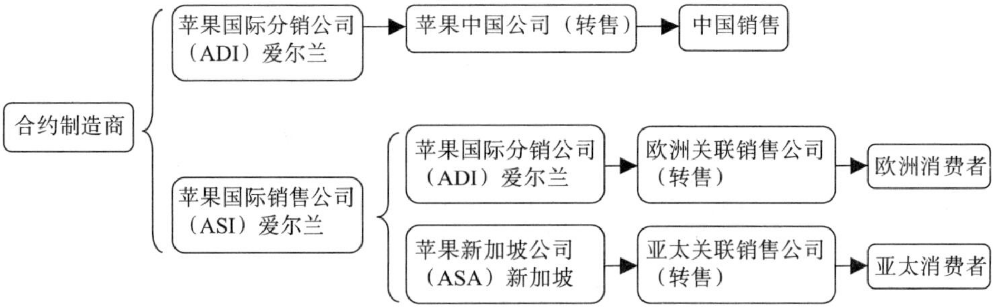

图 2　美洲以外是市场销售网络

3. 苹果产品的物流模式

在上述销售过程中，产品的所有权被转移了很多次才最终到达消费者手中。然而在实际的销售活动中，其物理空间转移路线却没有一连串的购销订单所列示的这么复杂，一般直接是由合约制造商发往消费者所在地，从而大大节约了物流成本。

（三）苹果公司的税收争议

苹果公司在创造巨大利润的同时，也巧妙地利用各国税制中的差异和漏洞，节省了大量的税收成本。苹果公司是跨国公司中的避税“先驱”，它的避税之道一直被许多跨国公司效仿。有数据显示，苹果在美国以外的地区每获得百万美元收入只需缴纳 50 美元的税款，税率仅 0.005%。

1. 美国调查苹果避税

2013 年 5 月 20 日，美国国会参议院国土安全委员会下属的常设调查委员会（Permanent Subcommittee on Investigations）向外界发布了一份关于苹果公司纳税情况的报告，称苹果公司利用美国税法中的漏洞和海外分支网络，在 2009 年至 2012 年间避免向美国政府缴纳超过百亿美元的税额，总税率仅为 22%，远低于美国联邦税率 35%。就苹果 2012 年发布的财报显示，苹果公司在海外获得了 368 亿美元的利润，却仅仅缴纳了 7.13 亿美元的公司所得税，税负率仅为 1.9%。这些数据都表明苹果公司可能存在很大的税收问题。

面对这样的指控，苹果公司 CEO 蒂姆·库克（Tim Cook）在第二天的听证会上进行了辩驳。他坚决否认苹果在财务运营上有非法之处，并且强调苹果公司是美国第一大纳税企业，在创造就业、推动经济发展方面对美国经济社会都有巨大的贡献。但他承认，苹果公司在海外拥有千亿美元的资金储备，由于美国税率太高，苹果公司并没有把现金全部带回国内的打算。他建议美国应该对公司税进行全面的改革，这样才会有更多的公司把海外资产转回国内，从而推动美国经济的繁荣与发展。

一同出席听证会的苹果公司 CFO 以及税务主管也强调，苹果公司与爱尔兰的协议早在30年前就已签订，并且税收筹划手段完全没有违背任何法律。美国税法限制了苹果公司的竞争力，为了扩展海外业务，他们不得不把海外收入留存在境外。如果苹果公司无法获得“合理税率”，则不会将境外收益带回本土。

2. 欧盟裁定苹果逃税

欧盟委员会2016年8月30日宣布，爱尔兰政府需从美国苹果公司补收税款最高达145亿美元，具体金额由爱尔兰决定。

这一裁定要追溯到2014年，当时苹果将旗下控股公司迁至爱尔兰，为当地创造了数千个就业岗位，作为“回报”，爱尔兰被指给出了2%的优惠税率，远低于该国12.5%的企业所得税率。欧盟委员会认为爱尔兰税务局与苹果公司间的预约定价协议不符合独立交易原则，构成对苹果公司的特定优惠，违反欧盟法律，属于不当政府补贴。因此要求爱尔兰政府向苹果追征2003～2013年间130亿欧元的税款。如果其他国家认为苹果的运营风险、销售及其他经营行为在该国发生，该国也可以就相应利润进行税款追缴。

苹果公司 CEO 称，苹果在每一个国家都遵循当地法律支付税款，苹果、美国、爱尔兰在这个方面达成一致，不愿意多缴纳税款。爱尔兰也声称苹果公司没有违反任何规定，爱尔兰的税收体制非常透明，没有给予苹果公司任何税收优惠，并且认为苹果落户爱尔兰是因为高素质的劳动力，不是因为避税因素。而美国财政部认为欧盟在行使超国家的权力，其本身无权干预爱尔兰的征税权。

2016年11月9日爱尔兰正式上诉，反对欧盟要求苹果补税，此案进展如何还须进一步审理。

二、苹果公司境内税收筹划战略

（一）美国的多级税收体制

美国实行的是联邦—州—地方多级税收体系。美国现行的公司所得税是由联邦公司所得税和州公司所得税组成的。一般来说，州公司所得税是在联邦公司所得税税基上加征一定比例的税收。并且对于州所得税的征税权力，美国国会颁布了公法86－272号，就各州对跨州经营行为的所得税课税权做了进一步限定，着重强调只有当公司在征税州的活动与税收有足够联系时，该州才可征收所得税的原则。

苹果公司对于国内的利润需要缴纳的所得税包括联邦公司所得税和州公司所得税两个部分。联邦公司所得税法定税率为35%，而对于州公司所得税的税率，各州有不同的规定。苹果公司在美国境内正是利用了各州之间不同的税率，部署了一套税收筹划安排。

（二）境内税收筹划的组织架构安排

1. 在内华达州设立子公司

苹果公司的总部位于加州的库比提诺（Cupertino），而其管理和投放现金的部门却是一个设立在内华达州雷诺市的 Braeburn Capital 子公司，虽然这个子公司非常简陋，仅有几张桌子和几台计算机设备。该公司是苹果旗下的资产管理公司，成立于 2006 年，其目的就是管理苹果公司的庞大现金。Braeburn Capital 用这些资金对公众权益市场进行相对保守的投资并且高度保密。

苹果公司为什么要把 Braeburn Capital 设在内华达州呢？原因在于，加州的公司所得税率为 8.84%，如果该子公司设立在加州，那么公司就需要为其在国内的收益缴纳公司所得税。而内华达州不征收公司所得税，也没有资本收益税，把该公司投放于内华达州就避免缴纳高额的州所得税。这样各州一旦发生 iPhone、iPad 或者其他苹果产品的销售后，部分销售利润就被存入了 Braeburn Capital 公司的账户中，接着该公司又会把这些收入投资到股票、债权等理财产品中，而对于这些投资产生的利润也不受加州税务当局的监管。并且 Braeburn Gapital 公司还为苹果公司提供了削减其他州——包括佛罗里达、新泽西和新墨西哥在内——税额的可能，因为那些州的税法规定，如果一家公司的财务管理在其他州进行，那么纳税基数可以降低。这样苹果公司就通过在国内跨州建立一个子公司，躲避了加州和其他 20 个州需要课征的上亿美元的税额。苹果公司在美国境内的税收筹划结构设置如图 3 所示。

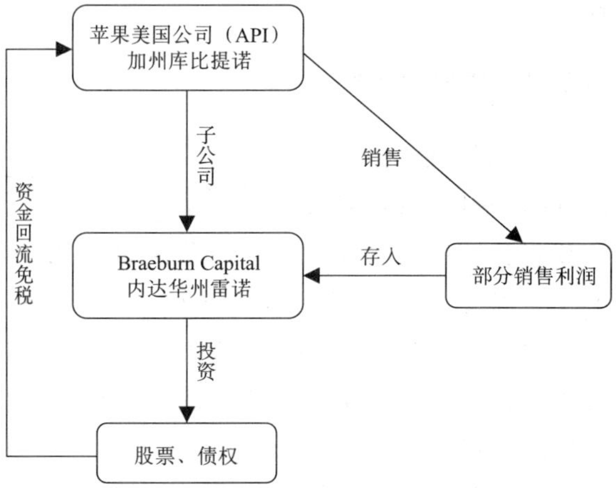

图 3　美国境内税收筹划的结构设置

2. 利用研发支出优惠政策

美国高新技术产业税收优惠政策分别是：科研机构作为非营利机构免征各项税收和对企业 R&D 费用实行税收优惠。

R&D 投入与企业开发产品、提高市场竞争力有关，美国为鼓励企业增加 R&D 投入，把 R&D 投入与一般性投资区分开，实行“费用扣除”和“减免所得税”的双重优惠。企业 R&D 费用可选择两种方法扣除：一是资本化，采取类似折旧的办法逐年扣除，扣除年限一般不少于 5 年，用于软件的费用可缩短到 3 年；二是在 R&D 费用发生当年作一次性扣除。作为鼓励措施，企业 R&D 费用按规定办法计算新增部分，其 20% 可直接冲减应纳所得税额。若企业当年没有盈利，或没有应纳所得税额，则允许的减免税额和 R&D 费用扣除可往前追溯 3 年，往后结转 7 年，其中费用扣除最长可顺延 15 年。

加州鼓励企业加强他们的基础研究和开发活动，允许将公司内部 15% 的研发费用，或公司请外部机构从事研发的 24% 费用，用于抵免银行和公司税，这一比例在全美是最高的。

三、苹果公司海外税收筹划战略

（一）苹果软件产品筹划分析

苹果公司的软件产品的交易结构如图 4 所示。

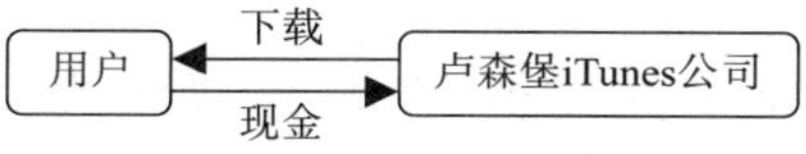

图 4　软件产品的交易结构

1. 无形资产交易的特性

无形资产（Intangible Assets）是指企业拥有或者控制的没有实物形态的可辨认非货币性资产，它没有物质实体，而是表现为某种法定权利或技术。

无形资产交易的特征一般有以下四点：（1）无形资产在交易中产生所有权和使用权的分离；（2）无形资产交易是长期交易；（3）无形资产交易无统一价格；（4）无形资产交易价款支付方式多样化。

软件也属于一种无形资产。正是因为软件下载不同于实体物品交易，是无形的、无法触碰的，从中国的 iTunes 下载和在英国的 iTunes 下载效果是一样的。所以，如果你从低税国的 iTunes 下载，这种交易关系就会当作发生在该低税国。

2. 业务流程分析

苹果公司海外市场的 App Store 业务是由注册在卢森堡的苹果子公司 iTunes S. A. R. L 运营的。该公司只有几十名员工，并且该公司存在的外部证据只有一条，那就是一个写有“iTunes 公司”字样的纸片的信箱。选择在卢森堡设立该公司的原因就是该国承诺只要苹果公司把相关的交易转移到卢森堡，该国就会对苹果等高科技公司的收入实行低税政策。一旦相关国家的消费者在 App Store 上下载了歌曲、视频或者相关软件，这些销售收入就会被记在卢森堡 iTunes 公司名下。该行为的法律实质是，消费者向注册在卢森堡的 iTunes 公司付费购买了一个软件，iTunes 公司在收到款项后将软件传输至消费者的手机中。据统计，iTunes 公司自 2011 年以来，每年的销售收入都超过 10 亿美元，大致相当于 iTunes 全球销售额的 20% 。

3. 税收争议

目前关于苹果公司如何确定软件销售地及如何征税，存在一定的税收争议，基本观点如下：

世贸协定中具有法律效力的《服务贸易总协定》确定四种国际服务贸易方式，很多国家仅能对其中的“商业存在”和“自然人流动”征收关税。App Store 的线上数字服务交易是《服务贸易总协定》中典型的“跨境交付”，需要对此征收关税。但根据世贸组织《关于软件海关估价的决定》，只有有载体的软件才需缴关税，苹果 App Store 下载不牵涉人员过境和硬件捆绑销售的话就不必缴纳关税。

在苹果应用程序商店上传应用软件的开发公司是自主的销售商，已为自己的销售行为在所在地缴纳增值税。而应用程序商店向开发商提供信息存储服务，并受其委托向最终用户收取费用，在扣除标准佣金后将全部收益转交给开发商，按照交易实质无法要求应用程序商店缴纳增值税。

对于企业所得税，App Store 通过网络向境外销售 APP 的行为，目前只适用于非居民企业来源于收入来源国的所得，应由付款人代扣代缴所得税，但目前很难找到每一个下载苹果软件的付款人。另一方面，iTunes 公司是卢森堡公司，无法在各国银行开立账户，所以其需要第三方支付公司的支持，这种交易实际是通过第三方支付服务商实现的，即由第三方支付服务商向用户收费，再转付至境外。或者支付人可以通过国内银行卡的国际卡通道支付美元，如国内银行卡绑定的 VISA、运通等国际卡。

（二）“爱尔兰—荷兰—爱尔兰”三明治架构分析

苹果公司虽然把大部分的制造和组装业务承包给了海外公司，但是大多数的管理人员、产品设计师、营销人员、研发部门等却在美国。美国税制的基础理念是，企业的收入是在创造价值的地点获得的，并不是来自销售产品的地点。由此得出合乎逻辑的推理结论是，苹果公司的绝大部分利润也应该来自美国。然而，苹果公司的财务报告显示，该公司已经找到了各种各样的不违法途径，将大约 70% 的利润转移至世界各地，并且仅需要支付极低的税负。苹果公司采用的税收筹划方法就是运用“爱尔兰—荷兰—爱尔兰”三明治架构，如图 5 所示。

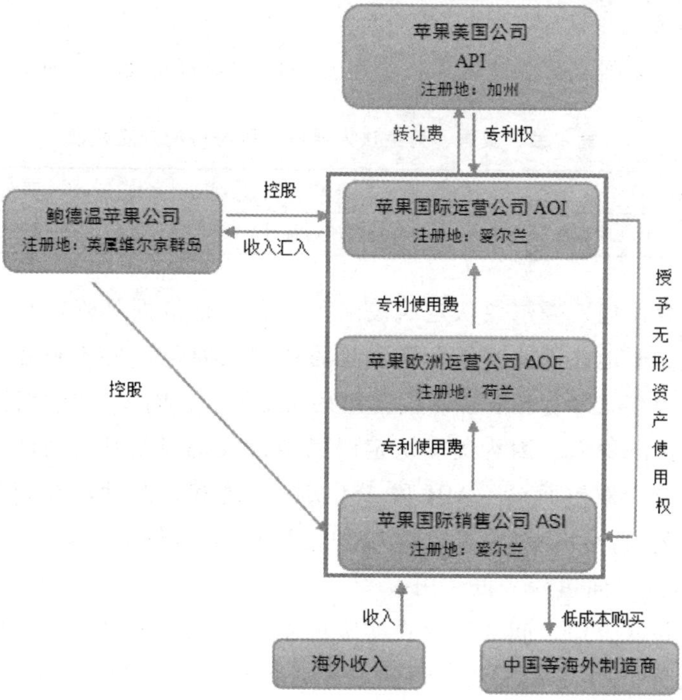

图 5　“爱尔兰—荷兰—爱尔兰”三明治结构

注：API _ Apple Inc.　　AOI_ Apple Operations International
AOE_ Apple operations Europe　　ASI_ Apple Sales International

所谓的“爱尔兰—荷兰—爱尔兰”，其基本结构就是图 5 中间框内的设立在境外的三家海外公司，这三家海外公司的基本概况如表 1 所示。

表 1　苹果设立的三家海外公司

项　目	注册地	实际控股企业	居民纳税人身份
面包片二： 爱尔兰国际运营公司 AOI	爱尔兰	英属维尔京群岛总部	非爱尔兰居民纳税人、 非美国居民纳税人

续表

项　目	注册地	实际控股企业	居民纳税人身份
夹心： 苹果欧洲运营公司 AOE	荷兰	苹果公司	荷兰居民纳税人
面包片一： 爱尔兰国际销售公司 ASI	爱尔兰	英属维尔京群岛总部	非爱尔兰居民纳税人、 非美国居民纳税人

1. 纳税人身份认定

爱尔兰、美国、荷兰法人居民纳税身份的判定标准如表 2 所示。

表 2　　爱尔兰、美国、荷兰法人居民纳税身份的判定标准

爱尔兰	美国	荷兰
管理和控制中心地标准	公司注册地标准	公司注册地标准

通过观察发现，爱尔兰认定居民纳税人身份是根据其管理和控制中心所在地而不是注册地，因此注册在爱尔兰的“双层面包”并不是爱尔兰的居民纳税人，因为其实际管理和控制机构并不在爱尔兰；同时，“双层面包”也不是美国的居民纳税人，因为美国认定居民纳税人是根据其公司注册地。苹果公司人为形成“双层面包”AOI 和 ASI 实际管理和控制地不在爱尔兰，同时注册地不在美国，自我双重否定两国的居民纳税人身份。

2. 三明治“面包片”的作用

苹果的关联公司之间并不存在实际的销售活动，苹果公司选择了一种难以找到公允价值的交易品来充当转移收入的媒介——知识产权（或无形资产）。当美国以外的苹果用户点击购买音乐或者下载软件时，美国的苹果公司就把其所拥有的知识产权资产转移到爱尔兰运营公司，也就是 iPhone、iPad 等硬件终端和 iTunes 等软件所提供的服务，用户所支付的现金则进入爱尔兰销售公司的账户 ASI。

第二片爱尔兰“面包”“苹果国际运营 AOI”持有大量苹果产品的相关专利和知识产权，由于第一片爱尔兰“面包”“苹果国际销售 ASI”在销售苹果产品时，必须用到苹果的知识产权资产，因此“苹果国际销售 ASI”就需要向“苹果国际运营 AOI”支付知识产权专利使用费并同时分配股息。

至于为什么要选定爱尔兰作为三明治的“面包片”，原因如下：首先，我们对爱尔兰当时所处的环境进行分析。对于当时的爱尔兰，苹果公司的投资无疑具有很大的吸引力。苹果落户爱尔兰之前，爱尔兰的失业率和通货膨胀都很高并且仍然不断攀升，又受高素质人才移民国外等因素的影响，爱尔兰的经济和社会发展都面临着很大的危机。但苹果公司并不是特例，从1956年至1980年，爱尔兰就开始通过零税率吸引外国企业入驻该国，以拯救爱尔兰的经济。直至1973年，作为加入欧洲经济共同体的条件之一，爱尔兰才被迫停止向出口企业提供税收优惠。从1981年起，为让企业具备生产资格，落户爱尔兰的企业必须缴税，但是税率仍然很低，不超过10%。所以，苹果在爱尔兰可以享受很长一段时间的免税和低税待遇。其次，选择爱尔兰还取决于以下因素：一是爱尔兰的所得税率是欧盟中最低的，仅为12.5%，远低于美国的35%；二是由于苹果公司为当地提供了大量的就业机会，爱尔兰政府承诺给苹果公司提供税收减免优惠。最后，由于爱尔兰法人居民身份的判定标准是管理和控制中心地标准，也就是说如果一家在爱尔兰注册的公司其管理权和控制权都不在爱尔兰本国，就会被认定为外国公司，不用在爱尔兰缴税。苹果公司正是利用这一点，在国际著名避税地——英属维尔京群岛设立了爱尔兰公司的总部——鲍德温控股有限公司，鲍德温控股有限公司掌握了苹果国际运营公司（AOI）和苹果国际销售公司（ASI）的部分股权，达到了控股的标准。同时，由于爱尔兰国际运营公司（AOI）是外国公司，它把收入汇到设在英属维尔京群岛的总部不需要向爱尔兰缴税，几乎是零成本。

3. 三明治荷兰“夹心”的作用

按照爱尔兰税法的规定，“面包一”ASI向“面包二”AOI名义上支付的专利使用费实际上是转移利润，需要缴纳爱尔兰所得税。苹果公司为了避免这个环节的税负，采用“曲线救国”的路线，在同盟国荷兰设立了“苹果欧洲营运公司AOE”。

荷兰税法规定：对于法人居民身份的判定以公司注册地标准而不是总部所在地标准。所以与两个爱尔兰公司一样，荷兰公司也被认定为欧盟公司，并且爱尔兰和荷兰都有税收协定规定，欧盟成员国公司之间的交易免征所得税，即爱尔兰和荷兰都不对向境外支付的特许权使用费征预提税。于是爱尔兰销售公司取得海外收入后首先支付给荷兰公司，再由荷兰公司支付给爱尔兰运营公司，这两个支付过程都是免税的，这样荷兰公司就把爱尔兰销售公司的收入“零成本”转移到爱尔兰运营公司。而且这些专利费的支付在美国也不用缴税，原因在于美国联邦税法关于受控外国公司的Subpart F规定：受控外国公司进行积极营业活动收取来自非关联人的特许权使用费不属于Subpart F所得；受控外国公司自己制造产品然后销售获得的所得也不属于Subpart F所得，不用纳税。最终爱尔兰运营公司收到收入后再通过分配股息的方式把利润转移到处于避税地的鲍德温控股有限公司，这部分收入积累在英属维尔京群岛就避开了税收监管。

（三）基于成本分摊协议（CSA）的转移定价

苹果公司研发活动的成果，就是苹果公司的知识产权，这是苹果和苹果商品的核心竞争力和价值源泉所在。苹果的研发活动几乎全部都是在美国本土进行的，是 API 的工程师和专家完成的。然而，在 CSA 之下，在美国本土进行的研发活动所创造出的价值极高的知识产权被部分地置于爱尔兰公司名下，所赚取的巨额商业利润，大得不成比例的被截留在美国以外，成功实现避税。

首先苹果美国公司 API 与苹果国际运营公司 AOI 通过签订成本分摊协议（Cost - sharing Agreement），共同研发并拥有无形资产，此协议名义上是母公司和运营公司联合负担成本，但实际上考虑的还是税收利益。因为如果没有成本分摊协议，根据美国税法典 Section367（d）的规定，运营公司在获得这些专利技术时，就需要母公司的授权，母公司转移专利技术就相当于销售无形资产，这就需要运营公司支付一笔权利金，并按照 20% 课税，而母公司的这笔销售收入又要按照美国税法征收 35% 的公司所得税。但成本分摊协议的使用就解决了上述高税负问题。在成本分摊协议下，母公司和运营公司通过联合研发的方式实现了专利转移授予的目的。但是运营公司需要支付“Buy - in Payment”来进行联合开发，即运营公司支付给母公司一部分的专利对价来换取联合开发的权利，由于成本是分摊的，所以其只要缴纳较少的税收。

CSA 主要由两家苹果的关联公司签订，即 API 和 ASI。ASI 与 API 共同承担苹果全球研发活动的成本，分担研发活动的风险，也共享研发活动的成果。虽然苹果全球的研发活动几乎都在美国本土进行，但 CSA 规定，由 API 与 ASI 按照各自负责的销售市场实现的销售收入所形成的比例，分担苹果全球研发活动的成本。

CSA 对苹果的知识产权做了特殊的安排，把知识产权拆分为法律权利（Legal Rights）和经济权利（Economic Rights），其中全部的法律权利由 API 拥有，即 API 是苹果知识产权中的法律权利的唯一拥有者。同时 API 还是销往美洲市场苹果商品知识产权中经济权利的拥有者，ASI 是销往美洲以外市场苹果商品知识产权中经济权利的拥有者。这种对知识产权中的经济权利的拆分，既与 API 和 ASI 对苹果全球研发活动成本的分担完全对应，也与苹果全球市场分为美洲市场和美洲以外市场完全对应。当 API 和 ASI 根据《合约加工服务协议》以很低的价格从合约制造商购买加工好的苹果产品以后，API

和ASI会附上很高的加价将产品出售给美洲市场及美洲以外的市场，因此销往美洲以外的利润就保留在ASI。正是由于API和ASI拥有了这样的知识产权中的经济权利，使得它们能够在苹果的关联交易中充当资产、功能和风险的主承担者的角色，赚取利润。

总体来说，苹果CSA的真正功能是通过转让定价工具，人为地安排苹果价值核心的知识产权中的经济权利在关联公司间的拥有和归属，满足现有转让定价国际通用规则的形式要件，把利润转移到爱尔兰进行避税。

苹果公司设计的这种筹划方法为其带来了巨大的税收收益。然而这种筹划方法早就不是独家享有，很多跨国公司几乎直接沿袭这种筹划方法，诸如谷歌、星巴克、微软、亚马逊等我们耳熟能详的企业都通过类似的方法规避巨额税负。

参考文献

[1] 曹明星. BEPS方略：新权威主义重构国际税收秩序的集结号［J］. 国际税收，2014（7）.

[2] 邓力平. 经济全球化下的国际税收竞争研究：理论框架［J］. 税务研究，2003（1）.

[3] 白彦锋，乔路. 皮凯蒂税：世界收入差距趋势研判与我国的政策选择［J］. 财经论丛，2016（5）.

[4] 张云华. "苹果避税案"对中国企业在跨国经营中税收筹划的启示［J］. 中国法学，2007（8）.

[5] 邓力平. 税收竞争的不对称性及其政策研究［J］. 税务研究，2016（5）.

[6] 黄燚. 国际税收竞争的福利效应分析［J］. 税务研究，2006（5）.

[7] 隆国强. 全球化背景下的产业升级新战略——基于全球生产价值链的分析［J］. 国际贸易，2007（7）.

[8] 靳东升. 论国际税收竞争与竞争性的中国税制［J］. 财贸经济，2003（9）.

国际税案9　微软公司税收筹划案例[①]

一、微软公司税收背景

（一）经营范围

微软（Microsoft）是美国的一家跨国科技公司，是全球最大的电脑软件提供商。1975年由比尔·盖茨和保罗·艾伦在美国华盛顿创立，以研发、授权和制造电脑软件为主业。

微软公司设立之初仅开发计算机软件，是少数几个BASIC解译器的生产商。1980年IBM选中微软为其编写操作系统软件，成为微软的转折点，其编写的磁盘操作系统（MS-DOS）取得了巨大的成功，成为计算机的标准操作系统。随后微软的业务日益拓展。

1985年微软发行了Windows系列的第一个产品，20世纪90年代，微软将其产品扩展到网络领域，推出了Microsoft Internet（MSN）、MSN Hotmail等，成为最受欢迎的即时通信软件和邮件发送软件之一。除此之外，微软还生产销售硬件产品，用于辅助其软件产品。微软的产品主要包括7类：客户端、服务器平台、信息工具、商业解决方案、MSN、移动应用系统及嵌入式设备和家庭消费及娱乐。

（二）运营架构

20世纪90年代，微软在全世界建立起国际组织架构，于世界多地设立了区域运营组织。微软的产品生产方式包括OEM（Original Equipment Manufacturer）业务和非OEM业务。OEM是英文原始设备生产商的缩写，它指的是一种代工生产的方式，商品的制造者不直接生产产品，只负责设计、开发和销售，利用自己掌握的核心技术等无形资产，把具体的加工任务交给其他的企业，微软在美国境内制造的产品多采用这种生产模式。另一部分非OEM业

① 中央财经大学2016级税务专硕李蓓蕾、单滢羽参与本案例研究与写作。

务，由微软自身设立的公司进行生产，在全球分为三大地区，分别为波多黎各区域运营中心、爱尔兰都柏林区域运营中心以及新加坡区域运营中心。其中，波多黎各区域运营中心负责美洲地区的生产和销售，爱尔兰都柏林区域运营中心负责欧洲、中东和非洲地区的生产和销售，新加坡区域运营中心负责亚太地区的生产和销售。

微软在这三大区域的运营模式主要如下：美国微软通过和三大区域中的某家核心公司签订成本分摊协议，使得这家核心公司获得微软无形资产的使用权。微软获得无形资产的公司的生产运营模式分为两种。爱尔兰和新加坡的运营中心是第一种模式，这家公司不直接进行生产，而是把获得的无形资产授予自己的子公司，由其子公司进行生产，子公司生产完毕后，把产品卖给位于各自区域内的众多分销商，分销商再最终将产品销售给客户。

负责美洲地区的波多黎各核心公司遵循另一种模式，它直接进行生产，但是不销售，它和微软设立在美国的一家子公司签订了分销协议，由这家在美国的子公司负责销售给消费者，与此同时，子公司需要把自己接近一半的销售收入作为对价支付给波多黎各核心公司。

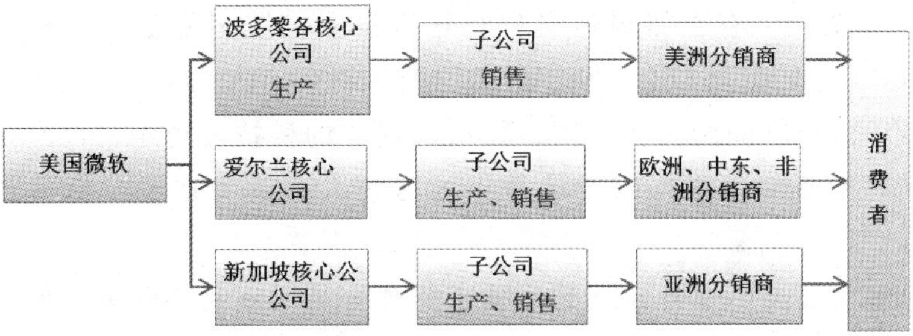

图 1　微软海外机构运营架构

（三）纳税争议

1. 中国纳税争议

2014 年 11 月，在中国加入 G20 框架下的反避税行动之际，中国与多国的税务部门合作，调查出一家以字母 M 开头的公司在中国的避税案件，这个案件因金额巨大，被称为“中国反避税第一大案”。有媒体报道该以 M 开头的公司即为软件业巨头——微软，一时间各种猜测甚嚣尘上。

微软自在中国北京设立机构以来，虽然在全球范围内运行良好，业绩可观，但是在中国地区的多数年份均呈现亏损状态。这并非由于中国市场环境的原因，据了解，在北京该行业的平均利润率在12%以上，而微软却显示为-18%，这不得不令人感到惊讶。经过税务机关的调查发现，微软公司内部签订了一些协议，这些协议导致中国子公司销售利润的一半以上都要支付给美国的母公司，作为提供研发服务和技术支持的对价。税务机关认为这笔特许权使用费的支付有不合理之处，不符合经济业务的实质。最后，中国税务机关判定微软应该补缴税款及滞纳金共计8.4亿元人民币（约合1.4亿美元），按照企业销售数据测算，未来每年也将为中国增加1亿多元的税收。事发后，微软并没有对此做出及时的回应。后来微软解释说，缴纳的8.4亿元人民币税款实为按照协议缴纳的税款，不是因为避税行为而补缴的税款。微软认为2012年中国和美国达成双边税务对等协议，根据该协议，微软已经将上缴至美国的税收按比例分给中国政府，之后美国再按同样的比例返还给微软，微软正是按照这一协议进行纳税操作的。但事件的真相到底如何，外界不得而知。但是从媒体报道的资料中，我们可以窥见一斑。微软在海外的运营模式和避税策略正是利用了无形资产难以定价的特点，在全球架构中制定符合自己利益的经营模式，通过在不同地区之间转移利润，以求达到税负最小化。

2. 美国纳税争议

2017年2月，有媒体报道微软每年因设立在波多黎各的机构，而“合法”避税15万亿美元，这一断定由美国国会调查确认。美国国会调查的目的在于修改美国税制漏洞。在美国，像微软这样的科技公司避税已经是众所周知的事情，精密的避税框架设计每年为这些大企业节省了一笔可观的税金支出。

微软在美属波多黎各建立的运营机构拥有员工不足200名，但每年这一机构制造出微软很大一部分利润。波多黎各实行不同于美国的税制，机构建立在此可以避免缴纳美国税收，还可以享受大量税收优惠，因此微软每年可以节省15万亿美元税收。媒体曾披露过微软2011年的涉税数据，微软在全球有接近700亿元的销售收入，全球实际税负为17.5%，而美国公司所得税税率接近39%，微软的税负之所以如此低，海外税负较低是其重要原因之一。微软建立在海外的三大运营中心可以赚得微软全球税前利润的55%，然而这部分利润的实际税负率仅有3.16%。

二、微软避税的动因及基础条件

（一）美国公司所得税税率高

美国公司所得税税率水平排在世界前列，联邦公司所得税采用累进税率征收（见表1），最高税率达到39%，其他几档税率也基本在35%左右。而美国的公司所得税分为联邦和州两级征收，上述数据还不包括州一级的公司所得税。截至2016年12月的统计数据显示，全球公司所得税税率前20名的排名中，美国排在第二位（见表2）。世界上其他地区以及各主要经济体的税率都低于美国的税率。高额的公司所得税，让美国企业获得利润的一半要缴纳给美国政府，这便诱发了避税行为。

表1　　美国联邦公司所得税税率级次表

级数	全年应纳税所得额（美元）	税率（%）
1	不超过50000的部分	15
2	超过50000至75000的部分	25
3	超过75000至100000的部分	34
4	超过100000至335000的部分	39
5	超过335000至10000000的部分	34
6	超过10000000至15000000的部分	35
7	超过15000000至18333333的部分	38
8	超过183333333的部分	35

表2　　全球公司所得税税率TOP20排名①

排名	国家	税率（%）
1	阿联酋	55
2	美国	38.9②
3	苏里南	36
4~12	阿根廷、乍得、刚果、赤道几内亚、加蓬、关岛、几内亚、马耳他、赞比亚	35
13	印度	34.61
14~16	比利时、巴西、委内瑞拉	34
17	法国	33.3
18~19	喀麦隆、塞舌尔	33
20	巴基斯坦	32

① 资料来源：Trade Economics网站：http://zh.tradingeconomics.com/。

② 美国税率为联邦企业所得税税率和州平均企业所得税税率之和，反映美国总体企业所得税税率。

（二）美国税制漏洞

1. 成本分摊协议

成本分摊协议是参与方共同签署的对开发、受让的无形资产或参与的劳务活动享有受益权，并承担相应的活动成本的协议。这项协议可以事先确定各方在这一活动中应该承担的风险和成本，并划分好享有利益的性质和范围。考虑到无形资产研发具有较大的不确定性，如果研发失败，研发主体将负有十分巨大的损失，因此美国联邦税务局设计了这个制度。但是在实践中，许多企业利用这一制度，背离经济活动实质去划分成本分摊的比例，由此调整各机构的成本和收益，把利润聚集在低税地区。

在美国，大多数跨国公司的无形资产研发工作主要在美国进行，但是海外机构却分摊了绝大部分的研发成本。除此之外，这一制度还有效避免了美国《国内收入法典》的这一规定：如果美国母公司把无形资产转移到新设立的外国子公司以换取子公司的股权，该交易将会被视同母公司销售无形资产，应就该无形资产未来 20 年间产生的所有特许权使用费在美国纳税。如果企业运用了成本分摊协议，外国子公司分担了成本，因此也享有了无形资产的相关权利，但不属于无形资产转让，不用向美国母公司缴纳特许权使用费，从而避免因收取特许权使用费而缴税。

2. 延迟纳税规则

美国根据登记注册地标准确立企业所得税的居民企业和非居民企业，在确立为居民企业之后，该企业需要就来自国内和国外的所得缴纳公司所得税。即美国居民企业从海外子公司分得的利润，如果不汇回美国，就不用在美国缴纳公司所得税。利用这一制度，美国的跨国企业会把利润留在外国子公司而不收回，从而避免在国内缴税。截至 2012 年 3 月 31 日，美国调查委员会调查结果显示，被调查的国外收益超过 50 亿美元的美国跨国公司都将其大部分收益留在了国外，其中强生公司和惠普公司在国外留有其将近 100% 的收益，微软公司也将其 89% 的收益留在国外。据不完全估计，美国跨国公司拥有超过 1.7 万亿美元的国外未分配收益，其中至少有 60% 的收益留置在国外[①]。因此，延迟纳税成为美国跨国企业避税的主要手段。

3. 打钩规则和受控外国公司透视规则

为了削弱延期纳税制度的消极影响，美国《国内收入法典》的“美国境外来源所得”一节的第 F 部分，规定了受控外国公司税制。如果一个公司被

① 崔晓静，何朔．“美国微软公司避税案”评析及启示［J］．法学，2015（12）：92－102.

认定为受控外国公司，那么从受控外国公司获得的所得属于第F部分里规定的所得，应该立即纳税，不得享受延期纳税规定。这一规定被视为专门打击在海外低税地区设立子公司进行避税行为的举措，然而却又被另外两项规定减弱了，这两项规则分别为打钩规则和受控外国公司透视规则。

由于对于一个公司是否是实体的判定，还需要外国税制的辅助，因此加大了税务机关征税的难度，所以美国规定纳税人可以自由选择其公司的性质，称为打钩规则。而当纳税人选择其海外子公司为“忽视实体”时，就避免了成为F部分所得，因为F部分所得是指一个独立法人支付给另一个独立法人的被动收入。除此之外，受控外国公司透视规则也有相类似的作用：一个受控外国公司从另一个关联受控外国公司收到的股息、利息、租金和特许权使用费等被动收入排除在F部分所得之外。所以，打钩规则和受控外国公司透视规则打破了受控外国公司规则的反延期纳税作用，使得跨国公司利用了这些税制漏洞进行避税。

（三）避税地的存在

1. 波多黎各

波多黎各是位于加勒比海的一座小岛，属于美国的一个自治区。因为历史问题，波多黎各在近代曾发起多次独立运动，但最后都以失败告终，而至今也不属于美国严格意义上的一个“州”。波多黎各是美国的“自由邦”，公民拥有美国国籍，但是却独立于美国的税务体系之外。在美国税法第933节中，豁免了美属波多黎各自由邦公民就波多黎各来源的收入缴纳美国所得税的义务，波多黎各自由邦享有对源自当地的收入适当征税的专属权。波多黎各被称为“隐藏在美国的避税天堂”，具有较多的税收优惠政策、完善的基础设施、美国的法律体制、高水平的劳动力。为了促进经济发展，波多黎各政府出台过许多税收激励和行业扶持政策，包括企业所得税抵免、培训费用补偿、财产税减免、市政许可税减免、销售及使用税减免等，同时还有营销补贴、工业研发奖励等，调节方式灵活多变，且优惠力度较大。

2. 爱尔兰

爱尔兰是美国对外直接投资最多的地区之一，爱尔兰优惠的税收政策、良好的经济运行环境以及高素质的劳动力，成为其经济快速发展的重要推动力。爱尔兰的企业所得税的税率仅有12.5%，是欧洲所得税税率最低的国家之一，也是世界上最低的“在岸”法定企业所得税税率之一，已经成为一个爱尔兰的“国际品牌”。除此之外，爱尔兰对企业所得税纳税人身份的判定采用实际管理机构标准，注册在爱尔兰但是却不在爱尔兰实际运营的企业不缴税，因此爱尔兰成为许多跨国企业总部的聚集地。爱尔兰税务当局还积极和企业签署预约定价协议，在保护纳税人利益的同时，给予纳税人较多的优惠条件，为来爱尔兰投资的企业寻求更多利益。如美国的苹果、谷歌等大公司都在爱尔兰设立了公司，成为它们全球避税框架上的重要一环，可以说这些大公司税负的大幅度降低，都少不了爱尔兰的支持。

3. 新加坡

新加坡也是世界著名的“避税天堂”之一，其个人所得税和企业所得税都比较低，其中企业所得税税率不超过20%，自2010年后维持在17%。新加坡的企业所得税实行不彻底的单一收入来源地管辖权，无论是居民企业还是非居民企业，就来源于新加坡境内的所得，和来源于新加坡境外但汇入新加坡境内的所得征税。新加坡的银行保密体系健全，法律体系完备，基础设施健全，地理环境优越，这有助于个人和企业选择新加坡进行避税。新加坡和美国签有自由贸易协定，新加坡和美国之间的商品可以自由往来，没有关税，也成为美国公司投资于亚洲地区的优良选择。新加坡是一个货物、服务、资金流动的自由港，没有外汇管制、资本利得税、遗产税等税收，除此之外，对特定行业新加坡还有很多减税和免税政策。

三、微软公司避税的框架设计

（一）微软避税的具体设计

在美国微软设立的子公司中有两家公司，一家为总部设立在百慕大却在爱尔兰运营的Microsoft Round Island One Ltd.（MRIO），另一家为设在新加坡的Microsoft Singapore Holding Pte. Ltd.（MSHP）。其中，MRIO又下设位于波多黎各的Microsoft Operations Puerto Rico（MOPR）和位于爱尔兰的Microsoft Ireland Research（MIR），MSHP又下设位于百慕大的Microsoft Aisa Island Ltd.（MAIL）。MOPR、MIR和MAIL分别在波多黎各、爱尔兰、新加坡三大运营中心中处于核心地位，并分别与美国微软签订了成本分摊协议。MOPR大约分摊全球研发成本的25%，MIR大约分摊微软在全球范围内研发成本的30%，MAIL大约分摊全球研发成本的10%，而美国微软分摊剩下的35%。

1. 波多黎各区域运营中心

波多黎各区域运营中心负责美洲地区微软产品的生产和销售，主要由MOPR负责。成本分摊协议中规定，新参与方加入一项已经生效的成本分摊协议，需要因以前协议活动产生的利益而支付一项特许权使用费，也即“买进支付”。MOPR与美国微软在2006年签订成本分摊协议时，作为新加入的

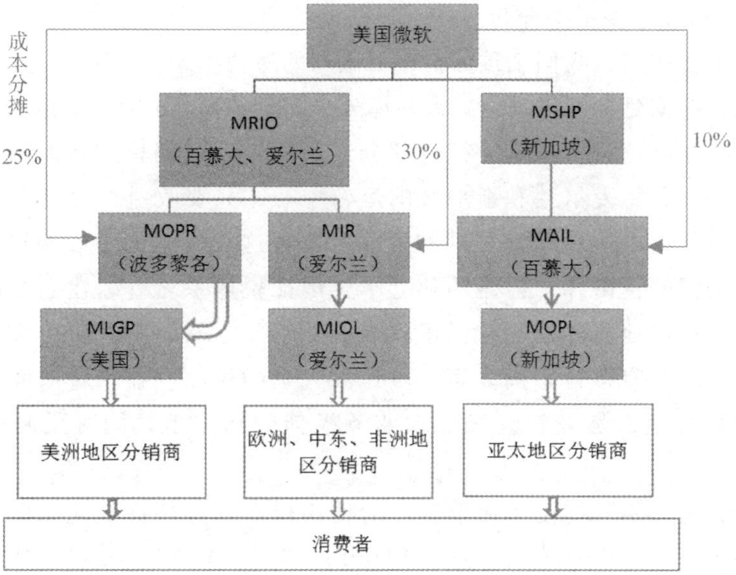

图 2　微软避税框架图

一方被规定向美国微软支付 9～10 年的买进支付，同时分摊 25% 的成本。同时，MOPR 和美国微软的子公司 Microsoft Licensing，GP（MLGP）签订了分销协议，MOPR 负责生产产品，生产后销售给 MLGP，再由 MLGP 销售给美国消费者，销售后将其近一半的销售收入作为对价支付给 MOPR。

2. 爱尔兰都柏林区域运营中心

爱尔兰都柏林区域运营中心负责欧洲、中东和非洲地区微软产品的生产和销售，主要由 MIR 负责。MIR 依据成本分摊协议分摊 30% 的无形资产研发成本，由此自动获得了微软无形资产的经济权利，但是与位于波多黎各的 MOPR 不同的是，MIR 不直接生产产品，而是把经济权利授予其子公司 Microsoft Ireland Operations Ltd.（MIOL），MIOL 负责生产，并在这之后卖给欧洲、中东和非洲地区的分销商，由分销商销售给各自区域的消费者。

3. 新加坡区域运营中心

新加坡区域运营中心负责亚洲地区微软产品的生产和销售，主要由 MAIL 负责。MAIL 分摊 10% 的成本，享有在亚太地区销售微软产品的权利。与位于爱尔兰的 MIR 一样，MAIL 在获得了无形资产的经济权利后，不进行生产活动，而是授权给自己的子公司 Microsoft Operation Pre. Ltd.（MOPL），MOPL 进行生产活动，再销售给亚洲的分销商，由分销商卖给消费者。

（二）微软避税框架分析

基于上述布局，我们细致分析一下微软的避税框架。

首先，依据延期纳税规定，留在海外公司而没有汇回美国的收入不缴税。微软通过建立全球运营架构，把一部分产品的生产和销售留在海外，让利润分流至波多黎各、爱尔兰和新加坡的运营中心，只要收益留存在海外地区不汇回美国，就可以避免缴纳美国的税收。反观这三大运营中心的建立地，波多黎各是美国的自由邦，但是却独立于美国征税体系之外，建立在波多黎各的公司可享有本地多样的税收优惠政策；爱尔兰是欧洲企业所得税税率最低的地区之一，政府奉行亲商政策，可让渡大量的税收利益；新加坡与美国签有自由贸易协定，是微软开发亚太业务极佳的根据地，同时税制也完备而优惠。

其次，为了不直接授予无形资产的使用权而获得特许权使用费，美国微软分别和各个运营中心的核心公司 MOPR、MIR 和 MAIL 都签订了成本分摊协议，这 3 家公司在承担成本的同时自动获取了微软无形资产的使用权。这 3 家公司对无形资产研发的贡献，并没有成本分摊协议中规定的那么大。大部分的研发活动都是在美国的微软公司进行的，由 3 家公司负责的部分寥寥无几：MOPR 仅有员工 100 多名，无力负担起如此高水平的研发活动；MIR 实际负责的研发不足微软研发总量的 1%；MAIL 位于百慕大群岛，没有员工，只是一家空壳公司。

再次，利用打钩规则建立忽视实体，避免触发受控外国公司规定，使得收入不属于 F 部分所得。爱尔兰都柏林区域运营中心的 MIR 和 MIOL 都属于 RIO 的两家忽视实体受控外国公司，类似的，新加坡区域运营中心的 MAIL 和 MOPL 也属于 MSHPL 的两家忽视实体受控外国公司。MIR 和 MAIL 在获得无形资产的使用权后，不直接生产销售产品，而是授予更低级次的 MIOL 和 MOPL 来生产，这样，MIOL 和 MOPL 获得收益后再支付给 MIR 和 MAIL 就属于忽视实体间的支付，不属于 F 部分所得。

最后，签订分销协议，将属于美国公司的所得流置海外。波多黎各的 MOPR 获得无形资产使用权后进行了产品的生产，但是这家公司人员较少，无法负责美洲地区的销售。于是，它把销售权给了美国的 MLGP，依据分销协议，MLGP 获得产品时支付的对价是与销售收入相挂钩的，MLGP 要把接近一半的销售收入支付给 MOPR。这种做法进一步减少了留存在美国的收益，加大了留存波多黎各的利润。

四、跨国公司的国际避税要素分析

微软公司的国际避税模式和方法并非独树一帜，相反，世界范围内的高科技公司同微软一样具有相似的产品特征和组织架构，以技术研发和无形资产运营为主要经营活动的高科技公司在进行国际税收筹划方面具有高度的相似性。近年来不少高科技公司和国际跨国公司卷入国际税收事件当中，Facebook、谷歌、微软、星巴克等公司相继遭到欧洲国家税务机关的调查，苹果公司的国际避税案件更是引发全球经济和税务届人士的关注，不仅因为其精心的税务筹划安排和复杂的运营结构，更是因为其达到了明显的避税节税效应，而这种国际避税筹划安排到底是否违反相关法律规定仍是一个争论的热点话题。

基于对微软公司避税模式的分析，我们另外选取了3家跨国公司作为对比分析对象，对构成跨国公司成功设计避税模式的要素进行归纳，总结跨国公司达到避税效果所拥有的共性特征，并对其进行分析。

微软、苹果、谷歌和星巴克均为闻名全球的美国公司，前三者属于高科技公司，在公司性质、避税模式和避税方法上具有共性和可比性，星巴克虽为咖啡连锁公司，但其经营范围遍布全球，控股关系复杂，税收筹划安排有其独特性，因此也具有一定的代表性。表3对4家公司的总体税收特征进行对比分析，4家公司在公司性质、地域分布、避税模式、避税方法以及利用的税收政策方面均具有共性，下面进行具体分析。

表3　　四家跨国公司的税收特征比较

公司	性质	集团总部	重要子公司分布	国际避税模式	主要避税方法	美国税制漏洞
微软	高科技跨国公司	美国	爱尔兰、新加坡、波多黎各、百慕大	“双爱尔兰”	成本分摊协议、无形资产转让定价、国家间税制差异、欧盟内部税收优惠	《国内收入法典》F部分、受控外国公司透视规则、打钩规则
苹果	高科技跨国公司	美国	爱尔兰、荷兰、英属维尔京群岛	“双爱尔兰”“三明治”	成本分摊协议、无形资产转让定价、纳税人身份认定差异、欧盟内部税收优惠	《国内收入法典》F部分、受控外国公司透视规则、打钩规则

续表

公司	性质	集团总部	重要子公司分布	国际避税模式	主要避税方法	美国税制漏洞
谷歌	高科技跨国公司	美国	爱尔兰、荷兰、百慕大、英国	“双爱尔兰”“三明治”	无形资产转让定价、国家间税制差异、欧盟内部税收优惠、纳税人身份认定差异	《国内收入法典》F部分、受控外国公司透视规则、打钩规则
星巴克	全球连锁咖啡公司	美国	英国、荷兰、瑞士	—	成本分摊协议、无形资产转让定价、纳税人身份认定差异、政府协议、特殊税制	《国内收入法典》F部分、受控外国公司透视规则、打钩规则

（一）公司性质

微软是一家跨国电脑科技公司，其总部位于美国的华盛顿州，从事电脑软件的研发、设计和制作。微软的产品和服务渠道可以分为两大部分，一部分为 OEM 业务，另一部分为非 OEM 业务。微软的 OEM 业务主要是由里诺、内华达等地区的区域运营中心运营，授权计算机制造方在销售计算机之前对 Windows 操作系统进行预安装。微软的非 OEM 业务即零售业务，主要由爱尔兰都柏林区域运行中心、新加坡区域运营中心以及波多黎各区域运营中心负责。各区域运营中心从美国总部获得微软产品的销售权，同时参与成本分摊协议。

苹果公司是美国一家高科技公司，总部位于加利福尼亚州，最初从事个人计算机的研发和销售，现在苹果公司经营范围包括 Mac 电脑、iPhone 手机等硬件设备、App Store 等在线服务平台以及 iOS 操作系统等消费软件。苹果公司的销售区域分为美洲地区和美洲以外的地区，苹果美国公司 API 负责美洲地区的销售，从合约制造商低价买进苹果产品后，加上高额的知识产权费，再高价销售给美洲地区的分销商和本地消费者，赚取的利润在美国本地缴纳企业所得税；苹果国际销售公司 ASI 负责美洲以外产品的销售活动，但 ASI 要进行产品销售，必须获得苹果的知识产权，因此与苹果美国公司达成成本分摊协议的苹果国际运营公司 AOI 向 ASI 授权，ASI 向 AOI 支付知识产权使用费。

谷歌是一家致力于网络信息服务的跨国高科技公司，在互联网搜索、云计算、广告等方面拥有成熟的技术。谷歌总部位于美国加利福尼亚州，负责公司核心技术的研究和开发；同时，其业务遍布全欧洲，其中爱尔兰都柏林子公司是其重要的一个分支机构，该公司从注册在爱尔兰的一家控股公司获得谷歌的知识产权，而该控股公司拥有的知识产权来自谷歌美国总部的授权，因此，谷歌通过知识产权的授权，使利润在不同公司之间转移。

星巴克是著名的全球连锁咖啡公司，受到世界各地"白领群体"的追捧，其火热程度不仅因为高端的咖啡品质，还取决于其精准的市场定位。星巴克虽不是高科技公司，但其也在全球范围内投资设立了子公司，位于美国华盛顿州的SCI公司与其控制下的英国合伙企业之间签订了成本分摊协议，合伙企业将星巴克咖啡豆烘焙技术的使用权授予合伙企业控制下的荷兰星巴克制造，其他无形资产的使用权授予另一子公司荷兰星巴克总部，荷兰的两家子公司向英国合伙企业支付特许权使用费。

微软、苹果、谷歌都是高科技公司，在美国设立集团总部，负责研究和开发工作，掌握公司核心技术等知识产权，而知识产权作为无形资产，所有权和使用权可以分离，并且无形资产难以定价，很多科技公司利用无形资产的这些特点，通过在低税负国家设立外国控股公司，签订成本分摊协议，将无形资产的经济所有权分离，再将无形资产使用权授予关联受控公司，从而实现公司利润从高税负过向低税负国家的转移。星巴克虽不是高科技公司，但其集团总部拥有商标权和咖啡豆烘焙技术等无形资产，无形资产的转移也是星巴克进行全球营销活动的重要一环。从分析中可以看出，知识产权、商标权等无形资产的授权、转移在科技公司和大型跨国公司的全球业务中扮演中着重要角色，同时，在这些公司的全球税务筹划安排中，利用无形资产是促使利润在不同税负国家之间流动的重要手段之一。

（二）重要子公司的分布区域

微软在各大洲分设区域运营总部，爱尔兰都柏林区域运营中心负责欧洲、中东和非洲微软产品的生产和销售，爱尔兰境内除了总部在百慕大的MRIO全资受控外国公司，还有另外两家被认定为忽视实体的关联受控外国公司MIR、MIOL；新加坡区域运营中心主要负责印度、日本、大中华地区等亚太地区的业务，同爱尔兰运营中心的布局一样，位于百慕大的MSHPL公司作为总部的受控外国公司，为新加坡运营中心的MALL公司提供资金支持，MALL、MOPL均被认定为忽视实体；位于美洲的波多黎各运营中心主要负责美洲地区微软产品的销售，在该运营区域中主要设立两个公司——MOPR和MLGP，MOPR是总部的受控外国公司，制作微软产品的数字和物理副本，并经过分销公司 MLGP 销售给最终的销售者。

苹果公司在美洲地区之外的销售网络中，将子公司多设立在爱尔兰、荷兰、新加坡等地。鲍德温苹果公司注册于英属维尔京群岛，控股注册于爱尔兰的苹果国际运营公司 AOI 和国际销售公司 ASI，欧洲运营公司注册于荷兰，作为 AOI 和 ASI 之间特许权使用费转移的跳板；ASI 其从合约制造商处获得产品后，将产品分销给爱尔兰的国际分销公司 ADI 和苹果新加坡公司 ASA，随后再由区域关联销售公司转售给各国销售公司，最终销售给销售者。

谷歌重要的境外分公司位于爱尔兰和荷兰。谷歌在爱尔兰注册一家控股公司，但其实际管理中心位于百慕大，该控股公司下设一都柏林子公司，该子公司负责谷歌在欧洲地区的实际运营，同时谷歌在荷兰设立公司，向都柏林收取特许权使用费，再将该笔收入的大部分转移给百慕大公司，完成利润的转移。

星巴克在欧洲的重要子公司分别位于英国、荷兰和瑞士。英国的合伙企业控股荷兰的两家子公司，并进行无形资产的授权；荷兰星巴克制造和瑞士星巴克公司之间进行咖啡豆的销售业务。

微软、苹果、谷歌、星巴克等跨国公司在选择外国控股公司设立地点时多将其设立在爱尔兰、荷兰、瑞士、百慕大等地。首先，爱尔兰是著名的低税率国家，其公司税税率维持在 12.5% 左右，相比较美国的高企业所得税税率，爱尔兰的这一税率优势对跨国企业具有很大的吸引力；其次，爱尔兰与荷兰签订有税收协议，规定欧盟成员国之间的交易免征所得税，即爱尔兰和荷兰都对向欧盟成员国支付的特许权使用费免征预提税，正是由于这一优惠规定，许多跨国公司在荷兰设立公司，通过荷兰传递特许权使用费，减少预提税的支出；瑞士最大的税制特点就是税率低，税负轻，因此跨国公司经常通过转让定价的方式将公司利润留存在瑞士境内，规避本国高额的税负；百慕大、英属维尔京群岛是有名的“避税天堂”，由于“避税天堂”一般不征收企业所得税，因此许多跨国公司利用巧妙的税务筹划安排，将企业利润集中到“避税天堂”，减轻海外税负。爱尔兰、荷兰、瑞士和避税地能够吸引众多科技公司的投资设立，不仅取决于其优惠的税收制度、宽松的税收环境，还在于其拥有高素质和灵活的工作人员、富有竞争力的经济成本、完备的商业投资基础和庞大的欧洲消费市场。

（三）避税模式

“爱尔兰—荷兰—爱尔兰”三明治模式是跨国公司进行国际税收筹划的典型模式。在该模式下，存在 4 家必要的公司，即设立在爱尔兰的两家“面包片”公司，设立在荷兰的“夹心”公司，以及设立在“避税天堂”最终留存利润的避税地公司。一般情况下，爱尔兰 A 公司不承担实际的研发、生产、销售任务，只是与跨国公司的集团总部签订成本分摊协议，扮演无形资产授权者的角色，并由避税地公司实际控股或管理；A 公司获得无形资产的经济所有权后，授予爱尔兰 B 公司无形资产使用权，B 公司向 A 公司支付特许权使用费，从而减少 B 公司的企业应纳税所得额；A 公司虽获得大笔的特许权使用费，但由于其实际控制地位于避税地，因此 A 公司免缴企业所得税。通过“双重爱尔兰”模式，企业可以通过无形资产的授权减轻企业所得税税负。但是如果直接由 B 公司支付 A 公司特许权使用费，还会存在预提税的负担，因此为了减免预提税，“三明治”模式应运而生。许多跨国公司将“夹心”设在荷兰，因为爱尔兰和荷兰同属欧盟成员国，其间的交易享受很多的税收优惠，并且荷兰税法规定对荷兰居民公司支付的利息和特许权使用费不征收预提税，因此，B 公司将特许权使用费先支付给荷兰公司，荷兰公司保留很小一部分利润后再将该笔收入转入 A 公司，这两步均不需要承担预提税，使特许权使用费最大化地汇入避税地。

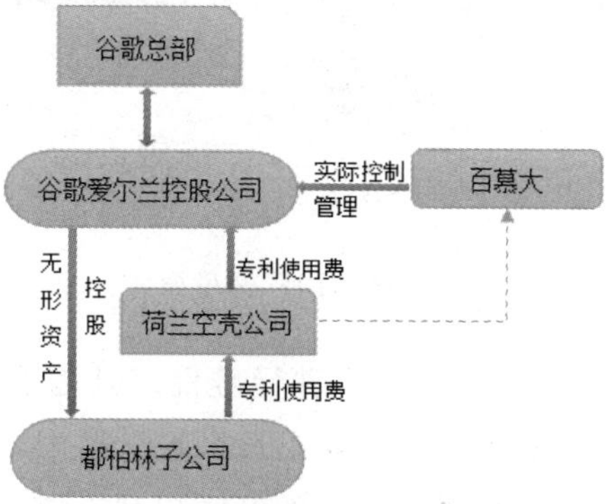

图 3　谷歌国际避税模式

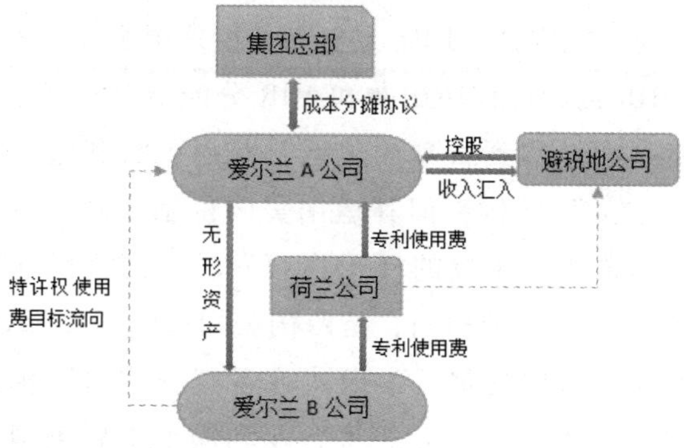

图 4　“爱尔兰—荷兰—爱尔兰”三明治模式

苹果公司和谷歌公司是典型的“三明治”模式。谷歌在爱尔兰设立两个公司，爱尔兰控股公司的实际管理机构位于百慕大，并控股爱尔兰都柏林子公司，控股公司只实现控股功能，将总部获得的无形资产使用权授予都柏林子公司，从子公司获得股息分配和特许权使用费，都柏林子公司在爱尔兰缴纳12.5%的企业所得税；谷歌在荷兰设立一家空壳公司，都柏林子公司将特许权使用费先支付给该空壳公司，荷兰公司保留0.2%的利润后再支付给百慕大控制的爱尔兰控股公司，这样特许权使用费在转移过程中不需缴纳预提税，而收到大额使用费的爱尔兰控股公司在百慕大免缴企业所得税。苹果公司有一点与谷歌公司不同，位于英属维尔京群岛的鲍德温苹果公司不仅控股AOI公司，而且控制着ASI公司，因此虽然这两家公司均注册于爱尔兰，但其所得不在爱尔兰缴纳12.5%的公司所得税。

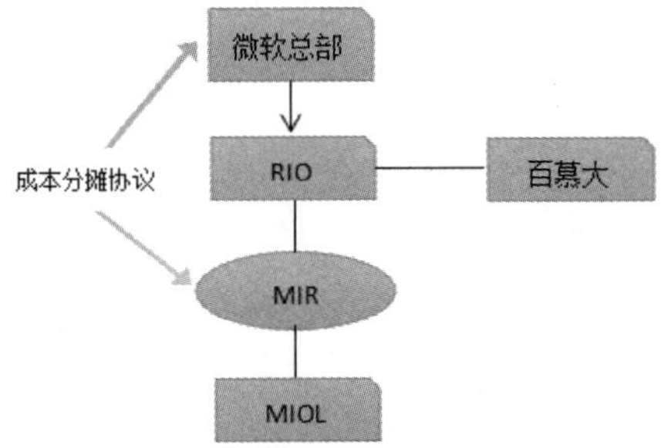

图5 微软国际避税模式

微软并没有运用“三明治”结构进行避税，而是单一的“双爱尔兰”模式。以爱尔兰区域运营中心为例，MIR是该区域运营中心的核心公司，与美国总部签有成本分摊协议，享有无形资产的经济权利，同时拥有微软产品的销售权，但MIR不直接生产，而是将无形资产经济权利转授给其全资子公司MIOL，由于MIR和MIOL为忽视实体，RIO为全资受控外国企业，根据美国的税法规定，MIOL支付给MIR的特许权使用费和MIR分配给RIO的股息均不需要在美国缴纳税款，最终利润转移到百慕大地区，获得税收利益。微软避税模式虽不是典型的“双爱尔兰”结构，但其运用美国税制漏洞，在爱尔兰设置双重受控公司，利用无形资产使用权的授予将利润转移到避税地的税收筹划安排与“双爱尔兰”结构避税原理相同，是跨国公司国际税收筹划安排的代表。

星巴克模式并非“双层爱尔兰”模式或者“三明治”模式，星巴克主要利用无形资产授权和转让定价的方式将企业利润汇集到英国和瑞士。星巴克在荷兰设立了荷兰星巴克总部和荷兰星巴克制造，由英国的合伙企业分别授予两家公司无形资产使用权，并收取大量特许权使用费，由于荷兰对特许权使用费免征预提税的规定，星巴克的利润大量留存在了英国。

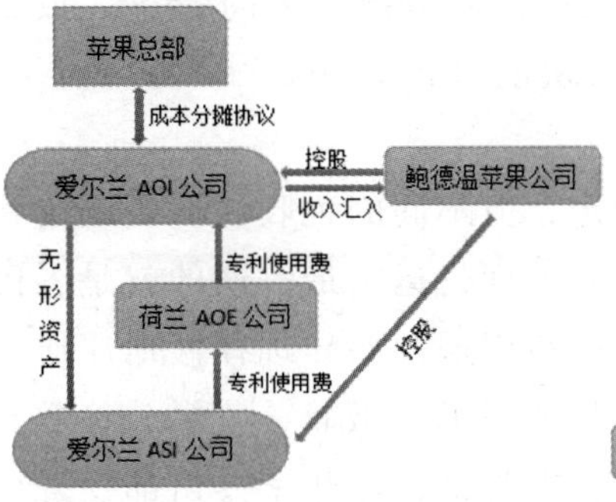

图 6　苹果国际避税模式图

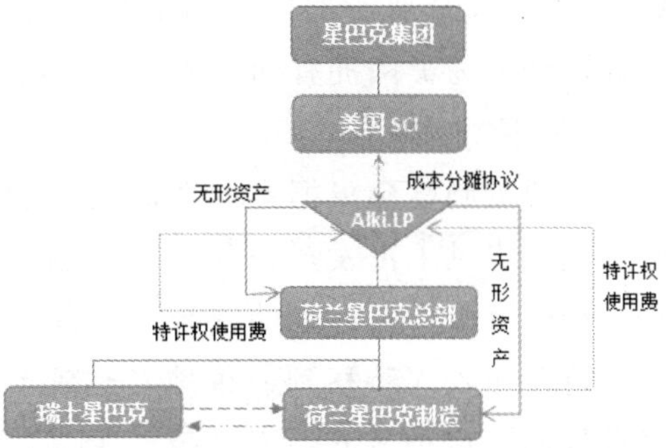

图 7　星巴克国际避税模式

由上述分析可知，无论苹果、谷歌使用的“爱尔兰—荷兰—爱尔兰”三明治模式，还是微软使用的“双爱尔兰”模式，还是星巴克避税结构，其避税要件都是实行跨国家、跨区域的无形资产使用权的转移，一方面将企业利润从高税国转移到低税国，甚至“避税天堂”，减少企业所得税的负担，另一方面，通过国家间税制差异和特殊优惠政策，避免特许权使用费预提所得税的支出，同时在对企业身份进行认定时，利用美国税制漏洞，使企业收入不承担美国的高税负。这种避税结构适合进行无形资产跨境交易的跨国公司，全球大多数跨国公司尤其是高科技公司都采用了此种避税模式。

（四）避税方法

跨国企业国际税务筹划安排用到的避税方法具有一定的共性，比如签订成本分摊协议、利用不同国家间纳税人身份认定差异、转让定价、利用美国税制漏洞、与低税国政府达成协议等。

1. 成本分摊协议

微软、苹果、星巴克等美国公司的避税方案中都涉及成本分摊协议，原因是如果不签订成本分摊协议，美国总部公司将会负担高额的美国所得税。成本分摊协议使美国总部与境外运营子公司共同承担研究开发活动，根据无形资产带来的收入比例分摊研发成本，由于子公司只是就一部分研发成本支付，所以可以减少企业所得税的缴纳，同时完成对无形资产经济所有权的转移，使国外控股子公司能够拥有无形资产使用权进行产品生产和销售，获得境外利润。苹果美国总部与爱尔兰 AOI 公司、星巴克 SCI 公司与英国合伙企业都签订了成本分摊协议，使受控外国公司拥有专利权，再转授使用权给关联受控公司，将公司销售收入留存在境外，避免承担高额的美国税负。微软公司的3个区域运营中心均与美国总部签订了成本分摊协议，MOPR大约分摊全球研发成本的25%，MIR大约分摊微软在全球范围内研发成本的30%，MAIL大约分摊全球研发成本的10%，而美国微软分摊剩下的35%。成本分摊协议已经成为美国拥有知识产权企业进行避税的必要手段之一。

2. 各国税制差异

各国税收制度会根据本国实际情况制定，但不同的税收制度规定为跨国经营的企业提供了可发挥空间。在税制差异方面，运用最普遍的就是各国对纳税人居民身份认定标准的差异，跨国公司利用这种差异选择性地注册设立公司，将公司收入转移到避税地，达到节税的目的。微软、苹果、谷歌和星巴克都采用了这种方式。以微软、苹果、谷歌为例，这几家公司都在爱尔兰注册设立运营机构，但其总部或实际管理机构在“避税天堂”百慕大或英属维尔京群岛，爱尔兰对居民纳税人身份的确定采用管理和控制中心地标准，即使在爱尔兰注册，但实际管理控制中心在其他地区，则该企业不属于爱尔兰的居民纳税人；美国采用登记注册地标准，因此，爱尔兰的公司也不属于美国的居民纳税人，从而跨国公司双重否定了两国纳税人，不适用两国所得税法而符合“避税天堂”居民纳税人身份，减轻或免于缴纳企业所得税。

3. 转让定价规则

微软、苹果、谷歌和星巴克都运用了转让定价的避税方法。高科技公司和掌握一定技术的公司拥有的重要资产就是知识产权，这种无形资产在进行跨国交易时能够通过转让定价的方式达到避税的效果。例如微软、苹果、谷歌，将无形资产的使用权由一家控股外国公司转授给另一家关联控股外国公司，同时收取高价的无形资产使用费，通过支付费用的方式，使利润由税率较高的国家转移到低税国家甚至“避税地”国家。星巴克除了采用无形资产的转让定价使利润集中到英国外，同时抬高咖啡豆的购买价格，使利润从荷兰流入税率更低的瑞士境内，达到避税目的。

4. 美国税制漏洞

美国的企业所得税相比其他国家税负偏重，在美国境内注册的居民企业，其境内收入和全球范围内的其他收入都要在美国缴纳企业所得税，因此许多美国企业为了躲避美国的重税，纷纷采取复杂的国际避税模式，将企业利润留存海外。为此，美国《国内收入法典》F部分做出了相关规定，要求美国的受控外国公司获得的F部分所得，不论是否进行分配均应在美国纳税。这一规定弥补了受控外国公司将利润留存海外延迟纳税的漏洞。但许多跨国公司又利用受控外国公司透视规则和打钩规则，削弱F部分的反避税措施。例如微软，将经济实体MIR和MIOL公司在税收上均认定为“忽视实体”，那么“忽视实体”之间支付的特许权使用费等被动收入不被视为F部分的收入，也就无须向美国纳税。利用这两个规则，许多美国跨国公司仍能够巧妙地将利润留存海外。

5. 低税国政府协议

像微软、谷歌、苹果这样的高科技跨国公司和星巴克跨国连锁咖啡公司，在一个国家投资设立公司或加工工厂对于当地政府而言是极具吸引力的，不仅能够带动当地的科技进步，吸引更多的周边产业投资发展，而且为当地提供大量就业机会，促进该国消费水平的提高，因此对跨国企业和当地政府来说实现了“双赢”。苹果、谷歌等公司都与爱尔兰政府达成了协议，星巴克也与荷兰税务机关约定，只要给荷兰留下5%的利润，剩余利润的转移不会受到税务机关的限制，这就为星巴克利润转移提供了极大的便利。实际上，在跨国集团避税案例中，与当地政府或税务机关达成某种协议的情况屡见不鲜，有时其政府为了吸引投资，会给企业更低的税收优惠。

事实上，跨国企业进行国际避税的方法和模式是复杂多样的，上述分析是对美国高科技公司和拥有知识产权公司的归纳总结。之所以存在这些共同的避税特点，首先是因为无形资产自身的特点和美国税收制度漏洞的客观因素；其次，跨国企业在进行全球布局时，必然以企业利润最大化作为目标，税收就成为企业利润能留存多少的一个重要因素。因此当一个企业利用复杂的组织结构安排，成功减轻总体税负时，就会对其他企业产生示范效应，其他跨国公司根据自身产品特点和运营模式进行税收筹划，达到避税效果；最后，近年来企业税负在企业运营过程中的作用越来越凸显，各国政府在优化税制结构的同时，不少税收筹划领域的人才也层出不穷，企业越来越重视、国际事务所的筹划手段越来越多样也使跨国企业的国际避税方法多样和复杂。

参考文献

[1] 蔡昌：《卓越税控：新常态下的税务管理实战》，电子工业出版社，2016，293.

[2] 朱一青．知识产权跨境交易反避税典型案例及评析［J］．河南财政税务高等专科学校学报，2016（06）：1－4.

[3] 延峰，陆京娜．非法国家援助——由星巴克避税安排引发的法律诉讼［J］．国际税收，2016（01）：38－43.

[4] 崔晓静，何朔．“美国微软公司避税案”评析及启示［J］．法学，2015（12）：92－102.

[5] 蔡昌、李蓓蕾、单滢羽．解密跨国避税［J］．首席财务官，2017（8）.

国际税案10　谷歌公司国际避税案[①]

一、案例背景

谷歌公司采取“爱尔兰—荷兰—爱尔兰”的三明治式的跨国避税模式。谷歌公司利用这种经典的避税模式获得巨额税收利益。

2011年谷歌公司在英国销售额为40亿美元，尽管这家公司的毛利率达到33%，但是在英国的分部2011年纳税金额仅为340万英镑。

2012年，谷歌将61亿英镑（约合99.6亿美元）收入转移至百慕大群岛的空壳公司，从而在全球避税超过10亿英镑（约合16.3亿美元），同时在英国仅缴税600万英镑（约合979万美元）。

2013年5月19日，谷歌英国业务再次深陷避税丑闻，一名前销售部主管向税务部门提交10多万份在谷歌工作期间的电邮记录，力证该公司大批广告业务实际在英国洽谈，但正式交易时转移至爱尔兰避税。

二、避税诱因

（一）各国纳税人身份判定不同

1. 美国纳税人身份判定

美国所得税的纳税人可以分为居民纳税人和非居民纳税人。对于法人税收居民身份的判定，美国采用的是以法人登记注册地作为确定法人居民身份的标准，即凡依据本国法律在本国登记注册的公司，不论其总机构是否设在本国，也不论其投资者是本国人还是外国人，均确认其为本国公司或本国的法人居民；凡是根据外国法律在外国政府注册成立的公司，不论其设在美国境内或境外，即使股权的全部或部分属于美国，都是外国公司。由于美国采

① 中国社会科学院研究生院2016级税务专硕吴迪（现供职于广州开发区财政局）参与本案例研究与写作。

用的是以法人登记注册地为标准，导致了很多跨国公司将注册地登记在其他税率相对较低的国家，以实现少缴纳税款。

2. 爱尔兰纳税人身份判定

爱尔兰所得税的纳税人可以分为居民纳税人和非居民纳税人。采用管理机构或者控制中心地标准，即凡是法人管理机构或者控制中心设在本国，无论其在哪个国家注册成立，都是本国的法人居民；凡是管理机构或者控制中心机构不在本国的，就算其在本国注册成立，都不是本国的法人居民。谷歌公司正是利用了不同国家税收居民身份的判定标准的漏洞，在爱尔兰注册了一个负责海外业务的国际运营公司，又把其实际管理机构或者控制中心设在美国，就可以实现“双边均不纳税”。

3. 荷兰纳税人身份判定

荷兰所得税的纳税人可以分为居民纳税人和非居民纳税人。对于公司所得税的纳税主体分为居民公司和非居民公司，居民公司是指依据荷兰法律在荷兰登记注册的或者实际管理机构在荷兰的公司，该公司应就其荷兰境内外的所有所得缴纳公司所得税，非居民公司仅就其来源于荷兰的所得在荷兰缴税。荷兰居民企业在境外设立的常设机构获得的所得不需在荷兰缴税。

（二）各国公司所得税税率差异

各国谷歌涉及的公司所得税税率如表 1 所示。

表 1　　各国谷歌涉及的公司所得税税率

国别	谷歌涉及的公司所得税税率
美国	35%
爱尔兰	12.5%
荷兰	0～5%
英国（百慕大）	接近于 0

由表 1 可知，谷歌公司所涉及的相关国家的公司所得税税率存在很大的差异。在美国的公司所得税税率为 35%，也正因为较高的税率才激发了谷歌公司利用“爱尔兰—荷兰—爱尔兰”三明治的避税结构进行无形资产转让定价。爱尔兰自 20 世纪 60 年代起，就利用低税率来吸引跨国企业的投资，解决国内的就业问题，提高国内的经济发展水平，谷歌公司选择爱尔兰不仅因为其税率较低，还与爱尔兰的税收政策有很大的关系。荷兰的公司所得税税率比爱尔兰还要低，并且荷兰与爱尔兰等其他欧盟国家之间形成了税收协定网络，这样就可以为谷歌公司进一步实现少缴税的目的。百慕大是众所周知

的跨国公司的“避税天堂”，几乎接近于0的税率，让众多的跨国公司在此设立管理和控制机构，利用设立离岸公司结合转让定价等方法规避缴纳巨额税项。

（三）转让定价协定有利可图

转让定价（Transfer Pricing）是指关联企业之间在销售货物、提供劳务、转让无形资产等时制定的价格。在跨国经济活动中，利用关联企业之间的转让定价进行避税已成为一种常见的税收逃避方法。其一般做法是：高税国企业向其低税国关联企业销售货物、提供劳务、转让无形资产时制定低价；低税国企业向其高税国关联企业销售货物、提供劳务、转让无形资产时制定高价。这样，利润就从高税国转移到低税国，从而达到最大限度减轻其税负的目的。

目前很多大型跨国企业都是通过授予知识产权和支付特许权使用费的方式来完成转让定价的。原因在于无形资产在企业中日益得到重视且其在企业发展过程中起到越来越重要的作用，而无形资产自身也具有特殊的性质，其价值不易可靠评估，所以无形资产的转让定价被越来越多的跨国企业利用来实现税款的少缴纳。谷歌公司就是利用无形资产转让定价，使其海外利润承担较低的税负。

三、避税结构设计

谷歌（Google Inc.，NASDAQ：GOOG，FWB：GGQ1）是一家创立于美国加州的跨国科技公司，其为了减少税款的缴纳，在爱尔兰分别设立了两个控股子公司：一个是爱尔兰控股有限公司（Ireland Holdings Limited，IHL），为能处理业务的实体子公司；另一个是谷歌爱尔兰有限公司（Google Ireland Limited，GIL），为空壳子公司。并在荷兰设立了作为挂名公司的一个附属公司。其在各个公司之间运用复杂的避税手段，将最终的利润转移到税率几乎为零的管理部门在百慕大的谷歌爱尔兰有限公司。此避税结构也就是所谓的“爱尔兰—荷兰—爱尔兰”三明治架构，如图1所示。

下面对谷歌避税结构中所涉及的公司的作用进行阐述。

（一）爱尔兰空壳子公司

爱尔兰空壳子公司的名称为谷歌爱尔兰有限公司（Google Ireland Limited，GIL），它是“爱尔兰—荷兰—爱尔兰”三明治架构中的第一片“面包片”。爱尔兰空壳子公司的注册地在爱尔兰，办公地点（管理部门）设在百慕大群岛的一个律师事务所，“总部”却只有两名律师和一位经理。爱尔兰征收的公

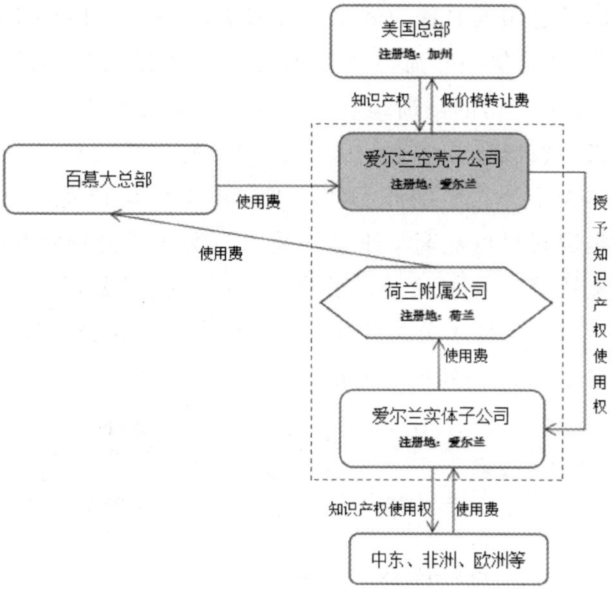

图 1　“爱尔兰—荷兰—爱尔兰”三明治结构

司所得税是 12.5%，而美国为 35%。谷歌总公司与爱尔兰空壳子公司签订成本分摊协议（Cost Contribution Arrangements，CCA）。谷歌总公司首先将其在美国本土研发的网络搜索技术和广告服务技术等知识产权在海外的租赁权，转让给它在爱尔兰的空壳子公司。出于转移利润到海外以避免美国高税率的目的，这种转让总是以尽可能低的价格进行，以帮助公司降低在美国的缴税，提升在海外的利润。

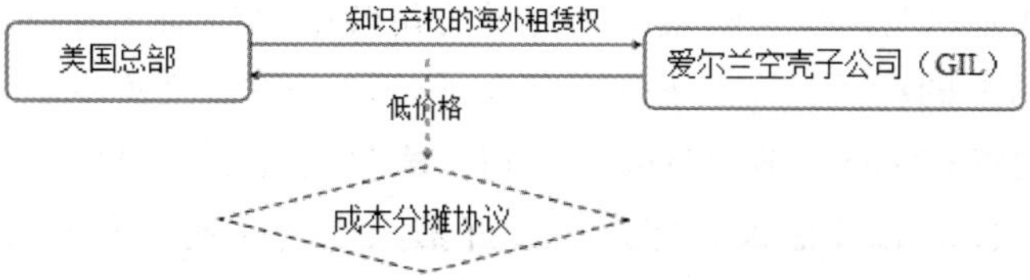

图 2　爱尔兰空壳子公司在避税中的结构图

（二）爱尔兰实体子公司

租赁权转让后，谷歌在爱尔兰的实体子公司获得空壳子公司的授权，向除美国以外的其他国家销售谷歌知识产权的使用权，即谷歌的产品，比如广告服务。于是谷歌的海外销售收入躲过了美国 35% 的重税。虽然爱尔兰的税率比起美国已经低了很多，但谷歌还不满意，它的目标是零税率。所以建立了爱尔兰实体子公司。

爱尔兰实体子公司的名称为爱尔兰控股有限公司（Ireland Holdings Limited，IHL），它是“爱尔兰—荷兰—爱尔兰”三明治架构中的第二片“面包片”。爱尔兰实体子公司的注册地在爱尔兰，雇用了约2000名员工。由于谷歌产品的海外租赁权属于爱尔兰空壳子公司，爱尔兰实体子公司销售谷歌产品后，便要向空壳子公司缴纳产品使用费。出于转移利润避税的目的，这种产品使用费总是定得尽可能高。于是，爱尔兰实体子公司将99%的利润以产品使用费的名义转移到爱尔兰空壳子公司。而空壳子公司的所谓总部在百慕大，无须征税。至于实体子公司的征税国是爱尔兰，该公司只有剩下的1%利润需要按照爱尔兰12.5%的税率纳税。

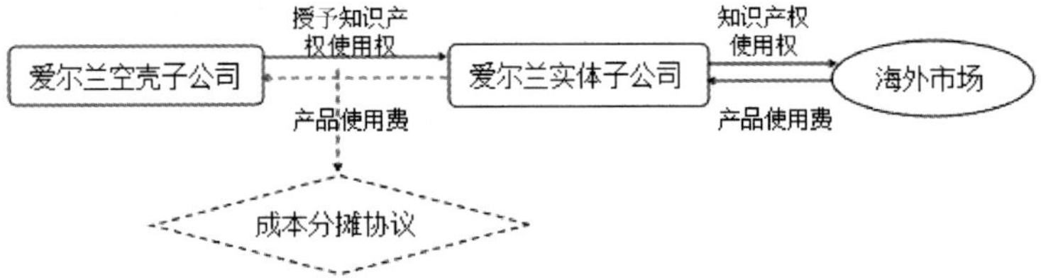

图3　爱尔兰实体子公司在避税中的结构图

另外，爱尔兰实体子公司与爱尔兰空壳子公司同样签订了成本分摊协议。

（三）荷兰附属公司

荷兰附属公司作为“爱尔兰—荷兰—爱尔兰”三明治架构中的“夹心部分”，也是一个空壳公司。爱尔兰实体子公司不能直接向百慕大转移利润，因为爱尔兰的税法细则使它很难将销售后获得的利润，在没有缴税的情况下直接从爱尔兰转移到百慕大。这个困难可以利用爱尔兰对于欧盟国家的税收优惠政策来解决，即从爱尔兰向位于欧盟国家的子公司转账可以豁免税务。于是谷歌在有“税收漏洞”的荷兰又设立了一个空壳子公司，爱尔兰实体子公司获得销售的利润后立刻将其转移到荷兰空壳子公司，荷兰空壳子公司再马上将其转移到爱尔兰空壳子公司的百慕大总部，然后百慕大总部又把钱转到爱尔兰空壳子公司。依靠这种绕来绕去的把戏——谷歌的海外利润从爱尔兰实体子公司转到荷兰空壳子公司，又从荷兰空壳子公司转到百慕大总部，再从百慕大总部回到爱尔兰空壳子公司，即“双爱尔兰夹着一个荷兰”，谷歌所有营收中有52%来自海外市场，而谷歌这部分海外营收的税率平均只有2.4%。

四、案例点评

（一）无形资产特性分析

无形资产（Intangible Assets）是指企业拥有或者控制的没有实物形态的

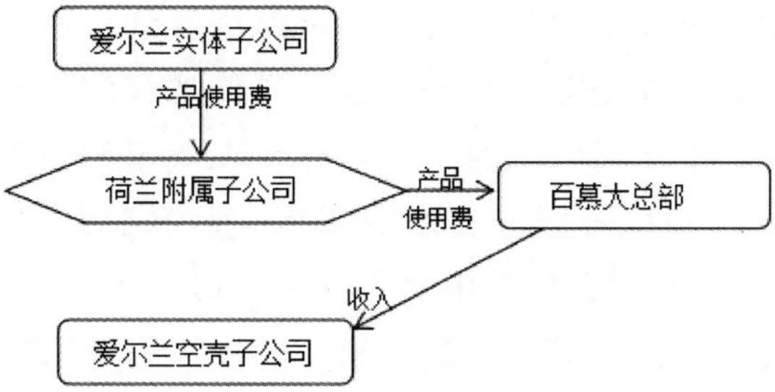

图 4　荷兰附属公司在避税中的结构图

可辨认非货币性资产。无形资产具有广义和狭义之分，广义的无形资产包括货币资金、应收账款、金融资产、长期股权投资、专利权、商标权等，因为它们没有物质实体，而是表现为某种法定权利或技术。但是，会计上通常将无形资产作狭义的理解，即将专利权、商标权等称为无形资产。无形资产交易与一般的有形资产交易相比有以下特征：

第一，无形资产在交易中产生所有权和使用权的分离。一般来讲企业从外部购入的有形资产其所有权和使用权一并获得，而无形资产交易可以转让所有权也可只转让其使用权，即在交易中无形资产的所有权和使用权产生分离。

第二，无形资产交易是长期交易。无形资产的交易不像一般的货物贸易那样是短时期的交易。无形资产的交易还包括合作的内容，交易双方都要做出一定的承诺，如技术交易中，转让方要负责向受让方提供技术培训和指导，提供必要的资料；受让方则要保证遵守转让方的工艺制造方法及技术和质量标准，并保证不擅自将技术转让给第三者。无形资产的交易是通过双方的相互合作来完成，是一项长期的交易。

第三，无形资产交易无统一价格。无形资产的价格确定是很复杂的，由于它是独占性的商品，无相同因素可比较，在技术贸易市场上无统一价格。无形资产价格是交易双方在一定条件下协商产生的。对于买方，支付的价款不高于采用该无形资产所创利润即为合适；对于卖方，其收入不低于开发创造该项无形资产原始成本即可，若有一定的利润最好。

第四，无形资产交易价款支付方式多样化。无形资产交易价款支付方式是多样的，不像有形资产那样单一。其价款支付方式有：（1）定额支付，即无形资产的价款一次全部付清。（2）在许可证有效期内提成支付的方式：即按该项无形资产所生产或销售产品数量和一定的比例提成，分期支付价款。（3）定额加提成的方式：先支付一笔定额费用，然后再提成。

无形资产价款既可以用现款支付，也可以用有价证券支付，在国际贸易中，就有用技术换取国外企业股权的例证。具体选择何种方式，由交易双方协商确定。也正是由于无形资产的交易特征存在一定的特殊性，谷歌才会把研发的网络搜索技术和广告服务技术等知识产权转让给爱尔兰空壳子公司（GIL），爱尔兰空壳子公司授权爱尔兰实体子公司（IHL）可以进行知识产权的转让，爱尔兰实体子公司对中东、非洲、欧洲等海外国家进行销售获取使用费，再转入荷兰的附属公司，最后转入爱尔兰空壳子公司。这是一种长期的交易行为。无形资产的特殊交易特性为转让定价提供了极大的有利可图之处。也正因为此，跨国公司滥用无形资产的转让定价，给不少国家造成了纳税损失的现象。

为了控制利用无形资产特性进行转让定价，OECD 于 2014 年 9 月 16 日发布了《无形资产转让定价指引》，该指引作为 BEPS 第 8 项行动计划的中期报告，反映了无形资产转让定价税务处理规则的最新发展趋势，其所包括的内容和蕴含的理念将对无形资产转让定价领域产生全面而深远的影响。当前无形资产转让定价领域的发展趋势主要体现为：一方面对无形资产的定义做了更为宽泛的界定；另一方面，是在判断和确认无形资产的收益归属时，将辨别和确认无形资产的法律所有权作为初始起点，以对无形资产价值创造是否做出贡献以及所做出贡献的性质和程度为评判的基础性标准，以关联交易的经济实质优先于法律、合同安排为指导原则。从《无形资产转让定价指引》的内容来看，谷歌公司是存在不合理地利用无形资产的转让定价行为的，或许将会引起多国对谷歌要求进行重新补缴税款，或对谷歌提出其他纳税要求。

（二）税收管辖权分析

税收管辖权是国家在征税方面所拥有或行使的权力，包括税收立法权和征收管理权。除受到国际法和国际条约规定的某些限制外，一国或地区有权根据本国或地区政治、经济状况自行确定行使课税权力的范围，即有权决定对哪些人课税、课征什么税和课征多少税。税收管辖权具有自主性和排他性。由于税收是国家凭借其政治权力征收的，所以一个国家行使其课税权力的范围不能超越这个国家主权实际所能达到的范围。

一个国家的税收管辖权，可以按照属地和属人两种原则来确立。按属地原则确立的税收管辖权称为地域管辖权或收入来源管辖权。它是指一国政府对来源于本国的所得拥有课税权力。按属人原则确立的税收管辖权称为居民管辖权和公民管辖权。前者是指一国政府对本国居民来源于境内和境外的全部所得拥有课税权力。后者是指一国政府对本国公民来源于境内和境外的全部所得拥有课税权力。

通过表2、表3可知：爱尔兰认定居民纳税人身份是根据其管理和控制中心所在地而不是注册地，注册在爱尔兰的“爱尔兰空壳子公司”和“爱尔兰实体子公司”实际管理和控制机构并不在爱尔兰而在百慕大，所以“爱尔兰空壳子公司”和“爱尔兰实体子公司”并不是爱尔兰的居民纳税人；同时，“爱尔兰空壳子公司”和“爱尔兰实体子公司”也不是美国的居民纳税人，因为美国认定居民纳税人是根据其公司注册地。谷歌公司人为形成“双层面包”实际管理和控制地不在爱尔兰，同时注册地不在美国，自我双重否定两国的居民纳税人身份。

表2　　相关国家纳税人身份判别标准

国家	纳税人身份判别标准
美国	登记注册地标准
爱尔兰	管理和控制中心地标准
荷兰	公司注册地标准

表3　　谷歌设立的三家海外公司

项目	注册地	实际控股企业	居民纳税人身份
爱尔兰空壳子公司GIL	爱尔兰	百慕大总部	非爱尔兰居民纳税人、非美国居民纳税人
荷兰附属子公司	荷兰	谷歌公司	荷兰居民纳税人
爱尔兰实体子公司IHL	爱尔兰	百慕大总部	非爱尔兰居民纳税人、非美国居民纳税人

（三）成本分摊协议分析

成本分摊协议即CCA（Cost Contribution Arrangements），是两个以上企业之间议定的一项框架，用以确定各方在研发、生产或获得资产、劳务和权利等方面承担的成本和风险，并确定这些资产、劳务和权利的各参与者的利益的性质和范围。最常见的成本分摊协议是无形资产共同开发协议，每一个参与者都可以获得所开发无形资产的一份权利。在这种成本分摊协议中，每个参与者都被授予独立的利用无形资产的权利。当参与者对成本分摊协议开发的资产拥有所有者权益，且贡献是按适当比例划分时，参与者无须为使用与其获得的权益相一致的资产，而支付特许权使用费或其他报酬。

谷歌公司研发出来的网络搜索技术和广告服务技术等，就是谷歌公司的知识产权，也就是谷歌和谷歌产品的核心竞争力和价值源泉所在。谷歌的研发活动几乎全部都是在美国本土进行。根据在成本分摊协议，在美国本土进行的研发活动所创造出的价值极高的知识产权被部分地置于爱尔兰公司名下，并且所赚取的巨额商业利润大多部分被截留在美国以外，这样谷歌公司成功地实现了避税。在谷歌案例中，有两部分涉及成本分摊协议的运用。第一部分是美国总部与“爱尔兰空壳子公司”之间。共同研发并拥有无形资产，此协议名义上是母公司和运营公司联合负担成本，但实际上考虑的还是税收利益。在成本分摊协议下，母公司和运营公司通过联合研发的方式实现了专利转移授予的目的。运营公司支付给母公司一部分的专利对价来换取联合开发的权利，由于成本是分摊的，这样便达到了避税的目的。第二部分是“爱尔兰空壳子公司”和“爱尔兰实体子公司”之间。二者在共同承担谷歌全球研发活动的成本，分担研发活动的风险的同时，也共享研发活动的成果。虽然谷歌全球的研发活动几乎都在美国本土进行，但成本分摊协议规定，由“爱尔兰空壳子公司”和“爱尔兰实体子公司”按照各自负责的销售市场实现的销售收入所形成的比例，分担谷歌全球研发活动的成本，同样又实现了进一步避税。

（四）税收优惠政策分析

1. 美国税收优惠政策

延期纳税。美国法律允许美国公司的海外子公司留取通过非美国无形资产取得的收入，直到这家海外子公司把利润转回美国才缴税。所以谷歌公司延期纳税的筹划方法体现在将利润留在海外，只要是取得的收入一直停留在海外，就不用负担美国的所得税。但是利润汇回美国之后，就必须支付最高达 35% 的所得税。谷歌公司的延期纳税不完全等同于一般意义上的递延纳税。通常所说的递延纳税是指通过推迟收入的确认来获得货币时间价值，等于获得了一笔相当于税款等额资金的无息贷款。而谷歌公司的延期纳税却是没有日期限制的，也就是说谷歌公司的海外利润在美国现行税制下是可以永远推迟纳税的。

2. 爱尔兰税收优惠政策

自 20 世纪 60 年代起，爱尔兰就开始利用低税率吸引跨国公司，允许其利用爱尔兰转移收入，支付很少的税。爱尔兰拥有专为投资者利益最大化而设计的极具吸引力的税收系统。12.5% 的企业所得税税率几乎是世界最低的，特别是与其他欧洲国家相比，例如英国（23%）和德国（约 30%）。爱尔兰还具有良好的控股公司制度，是企业选择其总部的理想国家。25% 研发费用可用于税收抵免。这里还拥有广泛的和不断增长的双重征税条约国家网络。

3. 荷兰税收优惠政策

荷兰国税局给予外国公司相当优惠的税率。据了解，荷兰同全世界 93 个国家和地区签署了双边税收协定，有欧盟最广泛的税收协定网络，避免双重征税，企业在通过海外的控股公司进行投资时，无须考虑和某个国家单独商讨双边税收优惠条件的问题。而且在荷兰的控股公司，进行再投资后所得利润，可以享受到股息预提税为零的优惠。谷歌公司因此把“三明治”结构中的“夹心”选在了荷兰，充分利用了荷兰的优惠政策。

知识链接：跨国公司的避税现状

跨国公司为追求利益最大化，把营业收入、成本、借贷和盈利分配到对其最有利的税务辖区，这种现象存在至少已经几十年，早已不新鲜，在企业看来，已是一个公开的秘密。

跨国避税目标简单——减少企业所需缴纳的税收。“转让定价”是一种跨国公司多年来惯用的避税手法，即通过跨国公司和分公司间，或母子公司、子公司与子公司间的提供商务、转让技术和资金借贷或其他财产转移方式人为操纵价格。这种价格不由交易双方按市场供求关系变化和独立竞争原则确定，而是根据跨国公司或集团公司的战略目标和整体利益最大化原则由总公司上层决策者人为确定。具体来说，大多跨国企业都采用了一种企业纳税筹划，即“爱尔兰荷兰三明治策略”——作为一种避税手法，主要是在两家爱尔兰子公司和一家荷兰子公司之间腾挪，就像两片面包夹着一片奶酪的三明治，即公司在税金高的国家攫取利润，然后在税率低甚至零税率的国家纳税，如爱尔兰。

2013 年 5 月 21 日晚，美国苹果公司 CEO 库克出席国会，就业界指责的避税事件做出解释。美国国会参议院的常设调查委员会认为，作为全球市值最高的公司，苹果公司持有 1450 亿美元现金，其中的 1020 亿美元位于海外。苹果公司通过设立诸多的海外联营公司，对大部分海外收入支付了较少的美国国内企业税，有的甚至完全避税。

据路透社报道，星巴克自 2009 年起连续三年在英国没有支付过企业税或所得税。这家全球最大的咖啡连锁店 13 年间在英国只支付了仅为 860 万英镑（1374 万美元）的税收，而这期间，星巴克在英国的销售额达到了创纪录的 31 亿英镑。

2011 年，亚马逊在英国支付的所得税仅为不到 100 万英镑；2012 年，亚马逊在英国实现 33 亿英镑（约合 52 亿美元）销售额，但却并未上缴任何公司税。

谷歌、Facebook、惠普和微软等美国跨国企业集团同样存在这种通过转让定价的跨国避税现象。

世界各国都在竭尽所能地阻止跨国企业在本国境内挣钱却不纳税，把数万亿的税金藏匿在开曼群岛等避税天堂。据美国公共利益研究集团最新发布的一份报告估算，美国高科技公司海外的转让定价避税让美国政府每年损失1500 亿美元的税收。

知识链接：BEPS 对转让定价的新规定

BEPS（Base Erosion and Profit Shifting，税基侵蚀与利润转移）行动计划是由 G20（20 国集团）领导人背书并委托经济合作与发展组织（OECD）推动的一项一揽子税收改革项目，旨在通过协调各国税制，修订税收协定和转让定价国际规则，提高税收透明度和确定性，以应对跨国企业税基侵蚀和利润转移给各国政府财政收入和国际税收公平秩序带来的挑战。

在 BEPS 行动计划的大背景下，各国打击国际逃税、避税正在如火如荼地进行，加大跨国公司转让定价管理力度，以防止税基侵蚀和税款流失。与此同时，尽管 BEPS 行动计划的主题是为了避免双重不征税，但是，正如 BEPS 行动计划成果在《解释性声明》中所强调的那样，"……应对 BEPS 的措施也不应该导致双重征税。跨国企业在促进全球贸易和投资、助力经济增长、创造就业机会、培育创新和摆脱贫困等方面具有重要作用，而双重征税则会阻碍其发展。"

2016 年 5 月 12 日，有 39 个国家签署了《转让定价国别报告多边主管当局间协议》（以下简称《转让定价国别报告》）。截至 2016 年 8 月 31 日，又新增 5 个国家签署了该协议，总数已达 44 个。G20 国家签署该协议的有 13 个，分别是澳大利亚、加拿大、法国、德国、印度、意大利、日本、墨西哥、中国、南非、英国、阿根廷和韩国，其中阿根廷和韩国是近两个月才正式签署通过该协议的 G20 国家。各国在实施《转让定价国别报告》时，框架基本一致，主要要求如下：

1. 跨国集团上一会计年度合并财务报表中各类合并收入超过 7.5 亿欧元的，应当向母公司所在的税务部门报送国别报告，子公司应当向母公司取得国别报告后，向所在国税务部门申报。

2. 国别报告的内容应包括该集团合并营业额、税前利润、已纳税款、资本金额、利得、有形资产类别及金额、雇员人数等。此外，意大利还规定如果跨国公司不提交或者不按要求提交报告的，将被处以1万~5万欧元的行政罚款。

2016年6月29日，为促进BEPS成果在中国的落实，国家税务总局结合多年反避税工作实践发布了《关于完善关联申报和同期资料管理有关事项的公告》（国家税务总局公告2016年第42号），明确了报送同期资料和国别报告的相关要求，同时对关联申报的内容加以细化。

2016年8月9日，土耳其已经通过了相应的立法，从而使其转让定价规定与经济合作与发展组织（OECD）的转让定价指引保持一致。

参考文献

［1］钱童心．从Facebook到谷歌　除了创新，它们还是海外避税的大户［N］．第一财经日报，2016.

［2］曾一巳．谷歌2011年避税约20亿美元［N］．工人日报，2012.

［3］肖莹莹．谷歌再陷“避税门”5年避税46亿美元［N］．经济参考报，2011.

［4］盛立中．殃及全球的“爱尔兰面包片”避税大法［J］．国际事税评说，2013(5)：50-52.

［5］李欣．跨国公司的避税天堂［J］．经济教室，2013（6）：32-35.

［6］李莉．“避税天堂”不再［N］．第一财经日报，2016.

［7］加雷思．迈尔斯．有效控制跨国公司避税［N］．人民日报，2013.

［8］廖体忠．BEPS行动计划的影响及我国的应对［N］．国际税收，2014.

［9］包涵．谷歌数十亿美元全球逃税路径［N］．华夏时报，2013.

［10］谢伟玉．微软和谷歌“两个时代”［N］．上海国资，2014.

国际税案 11　戴尔公司国际避税案①

一、案例背景

（一）跨国公司人为设定避免构成常设机构

为了寻求更多财政收入，税务机关越来越关注其辖区范围内外国公司的运营情况。税务机关利用国内税制约束外国公司的方法之一是，认定外国公司在当地设有常设机构（PE）。根据 OECD 范本和 UN 范本，主权国家有权依照本国税法，对外国公司在本国设立的常设机构征税。近些年来，税务机关越来越积极主动地去判定外国公司是否在当地设有常设机构，因此关于税务机关判定的税务审计和法庭纠纷的数量也相应上升。尤其是跨国集团使用毋庸置疑的转让定价方法时，税务机关对常设机构的审核格外常见。

由于税务机关的关注，跨国公司纷纷耗时耗力地管理规划常设机构，通过人为设定避免国外子公司成为常设机构，从而避免不必要的地方税收。微软、戴尔、谷歌等大型跨国企业集团纷纷进行常设机构的筹划操作。跨国企业通常在低税率国家（如爱尔兰）注册公司 A，在高税率国家（如西班牙）设定子公司 B，并通过人为设定使子公司成为低税率国家公司的代理人，而避免形成常设机构。A 通过 B 在高税率国家销售商品，但是由于 B 并非 A 的常设机构，可以在高税率国家只就销售费用所得缴纳所得税，而不必就商品销售所得纳税；销售所得利润通过委托代理关系，转移到低税率国家，只需承担较低税负。基于这一设计，如果使用一般业务策略（如全球员工流动性及收益向中心公司转移），而不进行管理规划，那么该集团常设机构的税收风险会加大。如果公司不关注其员工的雇佣地、雇员在公司承担的责任及作用，那么公司很可能不知不觉地成为外国的应税主体，换一句话说，即需要承担外国的税负。同样，通过本文所述案例，笔者发现，通过代理人或代理公司

① 中央财经大学 2016 级税务专硕李蓓蕾（现供职于深圳华为集团）参与本案例研究与写作。

向中心公司（Principal Company）的集中性转移，成为税务机关关于常设机构打击的主要目标。

2016 年 6 月 20 日，西班牙最高法院就戴尔的常设机构判定一案做出最终判决，这在外国管辖权的常设机构判定中具有里程碑意义。本案的主要争议在于，西班牙税务机关和戴尔集团就戴尔爱尔兰公司是否在西班牙设有常设机构（根据西班牙—爱尔兰所得税协定（1994）的第 5 条第 1 款和第 5 款①）。本文介绍了法院的论据，且根据反避税措施进行思考。

（二）常设机构内涵扩大

OECD 范本第 7 条（营业利润）第（1）款规定，缔约国一方企业的营业利润应尽在该国征税，除非该企业通过设立在缔约国另一方的常设机构在缔约国另一方境内从事营业活动。

如图 1 所示，甲企业是 A 国的居民公司，如果没有常设机构的存在，只对 A 国负有纳税义务。但是乙公司成为甲企业在 B 国的常设机构，所以虽然甲企业是 B 国的非居民公司，但是甲企业对 B 国同样负有纳税义务。因此，常设机构的认定是 B 国按照本国税制来约束外国企业的重要条件。

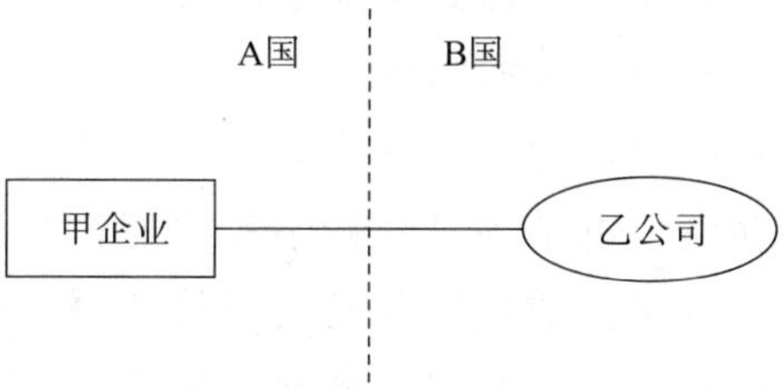

图 1　常设机构结构

传统观点认为，常设机构可以分为物理型或场所型常设机构（Physical PE）和代理型常设机构（Agency PE）两种形式。但是随着互联网经济和跨国电子商务活动的发展，有学者提出虚拟型常设机构（Virtual PE）的概念。本文的案例主要涉及代理型常设机构和虚拟型常设机构，并针对这两个概念在

① 西班牙—爱尔兰所得税协定第 5 条相关条款：（1）基于协定目的，“常设机构”指企业通过其进行全部或部分经营活动的固定营业场所。（5）虽然本条第 1 款和第 2 款有所规定，当一个人（除本条第（7）款适用的独立代理人外）在缔约国一代表缔约国另一方的企业进行活动，有权以该企业的名义签订合同并经常性行使这种权利，则该人为该企业进行的任何活动，应认为该企业在该缔约国一方设有常设机构；除非该人通过固定营业场所进行的活动仅仅限于第（4）款的规定，则不应视为该固定营业场所是常设机构。（7）如果缔约国一方企业仅仅通过按常规经营本身业务的经纪人、一般佣金代理人或任何其他独立地位代理人在缔约国另一方进行营业，不应认为在该缔约国另一方设有常设机构。

大数据时代的重新广义定义展开讨论。

1. 代理型常设机构的重新定义

现行 OECD 范本认为，如果 A 国某公司在缔约国一方 B 国设有代理人，该代理人（除进行自身日常活动的独立代理人以外）有权以 A 国公司名义签订合同，并习惯性运用这种权力，那么该代理人构成 A 国企业在 B 国的常设机构。但是在实践中，对于如何判定代理人是否“以企业名义”签订合同，各国有较大争议。某些国家认为，只有代理人实际利用企业的名义签订合同，才构成 OECD 范本所述的代理型常设机构。因此，跨国企业多利用这一条款，通过代理人签订合同的书面名义部署，仅仅改变合同中的某些书面条款，而不必变动代理人的实际经营活动，即可规避成为代理型常设机构。许多 OECD 国家的税务诉讼案均涉及佣金代理人的安排，可见这一安排成为各国反避税的重点打击对象。目前，各国正在积极探究，扩大代理型常设机构的内涵，其中涉及的重要一点是，无论代理人是否以公司名义签订合同，只要佣金代理人事实上构成外国公司的非独立代理人，即可以认定构成代理型常设机构。

2. 虚拟型常设机构的新兴概念

随着跨国电子商务的发展，各大跨国企业纷纷推出在线商店等电子销售业务，社会经济形式逐渐由传统的实体经济向数字经济转化，跨国经营活动的流动性显著增强。跨国集团通过在线商店，在全世界开展销售活动；事实上，跨国企业利用互联网、电子手段和数字科技等，在外国进行实质性商业活动，且营业所得与来源国构成实际紧密的经济联系。但是，根据现行常设机构的规定，跨国企业并未在来源国构成常设机构，因此只需承担居民国的纳税负担。新兴的数字经济和传统的常设机构判定理念对来源国的税收造成一定冲击，来源国作为电子商务的净出口国，却并没有获得足够的税收管辖权，使得电子商务的净进口国和净出口国不能实现税基的公平分享。

为了解决跨国电子商务带来的国际税收问题，阿尔维达 · A. 斯卡尔（Arvid A. Skaar）教授和卢 · 希内肯斯教授（Luc. Hinnekens）等人提出虚拟型常设机构的概念。相对于传统的以有形、固定且存在一定条件的场所机构为要件的常设机构概念，虚拟型常设机构更关注营业活动的本质功能，即强调只要外国企业在来源国的经营活动与来源国有实质性经济联系，即可判定虚拟型常设机构的存在。

（三）OECD 发布第 7 项 BEPS 行动计划

2015 年 10 月 5 日，经济合作与开发组织（OECD）发布第 7 项 BEPS 行动计划的最终报告（防止人为规避构成常设机构）。现在，很多公司通过人为方法，规避现有常设机构的定义，完成自身避税目的，比如将位于本国以外的公司安排为代理人，避免其成为位于海外的常设机构，以达到避税目的，第 7 项行动计划就是为了应对这种避税策略。同时，第 7 项行动计划旨在避免常设机构豁免定义的滥用，尤其是关于“准备性质或辅助性质”的经营活动。

1. 常设机构的豁免

根据现行 OECD 范本，如果在一国存在经营场所，但仅仅从事以下经营活动，那么该场所不能被认定为常设机构。这些经营活动包括，使用固定经营场所存储、交付、维持货物库存（用于存储、展示、交付或处理）、购买、收集信息或其他具有准备性质或辅助性质的活动。

第 7 项行动计划将 OECD 范本第 5 条第（4）款的表述改为：只有每项经营活动具有准备性质或辅助性质，或者固定经营场所的整体业务活动具有准备性质或辅助性质，才能适用上述豁免条款。新的解释致力于明确“准备性质或辅助性质”的含义，并提供大量例子。准备性活动是指在企业作为一个整体，开展关键、重要活动前所进行的活动。具有辅助性质的活动，通常是为了支持（但不构成）企业整体活动关键和重要的部分。例如，在线销售的存储和交付活动会构成公司经营的基本活动。同样，为向客户交付机械零配件而提供的设备维修活动，以及为此类机械设备提供的后续维护修理活动并不包括在豁免条款中，因为此类售后活动（维护和修理）组成企业面向客户的经营活动中的关键部分。

第 7 项行动计划最终报告还提出反拆分规定。反拆分规定的目的是，防止企业为了证明本企业的每一部分仅仅是准备性质或辅助性质的活动，通过将综合性活动拆分为几项小的活动，而人为规避构成常设机构，从而适用上述豁免条款。在新规定中，如果现在某国已有常设机构，或者由同一企业或有关联方进行的整体经营活动不具有准备性质或辅助性质，那么组成综合性经营活动的补充活动，并不会受益于豁免条款。

2. 佣金代理人和其他代理人安排

在现行版的 OECD 范本中，如果某公司在一国设有代理人，该代理人（除进行自身日常活动的独立代理人以外）有权以公司名义签订合同，并习惯性运用这种权力，那么该代理人构成企业在该国的常设机构。如果代理人在法律上和经济上均独立于其委托人，则认为其是独立代理人。

第 7 项 BEPS 计划的最终计划拓宽非独立代理的范围，并缩窄独立代理人的豁免范围。如果非独立代理人经常订立合同或在合同订立过程中起到主要作用，企业对合同不进行实质性修改，且该合同：

（1）以该企业名义签订，或

（2）涉及该企业拥有或有权适用的财产的所有权的转让或使用权的授予，或

（3）涉及该企业提供的劳务。

代理人签订合同的权力不再具有决定性。新的判定标准是，代理人是否经常签订合同或经常在签订合同的过程中起到主要作用，且企业对合同不进行实质性修改。关于“经常在合同中起到主要作用，且企业对合同不进行实质性修改”一语，OECD 范本第 5 条的建议注释提供了有限指导及一些实例。其阐明，这一句话旨在涵盖这种情况：合同的签订直接源于该国代理人代表非居民企业执行的行为，即使该合同并非由该代理人签订。例如，如果代理人征求并接收非居民企业的日常订单，则其行为将直接导致合同的签订，并使其成为非居民企业的非独立代理人。相反，如果代理人仅仅对企业的商品或服务进行推销或营销，则不能认定其在合同签订中起到主要作用。OECD 新注释提供了一个关于医药企业的代表案例，该企业的代理人通过主动联系开药方的医生积极推广该企业生产的业务。根据 OECD 新的注释，这种营销活动并不会直接导致医生和企业之间合同的签订，所以即使销量会由于推广活动大幅度增长，也不会因此构成常设机构。但是，新的注释也遗留某些待解决问题。考虑“主要作用”（包括代理人和委托人的作用）的判定评估时应当采用怎样的标准，以及“实质性修改”应当怎样理解，这些都尚不明确。

第 7 项 BEPS 行动计划建议修订独立代理人的规定。如果代理人专门或几乎专门为一家或多家与其紧密关联的企业进行活动，则其不能被认定为独立代理人。在任何情况下，如果一方拥有另一方至少 50% 的受益权（或在公司的情况下，至少 50% 的表决权和股权或受益权的价值），或者第三方拥有该人和该企业至少 50% 的受益权（或在公司的情况下，至少 50% 的表决权和股权或受益权的价值），则认为该人与该企业紧密关联。“专门或几乎专门”意味着，代理人代表紧密相关的企业进行的销售额占到其销售总额的 90% 以上。

二、案情分析

（一）戴尔公司销售模式

戴尔公司总部位于其集团发源地——美国得克萨斯州奥斯汀。戴尔集团以生产、设计、销售家用及办公电脑而闻名，同时涉及高端电脑市场，生产与销售服务器、数据储存设备、网络设备等。戴尔公司是全球领先的计算机

系统直销商，同时也是主要的计算机制造商，其个人计算机销售业务在全球市场名列前茅。

戴尔公司自 1984 年成立后，仅用短短十几年时间，就发展成为世界顶级计算机公司，源于其独特的经营理念和销售模式，即戴尔公司的 3 条黄金定律。

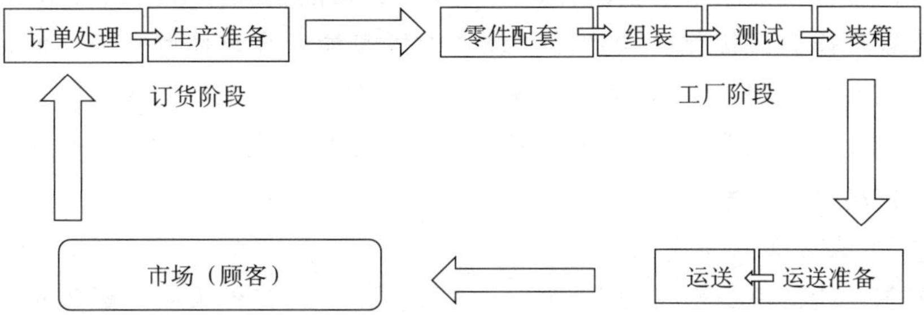

图 2　戴尔公司生产模式

1. 直销模式

戴尔公司的特色销售模式为直销（Direct Business Model），即在公司与客户之间建立直接沟通的桥梁。客户可向戴尔公司直接发出需求订单，并在订单中列明自己对于商品的详细要求，由戴尔公司“按单生产”，并最终销售给客户。戴尔公司通过直销模式，“消灭”中间商环节，简化销售步骤。对戴尔公司来说，降低商品销售费用，形成产品价格优势；同时，降低流转环节，可以降低企业的税负，尤其在跨国经营活动中，便于公司规避常设机构构成；对消费者来说，可以直接与生产商取得联系，按需生产，满足个性化需求。戴尔公司的直销模式的实现主要有电话直销、网络直销和人员直销三种方法。随着互联网技术的发展，网络直销逐渐成为戴尔公司最主要也是最成功的直销方法，但同时也带来国际税收中常设机构的认定问题。

2. 摒弃库存

传统分销模式需要大量库存作为销售支持，而戴尔公司的直销模式则提出“零库存”的目标，这是戴尔销售模式的核心，能够体现直销的优势。计算机市场产品更新速度快，库存商品容易面临跌价风险，跌价风险是计算机行业的主要风险之一，而减少库存能够降低商品库存风险，提高销售利润。戴尔公司所谓的“摒弃库存”或“零库存”并非完全放弃库存，而是以信息代替传统的存货。戴尔公司致力于提高库存管理的能力，加强与供应商的协作关系，加强供应链的流通速度。通过与客户直接联系，实时掌握客户的需求和公司实际销售量，有效提高存货周转速度。

3. 与用户结盟

戴尔集团认为，不应太在意市场上竞争对手的行为，而更应该关注顾客的体验，即避免过度竞争，而是通过顾客反馈努力优化自身产品和服务。这是戴尔集团直销模式的优势集中点。戴尔公司十分注重客户的售后体验。通过在客户与公司之间架起直销的桥梁，戴尔公司能够关注客户的需求与期望，并基于客户体验，优化公司产品，致力于传递最优客户体验。一方面，戴尔公司“与客户结盟”，提高直销的服务质量，改善客户关系；另一方面，戴尔公司“与供应商结盟”，通过共享信息，缩短原材料供应时间，提高存货周转速度，提高公司效率。

（二）戴尔公司案事实

爱尔兰所得税税率仅为12.5%，是欧盟著名的避税天堂。戴尔集团在爱尔兰设立戴尔爱尔兰公司，生产计算机系统，并对戴尔集团在欧洲的商业活动负责。由于戴尔爱尔兰公司在国外既没有代理人也没有经营机构，所以它通过位于其他欧洲国家的地方子公司进行销售。戴尔西班牙公司就是其中一个地方子公司，作为戴尔的产品经销商，负责西班牙市场的销售活动。当然，戴尔西班牙公司也涉及销售活动的其他补充职能（技术支持、物流、仓储、营销、售后服务以及西班牙在线商店的管理等）。最初，戴尔西班牙公司作为戴尔爱尔兰公司的完全经销商（Full - fledged Distributor），代表戴尔爱尔兰公司向西班牙境内客户提供销售服务。如图3所示，戴尔爱尔兰公司向戴尔西班牙公司支付一定的报酬。戴尔西班牙公司就取得的报酬和销售商品、提供服务的所得向西班牙税务机关申报纳税。

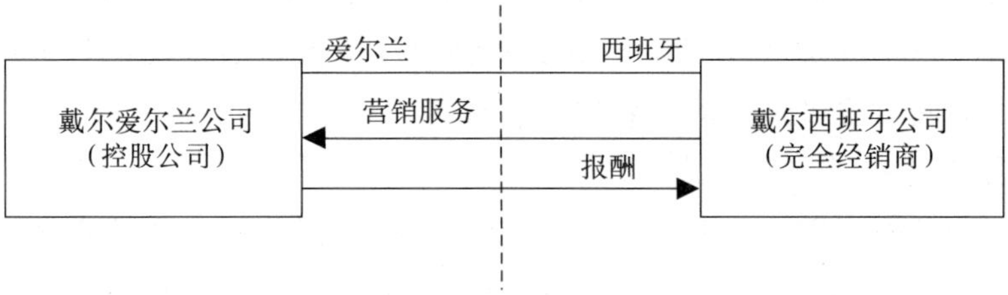

图3　戴尔集团最初组织结构

1995年，戴尔集团的销售活动发生业务重组，戴尔西班牙公司由完全经销商转换为低风险分销商（Low - risk Distributor），客户组合（Customer Portfolio）转移到爱尔兰公司，库存、保修和客户等风险也相应转移。如图4所示，在新的销售结构下，戴尔西班牙公司仅仅作为代理商存在，而戴尔爱尔兰公司作为中心公司。戴尔西班牙公司以自己的名义在西班牙市场提供电脑的销售和营销服务，但是在戴尔爱尔兰公司进行会计核算。所以，销售的商品和服务不再属于戴尔西班牙公司，故其不必对商品销售所得承担纳税义务，只需就戴尔爱尔兰公司对其支付的代理费用承担对西班牙的纳税义务。由于业务重组后，戴尔西班牙公司只提供销售服务，不再履行完全经销商的职能和风险，因此戴尔爱尔兰公司支付给代理人（戴尔西班牙公司）的费用明显低于西班牙税务机关计算的分销公司所赚的利润数。同时，戴尔爱尔兰公司由于避免在高税率国家西班牙构成常设机构，从而降低了自身税收负担。

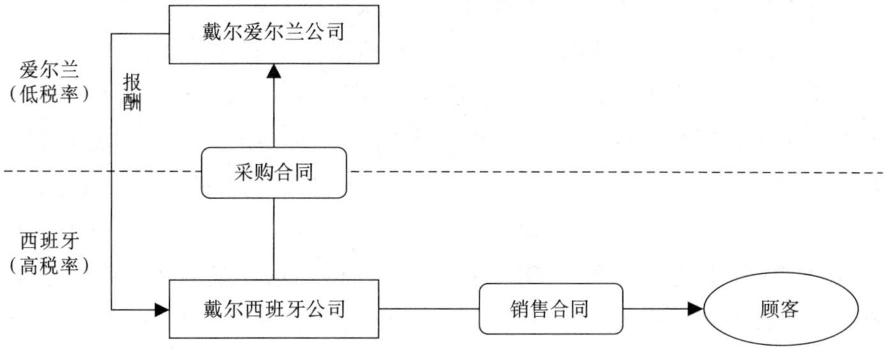

图 4　戴尔集团重组后组织结构

（三）税收争议

西班牙税务机关认为，根据戴尔爱尔兰公司在西班牙发生销售业务的组织形式，应该认定戴尔爱尔兰公司在西班牙设有常设机构。原因有以下两点：

（1）戴尔西班牙公司拥有固定的经营场所，而戴尔爱尔兰公司通过戴尔西班牙公司的固定经营场所，在西班牙境内从事经营活动；

（2）戴尔西班牙公司扮演的是戴尔爱尔兰公司非独立代理的角色。

税务机关同时表示，面向西班牙市场的在线商店也应当被认定为戴尔爱尔兰公司的虚拟型常设机构（Virtual PE），即使戴尔爱尔兰公司在西班牙境内没有设立服务器，但是其网站由西班牙居民运营，且戴尔西班牙公司通过在线商店提供销售服务。

纳税人不能接受税务机关的这一判定。在纳税人看来，戴尔爱尔兰公司在西班牙境内并不能构成常设机构。纳税人的理由如下：

（1）戴尔西班牙公司的固定经营场所并不是由供戴尔爱尔兰公司控制；

（2）戴尔西班牙公司虽然代表戴尔爱尔兰公司从事经营活动，但是并不是以戴尔爱尔兰公司的名义进行经营活动，因此不能被认定为非独立代理人。

因此，下面的问题交给了中央行政经济法院（Tribual Economico - Admonistrativo Central，TEAC）：根据西班牙—爱尔兰所得税协定的第5条第（1）款和第（5）款，能否将戴尔西班牙公司认定为戴尔爱尔兰公司的常设机构？如果能够这样认定，这样的常设机构将要分配多少利润？

三、案例判决

（一）中央行政经济法院（TEAC）的判决

2012年5月15日，TEAC判定税务机关胜诉。法院认为，根据西班牙—爱尔兰所得税协定（1994）第5条第（1）款和第（5）款，均应认定，通过戴尔西班牙的经营活动，戴尔爱尔兰公司在西班牙设有常设机构。

首先，TEAC指出，根据税收协定第5条第（8）款，如果外国公司通过本国子公司进行经营活动，那么不排除本国子公司构成外国公司常设机构的可能性。TEAC同时指出，"控制"（Atthedisposal）的标准是事实概念，而不需要法定权力形式。这里应当适用"实质重于形式"的原则。TEAC认为，该观点遵循OECD范本：根据OECD范本（2010）第5条的注释中的第4段，纳税人是否拥有场所机构的所有权、租用权或处置权，这些都不重要。戴尔西班牙公司的固定经营场所使得戴尔爱尔兰公司能够在西班牙境内进行经营活动，因此，戴尔西班牙公司能够由戴尔爱尔兰公司控制。因为戴尔西班牙公司的经营活动是戴尔爱尔兰公司经营活动的重要组成部分，戴尔西班牙公司不能被认定为戴尔爱尔兰公司的辅助型机构或准备型机构（Auxiliary or Preparatory）。因此，不能适用税收协定第5条第（4）款的免税规定。

TEAC判定，戴尔爱尔兰公司在西班牙设有代理型常设机构（Agency PE）。在其看来，西班牙—爱尔兰所得税协定（1994）第5条第（5）款，并不仅仅适用于以公司名义签订契约合同的代理人。法院采取实质重于形式的判定方法，认为能够签订与公司有实际联系的合同的代理人，也应当适用第5条第（5）款的规定。从这方面来考虑，法院注意到戴尔西班牙公司的活动都处于戴尔爱尔兰公司的综合性监管控制下（戴尔爱尔兰公司能决定定价、自主知识产权及授权采购），且戴尔西班牙公司的经营活动并不局限于辅助性质的角色。TEAC引用OECD范本（2010）关于第5条的注释中的第38.7段来支持其判决："如果某人从事的经营活动从经济意义上说属于委托方企业的范围，而不是其自身经营活动，那么不能认为其在从事自身业务的日常活动。"

TEAC同时处理了网站是否能被认定为虚拟型常设机构的问题。法院认为，这与戴尔西班牙公司的员工是否参与在线商店的运营维护相关。OECD范本对第 5 条注释中第 42.1 至 42.10 段的解释强调说，除非网站的服务器位于某国境内，否则网站不构成该国的常设机构，但是法院认为本案不能遵循这一解释，而是引用了注释中的第 45.6 段，表示在 OECD 得出关于电子商务税收的最终结论前，不必一定遵循 42.1 段至 42.10 段。不幸的是，法院没有注意到，其引用的第 45.6 段在 2010 年版本的注释中已被废除。

（二）国家法院（AN）判决

国家法院（Audiencia Nacional，AN）重审了 TEAC 的判决并予以支持，判决税务机关胜诉。

税务机关认为戴尔西班牙公司的经营场所是由戴尔爱尔兰公司控制，AN 支持这一观点。戴尔爱尔兰公司核心经营活动对西班牙子公司经营场所的实际使用，已经属于“控制”概念的范围。由于戴尔爱尔兰公司在西班牙从事的经营活动的重要性，西班牙—爱尔兰所得税协定的第 5 条第（4）款不能适用于本案情况。

根据 AN 的判决，戴尔爱尔兰公司对戴尔西班牙公司的综合性监管控制表明，戴尔西班牙公司是戴尔爱尔兰公司的非独立代理人。戴尔爱尔兰公司授权采购、自主知识产权、定价能力及检查订单和戴尔西班牙公司经营场所的权力，已经足够证明，本案不适用于西班牙—爱尔兰所得税协定的第 5 条第（7）款。

但是，关于虚拟型常设机构的构成与否，AN 的意见与 TEAC 不同。AN 指出，该网站不能构成常设机构，因为该网站不以实体形态存在，且并不固定于特定地理位置。

（三）最高法院判决

2016 年 6 月 20 日，最高法院审理戴尔公司的上诉。最高法院支持 AN 的判决，认定戴尔爱尔兰公司在西班牙设有经营活动的固定场所，且通过西班牙的非独立代理人进行经营活动。最高法院发现，自从戴尔爱尔兰公司通过戴尔西班牙公司从事经营活动，戴尔西班牙公司的固定经营场所可由戴尔爱尔兰公司控制。由于戴尔爱尔兰公司在西班牙设有常设机构（根据西班牙—爱尔兰所得税协定（1994）），法院认为，没有必要探究是否构成的是代理型常设机构的问题。但是，在附带意见中，法院对这个问题给予肯定的答复。法院认为，本案不能仅仅依从第 5 条第（5）款的形式或字面的解释；如果代理机构和中心公司不存在正式法律关系，那么也可能存在代理型常设机构的情况。

（四）小结

在戴尔案件中，西班牙法院依据的是较为广义的常设机构要求的解释。

这对纳税人和税务机关都有重要的实践意义，可能会影响外国公司在西班牙进行的重组计划、委托交易及远程业务。戴尔案的法院判决表明，西班牙税务机关在判定外国公司是否在西班牙境内设有常设机构时采用积极的判定方法，而西班牙的司法机关支持税务机关的积极方法。接下来，西班牙税务机关可能会继续调查和戴尔集团类似结构的其他外国公司，以控制外国公司对西班牙的应纳税款。

值得关注的是，挪威最高法院也审理过戴尔案，但判决结果却截然不同。2011 年戴尔集团和挪威税务机关的案件中（Dell Products v. Tax East），最高法院根据 OECD 范本（2010）第 5 条第（5）款的字面解释，认为代理机构必须以中心公司的名义签署具有法律约束力的合同，才能将其认定为中心公司的非独立代理人。挪威税务机关认为，应该根据个案的具体情况进行实际职能评估，以判定代理人是否与中心公司存在实际联系。但是挪威最高法院并不认同税务机关的做法，认为这种方法在实践中难以适用 OECD 范本的第 5 条第（5）款。挪威最高法院同时参考法国最高行政法院（Conseil d’État, CE）对 Zimmer（2010）案的判定，该案的公司结构与戴尔集团类似，法国最高行政法院否认存在常设机构。

四、戴尔税案点评

（一）完善常设机构制度

1. 明确国内税法中常设机构的定义

目前，我国国内税法和税收协定中关于“常设机构”的定义混乱。截至 2016 年 11 月，我国已与 102 个国家签订避免双重征税协定（其中有 4 个尚未生效），与中国香港、中国澳门签订避免双重征税安排，与中国台湾签订避免双重征税协议。这些税收条约的第 5 条均对常设机构做出规定，并基本上采用 OECD 范本对常设机构的规定原则，只是具体条款的细节有所差异。但是，税收协定中的“常设机构”均承认 OECD 范本的豁免条款，如仅仅作为辅助性质或准备性质的机构不被认定为构成常设机构，独立代理人不被认定为构成常设机构等。但是，我国《企业所得税法》中的“常设机构”定义与税收协定并不相同。我国《企业所得税法》没有明确的“常设机构”字眼，但第二条规定，“非居民企业在中国境内设立机构、场所的，应当就其所设机构、场所取得的来源于中国境内的所得，以及发生在中国境外但与其所设机构、场所有实际联系的所得，缴纳企业所得税”。通过对比常设机构的国际认识，显然我国税法中的“机构、场所”就是税收协定中的“常设机构”。然而，根据《企业所得税法实施条例》第 5 条[①]的解释，两者的定义口径又有所不同。由于国内税法没有关于辅助性质或准备性质机构的豁免条款，也没有独立代理人与非独立代理人的明确规定，所以国内税法的“机构、场所”范围大于税收协定中的常设机构，且国内税法定义混乱。国内税法定义与税收协定的定义范围不同，表示认定要素也有所区别，容易产生定义混乱的情况，符合国内税法的“机构、场所”未必构成税收协定中的“常设机构”；另外，国内税法的定义混乱容易引发常设机构认定的无序，使得跨国企业趁机钻税法的空子。因此，我国应当修订《企业所得税法》，明确的“常设机构”的定义和范围，填补税法漏洞，借鉴 OECD 范本，引入常设机构的豁免规定。

2. 完善代理型常设机构制度

OECD 范本以代理人是否具有独立性判定是否构成代理型常设机构，关注代理人是否能够“以企业名义”签订合同。目前，为了防止跨国企业通过代理人刻意安排不订立合同或者以自身名义定理合同来规避“以企业名义签订合同”的形式要件，从而达到避税目的，BEPS 计划提出扩大代理性常设机构的范围，不仅包括以企业名义签订合同的情形，也包括代理人以自己名义签订合同，但合同对企业有法律约束力的情形。对于“以企业名义签订合同”，应认作广义解释，不管是否以企业名义签订合同，只要合同对企业具有约束力即可。从这一方面来看，我国税务机关的解释具有前瞻性和先进性。另外，与其他国家根据代理人的独立性来判定是否属于常设机构的做法不同，我国更关注代理人是否“经常”为委托人签订合同或者储存、交付货物来判定其是否构成常设机构。

综上，我国关于代理型常设机构的认定会产生如下问题：

（1）对于“签订合同”做出扩张解释，认为“签订”不仅指合同签署行为本身，也包括代理人有权代表企业参与合同谈判、商定合同条文内容等。但是显然，这种扩张解释会造成其他无关主体成为外国企业的常设机构，如

---

① 《企业所得税法实施条例》第五条：企业所得税法第二条第三款所称机构、场所，是指在中国境内从事生产经营活动的机构、场所，包括：

（一）管理机构、营业机构、办事机构；

（二）工厂、农场、开采自然资源的场所；

（三）提供劳务的场所；

（四）从事建筑、安装、装配、修理、勘探等工程作业的场所；

（五）其他从事生产经营活动的机构、场所。非居民企业委托营业代理人在中国境内从事生产经营活动的，包括委托单位或者个人经常代其签订合同，或者储存、交付货物等，该营业代理人视为非居民企业在中国境内设立的机构、场所。

“向委托人报告订立合同的机会或提供订立合同媒介服务”的中间人。明显扩张的代理人认定范围会引起跨国纳税人的纳税混乱，不利于吸引外资流入。

（2）对于“约束力”没有做出明确解释，没有明确规定所谓的“约束力”是法律约束力还是经济约束力。经济约束力本身具有模糊性，如果采用经济约束力，则会给税务机关和纳税人带来更多的税务纠纷和争端。

（3）对于“经常性”定义不明确，没有给出明确标准，跨国企业容易在此钻税法漏洞。

针对以上3点，笔者建议，首先采用第7项BEPS行动计划关于代理型常设机构的规定，缩小扩张解释的范围，只有在代理人直接订立合同，或在合同订立过程中起到主要作用的情况下，判定代理人构成被代理方的常设机构；其次，将约束力明确表述为法律约束力；最后，对于“经常性”给出明确的定性或者定量标准，例如明确签订合同或类似行为的频率达到某个明确数值，即可判定为“经常性”为委托人签订合同或者储存、交付货物。

（二）积极跟进BEPS计划，加强国际合作

1. 从价值贡献角度考虑跨国公司利润分配理念及方法

目前，我国处于经济转型时期，经济发展具有发达国家和发展中国家的双重特征。一方面，我国拥有广阔的消费市场，吸引跨国企业“走进来”投资，从这方面来看，我国是发达国家的投资对象国，处于跨国企业所得来源国的位置，BEPS行动计划中代理型常设机构的扩展定义有利于强化我国作为来源国的税收征管权；另一方面，随着我国“一带一路”战略地提出，越来越多的企业“走出去”从事海外经营业务，从这方面来看，我国越来越具有发达国家的经济性质，在跨国企业所得中处在居民国的位置，所以在跟进BEPS计划时也要考虑我国居民企业跨国经营的税收利益。

针对这一现状，在以后签订或修改的双边或多边税收协定中，我国可以参照此次BEPS计划提出的从经济行为发生地以及价值贡献角度对跨国公司利润进行分配的理念及方法，争取维护我国的税收权益，同时也有利于跨国企业所得居民国和来源国的公平征税权划分。

2. 要求跨国企业分国别报告纳税

此次BEPS计划提到分国别报告制度，要求跨国企业向税务机关披露相关涉税事项信息，包括在开展经营活动的各个国家中的会计利润、应税利润和缴纳税款的数额等。这一报告制度为我国开展反避税行为提供良好思路。一方面，要求跨国企业分国别报告纳税，可以在一定程度上保障我国作为来源国的税收利益。跨国企业通常非常在意声誉问题，如果其在所得来源国税负

过低，很容易引起公众的关注及谴责。例如，星巴克为了平息公众对其避税行为的强烈抗议，故意放弃申报扣除费用，于 2013 年和 2014 年向英国税务机关自愿缴纳税款总额 2000 万英镑。分国别报告制度能够有效震慑跨国企业，跨国企业很可能因为声誉问题放弃避税行动，从而有利于保障我国税收利益；另一方面，分国别报告制度有利于保障我国作为居民国的税收利益，因为该制度能够避免跨国企业和某些税务机关达成某种隐秘交易而损害居民国税收收入的情况。例如欧盟要求爱尔兰政府对苹果公司补征税款一案中，爱尔兰疑似利用过低税率和苹果公司达成某种合作关系，如果之前能够要求分国别报告，可能这种爱尔兰和苹果公司的行为就能及早预警。因此，分国别报告制度是应对跨国企业 BEPS 行为的有效武器。

3. 强化税企合作与国际合作，积极开展情报交换

OECD 指出，跨国企业与税务机关的关系已非纯粹敌对关系，而正在逐渐向协作关系转化，主要体现为双方都在寻求税收制度的透明度和确定性。由于跨国企业经营活动跨越两个或多个税收管辖权，税务机关和跨国企业对于经营所得及应纳税额处于信息不对称的地位，这种不对称的信息关系在某种程度上鼓励了跨国企业的避税行为。在跨国企业利用常设机构避税的情况中，通常还会涉及转让定价和成本分摊协议等避税方法，这就要求我国税务机关加强和跨国企业所得的另一方税务机关进行情报交换，掌控跨国企业涉税信息，避免跨国企业利用各种手段避税。但是，在开展情报交换的过程中，税务机关应当注意情报交换的“度”，即仅就涉税信息开展情报交换和国际合作，避免企业商业秘密及国家财政机密的泄露。

（三）创新大数据时代的税收征管理念和方法

1. 深入探寻虚拟型常设机构判定方法

跨国电子商务活动的繁荣大大促进经济的全球流动，传统的常设机构判定方法不能满足来源国对新兴经济形式的税收要求。依照传统常设机构判定方法，除非跨国企业在来源国设有固定的常设机构，否则来源国难以对跨国企业通过互联网贸易从本国取得的所得征税；跨国企业从而仅需承担居民国的纳税义务。但是，这违背了常设机构原则本质上的“经济忠诚”（Economic Allegiance）理念。因此，学界提出虚拟型常设机构的概念，提倡打破常设机构“固定性”的要求，实现电子商务输出国和输入国之间的利益妥协。但是，学术界尚未能提出明确统一的实际操作方法，因此该方法目前处于“搁浅”阶段。

我国拥有世界最大的消费者市场，是跨国企业经济所得重要的来源国。

虚拟型常设机构方法无疑能够维护我国作为来源国的税收利益。因此，相对于经济发达国家，我国更应该积极探索虚拟型常设机构的可行方法。目前，各国对于是否判定以及如何判定虚拟型常设机构持不同态度，目前的主流观点是，以电子商务的服务器是否固定位于本国来判定是否在本国设有常设机构。当然，也有观点认为以是否有本国居民参与维护运营网站，来判定是否在本国设有常设机构（如西班牙中央行政经济法院）。笔者认为，应当判定虚拟型常设机构的存在与否，并且随着大数据时代的发展，虚拟型常设机构将会越来越多地取代传统型常设机构，应用虚拟型常设机构方法在居民国和来源国之间分享税收利益将成为国际贸易的大势所趋。同时，笔者认为，目前根据网站服务器的物理所在地判定是否存在常设机构的做法有待商榷，因为就所得来源的实质而言，商务所得的实质联系已经脱离了物理性固定场所的限制。因此，在探讨虚拟型常设机构判定标准时，不应拘泥于物理场所限制，而应当根据实质重于形式的原则，探究所得的实质来源地。例如，当跨国企业通过在线贸易取得的实质来源于本国的收入达到某个固定比例或某种明确标准，即可判定跨国企业在本国设有虚拟型常设机构。所以，虚拟型常设机构的判定应当基于“实质联系”标准。

2. 建立常设机构信息共享平台

大数据时代跨国企业的经营活动呈现多元化和信息化趋势，税收征管工作也应当相应符合时代要求。我国的企业所得税属于中央和地方共享税种，企业涉及的多元化业务需要各地税务部门的配合和信息交流。跨国企业在我国开展经营活动的情况尤其复杂，例如，非居民企业在我国北京市设有常设机构，但是其主要业务和收入来源发生在山西省，这就要求北京市税务机关和山西省税务机关进行良好的涉税信息沟通。同时，跨境业务大多涉及海关，所以税务部门也应当和出入境等第三方部门建立信息共享机制。因此，为了应对大数据时代跨国企业可能采取的多元化 BEPS 行动，税务机关应当创新征管程序，将在线数据与税收征管相结合，在全国范围内建立信息共享机制，将各地国地税部门、出入境海关等纳入常设机构信息共享平台，以确保相关信息实时化共享。

通过对西班牙戴尔公司常设机构的认定一案，我们可以看出跨国企业的避税模式和方法更加多元化。同时，各国正在积极开展 BEPS 行动计划，通过协调各国税制，修订税收协定，提高税收的透明性和确定性，以有效打击跨国企业的避税行为。我国正处于经济转型时期，且国际影响力逐步加强，在国际贸易中扮演愈来愈重要的角色，应当积极参与 BEPS 行动计划，主动提出我国观点，在国际税收新规则的制定中争取更大的话语权，力争在 BEPS 行动计划中处于主动地位，兼顾我国自身利益与国际税制改革目标，促进新国际税制的发展。

参考文献

[1] Aleksandra Bal. The Spanish Dell Case - Do We Need Anti - BEPS Measures If the Existing Rules Are Broad Enough? [J]. European Taxation, 2016 (Volume 56), No. 12.

[2] Adolfo J. Martín Jiménez. The Spanish Position on the Concept of a Permanent Establishment: Anticipating BEPS, beyond BEPS or Simply a Wrong Interpretation of Article 5 of the OECD Model? [J]. Bulletin for International Taxation, 2016 (8): 458 - 473.

[3] 丁家辉 . iTax——苹果公司的国际避税结构和双重不征税问题 [J]. 英国税收评论, 2014 (1): 40 - 71.

[4] 胡春苗 . 戴尔公司网上直销模式分析 [J]. 新经济, 2014 (2): 24 - 25.

[5] 李腾飞 . 戴尔模式的研究 [D]. 北京: 对外经济贸易大学, 2001.

[6] 廖体忠 . BEPS 行动计划的影响及我国的应对 [J]. 国际税收, 2014 (7): 13 - 15.

[7] 吕伟 . 从美国税法和苹果公司避税案看 BEPS [J]. 产业与科技论坛, 2015 (14). 16: 34 - 36.

[8] 王丽华 . 代理人常设机构认定——挪威的案例 [J]. 税务研究, 2014 (10): 61 - 64.

[9] 熊艳, 王立利 . BEPS 行动计划 7、第二阶段成果 3: 防止人为规避常设机构构成 [J]. 国际税收, 2015 (10): 18 - 22.

[10] 朱青, 王小荣, 孙茂竹 . 企业所得税反避税: 意义、措施与任务 [J]. 涉外税务, 2008 (9): 14 - 18.

国际税案 12　星巴克国际避税案例[①]

一、案例背景

在全球的咖啡产业中，存在着一家历史悠久、遍及全球的企业——星巴克。星巴克（Starbucks）是美国一家连锁咖啡公司，不仅在特种咖啡零售界处于世界领先地位，同时也是世界著名的咖啡连锁店。2016 年 5 月，福布斯公布 2016 年度全球最具价值品牌排行榜，星巴克位列第 45 位。2016 年 10 月 7 日，国际品牌咨询公司 Interbrand 发布了《2016 年全球最佳品牌》（2016 Best Global Brands report）报告，星巴克排名第 64 位。这样一家在全球范围内都享负盛名的跨国企业，有着十分成功的经营之道，每年都从世界各地的消费者手中赚取丰厚的利润，同时在国际税收筹划方面也探索出适合自己的模式，享受着各国税制差异带来的税收利益。

（一）发展历程

星巴克起源于 1971 年，在美国华盛顿州西雅图市成立第一家店；1982 年舒尔茨先生加入星巴克并于 1987 年收购星巴克，开出第一家销售滴滤咖啡和浓缩咖啡饮料的门店；1992 年，星巴克在纽约纳斯达克成功上市，从此进入一个新的发展阶段；1996 年星巴克在东京开了第一家海外咖啡店，标志着其正式迈入国际市场。目前，星巴克经营范围遍布亚洲、美洲、欧洲、中东及太平洋地区，在全球 70 个国家拥有超过 24000 间门店，238000 名员工。

（二）经营范围

星巴克最初经营产品包括顶级的咖啡豆、手工制作的浓缩咖啡及一些冷热咖啡饮料，但从 2011 年开始，星巴克开始实施多元化发展战略，对与咖啡相匹配的食物产品进行收购。例如，在 2011 年 11 月，星巴克收购了一家果汁公司 Evolution Fresh；2012 年 6 月，星巴克以 1 亿美元收购了一家面包店

① 中央财经大学 2016 级税务专硕单滢羽、李蓓蕾参与本案例研究与写作。

Bay Bread 和它的咖啡店 La Boulange；2012 年 11 月 14 日，星巴克以 6.2 亿美元收购了茶业零售商 Teavana。因此，目前星巴克店内除了销售经典的咖啡，还包含各种三明治、蛋糕、面包、茶饮料以及马克杯等产品。

（三）营销策略

星巴克能够拥有全球众多消费者、成为倍受追捧的咖啡品牌是因为其严格的品质要求和精准的市场定位。星巴克对咖啡的原材料选购十分挑剔和仔细，对供应商的挑选、评估也有一套严格的程序。星巴克使用的咖啡豆来自于世界主要咖啡豆产地，包括印尼、肯尼亚、危地马拉等，并在西雅图烘焙。从采购、运输、烘焙、调制到最后的配料、销售，都要符合严格的标准。星巴克精准的市场定位也为其带来了一批忠实的消费者。星巴克以“都市白领”为主要市场，该消费群体具备一定社会地位、收入水平高、注重生活品质和情趣，因此星巴克一般选址在商业区、金融中心或高档写字楼附近，通过精心选择地理位置和周边环境，稳定客户群，同时培养潜在客户，提升品牌影响力。

星巴克推崇体验式的营销方式，注重为顾客营造“第三空间”。星巴克认为，他们出售的不仅仅是优质咖啡，更重要的是顾客对咖啡文化的体验。星巴克希望能够为顾客营造一种有别于办公室和家的“第三空间”，在这一空间中给消费者营造一种浪漫、时尚、高贵的文化氛围，使顾客可以把喝咖啡当作一种生活体验，享受休闲时光。星巴克并不会刻意通过广告进行品牌宣传，而是希望通过口碑营销来推动目标顾客群的增长。

（四）全球布局

星巴克在全球范围内投资设立子公司，并根据不同洲的不同特点采取不同商业组织结构。如在英国、泰国，星巴克持有子公司 100% 的股权进行独资经营；而对于与日本等地的合作，星巴克只占股权的 50%；在中国台湾、香港、上海等地则采用许可协议的方式，占股份较少，大约 5% 左右；在菲律宾、新加坡、马来西亚以及北京的市场，星巴克实行授权经营，不占任何股份。星巴克在全球范围内有着复杂的控股关系：星巴克集团控制着位于美国华盛顿州的一家有限责任公司 Starbucks Coffee International，该公司控股位于英国的一家有限合伙企业 Alki，英国合伙企业与荷兰的 Starbucks Coffee BV 存在控股关系，而荷兰 Starbucks Coffee BV 同时控制瑞士一家星巴克公司和荷兰的 Starbucks Manufacturing BV，星巴克形成一种复杂的控股结构。

星巴克咖啡的门店也分布广泛，在全球 70 个国家中有分店。图 1 显示的是星巴克门店在全球部分国家和城市的分布状况，从图 1 可以看出，美国的星巴克门店在全世界最为密集，纽约曼哈顿几乎每一处都是星巴克；加拿大是第二个门店数量最大的国家；首尔是星巴克分布最多的城市。近年来，星巴克在中国和亚太地区的销售增长快于其他任何地方，星巴克也将亚洲市场的发展，尤其是在中国的发展放在未来全球市场拓展计划的前列。星巴克在欧洲各国的发展参差不齐，如在英国的店铺分布比较密集，而在法国、意大利等则相对较为稀疏。

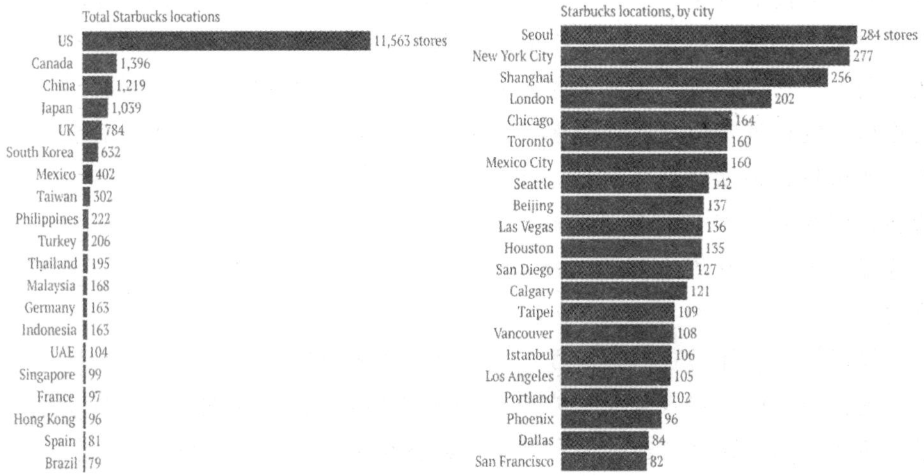

图 1　星巴克门店在全球部分国家和城市的分布状况

（五）纳税状况及争议

星巴克 2015 年财务报告显示，排除 2013 年的诉讼费因素，星巴克近些年的经营状况良好，总收益稳步上升，分别约为 25 亿、31 亿、39 亿美元；随之而来的企业所得税额也平稳增加，2014 年和 2015 年分别缴纳 10 亿和 11 亿美元的税额。除此之外，星巴克在美国所缴纳的税收占据了星巴克整体税负的八九成，如 2015 年约有 9.5 亿美元税款在美国缴纳，相比之下，在海外的税负极少。

1. 星巴克在美国的纳税状况

排除 2013 年诉讼费用的影响，星巴克近三年来的实际税率分别为 32.6%，34.6%，29.3%，在 30% 左右略有波动，低于美国 35% 的法定税率。

星巴克在其财务报告中分析，因为美国对留存海外的利润暂不纳税，等汇回美国后再缴纳，因此星巴克利用了这一延期纳税制度，留在海外的未分配利润帮助其减少了总体税负水平。例如，2015 年外国子公司和股权投资公司累计未分配收益约 28 亿美元，这些收入不构成美国的收入，也未带来外国预提税支出。

作为一家美国企业，星巴克在尽可能地履行好自己的纳税义务的同时，也积极利用本国对跨国企业的优惠政策。同时，由于美国特殊的政治体制，星巴克也在努力游说政府，试图为自己谋求更多的利益。星巴克曾表示，愿意考虑放弃一部分美国税收优惠，包括国内制造扣减和商业投资加速折旧，来换取较低美国公司税率。此外，目前延期缴税适用于不相关特许经营者的国际特许权使用费，而不适用于与星巴克有关联的经营方，因此星巴克提出针对特许权使用费收入的税收应延至资金汇回美国之后缴纳。

美国国会税收立法和企业之间良好的互动，一方面促进了有利于星巴克税收政策的形成，另一方面也促进了星巴克履行纳税义务。然而在国外，星巴克的税收争议不断，代表性的有 2012 年英国的纳税公关危机和 2016 欧美裁定荷兰对其采取非法国家援助。

2. 星巴克在英国的纳税争议

2012 年在英国，星巴克曾因纳税问题引发了公关危机。路透社和一家名为“税务研究”的英国独立调研机构共同进行的为期四年的调查显示，星巴克从 1998 年进入英国以来的 14 年间，占据了英国市场 1/3 的份额，总销售额累计超过 30 亿英镑，但其缴纳的企业所得税累计只有 860 万英镑，占其销售额的比重不到 0.5%。2011 年，星巴克在英国实现销售额 3.98 亿英镑，但其以“亏损”为由，未向英国政府缴纳一分钱的税收。该消息在英国引起轩然大波，英国民众在英国反避税组织的推动下于 2012 年 12 月在各大城市的星巴克门店外举行抗议活动，抵制星巴克。

星巴克首席财务官特洛伊·阿尔斯泰德声称，星巴克在英国的一切经营都是合法的，他们有着非常严格的会计核算方法，之所以在英国的利润微薄、纳税过低，应归咎于英国经济萎靡、行业竞争激烈、原料成本上涨和门店业绩不佳等原因。不过，阿尔斯泰德也表示，星巴克确实存在以向其荷兰的欧洲总部支付特许权使用费的方式抵免英国税收。

英国当局和税务专家认为星巴克利用转让定价、资本弱化、收取特许权使用费等手段将英国子公司的利润进行转移，使得英国公司的应税利润很少甚至没有，造成英国的税收流失。另据英国《卫报》报道，星巴克通过英国和其他地区的分公司向荷兰和瑞士的公司付款，瑞士公司高价销售咖啡豆给英国子公司，同时在英国开展业务每年需支付商标使用费，这使得在英国的经营经常出现亏损。

迫于舆论压力，星巴克最终妥协，在 2012 年承诺会在未来两年向英国政府缴纳 2000 万英镑的企业所得税。

3. 星巴克在荷兰的纳税争议

由于跨国公司国际避税愈演愈烈，欧盟近年来加大了对国际避税的打击力度，并掀起了对跨国公司及避税地国家的调查高潮。星巴克也成为欧盟进行反避税调查的跨国公司之一。由于欧盟无权干预成员国税收制度，因此欧盟仅对星巴克与荷兰之间私下签订的协议是否违反了欧盟内部市场公平竞争原则，是否构成了非法提供国家补助进行调查评估。但是，星巴克和荷兰对欧盟做出的税务调查拒绝发表任何评论。

2015 年 10 月，欧盟委员会判决荷兰政府与星巴克之间签订的预约定价协议不正当地减少了星巴克在荷兰的税负，构成了荷兰对星巴克的非法国家补助。为减轻由此引发的不公平竞争，欧盟委员会责令星巴克向荷兰当局补缴 2000 万 ~3000 万欧元的税款。

2016 年 8 月，美国财政部批评欧盟对于美国星巴克、苹果等公司的避税调查存在片面和越权问题。其在白皮书中表示欧盟对其成员国给予跨国公司的特别税收优惠进行税务调查是一种“超国家税务机关”的存在，会对国际税务体系造成威胁。

然而欧盟认为，如果成员国私下向跨国企业提供特别税收优惠，吸引全球大公司把业务转移至其本国境内，将会造成欧盟内部的不公平竞争，因此要加大对这类避税行为的打击力度。2016 年 4 月，欧盟再次加强监管力度，出台了一系列旨在打击大企业避税的制度新规。

二、星巴克国际避税框架

星巴克的国际避税基本结构如图 2 所示。

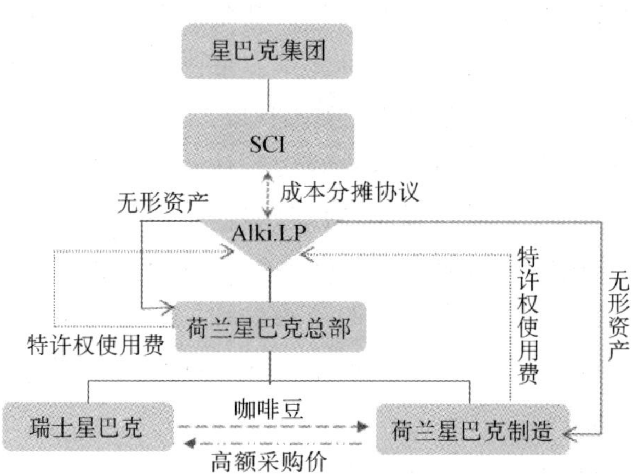

图 2　星巴克避税的基本结构

星巴克集团控制下的 Starbucks Coffee International（SCI）是一家成立于美国华盛顿州的有限责任公司，其通过美国集团内部一系列复杂的控股关系，最终控制着位于英国的有限合伙企业 Alki（Alki. LP），其次这家有限合伙企业控股 Starbucks Coffee BV（荷兰星巴克总部），再次荷兰星巴克总部控股 Starbucks Coffee Trading Company SARL（瑞士星巴克）和 Starbucks Manufacturing BV（荷兰星巴克制造）。

星巴克企业整体的最终目的是把海外利润集中在英国和瑞士，原因如下：其一，因为瑞士是避税天堂，企业所得税税率只有 20%，远远低于美国的 35%，也低于欧美多数国家，利润囤积在瑞士可以大大降低星巴克税负。其二，英国的企业是一个合伙制企业，按照英国税法规定，合伙企业不承担纳税义务，由合伙人缴纳个人所得税，而它的合伙人位于美国的华盛顿州，因此不用在英国纳税，所得分回美国后在华盛顿州不需要缴纳州税，避税效果明显。

下面梳理一下这几个组织在星巴克国际避税中的作用。

（一）英国有限合伙企业

Alki. LP 和 SCI 一起负责产品研发，签订有成本分摊协议。英国的这一合伙企业拥有星巴克的无形资产所有权，包括星巴克商标、咖啡配方、咖啡豆烘焙技术等，它把星巴克咖啡豆烘焙技术的使用权授予荷兰星巴克制造，其他无形资产的使用权授予荷兰星巴克总部，因此这两家公司需要向英国的有限合伙支付特许权使用费。英国的这家有限合伙企业并没有太多实质性的经营活动，它签订了星巴克无形资产的成本分摊协议，负责一小部分产品研发，主要起着授予无形资产所有权的作用，除此之外不负责其他生产经营工作。

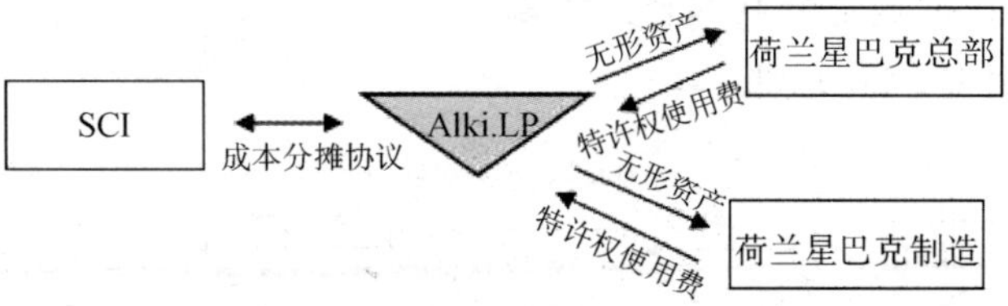

图 3　英国有限合伙企业在避税中的结构图

（二）瑞士星巴克

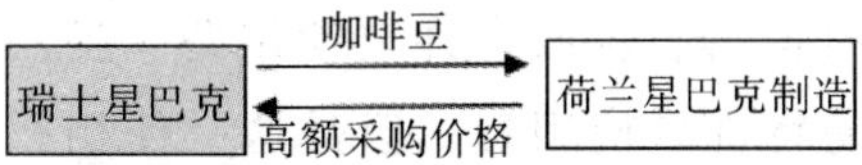

图 4　瑞士星巴克在避税中的结构图

瑞士星巴克负责星巴克全球范围内的生咖啡豆采购工作，之后再把咖啡豆销售给世界各地的星巴克制造公司，其中就包括荷兰星巴克制造。为了利用瑞士税率较低的优势，把利润汇集在瑞士，瑞士星巴克用较高的价格把生咖啡豆卖给荷兰星巴克制造。荷兰星巴克制造被定义为一家来料加工企业，因此采购价格根据成本加成法，按照20%的利润率，在瑞士星巴克购进生咖啡豆的成本上计算确定。资料表明，其他生咖啡豆加工制造企业的利润一般为4.9% ~13.1%，由此看来，20%的利润率不仅超过最高利润而且超过较多，因此瑞士星巴克和荷兰星巴克制造的交易价格偏高，存在转移定价的嫌疑。

（三）荷兰星巴克制造

图5　荷兰星巴克制造在避税中的结构图

荷兰星巴克制造负责欧洲、非洲等地区的咖啡豆供应，从瑞士星巴克采购了生咖啡豆之后，负责烘焙和包装咖啡豆，之后再分销给各地的门店。荷兰星巴克的利润一部分流入了英国，一部分流入了瑞士，这造成最后的应纳税所得额大幅度减少。一方面，由于荷兰星巴克制造在咖啡豆生产过程中，利用了英国Alki. LP授权的咖啡豆烘焙等技术，因此其收入的一部分通过特许权使用费的形式转移给了英国的有限合伙企业。另一方面，如上文所述，荷兰星巴克制造通过转让定价的方式，在采购咖啡豆的过程中，支付瑞士星巴克较高的价格，把这部分利润转到了瑞士。

（四）荷兰星巴克总部

图6　荷兰星巴克总部在避税中的结构图

它负责和各门店谈判各项产品的具体销售协议，同时提供星巴克商标等无形资产的使用权，向各门店收取特许权使用费。虽然荷兰星巴克总部每年从各门店获得了大量的特许权使用费，但是这一使用权由于是从英国星巴克制造授权而来，因此还需要再向英国的Alki. LP支付高额的特许权使用费，由此带来利润的减少，把大量的利润转移给了英国的Alki. LP。

三、星巴克国际避税点评

（一）利用税收管辖权

税收管辖权是一国在征税方面的主权，税收管辖权主要有地域管辖权、居民管辖权、公民管辖权。在实施居民税收管辖权的国家，是否是一国居民决定了该国是否有征税权，利用各个国家居民判断标准的差异，避免成为一国居民而规避这个国家的税收，或成为一国居民而享受这个国家的税收优惠政策。纳税企业利用这一差异，避免双重征税，甚至产生双重不征税的情况，同时尽量享受到不同国家给予的税收优惠。

表 1　　星巴克相关国家纳税人身份判别标准

国家	纳税人身份判定标准
美国	登记注册地标准
英国	登记注册地标准或实际管理与控制中心所在地标准
荷兰	登记注册地标准或实际管理与控制中心所在地标准
瑞士	登记注册地标准或实际管理与控制中心所在地标准

从表 1 可知，目前美国是按照登记注册地标准来判定纳税人身份，而其他三个国家同时使用登记注册地标准和实际控制中心标准。第一，星巴克在英国、荷兰、瑞士建立的这些企业中，虽然某些企业只是一个空壳公司，实际管理控制中心在美国，但是美国采用单一的登记注册地标准，不用缴纳美国的所得税。第二，英国、荷兰和瑞士的企业所得税税率相较美国来说较低，荷兰还具有较为优惠的税收政策，在这几个国家建立企业，成为该地居民纳税人，就可以享受较低的税率和优惠的政策。

（二）特殊税收政策

1. 美国：延期纳税

美国有着延期纳税的制度，这里所指的延期纳税并非推迟确认收入或者提前确认费用而获得货币的时间价值，它是指延期缴纳境外所得的税款，即跨国公司从境外获得的所得，一直延期到所得从境外汇回美国时才缴纳企业所得税，当所得留存在境外的时候不用纳税。尽管美国给予纳税人境外税收抵免，但若跨国公司在低税率的国家开展经营活动，当纳税人把境外利润汇回的时候，纳税人要就按照两国税法分别计算的税款差额在美国纳税，这样企业税负还是达到了 35%。因此利用延期纳税规则，星巴克把大量所得留存在境外的瑞士、英国等国家，这部分所得只按照国外较低税率征收所得税，当星巴克需要资金时，直接从境外支付，那么盈利从获得到支付出去都避免了美国的税收。

2. 荷兰：不征预提税

一个集团内部通常会涉及跨国的资金支付，一般来说，支付资金的国家会对这笔来源于本国的所得征收预提税，因此这样的公司最好设在协定多甚至对支付的股息、利息等不征税的国家。荷兰有特殊的企业所得税政策，即对从荷兰向境外支付的股息、利息和特许权使用费不征预提税，星巴克在荷兰设立了两家公司，都使用了英国合伙企业提供的特许权，需要支付特许权使用费，所以星巴克无须支付任何税收，就轻松地完成了利润由荷兰到英国的转移设计。

（三）转让定价

转移定价是指有共同利益又处于同一控制下的相关企业之间，在转移商品、技术、劳务等的过程中，违背市场交易规则而制定了特殊价格政策，以达到整体利益的最大化。由转移定价而避税的一般模式是将利润由高税地转移至低税地，高税国企业按照较低价格向低税国企业销售相关商品，而低税国企业按照较高价格向高税国企业销售相关商品。

随着企业对无形资产日益重视和无形资产的不断增加，其在企业发展过程中起到越来越重要的作用，而又由于无形资产的特殊性，其价值不易可靠评估，所以无形资产的转让定价被越来越多的跨国企业利用，目前很多大型跨国企业转让定价都是通过授予知识产权和支付特许权使用费的方式。星巴克就是利用了无形资产的转让定价，其拥有的商标权、咖啡生产技术等无形资产，由注册在英国的有限合伙企业拥有，然后有它授予荷兰星巴克总部和荷兰星巴克制造公司，这样一来，两个公司需要向英国的有限合伙支付大量的特许权使用费，从而转移了利润，降低了在荷兰的税负。

（四）成本分摊协议

成本分摊协议是企业之间签订的一项协议，用来规定在研发、生产或获得资产、劳务和权利等的过程中，各方承担的风险和成本，以及享有的权力和利益范围。成本分摊协议签订后，签订协议的相关各方即可拥有开发后的无形资产，同时各方也可以扣除无形资产开发过程中产生的费用。

美国星巴克公司和英国的 Alki. LP 签订了成本分摊协议，共同开发无形资产，共同享有无形资产的使用权，事实上，星巴克大量的无形资产都是在美国产生的，而英国有限合伙和美国公司签订成本分摊后，无形资产也自动地被视为也被英国有限合伙所有。假设无成本分摊协议，美国公司在授予英国有限合伙知识产权的过程中会获得一笔特许权使用费，这笔特许权使用费没有改变整个集团的收益，却因需要在美国缴纳税收，而受到利益损失。此外，此举还是为了规避美国的一项法律，即受控外国公司在取得美国公司授予的无形资产后，不进行进一步开发就直接对外销售的，这是受控外国公司实现的销售收入，不管是否汇回美国都要并入美国公司征税。签订成本分摊协议后，表明英国有限合伙企业同样履行开发无形资产的义务，这样其获得的特许权使用费可以留在英国不用缴税。

（五）企业组织形式

不同的企业组织形式的法人地位不同，就会造成在不同国家纳税义务的区别。常见的企业组织形式有股份有限公司、有限责任公司、普通合伙企业、有限合伙企业、个人独资企业、个体工商户等，前两类公司一般是法人，而对于合伙企业和独资企业来说，其人合性比较强，能否视为独立的法人并附有纳税义务，不同国家的规定是不同的。

在英国，合伙企业不视为一个纳税主体，其取得的所得分配到各个合伙人，由合伙人来缴纳税收。在英国设立的星巴克合伙企业取得的所得不以合伙企业的名义纳税，这样这笔所得直接分配给在美国华盛顿的合伙人，而美国华盛顿州是不征收个人所得税的州，由此，这笔收入就获得了双重节税的效益。

（六）政府协议

如果跨国公司在某个国家设立了机构场所，必然会给该国家带来一定的收益和就业岗位，能够促进某个地区经济的发展。为了吸引海外的投资设厂，世界上的很多国家都会改变本国的税制设计，甚至和跨国企业签订特殊协议，让跨国企业获得一些节税效益。在西方的政治体制下，政府为了企业会带来的效益，往往会和企业达成妥协。如荷兰的税务机关和荷兰星巴克协商，荷兰星巴克在计算应纳税所得额时，其整体利润率不得小于5%，如果荷兰星巴克的利润率小于5%，税务局会调增应纳税额，反之则不会干预。如此一来，相当于只要荷兰星巴克给当地政府留下相当于5%利润率的应纳税所得额，剩余利润的转移不受荷兰税务机关的限制。荷兰和瑞士等国家有税收裁定，纳税人可以利用税收裁定与税务机关谈判裁定的条款，税务机关一般都会给予这些纳税人比法定税率更低的税率。其实，政府和企业达成协议来避税的案例屡见不鲜，例如苹果、谷歌等公司和爱尔兰政府，这样的协定在某种程度上可以说是当地政府和企业的“双赢”，但是站在国际税收的大背景下，它却是扰乱平衡的国际秩序，侵蚀了其他国家的税收利益。

参考文献

[1] 周武英．打击避税：欧盟死咬苹果星巴克［N］．经济参考报，2014.

[2] 王婧．美国批评欧盟税务调查不当［N］．经济参考报，2016.

[3] 雷根强，陈鑫．公司所得税地区间分配的经验与启示——以美国跨州经营公司为例［J］．财政研究，2010（06）：75－79.

[4] 崔晓静，何朔．“美国微软公司避税案”评析及启示［J］．法学，2015（12）：92－102.

[5] 蔡伟年．英国企业所得税税制及最新发展——中国“走出去”企业投资英国的税务影响与风险关注［J］．国际税收，2016（06）：54－59.

[6] 董国庆．涉外税收中反避税法律问题研究［J］．杭州大学学报：哲学社会科学版，1996，26（02）：30－35.

[7] 翟刚．荷兰公司所得税方面的特色税制［J］．涉外税务，2012（12）：18－21.

[8] 王璐．跨国公司国际税务筹划路径探讨——以苹果公司为例［J］．经营管理者，2016（08）：72－73.

[9] 延峰，陆京娜．非法国家援助——由星巴克避税安排引发的法律诉讼［J］．国际税收，2016（01）：38－43.

[10] 蔡昌、单滢羽、李蓓蕾．星巴克国际避税模式探究［J］．新理财，2017（4）．

后记

本书是由我和我的研究生们共同完成的一部税案研究成果。多年来的税案研究过程是艰辛而快乐的，没有沉浸其中是不会有这种感觉的。参与税案研究的团队成员有王程祥、单滢羽、李蓓蕾、高皓洁、姚垚、李晨希、张峻宁、毕明琛、韩金标、吴迪、王丰、周宇、曾梓曦、魏志华、沈静、王思月、林会娟、陈钰钦、戴梦妤、龙佳希、张雪麟、居璐、闪琦慧、孙思燕等。

本书所收录的中外税案，一部分曾经在《中国财政》《新理财》《首席财务官》等财经杂志发表，一部分选编为MPAcc、MT、MBA专业教学的入库案例，还有一部分作为昌泰税务书院的“中外税案”栏目向政府、各类机构和书院会员推送，得到了政府与社会各界的普遍好评。这次结集出版《评点中外税案》，旨在推动中外税案的阅读与传播；利用税案评点模式，阐释税理，弘扬税收信用，倡导公平正义，助力国家税收治理。评点中外税案，形式活泼，富有内涵，喜闻乐见，寓教于乐，能培养读者的阅读兴趣，具有较强的传播性与影响力。譬如，我们分别于2018年5月和2017年9月公开发表“霍尔果斯税收优惠，效果如何”与“霍尔果斯的明星避税面纱”两篇税案，对霍尔果斯的税收优惠及其政策效应进行真实解剖，阐明“税收洼地”对中国经济的影响程度，提出必须严肃治理“税收洼地”的政策建议，服务于政府的税收决策。

本书由中央财经大学税收筹划与法律研究中心倾心策划，得到了“感动中国”首届十大年度人物、中央财经大学中国企业研究中心主任刘姝威研究员，国务院参事、中央财经大学原税务学院副院长刘桓教授，中国社会科学院大学公共政策与管理学院副院长李为人教授等业界专家的关心和支持，在此表示诚挚的谢意。同时，本书的出版还得到中国税务律师联盟的大力支持，在此一并致以衷心的感谢。本书适于实务界财经工作者、高等院校财经专业师生以及财经研究者阅读使用，对于关心和关注财税领域的社会各界人士，也是不可多得的案例读物。此外，本书还可作为MBA、EMBA、MPA、MPAcc、MT研究生案例教程。

其实，调研写作一篇好的税案是相当不容易的，不仅要付出大量的心血和汗水挖掘资料，还要坚持独立思考、揭秘案例背后的真相。虽然我们认真对待每一案源，充分挖掘每一税案背后的故事，细腻入微地剖析每一税案情节，但我们的研究依然存在一些疏漏和不足，希望读者不吝指正，以便我们再版时修订。

编著者